U0945982

铁路职工岗位培训教材

电力线路工

铁路职工岗位培训教材编审委员会

中国铁道出版社

2017年·北京

内容简介

本书为电力线路工岗位培训教材，全书分为两部分：基本知识与职业技能。基本知识主要介绍铁路电力系统及铁路电力工程设计与施工、常用工具机具及安全用具、电力常用材料、电力常用设备及试验、变压器、仪器仪表、架空电力线路、电缆线路、变配电所、室内外配线、室内、室外照明及动力设备、接地接零和防雷保护、电力远动技术、10 kV电缆故障的测寻、非正常情况下的应急处理办法、自动闭塞（贯通）电力事故抢修等。职业技能分通用部分、初级工、中级工、高级工、技师、高级技师，分别介绍应掌握的职业技能。基本知识每章后附有复习思考题，全书后附复习思考题参考答案。

本书针对铁路职工岗位培训、职业技能鉴定进行编写，是各单位组织职工进行岗位培训、技能鉴定的必备用书，对各类职业学校师生也有重要的参考价值。

图书在版编目（CIP）数据

电力线路工/铁路职工岗位培训教材编审委员会编. —北京：中国铁道出版社，2011.1（2017.12重印）
铁路职工岗位培训教材
ISBN 978-7-113-12212-6

Ⅰ.①电… Ⅱ.①铁… Ⅲ.①铁路—输配电线路—技术培训—教材 Ⅳ.①U22

中国版本图书馆CIP数据核字（2010）第227715号

书　　名：铁路职工岗位培训教材
电力线路工
作　　者：铁路职工岗位培训教材编审委员会

责任编辑：王风雨　　**电话**：021-73421　　**电子信箱**：tdpress@126.com
封面设计：薛小卉
责任校对：孙　玫
责任印制：郭向伟

出版发行：中国铁道出版社（100054，北京市西城区右安门西街8号）
网　　址：http://www.tdpress.com
印　　刷：三河市兴达印务有限公司
版　　次：2011年1月第1版　2017年12月第9次印刷
开　　本：787 mm×1 092 mm　1/16　印张：20.75　字数：508千
书　　号：ISBN 978-7-113-12212-6
定　　价：58.00元

铁路职工岗位培训教材
编 审 委 员 会

前　言

党的十六大以来，铁路事业蓬勃发展，大规模铁路建设全面展开，技术装备现代化实现重大跨越，尤其在高原铁路、机车车辆装备、客运专线、既有线提速和重载运输技术方面达到了世界先进水平。铁路职工队伍素质得到了相应提高，但距离铁路现代化发展的要求还有一定差距，铁路人才队伍建设和职工教育培训工作任重道远。

教材是劳动者终身教育和职业生涯发展的重要学习工具，教材建设是职业教育培训工作的重要组成部分，是提高教育培训质量的关键。加快铁路职工岗位培训教材建设，已成为加强和改进铁路职工教育培训工作的当务之急。为适应铁路现代化发展对技能人才队伍建设的需要，加快铁路职工岗位培训教材建设，铁道部决定按照铁道行业特有职业（工种）国家职业标准，结合铁路现代化发展的实际，组织开发铁路职工岗位培训教材。

本套教材由铁道部劳动和卫生司、运输局共同牵头组织，相关铁路局分工负责，集中各业务部门的专家和优秀工程技术人员编写及审定，多方合作，共同完成，涵盖了铁路运输（车务、客运、货运、装卸）、机务、车辆、工务、电务部门的77个铁路特有职业。教材坚持继承与创新相结合，充分体现了近几年来铁路新技术、新设备的大量运用及其发展趋势，特别是动车组系列教材填补了教材建设的空白，为动车组司机和机械师等铁路新职业员工提供了岗位培训教材；教材坚持科学性与规范性，依据铁道行业国家职业标准中的基本要求和工作要求编写，力争准确体现国家职业标准和有关作业标准、安全操作等规章、规范的要求；教材坚持实用可行的原则，重点突出实作技能、应急处理和新技术、新设备、新规章、新工艺等四新知识，对职业技能部分按照技能等级分层编写，便于现场职工的培训与自学。

本套教材适用于工人新职、转职（岗）、晋升的岗位资格性培训，也适用于各类岗位适应性培训，同时为职业技能鉴定提供参考。

《电力线路工》一书由郑州铁路局负责主编，主编人员：孟志强，参加编写人员：詹勇、孙立功、张渝立、耿运转、刘宏斌。主要审定人员：李焱、成朋华、张本川、梁萍、吴振升、杨春燕。本书在编写、审定过程中得到了有关单位的大力支持，在此一并表示感谢。

铁路职工岗位培训教材编审委员会

2009 年 8 月

目 录

基本知识

职业技能

基本知识

第一章　铁路电力系统及铁路电力工程设计与施工

第一节　铁路电力系统概述

一、电力在铁路运输生产中的作用

铁路是国民经济的大动脉。电力是铁路运输生产的主要能源之一。它与提高运输效率，保证行车安全有着密切关系。自动闭塞电线路由电力贯通线路及铁路变、配电所，电源线路等设施构成的供电网络是铁路重要的行车设备。铁路电力工作是铁路运输的重要组成部分，其主要任务是：不断提高供电质量和可靠性，满足铁路运输生产需要。《铁路电力设计规范》中规定：铁路车站、段、装设机械通风或照明的隧道、装设照明的大桥和特大桥及沿线其他铁路用电设施都应有电力供应。

铁路电力部门担负着对铁路指挥系统、自动化系统、牵引系统及铁路各行各业的供电任务。随着铁路运输事业的发展和自动化、电气化程度的不断提高，要求供电的部门越来越多，对供电可靠性的要求也越来越高。如果供电不可靠，铁路运输就要瘫痪，人民生活就无法得到保障。可见，供电的可靠性与铁路运输的安全、正点有着密切关系。

二、电力线路的分类

简单说用于输送或分配电能的线路，就叫电力线路。

(一)按电压或用途

电力线路分为送电线路和配电线路。专用于输送电能的线路称为送电线路。一般为10 kV以上电压等级，例如铁路35 kV/10 kV变电所的35 kV电源线就是送电线路。专用于分配电能的线路称为配电线路，一般为10 kV及以下线路。例如铁路10 kV电力贯通线和自闭线就是配电线路。

配电线路又分为高压配电线路和低压配电线路，电压在1 kV以下的线路为低压配电线路；电压在1～10 kV的线路为高压配电线路。

(二)按架设方法

电力线路分为架空线路和电缆线路两种。一般情况下，在线路径路允许的情况下，尽量使用架空线路。当径路使用架空线路无法通过或有其他要求时，可使用电缆线路。架空线路和电缆线路优缺点比较如下：

架空线路的优点是：工程造价低；施工方便；容易发现故障，便于维修；可多回路共杆架设。

缺点是：易受外力破坏及遭受自然灾害；有碍城市美观；断线时，会危及人身安全；近距离时对架空通信等弱电线路有干扰。

电缆线路的优点是：在保证施工质量的前提下，事故比较少，供电可靠性高，运行维护工作量少；不容易遭受自然灾害；不影响城市美观，变配电所进出线方便；对人身较安全。

缺点是：工程复杂，施工困难；工程造价高；不易发现故障，维修困难。

三、电力线路的电压等级

我国目前使用的电压等级主要有以下几种：380 V/220 V、6 kV、10 kV、35 kV、110 kV、220 kV、330 kV、500 kV。

铁路电力线路一般使用的电压等级有 380 V/220 V、10 kV、35 kV、110 kV。铁道电气化使用的是特殊的电压等级，为 25 kV。

四、铁路电力负荷的特点

1. 负荷沿铁路分布，且容量较小；
2. 要求不间断供电的多为一类负荷。

五、铁路电力负荷的分级及供电要求

根据用电设备的重要程度，铁路电力负荷分为下列三级：

(一)一级负荷

中断供电将引起人身伤亡，主要设备损坏，大量减产，造成铁路运输秩序混乱。

属于此类负荷有：调度集中、大站电气集中连锁、自动闭塞、驼峰电气集中连锁、驼峰道岔自动电气集中、机械化驼峰的空压机及驼峰区照明、局通信枢纽及以上的电源室、中心医院外科及妇产科的手术室、特等站及国境站的旅客站房、站台、天桥、地道及设有国际换装设备的用电设备，内燃机车电动上油机械（无其他上油设备时）、局电子计算中心站。

一级负荷应由两路相对独立电源分别供电至用电设备或低压双电源切换装置处，并宜采用双电源自动切换方式。当两个电源中一个电源发生故障时，另一个电源不应同时受到损坏。

(二)二级负荷

中断供电将引起产品报废，生产过程被打乱，影响铁路运输。

属于此类负荷有：机车、车辆检修和整备设备、给水所、非自动闭塞区段的小站电气集中联锁和色灯电锁器联锁、通信分枢纽以下电源室、调度信息机械室、编组站、区段站、洗灌站、大型客货运站、中型客货运站、隧道通风设备、加冰所、医院、红外线轴温探测设备、道口信号。

二级负荷的供电应符合下列规定：

1. 二级负荷的 6 kV 及以上供电系统，宜有两回线路供电。在负荷较小地区供电条件困难时，二级负荷可由一回 6 kV 及以上专用的电力线路供电。当采用电缆线路时，应采用两根电缆组成的线路供电，其每根电缆应能承受 100%的二级负荷。

2. 二级负荷的消防设备、为通信信号主要设备配置的专用空调、非自动闭塞区段的中小站信号设备和通信设备、道口信号设备等宜有两回线路供电至用电设备或低压双电源切换装置处。

(三)三级负荷

不属于一、二级负荷者为三级负荷。

三级负荷可由一路电源供电。

六、铁路供配电系统及电源

1. 铁路供配电系统的电源，应优先采用公共电网可靠电源。在电气化区段，技术经济合理时可与牵引变电所共用电源或接触网供电作为备用电源。当所在地区偏僻,远离公共电网,设置自备电源较从外部取得电源技术经济合理时,宜设置自备电源或在牵引变电所二次侧设动力变压器取得电源。

2. 铁路供配电系统电源电压应根据用电容量、电源线路长度、当地公共电网现状及其发展规划等因素,经技术经济比较确定,应优先采用 10 kV 电源;当电源线路较长,经技术经济比较确定,选择 35 kV 或以上电源合理时,宜选择 35 kV 或以上电源。

3. 构成网络的铁路供配电系统一级配电电压应采用 10 kV;当供电电压为 35 kV 且配电电压采用 35 kV 能减少变电级数、简化接线、技术经济合理时,配电电压宜采用 35 kV。

4. 向一级负荷供电的 10(6)kV 配电所和 35 kV 及以上变电所,当一级负荷的两路电源均由本所提供时,应有两路独立电源。当电源电压为 10(6)kV 及以下时。其中一路宜为专盘专线、另一路亦应可靠。为特大型客站供电的变、配电所宜设第三路电源。

为自动闭塞电力线路、电力贯通线路供电的 10 kV 配电所电源有一路宜为专盘专线。相邻两变、配电所电源应互相独立,且其中一个变、配电所的电源宜为两路电源。

其他 10(6)kV 配电所和 35 kV 及以上变电站,应有一路可靠电源。有条件时,宜有两路电源。

5. 具有两路电源的变、配电所,每路电源宜保证全部负荷供电。如供电条件确有困难,当一路电源停电时,另一路电源应保证一级和二级负荷供电。

6. 独立电源应符合下列要求:

(1)两路电源之间无联系,其中一路电源发生故障时,另一路电源应能继续工作。

(2)两路电源之间有联系,但发生故障时,两路电源应不致同时受到损坏。

7. 铁路枢纽或大型、特大型客站等负荷集中的地区应设置铁路地区变、配电所。由 10 kV 配电所供电的变压器远期最大安装容量不宜超过 15 MV·A,当变压器安装容量为 5 000 kV·A 及以上时,经技术经济比较合理时,应设置 35 kV 或以上铁路变电所。

8. 铁路沿线,特别是区间用电负荷多而分散的铁路沿线应设置电力贯通线路,作为沿线与行车有关的用电负荷的主供电源,当供电能力允许时,可对难以取得外部电源的其他用电负荷供电。

自动闭塞区段除设置电力贯通线以外还应设置自动闭塞电力线路。自动闭塞电力线路应作为自动闭塞信号设备的主供电源及沿线其他一、二级用电负荷的备用电源。电力贯通线路兼做自动闭塞信号设备的备用电源。

9. 设置在铁路沿线,为自动闭塞电力线路和电力贯通线路供电的 10 kV 配电所之间的距离应根据电源分布情况和方便检修的原则确定,一般条件下宜为 40～60 km,当受电源条件限制时,自动闭塞电力线路允许延长到 70 km。

10. 当供电电压为 35 kV 或自动闭塞电力线路、电力贯通线路电压为 35 kV 时,为用电负荷供电的变电所、箱式变电所或杆架式变电台可采用 35 kV 直接降至 220/380 V 的方式。

11. 设于铁路中小站或区间,主要为自动闭塞电力线路、电力贯通线路供电的无人值班变配电所可采用具备远动功能的箱式配电所或箱式变配电所。

12. 区段站、编组站、客技站及规模较大的段、所、场宜采用环网供电方式。

13. 客运专线及Ⅰ、Ⅱ级铁路车站设独立信号楼时,为信号楼供电的变电所宜与信号楼合建或采用箱式变电所。

14. 客运专线及Ⅰ、Ⅱ级铁路车站设综合站房时,车站变电所应与综合站房合建。

七、供电电压允许偏差和无功补偿

1. 从牵引供电系统取得的10 kV及以下电源，应采取稳压措施，供至用电设备前的电源电压允许偏差值不得大于额定电压的±5%。

2. 正常运行情况下，10 kV线路自供电变压器二次侧出口至线路末端变压器一次侧入口的允许电压偏差值不得大于线路额定电压的±5%。

3. 正常运行情况下，用电设备端子处电压偏差允许值(以用电设备额定电压百分数表示)宜符合下列要求：

(1)电动机为±5%。

(2)照明：一般工作场所为±5%；当工作场所远离变电所难以满足上述要求时可为+5%～−10%；应急照明、道路照明和警卫照明等为+5%～−10%。

(3)其他用电设备当无特殊规定时为±5%。

4. 当自然功率因数不能满足要求时，变压器容量在100 kV·A及以上的变电所低压侧宜进行无功功率补偿，补偿后的功率因数应为0.85以上。

5. 当自然功率因数不能满足要求时，10(6)kV配电所及10(6)kV以上变电所应在10(6)kV侧进行无功功率补偿，补偿后的功率因数应为0.9以上。

第二节　铁路电力工程的设计

电力工程要根据工程项目的重要程度和技术复杂程度来确定设计内容和方法。重要大型项目和技术复杂的项目应进行两阶段设计，即初步设计和施工设计。小项目或技术简单的项目可先制定设计原则和技术条件后，直接进行施工设计。

一、铁路电力工程施工设计内容

铁路电力工程施工设计内容由说明、附件、图纸、计算4部分组成。

(一)说　　明

主要包括：

1. 初步设计审批意见和执行情况；

2. 设计说明；

3. 施工注意事项。

(二)附　　件

主要包括：

1. 工程数量表；

2. 设备及主要材料数量表；

3. 有关协议、纪要及公文；

4. 采用标准图、通用图一览表；

5. 图纸目录。

(三)图　　纸

主要包括：

1. 全线供电示意图和施工平面图；

2. 发、变、配电所施工图；
3. 站内电力线路施工图；
4. 动力配线施工图；
5. 房屋、隧道、桥梁照明施工图。

(四)计　　算

主要包括：
1. 各类用电设备负荷计算；
2. 短路电流以及继电器保护整定计算；
3. 照明计算；
4. 架空导线和机械计算；
5. 防雷接地计算；
6. 其他计算。

二、设计程序

主要包括：
1. 准备工作；
2. 现场踏勘；
3. 初步设计；
4. 初步设计审查；
5. 现场定测；
6. 施工设计；
7. 施工设计综合调查；
8. 总工程师审核；
9. 资料归档。

三、电力线路设计的基本知识

(一)架空线路的路径选择

铁路架空电力线路在选择路径时应符合以下要求：

1. 交通运输方便，便于施工、维护及管理，路径最短，尽量靠近铁路。

2. 宜少占农田，尽量避免通过果园等经济作物区。

3. 宜避开易被车辆碰撞和河流、雨水冲刷或有腐蚀性气体地带。

4. 应避开有爆炸物、易燃物和可燃液(气)体的建筑物。

5. 应与站场规划相协调，通过市区应取得城建部门的同意。

6. 铁路一侧有通信线时，电力线路设在另一侧，如两侧都有通信线路时，应根据电力线路对通信线路的干扰影响，确定路径位置。

7. 尽量避免跨越房屋或拆迁房屋。

8. 路径应满足地上、地下各种设施安全距离的要求。

9. 跨越河流的 10 kV 及以下架空线路，跨越杆档距大于 300 m 时，可采用桥梁电力支架或电缆敷设。

10. 不妨碍信号瞭望和调车作业。

(二)电缆线路的路径选择

电缆线路的路径选择应符合下列要求

1. 路径较短。

2. 避免电缆受到机械外力、化学腐蚀、地中电流、震动、虫害及受热等损害。

3. 避开建筑工程、上下水道其他管线工程等需要挖掘的地方。

(三)导线截面选择

导线截面应按下列原则选择：

1. 按发热条件选择；

2. 按允许电压损失选择；

3. 按经济电流密度选择；

4. 按机械强度条件选择。

(四)电缆截面选择

电缆截面按以下条件选择：

1. 按持续允许电流选择电缆；

2. 按短路时的热稳定选择电缆；

3. 按电压降校验电缆截面；

4. 按经济电流密度选择电缆。

(五)绝缘子选择

绝缘子按以下原则选择：

1. 按绝缘强度选择绝缘子。

2. 按机械强度选择绝缘子。

(六)横担选择

横担宜选用钢材，横担的规格应根据杆塔结构形式，经计算选用，当选用角钢时其尺寸应满足：

1. 10(6)kV 线路不应小于 63 mm×63 mm×6mm。

2. 0.38 kV 及以下线路不应小于 50 mm×50mm×5 mm。

(七)电杆选择

1. 10 kV 及以下各类电杆在正常情况下应按下列荷载条件计算：

(1)最大风速、无冰、未断线；

(2)覆冰、相应风速、未断线；

(3)最低气温、无冰、无风、未断线(适用于转角杆和终端杆)。

2. 在事故情况下耐张杆及耐张型转角杆应按下列荷载条件计算：

(1)10(6)kV 线路断一根导线。

(2)自动闭塞线路高压导线和信号导线各断一根。

(八)拉线选择

拉线截面应根据计算确定，拉线最小截面应满足下列要求：

1. 35 kV 线路拉线采用镀锌钢绞线，拉线最小截面为 35 mm^2。

2. 10 kV 以下线路采用镀锌钢绞线，拉线最小截面为 25 mm^2。镀锌铁线不应少于 3 根。拉线棒的直径不应小于 16 mm。

(九)耐张段长度的确定

长距离架空线路的直线部分应设置耐张段,耐张段长度10(6)kV宜为1～2 km;35 kV宜为3 km。

(十)大跨距长度的确定

杆塔的最大档距一般平地可取水平档距加大50 m;丘陵地区可取水平档距加大50～100 m;山区可取水平档距加大100～150 m。

四、电力外线平面布置图的主要内容

1. 线路的起点、终点、走向及沿线各类建筑物的位置。
2. 杆塔位置,杆塔高度、档距、杆型。
3. 导线规格、条数。
4. 电缆规格、型号、长度及敷设方式。
5. 拉线的规格、种类。
6. 交叉跨越情况及换位情况。
7. 线路上所安装设备的型号、规格。
8. 主要工程数量、所采用的安装标准和说明。

五、架空线路安装图的主要内容

主要包括:
1. 杆塔基础安装;
2. 杆塔安装;
3. 拉线及撑杆安装;
4. 杆顶组装;
5. 接地装置安装;
6. 弛度要求;
7. 杆上设备安装;
8. 其他安装要求。

第三节　铁路电力工程的施工及验收

一、施工总体要求

1. 铁路电力工程必须按照批准的设计文件施工,在施工中应根据具体情况实施动态管理,如需变更应按《铁路基本建设变更设计管理办法》进行。

2. 铁路电力工程中采用的主要设备、器材,应符合相应的国家标准、行业标准或有关许可规定并取得相关准入许可。设备及器材,尚应符合产品技术文件或合同中规定的标准。

3. 施工单位应推广应用施工新技术、新工艺、新设备、新材料,采用机械化施工,提高施工管理水平和施工技术水平。

4. 施工单位必须遵守国家、铁道部规定的质量验收标准和安全规程,应建立完善的质量和安全保证体系,并应根据《铁路电力施工技术指南》制定相应的施工组织设计,施工技术管理细则,施工操作工艺及施工技术安全措施等,确保工程质量和施工安全。

5. 铁路电力工程每道工序的完成，都应采取相应的检测手段检测施工质量，并做好记录；完工后对施工质量进行全面的综合检测，并应将检测结果纳入竣工文件。

6. 铁路电力工程施工应根据铁路修建的总体施工组织计划，在保证工程施工质量的前提下，节约能源，降低材料消耗，提高工程施工的综合经济效益。

7. 施工单位应积极改善工程施工条件，降低作业人员的劳动强度，遵守国家有关劳动保护法规，确保作业人员身体健康。

8. 铁路电力工程施工从进场建点到竣工收尾，都应把保护环境、文明施工贯穿到施工的每一个环节中。

9. 在施工过程中，应随时收集原始数据、资料，做好有关的施工记录。竣工时应根据施工特点编写单项和全面的施工技术总结，及时提交竣工文件。

二、施工准备

施工准备包括以下项目：

(一)施工调查

施工调查前应查阅已掌握的设计文件和资料，制定调查提纲，调查结束后，根据调查情况编写书面的调查报告。

(二)设计文件的核对

施工单位在开工前，应对设计文件进行复核，复核的主要内容包括：

1. 设计文件应完整配套、相互衔接，并符合有关铁路基本建设工程设计文件的编制规定；

2. 施工图设计与现场实际相符，有关迁改工程的协议和外部电源的供电方案或协议已落实；

3. 概算中的工程项目和数量应与施工图相符，各项费用的内容和费率应符合有关规定，且计算准确；

4. 施工图中主要设备选型已落实，产品的供应周期应能满足施工进度要求；

5. 凡涉及与电力牵引供电系统或铁路通信、信号系统等的衔接部位，设计应安全、可靠、合理，且满足施工要求。

(三)实施性施工组织设计

施工单位在施工调查的基础上，应根据工程承发包合同规定的工程建设标准和建设周期要求，做好施工组织设计的编制工作，并报建设单位和上级技术主管部门审批。施工组织设计的主要内容包括：

1. 工程概况(如工程规模、建设周期、技术等级、供电范围等)；

2. 主要工程数量和主要技术指标；

3. 施工队伍的部署、分阶段施工计划安排及主要工程项目进度计划；

4. 拟在施工中采用的技术标准、施工方案或方法及技术组织措施；

5. 对铁路既有设施和电力牵引、通信、信号等工程的施工配合要求及技术措施；

6. 主要设备、材料供应计划和采用的发送手段；

7. 利用线路封闭点施工的计划安排及减少干扰铁路运输的技术措施；

8. 主要拆迁和干扰处理数量及落实情况；

9. 主要施工图表资料：

(1)工程数量表；

(2)设备、材料数量表；

(3)拆迁、干扰处理数量表；

(4)施工总体进度示意图；

(5)施工队伍布置和任务划分平面示意图。

(四)施工机械准备

施工机械应根据实施性施工组织设计的要求,应配备污染小、能耗小、效率高的机械。

施工机械应机况良好,零配件、附件及履历书齐全,并应根据铁路电力的特点,配备工程必备的施工、试验及检测设备。

(五)施工场地与临时工程

施工场地布置应包括下列内容：

1. 汽车运输道路的引入和其他运输设施的布置；
2. 确定水、电设施的位置；
3. 确定大型机具设备的组装和检修场地；
4. 确定混凝土拌和站及砂、石等材料的布置；
5. 确定各种生产、生活等房屋的位置；
6. 场内临时排水系统的布置。

临时工程施工应符合下列要求：

1. 运输道路应满足运量和行车安全的要求。
2. 电力线路和通信线路应按有关规定统一布置及早建成。
3. 各种房屋按其使用性质应遵守相应的安全消防规定。爆破器材库、油库的位置应符合有关规定。房屋区内应有通畅的给排水设施,并应避开架空高、低压线。
4. 住房等临时设施的布置应避开受洪水、泥石流、落石、雪崩、滑坡等自然灾害威胁的地点。
5. 临时工程及场地布置应采取措施保护自然环境。
6. 临时设施的布置应考虑突发性自然灾害,并制定相应的紧急预案。

(六)作业人员

1. 在施工前和施工过程中,对人员经常进行安全教育；
2. 持证上岗；
3. 施工前应对职工进行加强安全技术交底；
4. 根据施工情况,应对作业人员进行定期健康检查,并建立档案进行管理。

(七)开工报告

电力施工准备工作完成以后应提交开工报告,经批准后方可开工。

三、工程竣工后工程在施工交接验收时应进行下列工作

1. 检查竣工的工程是否符合设计。
2. 按要求进行检查。
3. 检查调正、试验项目及其结果是否符合本标准规定。
4. 检查按规定提出的技术资料和文件。

四、验收时应提交下列资料和文件

1. 在原图上修改后的实际施工图。

2. 变更设计的证明文件(包括施工内容)、明细表。

3. 安装技术记录(包括隐蔽工程记录)。

4. 交叉跨越距离及对建筑物的接近距离记录及有关协议文件。

5. 架空电力线路征用土地协议及供用电协议文件。

6. 原材料和器材以及电器设备的出厂质量合格证和试验记录。

7. 工程试验记录。

8. 有关批准文件。

五、工程竣工时应进行下列检查

1. 采用器材的型号、规格应符合设计要求。

2. 架线后电杆、横担、拉线等的各项误差应符合规定。

3. 拉线的制作和安装应符合规定。

4. 导线的弧垂、相间距离、对地距离、交叉跨越距离及对建筑物的接近距离等应符合规定。

5. 电器设备外观完整无缺损。

6. 油漆完整、相色正确、接地良好。

7. 各零部件的规格、组装和连接质量均应符合规定。

8. 基础埋深、导线连接和补修质量应符合规定。

9. 沿线的障碍物、应砍伐的树木及树枝等杂物应清除完毕。

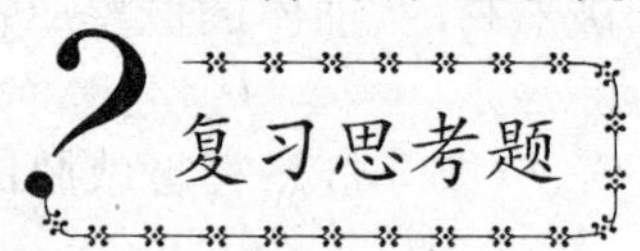

1. 铁路电力工程施工设计内容由哪些部分组成?

2. 什么是一级负荷?

3. 架空线路安装图的主要内容有哪些?

第二章 常用工具机具及安全用具

第一节 通用安装工具及常用机具

一、钳 类

1. 钢丝钳

钢丝钳是一种夹持或折断金属薄片、切断金属丝的工具。钢丝钳是由钳头和钳柄两部分组成，有铁柄和绝缘柄两种，电工用钢丝钳的柄部套有绝缘套管(耐压 500 V)。钢丝钳的规格用全长的毫米数表示，常用的有 150、175、200 mm 三种。钢丝钳的不同部位有不同的用途：钳口用来弯绞或钳压导线线头、金属薄板，齿口用来紧固或起松螺母，刀口用来剪切导线或剖削导线绝缘层，铡口用来铡切导线线芯、钢丝等较硬的金属。

使用钢丝钳之前，需查看其柄部套管是否完好，以防触电。带电作业时不得用刀口同时剪切相线和零线，以防短路。

2. 尖嘴钳

尖嘴钳的头部尖细，适用于在狭小的工作空间操作。能夹持较小的螺钉、垫圈、导线及电器原件。尖嘴钳分为铁柄和绝缘柄两种，电工用尖嘴钳的柄部套有绝缘套管(耐压 500 V)。在安装控制线路板时，尖嘴钳能将单股导线弯成接线端子(线鼻子)，而目前常见的尖嘴钳多数是带刀口的，有刀口的尖嘴钳还可以剪断导线、剥削绝缘层，尖嘴钳的规格用全长的毫米数表示，常用的有 130、160、180、200 mm 四种。

3. 剥线钳

剥线钳是用于剥除小直径的橡皮塑料电线电缆端部绝缘的专用工具。它的钳口部分设有几个咬口，用以剥落不同线径的导线绝缘层。其手柄是绝缘的，可以带电操作，耐压为 500 V。其规格以全长的毫米数表示，有 140 mm 和 180 mm 两种。

使用剥线钳时，把待剥导线线端放入相应的刃口中，然后用力握钳柄，导线的绝缘层即被剥落并自动弹出，在使用剥线钳时，不允许用小咬口剥大直径导线，以免咬伤线芯；不允许当钢丝钳使用，以免损坏咬口。它的特点是使用方便，绝缘层切口处整齐且不会损伤导线。带电操作时，要首先查看柄部绝缘是否良好，以防触电。

4. 断线钳

断线钳专供用来剪断较粗的金属丝、线材及电线电缆等。其规格为 450、600、750、900、1 050 mm 五种，钳柄有铁柄、管柄和绝缘柄三种型式，其中带绝缘柄的断线钳可用于带电场合，工作电压为 1 000 V。

5. 液压导线压接钳

主要依靠液压传动机构产生压力达到压接导线的目的。它适用于压多股铝、铜导线，作中间连接和封端。其全套压模共有 10 副，规格为 16、25、35、50、70、95、120、150、185、240 mm^2 导线压模。压接范围铝导线截面为 16～240 mm^2；铜导线截面为 16～150 mm^2。压接形式为六边形围压截面。

二、扳手类

1. 活口扳手

活口扳手是用于紧固和松动螺母的一种专用工具，主要由活扳唇、呆扳唇、扳口、蜗轮、轴销等构成，它的开口宽度可在一定范围内调节。活口扳手的规格是以长度×最大开口宽度(mm)来表示，常用的有100×14、150×19、200×24、250×30、300×36、375×46、450×55、600×65(mm×mm)八种规格。它的主要用途是装、拆、维修时旋转六角或方头螺栓、螺钉和螺母。它的特点是能适应螺栓规格多的场合。

2. 梅花扳手

梅花扳手都是双头形式，它的工作部分为封闭圆，封闭圆内分布了12个可与六角头螺钉或螺母相配的牙形，适用工作空间狭小，不能使用活口扳手等的场合。它的规格是以两端开口宽度表示。

3. 十字套筒扳手

套筒扳手是由一套尺寸不同的梅花套筒头和一些辅件组成，可用在一般扳手难以接近螺钉或螺母的场合。

4. 呆扳手

又称死扳手，它的开口宽度不能调节，由单端开口和两端开口两种形式，分别称为单头扳手和双头扳手。单头扳手的规格是以开口宽度表示，双头扳手的规格是以两端开口宽度(mm)表示，如8 mm×10 mm，32 mm×36 mm等。

三、喷灯

喷灯是一种利用喷射火焰对工件进行加热的工具，它的火焰温度可达1 000 ℃。喷灯按燃料不同分汽油喷灯和煤油喷灯两种。

使用喷灯要注意以下事项：

1. 使用前应检查油桶是否漏油，喷火嘴丝扣是否漏气，喷油嘴是否畅通。

2. 了解喷灯所用燃料油的种类，加入油桶的油量不应超过油桶容量的3/4，并应拧紧加油处的螺塞。

3. 喷灯点火时喷嘴前严禁有人，工作场所不能有易燃易爆物品。点火时先点火碗内的油，待喷嘴燃热后再慢慢打开喷嘴油门。打气加压时应先关闭油门，不得打气过足，油桶内压力要调整合适。

4. 喷灯工作时应注意火焰与带电体之间的安全距离：10 kV及以下为1.5 m，10 kV以上为3 m。

5. 使用时间不宜过长，桶体过热时应停用。

6. 喷灯的加油、放油和修理，应在喷灯熄火后进行。

四、手弓锯

手弓锯主要由弓架(可分为固定弓架、可调弓架)，固定夹头和动夹头、手柄及锯条组成。可调式弓架通过调整可安装200 mm、250 mm和300 mm三种规格的锯条，固定式弓架只能安装300 mm一种规格的锯条。

锯条靠旋转翼形螺母拉紧。常用的锯条根据齿轮的大小分成粗齿锯条和细齿锯条。粗齿锯条适用于软材料和较大尺寸工件的锯割；细齿锯条适用于硬材料和尺寸较小工件以及薄壁钢管的锯割。

五、紧 线 器

紧线器是由夹线钳、滑轮、收线器、摇柄等组成，其主要有平口式和虎头式两种。在架空线路施工中作拉紧导线用。

紧线器的使用方法是：

1. 将紧线器的钢丝绳松开，并固定在横担上，用紧线器夹住导线。
2. 将棘爪扣住棘轮，扳动棘轮扳手，逐渐将钢丝绳绕在棘轮滚筒上，使导线收紧。
3. 将导线拉紧到一定程度并扎牢后，松开棘爪，使钢丝绳松开。
4. 松开夹住导线的紧线器，将钢丝绳绕在棘轮的滚筒上。

紧线器使用的注意事项：

1. 根据使用线材的粗细，采用相应规格的紧线器。
2. 在使用时如发现有滑线（逃线）现象，应立即停止使用，采取措施将线材夹牢后才能继续收紧。
3. 在收紧时应扣住棘爪与棘轮，防止棘轮脱开打滑。

六、滑 轮 组

把定滑轮与动滑轮用绳索连接起来使用，称为滑轮组。

滑轮组既能减少拉力，又能改变拉力的方向。

使用滑轮组的安全注意事项：

1. 应根据提升荷载，所需的滑轮数和钢丝绳直径等选用滑轮组的规格。
2. 使用前应检查滑轮的轮槽、轮轴、夹板和吊环等各部分是否完好。
3. 检查滑轮边缘有无裂纹，轴承有无变形，轴瓦有无磨损缺陷，滑轮转动应灵活。
4. 使用前应查明允许荷载。开门滑轮的钩环必须完好，钩鼻不准有伤痕。
5. 滑轮组的绳索在受力之前要检查是否有扭绞、卡绳、磨绳现象。

七、冲击电钻

冲击电钻是一种旋转带冲击的电钻，当把旋转调到纯旋转位置，装上普通麻花钻头，就像普通电钻一样，可在金属上钻孔；如把旋钮转到冲击位置，装上镶硬质合金属冲击钻头，就可以作为电锤使用。冲击电钻主要由单相串激电动机构成。

八、电　　锤

电锤主要用于钢筋混凝土结构上的凿孔、开槽、打孔等作业。电锤由单相串激电机、变速齿轮、活塞、外壳、钻头等部分组成，工作时钻头做两种运动，一种做轴向冲击震动，另一种是钻头的旋转。

按结构形式电锤可分为动能冲击锤、弹簧气垫锤、弹簧冲击锤、冲击旋转锤、曲柄连杆气垫锤和电磁锤等。

使用电锤应注意以下事项：

1. 电锤是暂载运行的，不能连续工作。

2. 使用时不能过分用力轴向挤压。

3. 应经常检查齿轮箱是否缺油，发现缺油要立即补足。

4. 钻头应保持锋利。

5. 使用电锤时，不要人为地来回冲击，以免损坏机件。

九、台　钻

台钻是一种小型钻床，通常安装在工作台上，用来钻 12 mm 以下的孔。

使用台钻应注意的事项：

1. 工件一定要装夹牢固，在通孔将穿时，减小进口量。

2. 不准戴手套在钻床上操作，以防切屑勾住手套发生事故。清除、清扫切屑用铁钩或毛刷，不得用手拉切屑，清扫工作要在停机后进行。

3. 钻夹头的松紧必须用专用钥匙，不准用手锤或其他物品敲击。

4. 钻头在切削过程中要产生大量热量，若温度过高会引起钻头的切削部分退火而损坏。为了降低切削温度和改善润滑状况，钻孔时要加适当的冷却润滑剂，常用的有机油、煤油和乳化液。

十、手扳葫芦和链条葫芦

1. 手扳葫芦是一种可以正反向受力的起重工具，其特点是体积小、重量轻、使用方便。

2. 链条葫芦

链条葫芦，又叫倒链滑车、链条滑车，是一种轻便的起重工具。分为齿轮式和涡轮式两种。链条葫芦构造简单，用力小，用人少，适用于短距离起重、移动重物和绞紧构件以控制方向。在垂直、水平和倾斜等方向都可使用。

使用链条葫芦应注意以下事项：

(1)使用前应仔细检查吊钩、链条及轮轴等各部分是否完好无损，传动部分是否灵活。不合格的不准使用。

(2)使用前应先反拉细链条，使粗链条倒松，以使葫芦有最大的起重距离。

(3)使用时要慢慢绞紧，等链条吃劲后再检查葫芦各部分有无变化，安装是否妥当，链条是否会自行回松，确认各部情况良好，方可继续使用。

(4)在水平或倾斜方向使用时，拉链方向与链轮方向一致，防止链条脱槽。

(5)起重量不得超过起重能力。如起重量和链条葫芦起重能力都不知道时，只要一人能拉动，就可继续工作。如果一人拉不动，应检查原因，采用别的起重工具。

十一、绞　磨

绞磨按材质分有木绞磨和铁绞磨两种。按驱动方式分有人力绞磨和机动绞磨。由于人力绞磨的结构简单，搬运使用方便，所以目前广泛使用人力绞磨，它是由卷绕钢丝绳的磨心、磨轴、磨杠以及支撑磨轴的磨架等四大部分组成。

使用人力绞磨要注意的安全事项：

1. 磨绳的受力端应在磨心的下方绕入，上方退出，以免卡绳。磨绳缠绕磨心的圈数不宜少于 5 圈，拉磨尾绳不少于 2 人，并距绞磨不小于 2.5 m，且不得站在尾绳圈的中间。

2. 当绞磨受力后，不得采用放松尾绳的方法进行松磨。

3. 使用前应检查绞磨的棘轮停止器是否灵活有效。在牵引过程中应随时注意棘轮停止器的动作情况，以便随时能够制动。

4. 中途停止工作时，应用棘轮停止器将绞磨制动，并用铁棍别住磨杠，并将尾绳缠在木桩或地锚上，但手不能离开磨杠。

5. 牵引钢绳宜水平进入磨心，必要时可在磨架前 10 m 左右安装转向滑车。

6. 在牵引过程中如发生卡绳现象，应立即停止转动。

7. 绞磨的磨轴磨损严重、焊缝裂纹、磨杠有损伤者，不得使用。

8. 不准超载。

第二节　测量工具及登高工具

一、测量工具

1. 卷尺

卷尺分为钢卷尺和布卷尺，计数比较精确，钢卷尺可以计数到毫米，且不变形，用于量精度要求高的尺寸。布卷尺可以计数到厘米，规格有 5 m、10 m、15 m、20 m、30 m、50 m，线路测量常用的规格有 30 m 和 50 m 两种。

2. 测量绳

测量绳在线路测量和施工中用于距离很长，但精度要求不高的场合。测量绳有 50 m 和 100 m 两种，每隔 1 m 处嵌一小铜皮，上面刻有距离数。

3. 塔尺

塔尺由三节组合而成，全部拉出有 5 m，因拉出时下粗上细呈塔形而得名。塔尺每 1 cm 有一刻度，每 10 cm 用数字表示。数字上面有一圆点表示个位数为 1 m。有一面数字倒号，因大多数经纬仪是倒像的，这样镜内成像是正像，读数方便。塔尺可以读视距，故又称为视距尺。

4. 水准尺

水准尺长 3 m，和塔尺相似刻度，一面涂黑、白两色称为黑尺，另一面涂红、白两色称为红尺。测量时水准尺放在铸铁做成的尺垫上，在松软地方用尺桩代替。

5. 花杆

花杆是供测量仪器观测方向用的，为了容易辨认，杆身上均涂以红白相间的油漆。花杆一般为木制，一端嵌有铁尖，便于插入地下或找中，花杆有整体的，也有分段的。

二、登高工具

1. 梯子

电工常用的有单梯和人字梯两种。单梯的两脚应各绑扎胶皮之类的防滑材料；人字梯应在中间绑扎一根绳子防止自动滑开。单梯与地面的夹角不应大于 55°～60°。人字梯间距离范围应等于直梯与墙间距离范围的两倍。一个梯子只允许一人工作，严禁在最上两个梯蹬上工作。

2. 踏板

踏板又称登高板，是电工攀登电杆及在杆上作业的一种工具。它由铁钩、麻绳、木板组成，板由坚韧的木材制成，一般为 630 mm×75 mm×25 mm，绳索是直径 16 mm 的白棕绳或尼龙绳，绳钩至木板的垂直长度与使用人的高度相等为宜。使用时要检查是否完好无损，挂钩时必须正挂（钩口向上，向外），以免脱钩。

登高板使用方法要掌握得当，否则发生脱钩或下滑就会造成人身伤亡。上杆时腿要牢牢缠住麻绳，杆上作业时双脚要夹住电杆，以免使登高板摇晃。

3. 脚扣

脚扣也是攀登电杆的工具，主要由弧形扣环、脚套组成。脚扣分两种，一种在扣环上制有铁齿，可以咬入木杆内，供登木杆用；另一种在扣环上裹有橡胶，以增加攀登时的摩擦，防止打滑，供登混凝土杆用。使用脚扣登杆速度较快，容易掌握登杆方法，但在杆上作业时没有登高板灵活舒适，易于疲劳。

脚扣在使用前应做人体冲击试验，使用脚扣登杆时，要首先检查脚扣有无损坏，型号是否合适，并要与安全带配合使用。水泥杆脚扣可用于攀登木杆，但木杆脚扣不能用于攀登水泥杆。

4. 安全带

安全带是登高作业时的保护用具，无论用踏板或脚扣，都要和安全带配合使用，使用前必须仔细检查，长短要调节适中，作业时保险扣一定要扣好，保险带要放在腰、臂之间，在杆上作业也作为一个支撑点，使全身的重点不全落在脚扣上。使用后应保管好，挂在通风干燥处，并定期作拉力试验。

5. 电工工具套

是户内外登高操作时必备的用品，用来插装活口扳手、钢丝钳、螺钉旋具和电工刀等工具。有插装一件、三件和五件工具等各种规格，用皮带系结在腰间。

6. 背包

由杆上操作者随身携带，内装常用工具和零星材料。

第三节 安全用具

安全用具是确保电气设备安全运行和施工安全的必要物资保证，是施工人员的生命线。安全用具的种类很多，可分为：

1. 绝缘操作用具和绝缘防护用具；
2. 验电器；
3. 突然来电防护用具（携带型接地线）；
4. 标示牌；
5. 高空作业安全用具；
6. 其他安全用具；

现就各类用具的情况作一简要介绍。

一、绝缘操作用具和绝缘防护用具

（一）绝缘棒，也称绝缘拉杆、令克棒、操作杆等，主要用于操作高压跌落式熔断器、单极隔离开关、柱上油断路器及装卸临时接地线等。

绝缘棒在使用中须注意：

1. 操作前，棒的表面应用清洁的干布擦干净，使表面清洁干净。

2. 操作时应带绝缘手套，穿绝缘靴或站在绝缘垫上。

3. 操作者的手握部位不得超过护环。

4. 绝缘棒的规格必须符合规定，不得任意取用。

(二)绝缘手套和绝缘靴

1. 绝缘手套主要用于操作高压隔离开关和油断路器，在带电运行的高压和低压电气设备上带电工作时，预防接触电压，根据用电电压等级分为高压和低压两种。

每次使用前应对绝缘手套的外观进行检查，看有无穿孔、损坏、低压绝缘手套不允许用于操作高压设备。

2. 绝缘靴也是由绝缘性能良好的特种橡胶制成，在操作高压设备，以及在低压线路和设备上带电操作时，用以防止跨步电压。

每次使用前都需要检查有无破损，并将外表面尘埃清除干净。

绝缘手套和靴容易老化、破损，保管时要存放在通风干净的地方，防止高温晒和防油，以免变形变质，使用时防划伤、刺破，并按期作耐压试验。

3. 绝缘夹钳

绝缘夹钳的作用是在带电的情况下，装拆高压熔断器及线路。操作时必须擦拭干净，戴上绝缘手套及防护眼镜，穿上绝缘靴，并须在切断负荷的情况下进行操作。

夹钳只允许使用在 35 kV 及以下的设备上，其最小长度应满足安全要求。其可分为工作部分和绝缘操作部分。工作部分是钳口，必须保证能夹紧熔断器，其余部分同绝缘棒。

4. 绝缘垫

绝缘垫是用绝缘性能很高的特种橡胶制成的，表面有防滑波纹，其尺寸不应小于 350 mm ×750 mm，厚度 110 V 及以下不应小于 3～5 mm，1 kV 以上的不应小于 7～8 mm，常用于变配电所高压室内。

二、验 电 器

验电器分高压和低压两类。低压的俗称验电笔，简称电笔，分钢笔式和螺钉式两种，由氖管、电阻、弹簧和笔身组成。

1. 高压验电器使用高压验电器前，先要在确实带电的设备上检验验电器是否完好，测验时应注意安全，雨天不可在户外测验，测验时要戴符合耐压要求的绝缘手套，不可一人单独测验，身旁要有人监护，测验时要防止发生相间或对地短路事故，人体与带电体应保持足够的安全距离。

2. 低压验电笔使用时，以手指触及笔尾的金属体，使氖管小窗背光朝自己，便于观察，要防止笔尖金属体触及皮肤，以免触电，同时防止笔尖金属体触及金属外壳，以防对地短路事故。

三、携带型接地线

携带型接地装置又称可移接地装置，又称接地封线，是指将施工或检修的线路或设备三相短路并接地，在工作地点装设接地封线是为防止突然来电而设，是保护施工及检修人员人身安全的唯一可靠的技术措施，同时检修设备断电后的剩余电流也会因接地而放尽。

架空线路停电作业时，经检明无电后，应立即将已接地的接地线对已停电的设备进行三相短路封线，其安装位置参见安全部分。

接地封线所用的接地棒(接地极)应打入地下,深度不得少于0.6 m。

接地封线应用不小于25 mm^2 的多股软铜线和专用线夹固定在导线上,使用前应详细检查,损坏的接地线应及时修理或更换,严禁使用其他导线代替。

停电作业与带电线路高压跨越时也应加挂接地封线。

接地封线的拆除顺序与挂接封线的顺序相反,即先拆除导体端然后拆除接地端。在导线拆除接地线时应使用绝缘棒并戴绝缘手套,操作时应有监护人在场。

四、安全作业标示牌

安全作业标示牌可分为"警告类"、"禁止类"、"准许类"、"提醒类"等。是避免工作人员和其他人员与带电部分接近而造成触电事故的必要手段。

各种标示牌及其悬挂处所详见安全知识部分。

标示牌的拆除应由配电值班人员或停电操作人执行,并有监护人员在场。

五、高空作业安全用具

1. 脚扣,见本章第二节。

2. 安全带,见本章第二节。

3. 安全帽:它是用来减轻高空落物,对头部冲击伤害的一种防护用具,按用途可分为普通安全帽和冬季安全帽,冬季安全帽应有耳孔,施工时不得塞堵耳孔,以免影响听力。

六、对讲机(无线电对讲机)

无线电对讲机是工地施工人员经常使用先进通信设备,它的技术要求高,价格较贵,为了更好发挥它的作用必须用心操作,认真维护,在使用前应仔细阅读使用说明书或请教有关技术人员并做到:

1. 对讲机内所有可调的线圈,微调器均在工厂经过调试,发生故障时,只准合格的技术人员用测试仪器进行重新调试,其他人不准随便修理和调试。

2. 旋转电源钮,打开对讲机,显示接听频率,把音量电位器置于最大容量,静噪电位器置于静噪位,并旋转一直到背景噪声消失,此为静噪门限。

3. 在开始工作以前,先检查天线是否接到天线插座上,插入方法是把随机提供的天线接到天线插座定位槽内,旋转并固定之。

4. 将两对讲机置于同一频道,音量置于适当位置相隔一定距离,进行试通信,开始发话前先检查频道是否空闲,按下"收发键"。发话时语音应洪亮、清晰、无背景噪声,收话时松开"收发键"通话距离为5~10 cm。通话结束关闭电源。

5. 遇有外部电台干扰时,可更换频道。换频道时双方应协商一致,以免失去联络。

6. 电池存放两节以上或使用前须重新充电,充电时间根据电池种类决定,并应注意电池的正负极。

7. 根据通话距离的长短,地理环境的不同,选择不同的转换开关,以便延长工作时间。

8. 长时间使用的对讲机以锰镉电池或碱性电池为好,短时间使用的或低功率使用的以锰电池为好。

9. 不使用(或卸下电池盒)时要关闭电源开关(自动停电关机有微量电流通过)。

复习思考题

1. 安全用具的种类很多，可分为哪些种？
2. 紧线器的使用方法。
3. 紧线器使用的注意事项有哪些？
4. 绝缘操作用具和绝缘防护用具有哪些？

第三章　电力常用材料

第一节　杆　　塔

架空线路的杆塔用来支持导线和避雷线，杆塔组装（立杆、安装横担和绝缘子、固定导线等）后，使导线与导线间，导线与大地间以及其他被跨越物间保持一定的安全距离。杆塔应具备的主要条件是：应有足够的机械强度；造价低；寿命长。

根据杆塔所用的材料不同，可分为木杆、金属杆（铁杆、铁塔）和钢筋混凝土杆（或称水泥杆）等三种。

架空线路上的杆塔，由于受力情况不同，他们的结构形式也有所不同。按其在线路上的用途不同，分为直线杆塔（又称中间杆塔）、耐张杆塔、转角杆塔、终端杆塔、跨越杆塔、设备杆塔（配电线路用）、分歧杆塔和换位杆塔等数种。

由于国家基本建设需用大量木材，因此应尽量不用木杆。金属杆需要的钢材量很大，也应少用。目前在架空线路上广泛采用钢筋混凝土电杆，下面分别叙述三种电杆的优缺点和各种杆塔的与用途。

一、钢筋混凝土杆（或称水泥杆）塔

它多用离心法绕制而成。有等径杆和拔梢杆两种。按制作工艺的不同，又分为普通钢筋混凝土电杆和预应力钢筋混凝土电杆，是我国目前最广泛使用的一种杆塔。

（一）钢筋混凝土杆与木杆及金属杆比较其优点

1. 可以大量节约钢材和木材，同铁塔比可节省钢材 40%～60%。

2. 经久耐用，一般可用 50 年～100 年。

3. 它既不腐朽也不生锈，不需作任务防腐防锈工作，比木杆和金属杆的维修工作量小得多，因此运行费用低。

4. 比铁塔造价低，施工期短。

（二）预应力杆与普通钢筋混凝土杆相比其优点

预应力钢筋混凝土杆能发挥高强度钢材的作用，它与普通钢筋混凝土杆相比有以下优点：

1. 可以节省钢材，如拔梢杆（锥形杆）可节约钢材 20%左右，等径杆可节约钢材 40%以上；

2. 混凝土用量少，因此电杆重量轻；

3. 抗裂性能好，可延长电杆使用寿命。

预应力钢筋混凝土杆应用广泛，是今后的发展方向。

钢筋混凝土杆的主要缺点是笨重，运输和施工都比较困难，因此对较高的电杆，均采用分段制造，现场进行组装，这样可将每段电杆质量限制在一定范围内，他的类型有单杆和双杆等。

二、金属杆（铁杆、铁塔）

金属杆一般采用各类型钢材料，靠焊接或螺栓连接（个别有铆接的）而成，其形状和种类较

多,结构也比较复杂。它的优点时坚固、可靠,使用期限长,同时也便于运输(因为可以将杆塔拆卸成零件,运到需要的地方,再进行组装,以及轻型钢杆等)。缺点是钢材消耗量大,造价高,制作工艺和施工安装比较复杂,易锈蚀,运行维护工作量也比较大。因此,金属杆(铁塔)多用于交通困难和地形复杂的地段,或特大荷载的终端及耐张、大转角、大跨越等特殊杆塔。

第二节　绝　缘　子

绝缘子在高、低压架空线路中用来支持或悬挂导线并使之与杆塔绝缘的,绝缘子也称瓷瓶。对绝缘子的总体要求是:有足够的绝缘强度和力学强度;对化学杂质的侵蚀具有足够的抗御能力,并能适应周围大气条件的变化;如温度和温度变化对它本身的影响等。绝缘子按使用电压等级可分为高压和低压两大类,高压可分为 6、10、15、20 及 35 kV 五个等级;高压瓷瓶按形状又分为针式绝缘子、盘形悬式绝缘子、瓷横担和蝶式等,低压瓷瓶按形状也可分为针式瓷瓶、蝶式两类。

一、线路绝缘子

1. 高压针式绝缘子[如图 3-1(a)所示]

6～10 kV 绝缘子是由瓷件绝缘体与钢脚用不低于 425 号硅酸盐水泥石英砂胶合剂胶合而成。绝缘材料一般采用瓷或钢化玻璃,也有用合成材料,钢脚顶端与瓷件之间垫有弹性衬垫,铁担直角带弹簧垫圈。钢脚、套筒、螺母和平垫圈均经热镀锌处理,弹簧垫圈经磷化处理并涂油。

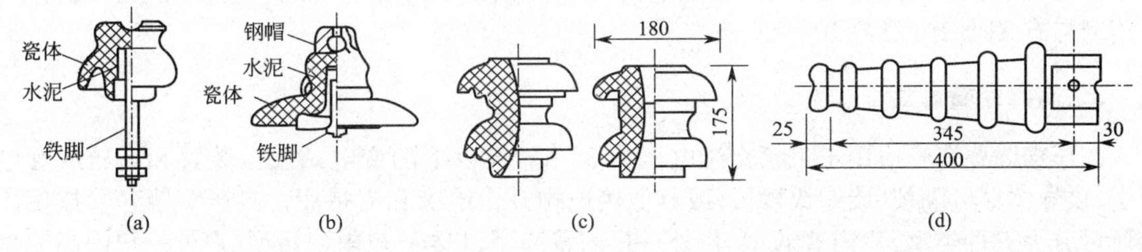

图 3-1　绝缘子

(a)针式绝缘子;(b)悬式绝缘子;(c)蝶式绝缘子;(d)棒式绝缘子

针式绝缘子用 P 表示;Q 表示加强绝缘型;数字为绝缘子额定电压(kV);M 表示木担直角,T 表示铁担直角。

绝缘子的选用:绝缘子的选用应根据具体情况确定。铁路近年来在 10 kV 架空线路上大部分采用铁横担,对 10 kV 级需采用 10 kV 优级加强型绝缘子,20 kV 级需采用 35 kV 绝缘子,35 kV 级可采用悬式绝缘子,在严重污秽地区一般需加强 1～2 级绝缘,10 kV 加强型绝缘子其电气性能、机械性能及钢脚直径相当于 15 kV 针式绝缘子,适合于污秽地区使用。

2. 高压悬式绝缘子[如图 3-1(b)所示]

高压悬式绝缘子一般组装成绝缘子串,用于不同电压等级的线路上,其按使用环境也分为普通型和耐污型两类。绝缘子按连接方式分球形和槽形两种。常用型号有 XP-4、XP-7、XP-10、XP-16 等。

3. 蝶式绝缘子[如图 3-1(c)所示]

多用于电压较低的配电线路上，导线在绝缘子上固定采用绑扎法。常用型号有高压 E-10、E-6 及低压 ED-1、ED-2、En-3 等。

4. 棒式绝缘子(瓷横担)[如图 3-1(d)所示]

棒式绝缘子是一个瓷质整体，可以代替悬垂绝缘子串，且省去电杆横担。根据多年来的运行经验证明棒式绝缘子具有很多优点，其突出的优点就是绝缘性能好，节约投资，可降低线路造价 20%～30%，且安装方便，可加速施工进度。缺点是瓷横担机械强度差，易折断造成断线倒杆事故。瓷横担绝缘子可以同时起到横担与绝缘子的作用。

瓷横担绝缘子按安装形式分为水平安装和直立安装两种，常用的型号有 S10/2.5，S35/5.0 等。

5. 高压线路柱式绝缘子

高压线路柱式绝缘子作高压架空电力线路绝缘和支持导线用。是近年来发展起来的新产品，具有电气性能好，机械强度高，安装维护方便的优点，适用于污秽地区使用。

二、高压支柱绝缘子

高压支柱绝缘子，包括户内支柱绝缘子、户外针式支柱绝缘子、户外棒形支柱绝缘子和耐污型户外棒形支柱绝缘子。高压支柱绝缘子用于电站、变电所配电装置及电器设备中，作高压导电部分的绝缘和支持用。耐污型产品用于不同等级的污秽地区。高压支柱绝缘子按电压等级分有 6、10、15、20、35 kV 等 5 个等级。

1. 户内支柱绝缘子：户内支柱绝缘子按金属附件与瓷件的胶装方式，分为外胶装、内胶装和联合胶装三种形式。常用的型号有 ZN-10/4，ZL-10/4 等型号。

2. 户外针式支柱绝缘子：用于额定电压 10 kV 及以下的变电所配电装置及电器设备中，常用型号有 ZPB-10，ZPD-10 等。

三、高压穿墙瓷套管

高压穿墙瓷套管适用于工频交流电压为 35 kV 及以下的变电站配电装置和高压成套电器中，供导体穿过隔板(墙壁或楼板)或其他接地物时作绝缘和支持用。高压穿墙套管按使用场所可分为五种类型：户内普通型、户外—户内普通型、户外—户内耐污型、户外—户内高原型及户外—户外高原耐污型。

高压穿墙套管适用于水平安装，户内穿墙套管可以立装，常用穿墙套管产品型式代号如下：C 表示户内铜导体穿墙套管；CL 表示户内铝导体穿墙套管；CWL 表示户外—户内铝导体穿墙套管；CW 表示户外—户内铜导体穿墙套管；CM 表示户内母线式穿墙套管。

四、低压线路绝缘子

1. 低压线路针式绝缘子：可作为工频交流或直流电压 1 kV 以下架空电力线路中绝缘和固定导线之用。常用型号有 PD-1T、PD-2T 型两种。

2. 低压线路蝶式绝缘子：在低压架空线路作终端、耐张和转角杆上的绝缘及导线固定，同时也被广泛地用于线路的导线支持，常用型号有 ED-1、ED-2 等。

3. 电车线路绝缘子：用于电车线路或吊车滑触线上绝缘和固定导电部分，按用途可分为悬挂式和瓷环式两种。主要型号有 WX-01、WX-02、WH-01、WH-02 型。

4. 架空电力线路用拉紧绝缘子：作架空电力线路和通信线路电杆拉线或张紧导线的绝缘

和连接用。

五、低压布线用绝缘子

低压布线用绝缘子适用于户内低压配电线的绝缘和导线的固定，低压布线用绝缘子包括鼓形绝缘子、瓷夹板和瓷管等。

第三节　线路金具及零配件

一、金　　具

线路金具是指架空电力线路上用的电力金具，是架空送配电线路的重要组成部分。

常用线路金具可分为：连接金具、耐张线夹、悬垂线夹、接续金具、保护金具、拉线金具、T接金具、设备线夹及变电所母线固定金具等类。

1. 连接金具

连接金具的作用是完成导线（通过绝缘子）与杆塔的连接包括：球头挂环（如图 3-2）和碗头挂环（如图 3-3）、U 形环（如图 3-4）、直角和平行挂板（如图 3-5）、连板、延长环和环板、调整板、U 形螺栓、U 形挂板和 U 形拉板等。

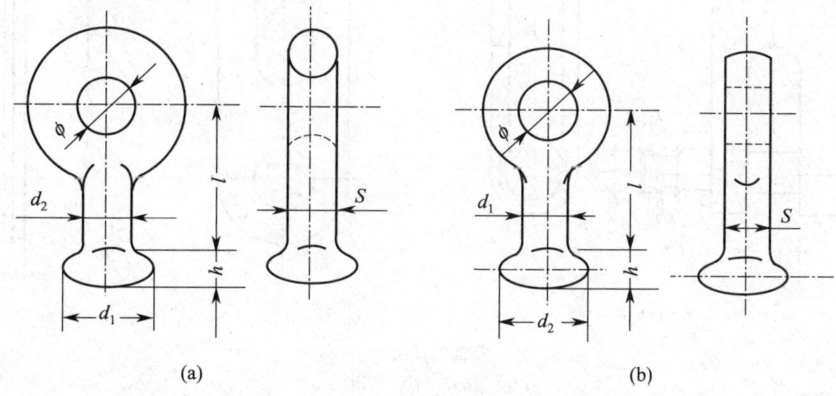

图 3-2　球头挂环

（a）Q 型；（b）QP 型

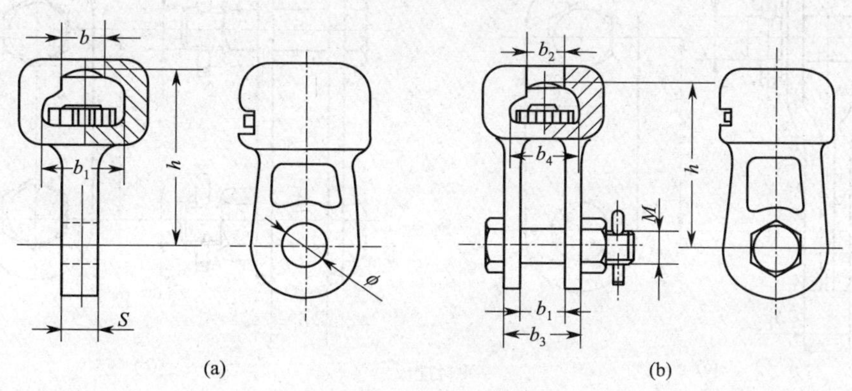

图 3-3　碗头挂板

（a）单联；（b）双联

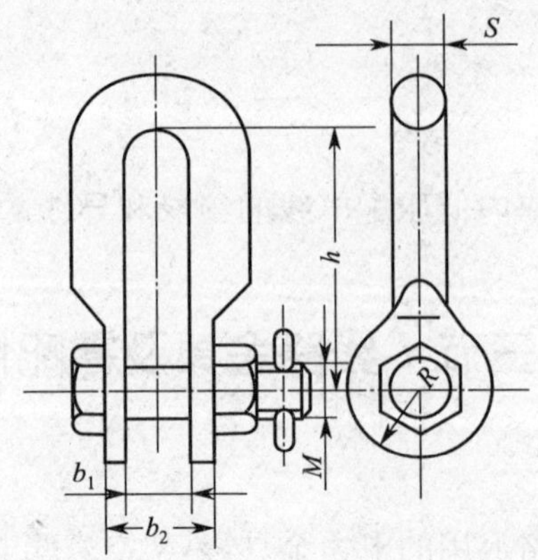

图 3-4　U形环

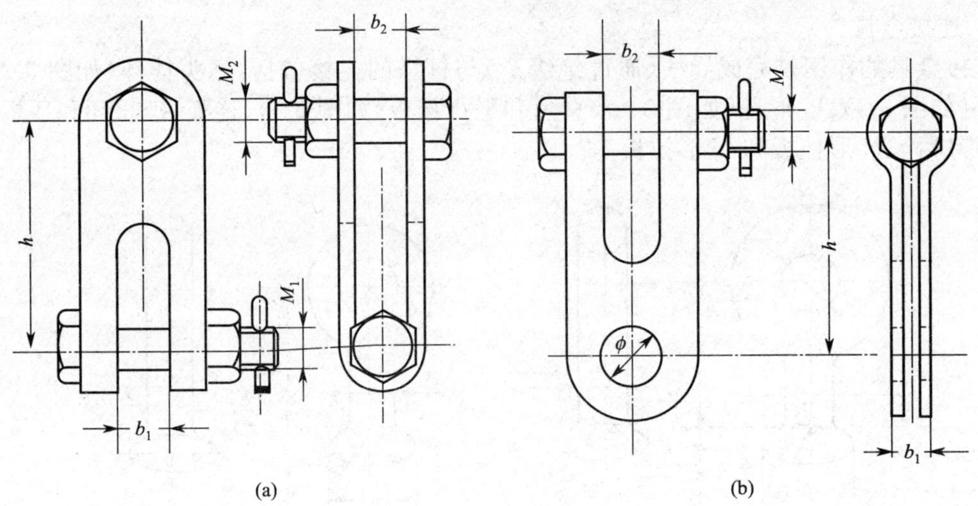

直角挂板
(a) Z形；(b) ZS形

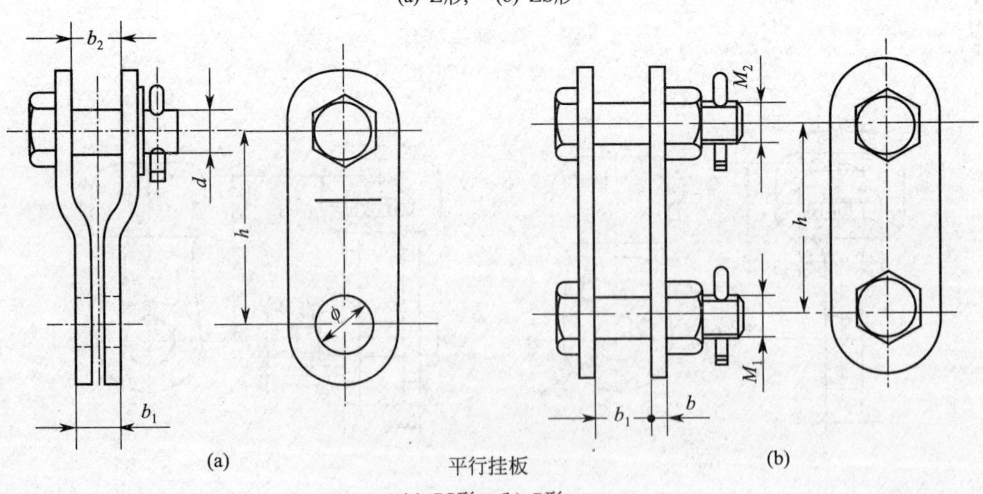

平行挂板
(a) PS形；(b) P形

图 3-5　直角和平行挂板

2. 悬垂线夹(如图 3-6)

悬垂线夹的用途主要是在直线上提携导线用，经悬垂绝缘子串与杆塔的横担相连，常用于 35 kV 及以上线路，我国现阶段使用的悬垂线夹主要为提包式。

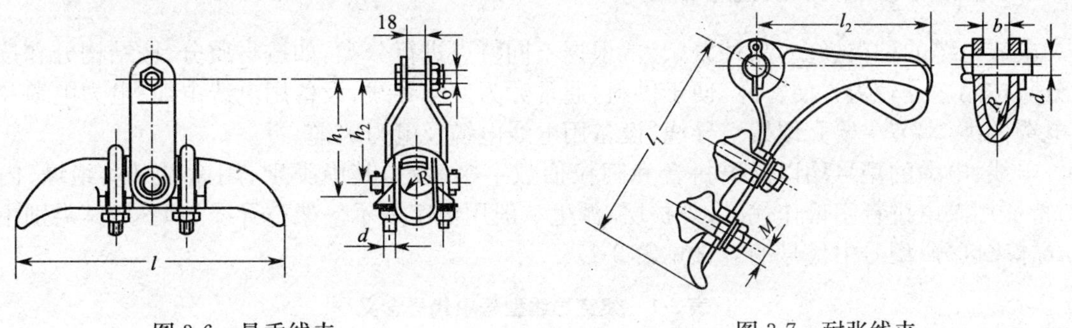

图 3-6　悬垂线夹　　　　图 3-7　耐张线夹

3. 耐张线夹(如图 3-7)

耐张线夹指线夹承受全张力，它的作用是将导线固定在非直线杆塔的耐张绝缘子串上，铁路线路中常使用螺栓式线夹。

4. 接续金具

接续金具主要用于架空电力线路导线、避雷线的接续和修补，按结构形式和安装方法的不同可分为压缩型、螺栓型和预绞丝式三类，其中压缩型又可分液压、爆压和钳压三种。

5. 保护金具

保护金具主要用于减小架空线路导线、避雷线的振动幅度而设计的，铁路 35 kV 以下常用的保护金具有防振锤、悬吊锤等。

6. 拉线金具

拉线金具主要用于线路转角、终端及直线部分防风杆塔等的固定，常用的有拉线线夹、拉线连板、拉线卡子、拉线垫环等。

7. T 接金具

T 接金具主要用于架空电力线路或变电所，在母线的干线上以“T”型方式引下电流分支，分螺栓型和压缩型两类。

8. 设备线夹

设备线夹主要用于变电所母线引下线与电气设备(变压器、隔离开关)或穿墙套管的接续，按安装方法的不同分螺栓型、压缩型两类；又按下引线的方向分 0、30°、45°、90°角多种，还有适用于铜设备端子的铜铝过渡型。

9. 母线固定金具

母线固定金具主要用于变电所母线与绝缘子的固定或悬挂连接，可根据母线类型分为矩形、槽形、管形和软母线固定金具等。

二、电力零配件

电力零配件根据其在线路中的作用可分为支持件、连接件和紧固件三类，支持件主要包括各种横担、杆顶支座、拉板、跳板等。连接件主要包括抱箍、U 形螺栓及各种穿钉等，紧固件是针对支持件和连接件而言，主要有 M 形抱铁、垫片、垫圈等。

第四节　电线、电缆

一、电线、电缆的种类及型号命名

电线电缆的种类极多，品种繁杂，常根据不同特点进行分类，如按材质分、按结构分和按用途分。按用途分较为方便实际，便于供料，通常分为架空导线、设备用电线电缆、电力电缆和通信电缆四类，本节主要介绍架空导线、设备用电线电缆及电力电缆。

电线、电缆的型号均以汉语拼音和阿拉伯数字来表示，其中类别、用途、导体、绝缘、内护层、特征用汉语拼音字母作代号；外护层、派生一般用数字表示。架空导线的型号，其类别主要以导体来区分，型号中代号的含义见表 3-1。

表 3-1　架空导线型号中代号含义

类　别	特　征	
	结构、形状	性　能
T 铜线 L 铝线 G 钢线 HL1 热处理型铝镁硅合金线 HL2 非热处理型铝镁硅合金线 C 电车线	J 绞制 J 加强型 Q 轻型 K 空心结构或扩径型 Y 压缩型 G 沟型 Y 圆型	F 防腐 R 柔软 Y 硬

二、架空导线

架空导线按结构可分为裸导线、普通绞线、组合绞线、特种导线和电车线等五大类。

裸导线多用于小容量的配电线路和通信线。其主要品种型号、规格特点和用途见表 3-2。

表 3-2　裸导线的品种、规格、特点和用途

品种	型号	线径范围(mm)	特　点	用　途
铝包钢线	GL,GGL	3.7～4.4	强度高，耐腐蚀，高频电阻小	通信明线，小容量配电线路
铜包钢线	GTA	1.2～6.0	高频电阻优于铝包铜线	高频通信线路
低锌低碳钢线	—	4.0～6.0	电阻率较大，电力线路应>3 mm	主要用于通信明线
硬铜圆单线	TY	3.0～6.0	电阻率最小	除特殊情况外，不采用

普通绞线一般由直径相同的同一种导电金属并按一定规则绞制而成，其见表 3-3。

表 3-3　普 通 绞 线

品　种	型　号	截面范围(mm^2)	特　点	用　途
铝绞线	LJ	10～600	机械强度小	档距较小的一般配电线路
铝合金绞线热 非热处理型	HL1J HL2J	10～600	HL1J 抗拉强度较大	一般输配电线路
铝包钢绞线	GLJ	70～600	抗拉强度很大	重冰区、大跨距导线、通信、避雷线
镀锌钢绞线	—	2～260	常用截面 25～120 mm^2	农用架空或避雷线
硬钢绞线	TJ	10～400	电阻率最小	除特殊情况外，不采用

组合绞线是采用两种不同金属对导电和强度进行分工、扭绞而成的一种导线，其特点是在同一导线截面时，机械强度比普通绞线大，从而减小弧度，或增大杆塔间跨距，降低线路成本。主要品种见表 3-4。

表 3-4 组合绞线主要品种型号、规格特点和用途

品 种	型号	截面范围(mm^2)	特 点	用 途
钢芯铝绞线 普通型 轻型 加强型	 LGI LOJQ U3JJ	 10～400 150～700 150～400	结构用铝钢截面比 5.3～6.0 8 4.3～4.4	用于输配电线路
钢芯铝合金绞线 热处理型	HLGJ	100～400	电阻稍大，强度较高	重冰区，大跨越输电线路
钢芯铝包钢绞线	GLGJ	120～400	抗拉强度大	较大的大跨越或重冰区输电线路
钢—铝包钢混线				大跨越输电线路或避雷线
防腐钢芯铝绞线		25～400	耐蚀性强	有腐蚀环境的输配电线路
钢芯软铝绞线	LRGJ	120～700		传输容量较大的输配电线路

特种导线，主要用在某些特殊场合，其品种规格、特点见表 3-5。

表 3-5 几种特种导线的品种、规格、特点和用途

品 种	型号	截面范围(mm^2)	特 点	用 途
扩径导线： 扩径钢芯铝绞线 铝钢扩径空芯导线	 LGJK LGKK	 240～700 400～1 200	同一导电面积有效直径大得多，单位重量较轻，电晕损失小，对电磁波干扰小	用于高压或高海拔输电线路 用于高压或高海拔变电站
高强度重防腐钢芯铝包钢绞线	GLGJF3	120～400	拉断力特大，耐腐蚀	用于大跨越、要求耐腐蚀的输电线路
自阻尼钢芯铝绞线		120～400	有自阻尼可减小振动	大档距耐疲劳的输配电线路
防冰雪导线		50～400	利用导线发热防止覆冰	用于重冰区输配电线路

三、设备用电线电缆

设备用电线电缆是指各种电气设备内部的安装，设备与电源间的连接，信号控制系统，以及低压电力配电系统采用的电线和电缆。

1. 根据我国产品的使用情况，设备用电线电缆分为 7 大类、25 个系列见表 3-6。

表 3-6 设备用电线、电缆品种分类

分 类	系 列	分 类	系 列
通用电线、电缆	橡皮、塑料绝缘电线 橡皮、塑料绝缘软电线 通用屏蔽绝缘电线 通用橡套电缆	交通运输用电线、电缆	汽车、拖拉机用电线 机车车辆用电线 航空电线 船用电缆
信号、控制电缆	通用信号、控制电缆 野外控制电缆 电梯电缆	地质勘探和采掘用电线、电缆	检测电缆 钻探电缆 油田生产用电缆 采掘用电缆(矿用电缆)

续上表

分　类	系　列	分　类	系　列
电机、电器用电线、电缆	电机、电器引接线 电焊机用电缆 潜水电机用防水橡套电缆 电光源用电线、电缆 无机绝缘高温电缆	直流高压软电缆	X射线机用电缆， 工业设备用直流高压软电缆
仪器、仪表用电线、电缆	热工仪表用电线 电工、电子仪器仪表用电缆 医疗仪器用电线		

2. 基本结构由导电线芯、绝缘层、屏蔽层、护层组成。

3. 通用绝缘电线和软线

通用绝缘电线和软线是最常用的电线，其品种、规格和用途见表3-7和表3-8。

表3-7　通用绝缘电线的品种、规格和用途

产品名称	型号		工作电压(V)	最高工作温度(℃)	规格			用　途
	铜芯	铝芯			芯数	铜(mm²)	铝(mm²)	
橡皮绝缘电线	BX	BLX	交流500 直流1 000	65	124	0.7～5 500 1～9.5	2.5～630 2.5～120	固定敷设于室内(明敷、暗敷或穿管)，可用于室外，也可作设备内的安装线
氯丁橡绝缘电线	BXF	BLXF			1	0.75～95	2.5～95	同BX型。耐气候性好，适于室外使用
橡皮绝缘软电线	BXR				1	0.75～400		同BX型。仅用于安装时要求柔软的场合
橡皮绝缘和护套电线	BXHF	BLXHF			1	0.75～185	1.5～185	同BX型。适用于较潮湿的场合和室外进户线。可代替老产品铅包电线
聚氯乙烯绝缘电线	BV	BLV			1 2芯平型 2,3芯绞型	0.03～185 0.03～10 0.03～0.75	1.5～185 1.5～10	同BX型。但耐潮湿性和耐气候性较好
聚氯乙烯绝缘软电线	BVR				1	0.75～50		同BV型。仅用于安装时要求柔软的场合
聚氯乙烯绝缘和护套电线	BVV	BLVV			1,2,3芯平型	0.75～10	1.5～10	同BV型。用于潮湿和机械防护要求较高的场合，可直接埋入土中
耐热105 ℃聚氯乙烯绝缘电线	BV-105	BLV-105		105	同BV	同BV	同BV	同BV型。用于45 ℃及以上高温环境中
耐热105 ℃聚氯乙烯绝缘软电线	BVR-105			105	1	0.75～10		同BVR型。用于45 ℃及以上高温环境中

四、电力电缆

1. 电力电缆的种类

表 3-8 通用绝缘软线品种、规格与用途

产品名称	型号	工作电压(V)	长期最高工作温度(℃)	规格		用途及使用条件
				芯数	铜芯截面	
聚氯乙烯绝缘软线	RV(单线)	交流 250 直流 500	65	1	0.012～6	用于各种移动电器、仪表、电信设备,自动化装置接线,也用作内部安装线,安装时环境温度不低于－15 ℃
	RVB(两芯平型) RVS(两芯绞型)			2	0.12～25	
耐热聚氯乙烯绝缘软线	RV-105		105	1	0.012～6	同 RV,用于 45 ℃及以上高温环境
聚氯乙烯绝缘和护套软线	RVV	交流 500 直流 1 000	65	2～4	0.12～6	同 RV,用于潮湿和机械防护要求较高,经常移动、弯曲的场合
				5～7	0.12～2.5	
				10、12 14、16 19、24	0.12～2.5	
丁腈聚氯乙烯复合物绝缘软线	RFB(两芯平型) RFS(两芯绞型)	交流 250 直流 500	70	2	0.12～2.5	同 RVB、RVS,但低温柔软性较好
棉纱编织橡皮绝缘双绞软线 棉纱总编织橡皮绝缘软线	RXS RX	交流 250 直流 500	65	2 2～3	0.2～2.0 0.2～2.0	室内日用电器、照明用电源线
棉纱编织橡皮绝缘平型软线	RXB	交流 250 直流 500	65	2	0.4～1.5	同上

电力电缆的种类很多,根据电压等级、绝缘材料、线缆芯线及结构有以下分类:

(1)按电压分有高压电缆和低压电缆;

(2)按电缆芯线数目分有单芯、双芯、三芯和四芯电缆;

(3)按结构特征分有统包型、分相型、钢管型、扁平型、自容型;

(4)按电缆绝缘材料分有油浸纸绝缘、塑料绝缘、橡胶绝缘和气体绝缘电缆等。

日前铁路高压电缆广泛采用交联聚乙烯电缆。

2. 电力电缆的基本结构

电力电缆主要由线芯、绝缘层和保护层等几部分组成。

线芯是电缆中传导电流的部分,一般由软铜或铝绞线制成。线芯分单芯、双芯、三芯和四芯,线芯的截面形状有圆形、半圆形和扁形。

绝缘层的作用是将线芯导体间及与保护层间相隔离,因此对绝缘性能要求和耐热性能要求较高。

保护层是用以保护绝缘层,使电缆在运输、敷设和运行中不受外力损伤和水分的侵入,故对机械强度要求较高,保护层又分内护层和外护层两部分。电力电缆的主要种类、型号及主要性能见表 3-9。

3. 电力电缆的附件

电缆附件是电缆线路不可缺少的组成部分,35 kV 及以下电缆的附件主要包括终端头、中间盒。电缆终端头是一个与其他输变电设备(如架空线、变压器)相连接的端子;中间盒是用在长的线路将各段电缆连接在一起的连接器。

表 3-9 电力电缆的主要种类、型号及主要性能

绝缘类型	电缆名称	电压等级(kV)	允许最高工作温度(℃)	代表产品型号
塑料绝缘电缆	聚氯乙烯电缆	110	65	VLV,VV
	聚乙烯电缆	6～220	70	VLV,YV
	交联聚乙烯电缆	6～220	10 kV 及以下 90 20 kV 及以下 80	YJLV,YJV
橡皮绝缘电缆	天然丁苯橡皮电缆	0.5～6	65	XLQ,XQ,XLV,XV,XLHF,XLF
	乙丙橡皮电缆	1～35	80	
	丁基橡皮电缆	1～35	80	

4. 电力电缆的保养知识

电力电缆通常都在高电压下运行,各方面要求严格,本身成本较大,如果保管不当,很容易造成大的浪费,因此合理保管非常重要。由于各种电缆的结构组成不同,各种物化性能区别较大,油浸纸绝缘电缆由于线芯的纸带绝缘缠绕较紧,不易弯曲;当弯曲半径较小时就有使绝缘层断裂导致运行时产生电击穿的危险。而橡皮绝缘的电缆,绝缘层为橡皮包带或橡皮布,它的特点是柔软性好,适用于不同的弯曲半径。在保管、运输过程中须加以注意。电缆内部护层通过密封处理,虽有一定的保证,但外面的护层即铅、铝、麻包、铜丝、钢带等,还会受到潮湿环境和腐蚀性气体等有害环境条件的影响,导致变质和损坏。橡皮电缆易受空气,特别是热空气、臭氧以及紫外线的影响而加速老化。矿物油和低温对一般橡皮的影响也很显著。综上所述,电力电缆的保管宜从下面几方面考虑:

(1)电缆应存入通风良好的库房(或料棚)中,环境温度不得超过 25℃,相对湿度保持在 45%～65%。

(2)电缆不应受到日光曝晒(或火炉等热源烘烤),以免电缆受热膨胀使保护层胀裂,以及某些外护层受光(热)加速老化。

(3)电缆不应与酸类、油类、涂料等化学品或散粘易飞扬的材料存放在一起。

(4)电缆木盘必须立放,不准平放,在料棚下存放时,地面要垫以木板。

(5)电缆木盘上的名称、规格、制造厂名、出厂日期、长度、重量和缠绕方向箭头等标志必须清楚。如有模糊不清的情况应及时补写清楚。

(6)电缆应避免零星发料,尽量避免切割。

(7)当电缆长期储存时,最好每季度滚动一次,以改变其着地位置。

(8)保管中如发现漏油现象应及时予以封焊,否则将降低电缆内部绝缘性能。

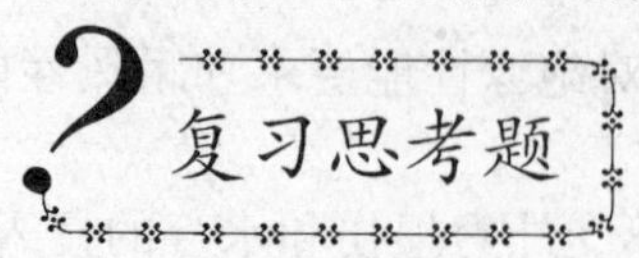

1. 高低压瓷瓶按形状可分为哪些类?
2. 常用线路金具可分为哪些?
3. 架空导线按结构可分为哪几大类?
4. 电力电缆的基本结构是由哪几部分组成,它们的主要作用是什么?

第四章　电力常用设备及试验

第一节　电力调压器

电力调压器是配电所的一个主要电器设备，由于配电所供电容量大都较小，调压器容量一般在 1 000 kV·A 以下，故调压器都是整体运到现场的，它的附件都在制造厂出厂前装配好。所以配电所电力调压器的安装工作主要有搬运、外观检查、安装等内容。

一、外观检查

当调压器运到现场后，应进行外观检查，无异常情况才能安装。

检查内容：调压器与图纸上的型号、规格是否相符；器身不应有机械损伤，箱盖螺栓应完整无缺，密封衬垫要求严密良好，无渗油现象；外表不可有锈蚀，油漆应完整；套管不应渗油，表面无缺陷；滚轮轮距是否与基础铁轨相吻合。

二、调压器安装

经过上述检查后，若无异常，即可就位安装。就位前，应检查调压器的导轨是否水平，轨距与轮距是否吻合。装有气体继电器的变压器，顶盖沿气体继电器气流方向应有 1%～1.5%的升高坡度，便于发生的气体跑向气体继电器。常用垫片垫在储油柜侧的两滚轮下，其厚度等于两滚轮中心距乘以升高坡度，如果两滚轮中心距为 1 m，则垫片厚为 10～15 mm。

调压器就位后，应检查调压器与建筑物或其他设备的距离是否符合设计要求，再用可拆卸的制动装置固定滚轮，并在其上涂防锈油。在电力调压器的两侧分别接上高低压母线。母线与调压器连接时，应用两把扳手，一把扳手固定套管压紧螺母，另一扳手旋转压紧母线的螺母，以防损坏套管。

在调压器的接地螺栓上安装地线。如果调压器的联结组别为 Y，yn，则还应将接地线与电力调压器低压侧的中线端子相连。

三、调压器投运前检查和投运、停运的规定

1. 调压器在投运之前，应对调压器本体及其附属设备进行详细的检查，确认调压器处于完好状态，具备运行条件，方可投入运行，其具体检查项目如下：

(1)油枕和套管的油位。对停运中的调压器，油枕的油位应在周围气温相对应的油标刻度附近。

(2)冷却系统是否已在启动状态。

(3)调压开关位置是否正确。

(4)一、二次侧有无短路地线。

(5)继电保护装置是否已按规定起用，对整定值有无疑问。

(6)对修复后和新安装的调压器，应审查其试验报告，并检查一、二次接线是否正常。

2. 调压器停、送电的操作顺序规定

调压器的停、送电操作顺序：停电时，先停负荷侧，后停电源侧，送电与停电顺序相反。

3. 调压器投入与停运的操作原则

配电调压器两侧装有断路器，投入或停运必须使用断路器；投入时必须先合隔离开关，后合断路器，停运时相反。

四、调压器运行维护和保养

调压器应定期进行外部检查，有人值班的变电所至少每天检查一次，每星期进行一次夜间检查。无人值班的每月至少检查一次，在每次投入前和停用后进行检查。天气急变、结冰等特殊情况要进行即时检查。

检查调压器声音是否正常，有无异音。上层油温是否正常，一般温度不应超过 85 ℃。油位是否正常，一般在油位表指示 1/3～3/4 处。

声音是否正常，有无杂音或响声较大。套管、瓷瓶表面是否清洁，有无破损裂纹及放电现象。呼吸器的吸湿剂是否失效变色，一般正常为蓝色，受潮后变成粉红色。变压器的外壳接地是否良好。散热管的温度是否均匀。所有部件不应漏油和严重渗油。外壳应保持清洁。调压器应每年进行一次预防性试验，并进行清扫，清扫套管及其附件；油表管、瓦斯继电器、安全气道、呼吸器、油箱散热装置及各种阀门。

第二节　电流互感器

互感器可分为电压互感器和电流互感器。用来把高电压变成低电压的互感器，叫电压互感器；用来把大电流变成小电流的互感器叫做电流互感器。互感器的作用主要有以下几个方面：

1. 使测量仪表和继电器与高压装置在电气方面很好地隔离，以保证工作人员和设备的安全。

2. 使测量仪表标准化、小型化，可采用小截面电缆进行远距离测量。

3. 当电力系统发生短路故障时，使仪表和继电器的电流线圈不因受冲击电流的影响而损坏。

4. 二次回路不受一次回路的限制，可采用星形、三角形或 V 形接法，因而接线灵活方便。

5. 对二次设备进行维护、调换以及调整试验时，不需中断一次系统的运行，仅适当地改变二次接线即可实现。

本节主要介绍电流互感器，而电压互感器将在下节介绍。

电流互感器是一种电流变换装置(CT)。它将高压电流和低压大电流变成电压较低的小电流，供给仪表和继电保护装置，并将仪表和保护装置与高压电路隔开。电流互感器的二次侧电流均为 5 A，这使得测量仪表和继电保护装置使用安全、方便，也使其在制造上可以标准化，简化了制造工艺并降低了成本。因此，电流互感器在电力系统中得到了广泛的应用。

一、电流互感器的工作原理

电流互感器的工作原理如图 4-1 所示。它由铁芯(一般由硅钢片叠制而成)、一次线圈、二次线圈、接线端子及绝缘支持物等组成。

它的一次线圈匝数 N_1 很少，串联于被测线路中，流过较大的被测电流 I_1。二次线圈匝数 N_2 较多，它与仪表、继电器等的电流线圈串联在一起，形成一个闭合电路。由于这些电流线圈的阻抗很小，所以电流互感器在工作时，二次侧接近短路状态。

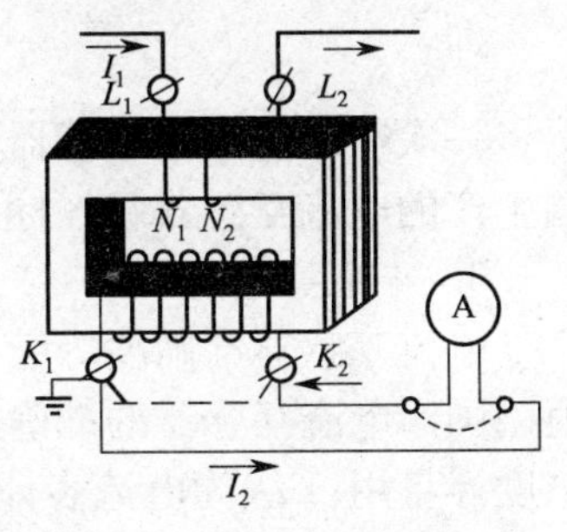

图 4-1　电流互感器原理图

电流互感器的工作原理大致与变压器相似，所不同的是电流互感器一次侧绕组内通过的电流 I_1 取决于线路的负荷电流，与二次负荷无关。二次侧绕组内流过的电流 I_2 大小，取决于一次侧电流大小，这是电流互感器与变压器的重要区别。

电流互感器的额定变比 K 是指一、二次额定电流比，还可以近似地表示为互感器一、二次绕组的匝数比即：

$$K=\frac{I_1}{I_2}=\frac{N_2}{N_1}$$

式中，N_1、N_2 为一、二次绕组的匝数。

由上式可知，利用匝数比值不同，可将电网上大电流，变为小电流 I_1 即 $I_1=KI_2$

二、电流互感器的分类结构

1. 电流互感器的分类

(1)电流互感器根据原绕组匝数可分为单匝式和多匝式。

(2)根据铁芯的数目可分为单铁芯式和多铁芯式。

(3)根据安装方式可分为穿墙式、支柱式和套管式。

(4)根据绝缘可分为干式、浇注式、油浸式等。

(5)根据使用地点可分为户内式、户外式及装入式。

(6)根据准确度等级可分为 0.2、0.5、1、3、10 等级。

2. 电流互感器的结构

单匝式电流互感器的优点是结构简单，尺寸较小，短路时的稳定度较高。其主要缺点是一次电流较小时，准确度较低，所以单匝式只用在电流较大的一次电路中。一般额定电流在 400 A 以下多采用多匝式。

户内 LMZ-0.5 型电流互感器，其铁芯是环形铁芯(5～800 A)或矩形铁芯(1 000～3 000 A)，二次线圈基本上沿铁芯周围均匀分布，并浇注环氧树脂作为绝缘，防潮性能好。它适用于 500 V 及以下交流线路供电流测量、电能计量和继电保护用。户内 10 kV、LQJ-10 型电流互感器是采用环氧树脂或不饱和树脂浇注作绝缘，铁芯为条形铁迭装而成，有两个铁芯和两个二次线圈，分别为 0.5 级和 3.0 级，它适用于 10 kV 及以下交流线路中供电流测量、电能计量和继电保护用。

三、电流互感器的基本参数

1. 额定电压

电流互感器铭牌所标的额定电压是指线电压，要求电流互感器一次线圈能够长期承受的对地最大电压的有效值，不应低于线路的额定相电压。

2. 额定电流比

额定电流比是指一次绕组的额定电流 I_{e1} 与二次绕组的额定电流 I_{e2} 之比。用 K 来表示。

即：

$$K=\frac{I_{e1}}{I_{e2}}$$

一次额定电流指互感器一次绕组允许通过的最大长期工作电流。二次额定电流，目前我国生产的电流互感器已经标准化，统一为5 A。

3. 准确度等级

电流互感器准确度等级指在规定的二次负荷范围内，一次电流为额定值时的最大误差限值。国产电流互感器的准确度等级有：0.2、0.5、1、3、10、D级。0.2级为精密仪表用；0.5级为电度计量用；1级为电流表计用；3级为继电保护用；D级为差动保护用。

4. 额定容量

电流互感器的额定容量是指电流互感器在额定二次电流 I_{e2} 和额定二次阻抗 Z_{e2} 下运行时，二次绕组输出的容量。通常，电流互感器的二次额定电流为5 A，故其容量也常用额定二次阻抗来表示。

5. 型号

现有国产电流互感器的型号字母代表的意义如表4-1所示

表4-1　电流互感器型号的意义

字母序号	字母含义	字母序号	字母含义
1	L—电流互感器	3	C—瓷绝缘的　G—改进过的　K—瓷外壳式 L—电缆电容式　M—母线式　P—中频的 S—速饱和的　Z—浇注式　W—户外式
2	A—穿墙式　B—支持式　C—瓷箱 D—单匝式　F—多匝式　J—接地保护 M—母线式　Z—支柱式　Q—线圈式 R—装入式　Y—低压的	4	B—保护级　D—差动保护　Q—加强型 J—加大容量

6. 常用的电流互感器型号

(1)在低压系统中常用的电流互感器有以下几种

①LQG-0.5——户内装置线圈式；

②LMZ1-0.5、LMZJ1-0.5——户内母线式树脂浇注绝缘；

③LYM-0.5——户内母线式。

(2)在高压系统中常用的电流互感器有以下几种

①LQZ-10——户内线圈式；

②LGJC-10——户内线圈式(差动用)；

③LDC-10——户内单匝套管式；

④LFC-10——户内多匝贯穿式瓷绝缘式；

⑤LA-10、LAJ-10——户内新型全铝线树脂浇注绝缘式；

⑥LR-35 、LRD-35——套管式电流互感器，附装在35 kV多油断路器套管内使用；

⑦LCW-35——户外瓷箱式。

四、电流互感器的极性标志

在直流电路中，电源的两个端子有正、负之分，而在交流电路中，电流的方向随时都在改变，因此很难确定哪个是正极，哪个是负极。但是，我们可以假定在某一瞬间，线圈感应出来的电流也同样有流入和流出的方向，所谓电流互感器的极性就是指它的一次线圈和二次线圈间电流方向的关系。按照规定，一次线圈出线端标志：首端为 L_1，末端为 L_2。二次线圈出线端标志：首端为 K_1，末端为 K_2。在接线中，L_1 和 K_1 称为同极性端，L_2 和 K_2 称为同极性端。

当为二次线圈带有中间抽头的复比电流互感器时，首端标志为 K_1，自第一个抽头起依次为 K_2、K_3……。

对于具有多个二次绕组的电流互感器，应分别在各个二次线圈的出线端标志"K"前加注数字，如 $1K_1$、$1K_2$……；$2K_1$、$2K_2$……。

五、电流互感器的极性测试

1. 直流法

用直流法测定电流互感器极性的试验接线如图 4-2 所示。

极性的判断方法：当刀闸开关 k 接通时，如果表计指针向正方向摆动，则电池正极和毫伏表正极所接的电流互感器绕组的端子是同极性端子（即减极性）；如表计指针向负方向摆动，则为异极性端子（即加极性）。

2. 交流比较法

比较法就是将被试电流互感器与已知极性且与被试互感器变比相同的电流互感器进行比较，根据电流表所接的电流互感器绕组的端子的指示来判定极性，试验接线如图 4-3 所示。

在电流互感器一次侧通入交流电流后，观察二次侧电流表的指示值，若指示值 $A_1 < A_2$，则图中所标极性正确；若 $A_1 > A_2$，则被试电流互感器的极性与图中标号相反。

3. 仪器法

一般的互感器校验仪都带有极性指示器，因此在测定电流互感器误差之前，仪器可预先检查极性，若极性指示器没有指示，则说明被试电流互感器极性正确。

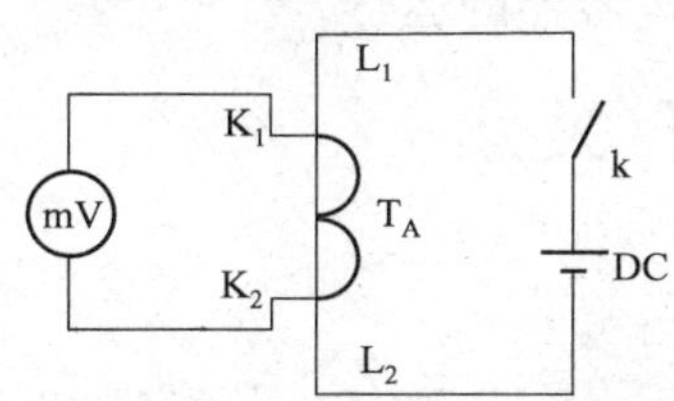

图 4-2　直流法测定电流互感器极性试验接线图
k—刀闸开关；T_A—被测电流互感器；
DC—直流电源

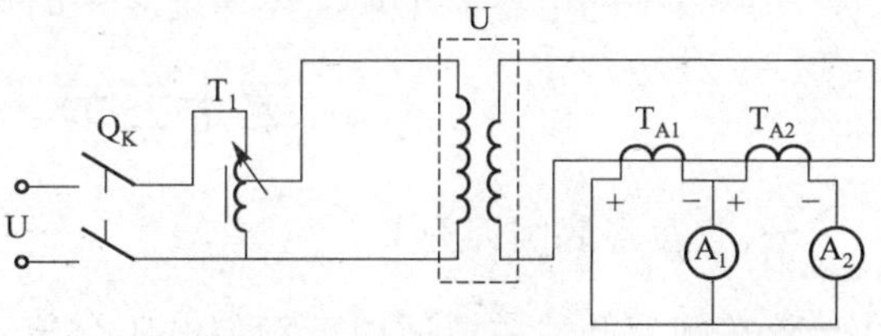

图 4-3　交流比较法测定电流互感器极性试验接线图
Q_K—电源开关；T_1—单相调压器；U—升流器；
T_{A1}—已知极性变比；T_{A2}—被测电流互感器

六、电流互感器的选择与接线方式

1. 电流互感器的选择

(1)电流互感器的额定电压应与电网的额定电压相符合。

(2)电流互感器一次额定电流的选择，应使运行电流经常在其 20%～100%的范围内。10 kV 继电保护用电流互感器一次侧电流的选用，一般不大于设备额定电流的 1.5 倍。

(3)根据电器测量和继电保护的要求，选择电流互感器的适当准确等级。

(4)电流互感器的二次负载（包括电工仪表和继电器）所消耗的功率（伏安数）或阻抗不应超过所选择的准确度等级相对应的额定容量，否则准确度等级会下降。

(5)根据系统的运行方式和电流互感器的接线方式，选择电流互感器的台数。

(6)电流互感器选择之后，应根据装设地点的系统短路电流校验其动稳定和热稳定。

安装电容器应根据每个电容器铭牌的容量按相分组，应尽量调配至三相电容间误差最小，其差值不应超过5%，然后将电容器放在安装位置上。电容器要放平正，铭牌应面向维护通道的一侧。相邻电容器外壳应符合设计规定，一般不小于电容器厚度的1/2。电容器底部距地面距离不小于100 mm。电容器外壳和构架均应有接地螺栓，安装时，要用接地线将其与变电所地网连在一起，接地线截面应按规定选择。高压电容器必须经试验合格后才投入运行。

三、电容器常见故障及处理

1. 电容器巡视检查的项目：

(1)绝缘子有无闪络放电、裂纹、破损。

(2)外壳有无变形、渗油、漏油。

(3)接地是否良好，放电回路与引线接触是否良好。

(4)安全距离是否合格。

(5)断路器、熔断器(熔丝)是否熔断，电压电流是否正常。

2. 电容器常见故障及处理

电容器常见故障有以下几种：

(1)电力电容器发生爆炸，有爆炸声音、异味。

(2)接头严重过热或熔化，有异味。

(3)电容器喷油或起火。

(4)外壳鼓肚严重，三相电流不平衡超过50%以上。

(5)故障电容器回路电流值较小，端电压较高引起电容柜故障跳闸。

当运行中的电容器出现上述情况之一时，应立即停止电容器的运行。

第十二节　低压开关

一、胶盖瓷底闸刀开关

胶盖闸刀开关主要适用于额定电压交流380 V或直流440 V，额定电流60 A以下的电器装置，电热、照明等配电设备，供不频繁地手动接通和切断负载电路，并具有短路或过载保护作用。胶盖瓷底闸刀开关分为二极和三极，电流等级分10、15、30、60 A等四种。三级开关在适当降低容量时，也可作为小容量异步电动机的不频繁直接启动和停车使用。

二、刀开关

刀开关大部分都用在成套动力箱和开关柜中，主要适用于额定电压交流380 V或直流440 V，额定电流1 500 A以下的工业企业的配电设备中，作为不频繁地手动接通和切断电路或隔离电源之用。装有灭弧室的可以切断负荷电流，其他都只作隔离装置使用。刀开关的结构极为简单，由操作手柄、触刀、静插座和绝缘底板组成。

刀开关的种类很多，按刀的极数分，有单极、双极、和三极；按刀的转换方向分，有单投和双投；按灭弧装置情况分，有带灭弧罩和不带灭弧罩(有灭弧罩的刀开关可以切断负载电路，没有灭弧罩的刀开关只可作隔离开关使用)；按操作方式分，有直接手柄操作式和远距离连杆操作式；按接线方式分，有板前接线和板后接线。

刀开关使用时额定电压应等于或大于电路额定电压，其额定电流应等于或大于电路工作电流。若用刀开关来控制小型电动机，则必须考虑电动机的启动电流比较大，应选用额定电流较大的开关，而刀开关的通断能力和其他性能均应符合电器的要求。刀开关断开负载电流不应大于允许断开电流值，一般结构的刀开关通常不允许带负载操作，但装有灭弧室的刀开关，可作不频繁带负载操作。刀开关所在线路的三相短路电流不应超过规定的动、热稳定值。

三、封闭式负荷开关

封闭式负荷开关又称铁壳开关，它的用途与胶盖瓷底闸刀开关相同。负荷开关主要由闸刀、瓷插式熔断器、灭弧装置、操作机构和钢板（或铸铁）外壳构成。三把闸刀固定在一根绝缘方轴上，受手柄操纵。操作机构装有机械联锁，使盖子打开时手柄不能合闸，或者手柄合闸时盖子不能打开，以保证操作安全。另外，操作机构中装有速动弹簧，使闸刀能快速接通或切断电路，其分合速度与手柄的操作速度无关，有利于迅速切断电弧，减少电弧对闸刀和静插座的烧蚀。

封闭式负荷开关的运行与维护

1. 开关的金属外壳应可靠接地或接零，防止漏电时发生触电事故。

2. 接线时，应将电源线接在静触座的接线端子上，负荷接在熔断器一端，如果接反了，在维修时将有可能会出现不安全。

3. 检查机械联锁是否正常，速断弹簧有无锈蚀、变形现象。

4. 检查压线螺钉紧固后有无松扣现象。

5. 检查外壳是否完好无损，操作的绝缘杆应牢固无损，可动触片固定牢固，接触紧密。

6. 被控制设备应在开关容量之内，所配熔体应满足负荷要求。

四、交流接触器

它是一种适用于远距离频繁接通和切断大容量（大电流）电路的自动控制电器。其主要控制电动机，也可用于控制其他电动负载。它有三对常开主触头用于接通负荷电源，还有二对常开和二对常闭辅助触头。辅助触头随着主触头的接通和断开而同时闭合或断开，供给控制回路中应用。

接触器的操作线圈有交、直流之分。交流控制的为 50 Hz，36、220、380 V；直流为 48、110、220 V。

五、低压断路器

低压断路器旧称低压自动开关或空气开关。它既能带负电荷通断电路，又能在短路、过负荷和低电压（或失压）时自动跳闸，其功能与高压断路器类似。

（一）性　　能

它具有良好的灭弧室，以熄灭切断电流时所产生的电弧。它既能在正常情况下切断负载电流，又能在发生短路时自动切断短路电流。开关中装的电磁脱扣器，用作短路保护，当短路电流达到近 10 倍额定电流时，电磁脱扣机构迅速分断。一般自动开关还装有复式脱扣，也就是电磁脱扣加上热脱扣。热脱扣主要保护电器的过载，靠双金属片受热弯曲的原理。

（二）工作原理

自动空气开关工作原理如图 4-11 所示。

从图中可见，正常工作时，电磁脱扣器的动作线圈串联在开关回路中。当负载发生短路等故障，流过开关触头的电流大于整定值时，该线圈中流过的电流，产生的磁力克服弹簧

$100/\sqrt{3}$ V;供中性点直接接地系统用的电压互感器的零序线圈额定电压规定为 100 V,供中性点不直接接地用零序线圈额定电压为 100/3 V。

2. 额定变比:

变比是电压互感器一次额定电压 U_{e1},与二次额定电压 U_{e2}之比,用 K 表示。

$$K=\frac{U_{e1}}{U_{e2}}$$

3. 额定容量:

电压互感器的容量是指二次绕组允许接入的负载功率,分为额定容量和最大容量两种,用伏安值来表示。

4. 准确度:

电压互感器的准确度等级是指在规定的一次电压和二次负荷变化范围内,负荷功率因数为额定值时,误差的最大限值。

通常电力系统常用的有 0.5 级、1 级和 3 级。0.5 级主要用于电能表计量电能;1 级用于配电盘仪表测量电压、功率等;3 级用于一般的测量仪表和继电保护装置。单相三绕组电压互感器零序电压绕组准确等级有 3 B、6 B。

四、电压互感器的极性与测试

和电流互感器一样,电压互感器也有一定的极性。按照规定,电压互感器的一次绕组进线端首端用字母 A,末端用 X 标记,而二次绕组出线端首端用字母 a,末端用 x 标记。在接线中,A 与 a 以及 X 与 x 均称为同名端。

和电流互感器一样,电压互感器的极性错误,同样能引起继电保护装置误动作或者影响电度计量的正确性。因此,电压互感器的极性必须检查正确。电压互感器的极性测试方法有以下两种:

1. 直流法

用 1.5～12 V 干电池,正极接于互感器高压侧的 A 端,负极接于高压侧的 x 端,直流毫伏表(或微安表)的正极接于低压侧的 a 端,负极接于低压侧的 x 端,如图 4-5 所示。

极性的判断方法是:当刀闸开关 K 接通瞬间,如果表指针正向偏转或开关断开瞬间表指针反向偏转,即说明该互感器绕组为同极性(即减极性)反之为异极性(即加极性)。

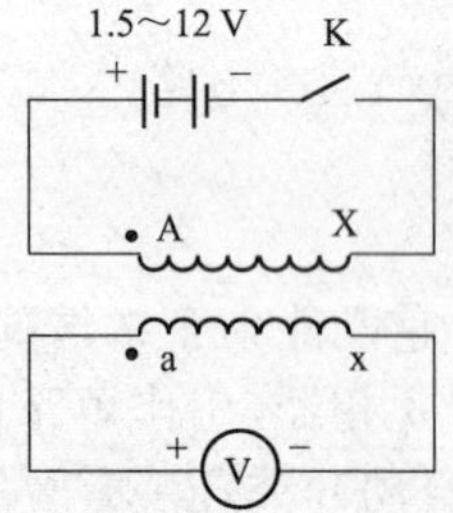

图 4-5 直流法极性测试

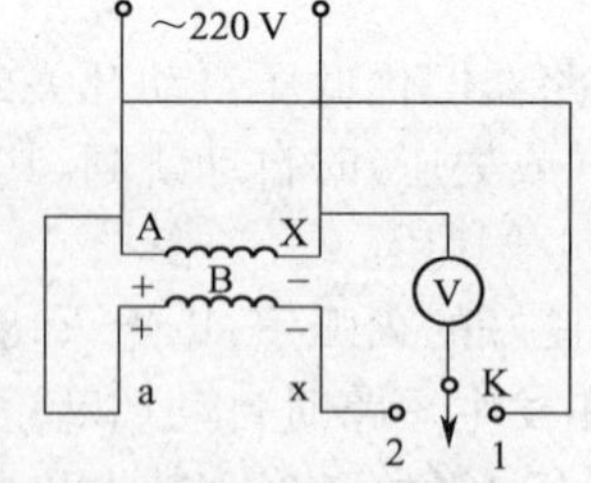

图 4-6 差接法

2. 交流差接法

差接法试验如图 4-6 所示。将互感器高压绕组接入交流 220 V 电源,并将互感器高压正端与低压正端连接。K 为单极双投开关,当投向 1 时测得电源电压,投向 2 时测得两负端电压，此时若测得的电压值小于电源电压为同极性（即减极性），大于电源电压为异极性（即加极性）。

五、电压互感器接线方式

电压互感器有各种不同的接线方法，最常见的有如图 4-7 所示的几种接法。

图 4-7(a)只有一台单相电压互感器，用在测量某一相间电压（35 kV 以上电网）或相对地电压（110 kV 及以上中性点接地电网）。

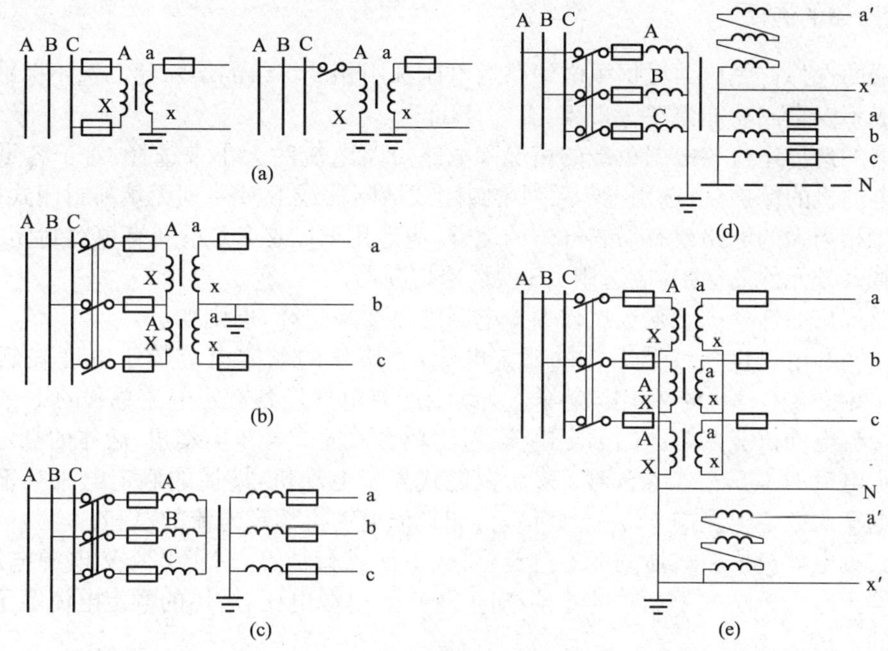

图 4-7 电压互感器的接线方式

(a)单相互感器的接线；(b)V，v 接线；(c)三相三柱电压互感器的接线；

(d)三相三柱电压互感器的接线；(e)三个单相三线圈电压互感器的接线。

图 4-7(b)是两台单相电压互感器接成 V，v 形，它能测量各相间电压，但不能测量相电压。它广泛应用于 20 kV 以下中性点不能接地或经高阻抗接地的电网。

图 4-7(c)是一台三相三柱式电压互感器接线，它只能测量相间电压。

图 4-7(d)是一台三相五柱式电压互感器接线，一、二次线圈均接成星形，且高压侧中性点接地，用于 3～15kV 电网，可测量相间电压和相对地电压，另一组线圈接成开口三角形，供系统接地的绝缘监视用。

图 4-7(e)是用三台单相三线圈电压互感器构成图 4-7(d)的接线方式，应用于 35 kV 以上电网中。

六、电压互感器使用注意事项

1. 运行中的电压互感器不允许短路，否则将会产生很大的短路电流，烧毁电压互感器。
2. 一次绕组并接在干线回路中，二次绕组并接在测量回路中，接线时要注意极性正确。
3. 额定电压应与所运行的系统相适应。

(五)无填料管式熔断器

熔断器的熔断管部分主要由纤维熔管、变截面的锌熔片和触点底座等部分组成。当熔片熔断时,纤维管的内管将有极少部分纤维物质因灼热而分解,产生高压气体,使电弧很快熄灭。具有结构简单、更换熔体方便及保护性能好等优点,广泛应用于低压配电装置中。

(六)有填料封闭管式快速熔断器

由熔断管、熔体、指示器、填料和触点底座等部分组成。熔体用银带制成"V"形的狭窄截面或网状形式,使熔断器具有快速性,可作为半导体整流元件的短路保护及过载保护。

二、熔断器的选择

熔断器的选择首先应该根据供电线路的电压选用相应等级的熔断器。选用标准过高或过低则会造成不安全或功能浪费等现象。

熔断器的选择还应该根据负载的情况和电路短路电流的大小来选择,对于容量较小的照明线路或电动机的保护,可选用 RC 系列半封闭式熔断器或 RM 系列无填料封闭式熔断器;对于短路电流相当大的电路或有易燃气体的地方,应选用 RL 或 RT 系列有填料封闭式熔断器;对于晶闸管及硅元件的保护,应选用 RS 型快速熔断器。

熔断器规格的选择则必须根据被保护电路的需要来选择,原则如下:

(一)照明和电热设备线路熔体的额定电流:总熔丝的额定电流等于电度表额定电流的 0.9~1 倍;支线熔体(丝)的额定电流等于支线上所有电气设备额定电流总和的 1~1.1 倍。

(二)交流电动机线路熔体的额定电流:对于单台鼠笼式异步电动机,熔体的额定电流等于电动机额定电流的 1.5~2.5 倍;对于多台鼠笼式异步电动机,熔体的额定电流等于其中功率最大一台电动机额定电流的 1.5~2.5 倍,再加其他电动机额定电流的总和。

(三)交流电焊机线路熔体的额定电流:可按下法进行估算,对于 220 V 电源电压,熔体的额定电流等于电焊机功率千瓦数的 6 倍;对于 380 V 电源电压,熔体的额定电流等于电焊机功率千瓦数的 4 倍。

(四)选用熔断器注意事项:

1. 熔断器的保护特性应与被保护对象的过载特性有良好的配合。

2. 按线路电压等级选用相应电压等级的熔断器,通常熔断器额定电压不应低于线路额定电压。

3. 根据配电系统中可能出现的最大短路电流,选择具有相应分断能力的熔断器。

4. 在电路中,各级熔断器应相应配合,通常要求前一级熔体比后一级熔体的额定电流大 2~3倍,以免发生越级动作而扩大停电范围。

三、熔断器使用维护中要注意的事项

(一)当发现熔断器的熔体烧断,不应马上更换熔丝,而应首先查明原因,分清故障类型后再处理。对于短路故障,由于短路电流较大,熔丝会高温气化,并有放炮声,熔断器有严重的烧灼等现象。对于一般过载电流使熔体烧断,由于电流不大,熔体发热不严重,熔体一般只有一段熔化并没有严重的烧灼现象。

(二)更换熔丝时,必须断开电源,并检查熔断器插座、插片的接触状态,有否过热、软化、变色等现象,如有上述现象必须立即更换。

(三)正确选择熔体(丝),应根据各种电器设备用电情况(电压等级、电流等级、负载变化情况等），在更换熔体时，应按规定换上相同型号、材料、尺寸、电流等级的熔体。

（四）安装和维修中，特别是更换熔体时，装在熔管内熔体的额定电流不准大于熔断管的额定电流。

（五）熔丝两端的固定螺钉应完好，无滑扣现象，以保证固定熔体时，接触良好、配合牢固，否则会造成接触处温度升高，烧坏熔体。安装熔丝时，应按顺时针方向弯曲熔丝，这样紧固螺钉时，熔丝不会被挤出来。安装熔丝时，不要划伤、碰伤熔丝，更不要随意改变熔丝的外形尺寸。

（六）安装熔断器时，先放好弹簧垫或钢纸垫后再紧固螺钉，不要用力过猛，否则会损坏瓷底座 。

（七）不能随便改变熔断器的工作方式，在熔体熔断后，应根据熔断管端头上所标明的规格，换上相应的新熔断管。不能用一根熔丝搭在熔管的两端，装入熔断器内继续使用。

（八）作为电动机保护的熔断器，应按要求选择熔丝，而熔断器只能作电动机主回路的短路保护，不能作过载保护。

（九）在维修短路保护线路时，应注意以下几点：

1. 对变压器中性点接地的三相三线制或三相四线制供电线路，电动机主回路必须采用短路保护。

2. 对不同性质的负载（如主回路、控制回路、照明回路、指示回路等）应分别保护，小容量电动机的控制回路可用主电路的熔断器作短路保护。

3. 对容量较小且容量相差不大的两台或三台电动机，可采用一组共用的熔断器作短路保护；而对容量较大且容量相差较大的几台电动机的分支电路，应分别进行短路保护。

作为一个末端支路的短路保护共用一组熔断器时，应符合以下条件：

1. 给末端支路馈电线路的最大额定电流应不大于 100 A。

2. 每台电动机要有单独的过载保护装置。

3. 在有分支电路中，熔体的熔断动作应有选择性，前一级熔体的额定电流必须大于分支电路的熔体额定电流。

4. 在下列线路中，不允许接入熔断器：

（1）接地线路中。

（2）三相四线制的中性线路中。

（3）直流电动机的励磁回路。

第十四节　电力设备试验

为了检查电气设备的质量状态，及时发现设备隐患，确保供电设备安全运行，在变配电所投入运行前，必须对电力相关电器设备进行验收交接试验，运行设备还应定期进行预防性试验。

（一）绝缘电阻试验

通常使用摇表测量电气设备的绝缘电阻，以判断电气设备的绝缘状况。摇表分普通摇表和晶体管摇表两种，电压一般为 500 V、1 000 V、2 500 V、5 000 V 几种，绝缘电阻的有效量程可达到 1 000～50 000 MΩ。绝缘电阻试验的设备简单，操作方便，并能发现许多缺陷，特别对发现脏污和开裂之类缺陷尤为灵敏。

第五节　高压隔离开关

隔离开关是高压开关的一种，它没有专门的灭弧装置，不允许带负荷拉闸。因此，必须在断路器切断以后才能拉开隔离开关。同样也不能带负荷合闸，必须在断路器闭合之前，先将隔离开关合闸。但它可以利用闸刀分开时将电弧拉长和空气的自然熄弧能力，开断一定数值的空载电流(不超过 5 A)。

一、高压隔离开关的用途与要求

1. 用途

(1)将电气设备与带电部分隔离，以保证被隔离的电气设备能安全的进行检修。

(2)接通和断开小电流，隔离开关一般不允许带负荷操作，如回路中无断路器时，允许使用下列操作：

①开、合电压互感器和避雷器，

②开、合仅有电容电流的母线设备；

③电容电流不超过 5 A 的无负荷线路。当电压在 20 kV 及以上时，应使用用户外三相联动隔离开关；

④用户外型三相联动隔离开关；允许开、合电压为 10 kV 及以下，电流为 15 A 以下的负荷。

⑤开、合电压为 10 kV 及以下，电流在 70 A 以下的环路均衡电流。

2. 对隔离开关的一般要求

(1)所用隔离开关的电压等级及容量应符合使用条件。

(2)在开断状态时，隔离开关动、静触头之间开距应符合要求，保证在任何情况下，不致造成电击穿，并易于观察其明显的分断状态。

(3)隔离开关应具备闭锁位置，该装置动作灵活，正确可靠。带有接地刀闸的隔离开关，接地刀闸与主触头的机构闭锁应正确可靠。分闸时先断开主触头，后合接地刀闸；合闸时先分接地刀闸，后合主触头。

(4)三级联动隔离开关，三相同期误差不得大于 5 mm。

(5)隔离开关合闸时，接触应良好。一般以 0.05 mm×10 mm 的塞尺检查；对于线接触应塞不进去；对于面接触，在接触面宽度为 50 mm 及以下时，不应超过 4 mm，在接触面宽度超过 60 mm 及以上时，不应超过 6 mm。

二、高压隔离开关的分类

高压隔离开关主要根据安装地点、电压等级、极数和构造进行分类的，有如下几种类型：

1. 按安装地点分为户内式和户外式两种；

2. 按极数分为单极、双极和三极三种；

3. 按支柱分为单柱式、双柱式和三柱式三种；

4. 按闸刀动作方式分为闸刀式、旋转式、插入式三种；

5. 按所配操作机构分为手动、电动、气动、液压四种。

隔离开关型号的含义：

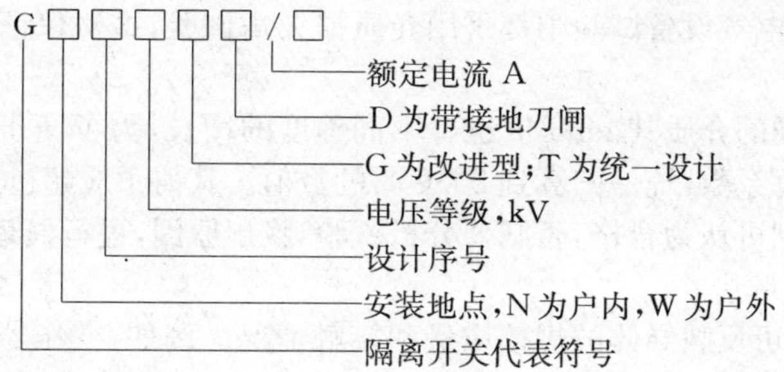

三、高压隔离开关的结构

高压隔离开关主要由如下几个部分组成。

1. 支持底座

该部分的作用是起支持和固定作用,将导电部分、绝缘子、传动机构、操动机构等固定为一体,并安装在钢架上。

2. 导电部分

包括触头、闸刀、接线座。该部分的作用是传导电路中的电流。

3. 绝缘部分

包括支持绝缘子、操作绝缘子。其作用是将带电部分与接地部分绝缘。

4. 传动部分

传动部分的作用是接受传动结构的力矩,并通过拐臂、连杆、轴齿或操作绝缘子,带动动触头,以完成闸刀的分合。

四、高压隔离开关的安装与调试

1. 外观检查

高压隔离开关在安装前应进行外观检查,检查内容如下:

(1)型号、规格是否与设计相符。

(2)零件有无损坏,闸刀及触头有无变形,如有应校正。

(3)动、静触头接触应良好,如有氧化层应用“0-0”号砂纸清除,并涂上复合电力脂。用 0.05 mm×10 mm 的塞尺检查刀片接触情况,对于线接触应塞不进去,对于面接触其塞入深度在接触表面宽度为 50 mm 及以下时,应不超过 4 mm;在接触表面宽度为 60 mm 及以上时,不应超过 6 mm。

(4)用 1 000 V 或 2 500 V 兆欧表测量绝缘电阻,额定电压 10 kV 的隔离开关绝缘电阻应在 800~1 000 MΩ 以上。

2. 安装

(1)用人力或滑轮吊装。把开关本体放于安装位置,使开关的底座上孔眼套入基础螺栓,稍拧紧螺帽,用水平尺和线锤进行找正找平。找正位置后拧紧基础螺帽。

(2)安装操作结构。将操作结构固定在事先埋好的支架(电杆)上,并使其扇形板与隔离开关上的传动转杆在同一垂直平面上。

(3)连接操作拉杆。拉杆连接前应将弯连接头连接在开关的传动转杆上,直连接头连接在扇形板的舌头上,然后把调节元件拧入直连接头。操作拉杆应在开关和操作结构处于合闸位置时装配,测好操作拉杆的长度,然后下料。拉杆一般用直径为 20 mm 的黑铁管。拉杆加工管、变压器、互感器等电气设备试验中都采用介质损失角试验，这对保证电气设备安全运行是十分必要的。

温度上升时，不同的介质其 tan$d$ 值也有不同程度的增长，为了便于与历次试验结果进行比较，应采用温度换算系数，统一归算到 20 ℃时的数值。其值不应超过规定标准，且和历次数值比较变化不大时，则可认为合格，否则要分析试验，找出原因，进行处理。

（四）直流电阻的测量

直流电阻的测量可反映导体的焊接质量和接触情况。例如，变压器的直流电阻试验能有效地发现变压器线圈匝间和层间短路，分接开关接触不良及引线焊接头松动等缺陷。对油断路器，主要是测量其触头的接触电阻。

直流电阻测量所用的仪表一般为双臂电桥和单臂电桥两种。双臂电桥测量电阻时，其阻值范围为 0.000 1～10 Ω 时，宜采用双臂电桥四端钮的接线方式。当测量 10～10^5 Ω 的高电阻值时，应使用单臂电桥。

注意事项：

(1)测量直流电阻时要十分仔细，如有微小误差，可导致不正确的结论。

(2)在测量变压器线圈的直流电阻时，应注意掌握充电时间，因为变压器线圈是一个大电感，有储能的特性，当加上电池后，首先要进行充电，大容量变压器充电时间要数分钟才能稳定。若未完成充电时间而过早地接通检流计，则容易损坏检流计，或测量值不准确，造成误判断。

(3)测量直流电阻时，必须记录环境温度，并换算成 75 ℃时的电阻值，再进行比较。

(4)为了测量准确，减少接触电阻和引线电阻，应尽量选用短而粗的铜线。用砂纸擦去连接处表面层，螺母要拧紧。

(5)直流电源要保证容量，电压稳定，所以要用甲号电池，并经常进行检查，发现电池电压不足时，及时调换。

(6)测量前，应先对被测电阻值估计一下，这不仅可缩短操作时间，而且减少检流计指针的撞击机会，以免损坏检流计。

（五）极性和组别的测量

极性和组别的测量主要是测量变压器或互感器线圈一次侧与二次侧之间的极性关系。若不正确，对变压器或互感器并联运行将带来不良影响，同时也使计量和测量误差加大。如果若干个变压器或互感器并联运行，均须知道极性，只有相同的极性连接才能得到正确的运用。

对三相变压器来说，连接组别代表变压器各个相线圈的连接法和向量关系，由于变压器是由三个一次线圈和二次线圈组成，而一次线圈与二次线圈间电压或电流向量存在着相角差，因此就产生了组别。二次对一次线电压向量的相位差决定于线圈的绕制方式和变压器各个相线圈的接线方式，从而形成不同的组别。

常用的测量方法：

测量极性的方法有直流法与交流法两种。直流法可用一个 1.5 V 或 3 V 的干电池与一个直流电压表或电流表即可进行测量；交流法则须有一个低压交流电源和两个交流电压表才可试验。

（六）交流耐压试验

前面介绍的试验叫做非破坏性试验，即试验时所用的电压比被试的电气设备工作电压低得多。这些试验虽然能够发现很多缺陷，但是对保证安全运行还是不够的，对于有些结构上的缺陷，如引线距离不够等，还必须做破坏性试验作为最后考验。即对被试的电气设备施加略高于运行中可能遇到的过电压相近的试验电压，承受一定的时间，一般采用工频交流耐压试验，电压值及承受的相应时间，视各种电气设备的技术条件而定。

试验步骤：

(1)用摇表测量被试电气设备的绝缘电阻。

(2)调整球间隙。

(3)正确接线，但不能将高压线碰到被试电气设备上。

(4)合上电源开关，进行一次空载试验，检查试验变压器、球间隙及其试验设备，然后切断电源。

(5)准备工作做好后，即将高压线头接到被试电气设备上，并通知有关人员注意安全。

(6)将换算后的低压值，在电压表的刻度上用红线标出，以免在升压时忘记，而引起过高的电压。

(7)将操作、监护、记时、记录人员分配好，并作好各人的准备工作。

(8)将低压电源开关合上，看指示灯是否已亮，然后用调压器调压。

(9)升压时，电压上升到所需电压的 1/3 以后，电压应平稳的升高，保持 3 kV/s，一直升到试验电压为止。

(10)操作人员将电压升到试验电压后，耐压试验已开始，注意观察被试电气设备的情况。

(11)耐压试验过程中未发现闪络或其他情况时待到 1 min 后降压为零。

(12)将低压电源断开，然后接地放电，拆除试验接线，交流耐压试验结束，并作记录。

注意事项：

(1)试验用的电源电压应稳定，因为电源电压不稳定时，试验中加于被试电气设备的电压值会发生忽大忽小的变动，这会影响试验的正确性。

(2)交流耐压试验是一种破坏性试验，应在其他各项试验合格的基础上才能进行。

(3)在进行耐压试验时须考虑避免产生谐振，以免电压过高，将被试电气设备击穿。

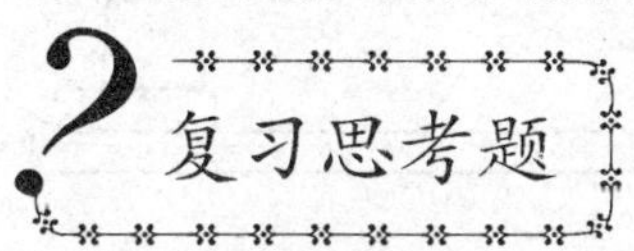

1. 互感器的作用有哪几个方面？

2. 什么是高压开关柜，它的作用有哪些？

第七节 高压熔断器

一、高压熔断器的作用及种类

熔断器是最简单和最早采用的一种保护电器，并兼有开关的作用。常和被保护的电气设备串接于电路中使用。当电路中流过短路电流时，利用熔件产生的热量使本身熔断，从而切断电路起到保护电气设备、缩小事故范围的作用。

熔断器可分为限流和不限流两大类。在熔件熔化后，其电流未达到最大值之前就立即减小到零的熔断器称为限流熔断器。这种熔断器中装有特种灭弧物质（如一定粒度的石英砂）或熔件熔断时产生特种灭弧介质（如产气纤维管在电弧高温下分解出的氢气等），故具有很强的灭弧能力。如 RN1、RN2 型高压熔断器等。

在熔件熔化后，电流几乎不减小，继续增至最大值，电流经一次或几次过零后，电弧才熄灭切断电路的熔断器称为不限流熔断器。这种熔断器中无特殊的灭弧介质，或熔件熔断时不产生特种灭弧介质，仅靠熔断时产生电弧使熔件熔化，从而拉长电弧最后使电弧熄灭，故灭弧能力较弱熔断时间较长。如低压熔断器中的 RC 型熔断器等。

二、熔断器的结构

熔断器的基本结构如图 4-8 所示。

1. 外壳（又称熔件管）

熔断器的熔件管有瓷、胶木、产气纤维等几种。瓷熔件管内一般充有石英砂，用于限流熔断器，胶木熔件管一般用于不限流熔断器。

2. 熔件（又称熔丝）

熔件用不同材质的金属（如铜、铅、锡、锌等）制成不同形状不同截面，以通过不同的额定电流。如丝状、片状、栅状等。

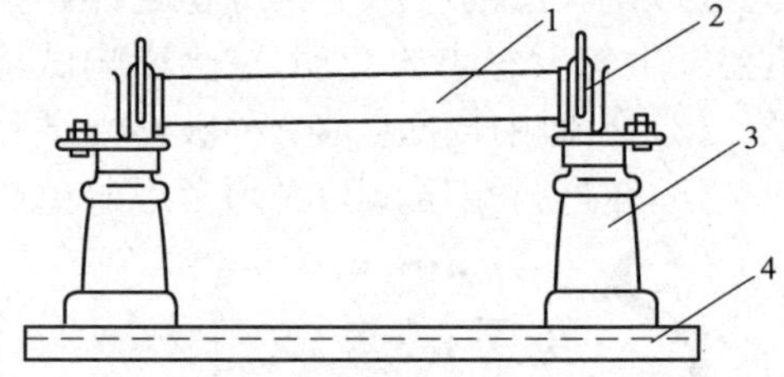

图 4-8
1—熔件管；2—触头及座；
3—支持绝缘子；4—底座

3. 金属触头及触头座

熔件管两端装有金属触头（两触头间用熔件电连接），并与触头座相配合。一般由铜材料制成。它们允许通过的最大工作电流称为熔断器的额定电流。在使用熔断器时，应使熔件的额定电流小于或等于熔断器的额定电流。

4. 支持绝缘子及底座

支持绝缘子固定在底座上，用于安装固定金属静触头座及熔件管。低压熔断器一般无支持绝缘子，触头座直接安装在底板上。

三、高压熔断器的安装

目前，变配电所使用的高压熔断器大都是 RN1、RN2 型高压熔断器，对高压熔断器的安装应符合下列要求：

1. 安装后的高压熔断器牢固、可靠，符合设计要求。

2. 底座、支持绝缘子无变形、裂纹。

3. 熔丝管与钳口接触良好。

4. 熔丝应符合要求,无弯折、损坏、熔丝与熔丝管压接紧密牢固。

5. 高压熔断器与其配合的电器符合要求。

6. 安全距离符合要求。

第八节　跌落式熔断器

20 世纪 50 年代至今,在 6～10 kV 配电变压器、电容器组和电力线路的支、干线上广泛地使用了跌落式熔断器作为短路及过负荷保护。

跌落式熔断器一般可以分为下列几种:

1. 按其安装地点的不同,分为户内式和户外式;

2. 按其熔丝管的动作特性,分为固定式和自动跌开(落)式;

3. 按其使用环境的不同,分为一般地区和污秽地区。

一、跌落式熔断器的用途及工作原理

1. 用途

跌落式熔断器(俗称跌落保险),它是一种保护电器,当系统或电气设备发生过负荷或短路电流超过其熔丝熔断电流时,使熔体发热熔断,熔丝管自动跌落,切断电路,起到保护作用。另外,也可用绝缘拉杆操作熔断管的分、合,来断开或接通小容量的空载变压器(560 kV·A 以下)或一定长度的架空线和电缆线路。

2. 工作原理

熔断器在正常工作时,利用熔丝将熔管上的活动关节(由动触头组成)拉紧,故熔管能在上触头的压力下处于合闸状态。当被保护的电器设备或线路发生故障时,故障电流使熔丝熔断,由于熔丝拉力消失,使锁紧机构释放,在上静触头的伸力和动触头自重的作用下,使熔管跌落下来,电弧被迅速拉长,既有利于灭弧,又形成了明显的断开距离。

二、跌落式熔断器的结构

跌落式熔断器的结构由以下几部分组成:

1. 导电部分:上、下接线端,用以连接电源和被保护的设备或线路;上、下静触头,用以分别与熔丝管的上下动触头相接触,接通、断开被保护的设备或线路。

2. 绝缘部分:绝缘瓷瓶。

3. 熔丝管:由纤维管、熔丝、管帽、操作环,上、下动触头,短轴等组成。熔丝管用酚醛纸或环氧玻璃布制成管外壁,管内壁套有消弧管,消弧管用石棉质材制造,其作用有消弧和防止电弧烧坏熔丝管。

4. 固定部分:在绝缘瓷瓶的中间装设固定安装的钢质固定板。

三、跌落式熔断器的安装

跌落式熔断器的安装除应满足产品说明书及电气安装规程的要求外还做以下规定:

1. 熔丝管与垂直线的夹角为 15°～30°。

2. 10 kV 跌落式熔断器水平,相间的距离不应小于 0.5 m。

据还有很多，以上所提到的只是最常见的一些。

二、电力变压器的构造

电力变压器是由铁芯、线圈、绝缘油及附属零件（油箱、散热器、油枕、套管、分接开关、瓦斯继电器、安全阀、温度计）等组成。

1. 铁芯：铁芯是变压器中的导磁体，是作为导磁用的。

2. 线圈：线圈是导电用的，一般用扁形或圆形截面的铜（或铝）导体绕制而成，外面缠以电缆纸和棉纱作绝缘层。

3. 绝缘油：变压器中的绝缘油具有冷却铁芯和线圈绝缘的作用。

4. 油箱和散热器：油箱是存放铁芯、线圈和绝缘油以及安装高、低压套管等附件用的，它能使变压器所产生的热量得到散发，并保护变压器器身使其不受到外界（如风、雨、灰尘）的影响。油箱上的散热器，能使变压器箱内的油得到循环而冷却。

5. 分接开关：电力变压器在运行时，二次线圈输出的电压随输入电压的高低及负载电流的大小和性质而变化的。为了保持二次线圈电压恒定或控制其变化的幅度，电压应该在一定范围可以调节。因此变压器的高压侧一般都有抽头，称为分节头，变换分节头位置就可改变一、二次线圈的匝数比，以达到调节二次线圈电压的目的。变压器的电压调节一般有无载调压和有载调压两种。两种调压部是用分接开关切换各个分接头的位置来实现。无载调压是在变压器从电网中切除的情况下进行的，有载调压可以带负载切换，不需断电。

6. 油枕：当变压器的温度变化时，变压器内绝缘油的体积会膨胀和收缩，当油温下降时，体积缩小，油面将会与大面积的空气接触，势必会加速油的吸潮和氧化，同时也使变压器中的油因温度升高时补偿其体积。一般变压器上都装有油枕。

7. 安全阀：又称安全气道或防爆管，容量在 1 000 kV・A 及以上的变压器均装有安全阀，它的作用是防止油箱受到由于变压器内部故障时所引起的突然增高的压力。

8. 瓦斯继电器：又称气体继电器，它装在油枕与油箱的连接管上，是保护变压器的一种器具，它的内部有两个带水银接点的浮筒。作用是：当变压器内部故障时，产生大量气体，这些气体通向瓦斯继电器，使水银接点浮筒动作，发出信号或接通跳闸回路。

9. 温度计：用来测量并监视变压器内部的温度，有水银温度计、信号温度计和电阻温度计等。

三、电力变压器的铭牌和技术数据

（一）变压器铭牌

变压器铭牌是制造厂家为用户提供的规定基本参数。变压器的铭牌上标有型号、产品代号、标准代号、厂名、制造年月等。

（二）变压器的技术数据

1. 型号：变压器型号由两部分组成，前一部分用汉语拼音字母组成，代表变压器的类别、结构、特征和用途。后一部分用数字组成，代表变压器的容量（kV・A）和高、低压绕组的电压等级（kV）。例如：SLT-1000/10 表示三相油浸自冷铝线变压器，额定容量为 1 000 kV・A，高压侧额定电压为 10 kV。

2. 额定容量 S_e

在变压器铭牌所规定的额定状态下变压器二次的输出能力（单位用 kV・A 表示）。

3. 额定电压 U_{e1} 和 U_{e2}

一次额定电压 U_{e1} 是指加到一次绕组上电源的线电压额定值。二次额定电压 U_{e2} 为变压器空载时的二次侧线电压(单位 kV 表示)。

4. 额定电流 I_{e1} 和 I_{e2}

变压器一、二次额定电流 I_{e1} 和 I_{e2} 是指在额定容量允许温度下,变压器一、二次绕组中长期允许通过的电流。

5. 额定频率(f_e)

我国规定工频为 50 Hz。

6. 额定温升

温升是指变压器绕组及上层油面的温度与变压器周围环境温度之差。对每台变压器都规定温升限值。绝缘材料耐热等级见表 5-1 所示。

表 5-1　绝缘材料耐热等级

绝缘耐热等级	A	E	B	F	H	C
耐热温度℃	105	120	130	155	180	220

7. 空载电流 $I_0\%$

变压器空载运行时的电流值一般是指变压器的励磁电流,常用占电流的百分数来表示,容量 800 kV·A 及以上的空载电流百分数为 2%～2.5%,在 800 kV·A 以下的为 3%～6%。

8. 空载损耗 P_0

变压器空载时的有功功率损耗,也就是变压器的铁损。变压器空载损耗约占额定功率的 10%左右。

9. 阻抗电压 U_k

阻抗电压也叫短路电压,是变压器在二次绕组短接情况下,一次绕组流过额定电流时所加的电压,6～10 kV 电压等级的电力变压器,阻抗电压标准约为 4%～5.5%。

10. 短路损耗 P_d

通过对变压器短路试验,测出的有功功率损耗,也叫变压器的铜损。

11. 电压比 k

变压器空载状态时,一次侧额定电压与二次侧额定电压之比。

12. 连接组标号

如图 5-2 所示,连接组标号是指三相变压器一、二次绕组之间连接和极性关系的一种代号。它表示变压器一、二次绕组间对应电压的相位关系,也叫接线组别。

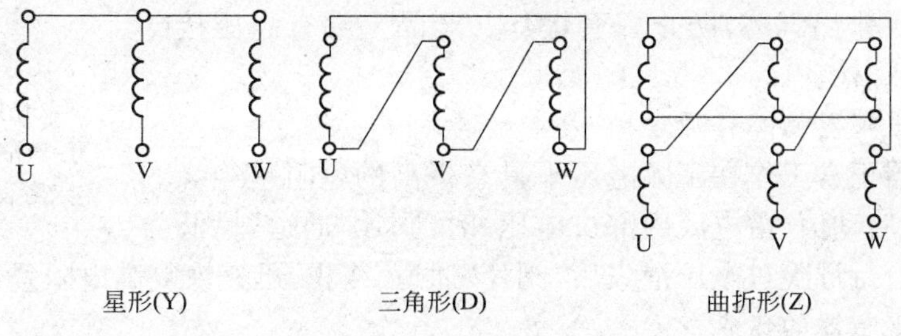

图 5-2　三相变压器常用接线法

一、避雷器的分类

避雷器的型式主要有:保护间隙、管型、阀型和氧化锌等。按避雷器的用途不同,又可分为以下几类:

1. 用于保护变、配电设备和线路的称为配电用避雷器。
2. 用于保护变电站用的称为电站用避雷器。
3. 用于保护旋转电机的称为旋转电机用避雷器。
4. 用于保护直流场合的称为直流避雷器。

二、氧化锌避雷器

目前广泛使用的是氧化锌避雷器,其具有较高的非线性伏-安特性的氧化锌电阻片、芯组、绝缘杆、弹簧和绝缘瓷套组装而成。在正常运行状态下,具有较高的电阻而呈绝缘状态,通过避雷器的电导电流是很小的。而在雷电过电压或其他危害设备绝缘的过电压作用下,则呈现低电阻状态,避雷器间隙放电,释放线路中的过电压能量;即使通过避雷器的电流达到了数千安,而由于氧化锌电阻片的非线性,使与避雷器并联的电器设备残压仍然是很低的,被抑制在设备绝缘的安全值以下,从而有效地保护了电气设备的绝缘,免受过电压的损害。当过电压过去之后,同样由于氧化锌电阻片的非线性,迅速恢复高电阻而呈绝缘状态,即恢复了电力系统的正常工作状态。

(一)氧化锌避雷器的性能

氧化锌避雷器是一种压敏避雷器,它是由微粒状的金属氧化锌为基体,附以精选过的能够产生非线性特性的金属氧化物(如氧化锌等)添加剂高温烧结而成的非线性电阻。氧化锌阀片具有良好的伏安特性,其非线性系数 $a=0.05$,通过 10 kV 电流的电压降与通过 1 mA 电流的电压降之比为 2.5～3。在正常工作电压下,流过氧化锌阀片电阻的电流仅有 1 mA,实际上相当于绝缘体,因此无须串联间隙来隔离开工作电压。

(二)氧化锌避雷器的结构

氧化锌避雷器由特种间隙、均压电阻、氧化锌阀片组装在瓷套内。内部装有弹簧将阀片压紧,以防止内部零件移动,并保证零件之间可靠的电气连接。大多制成圆碟形结构,结构图如图 4-10 所示。

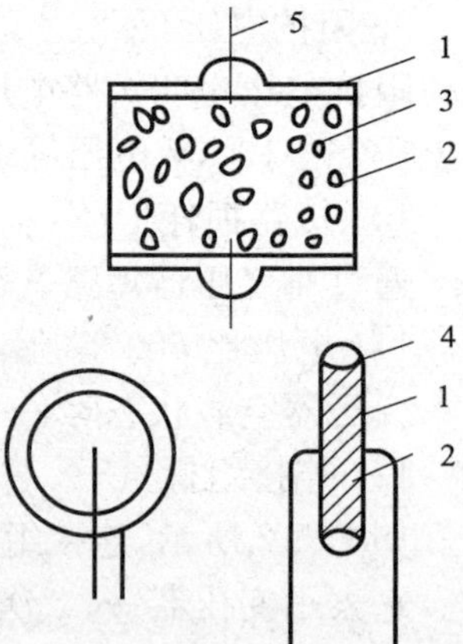

图 4-10　氧化锌避雷器

1—金属氧化接触层;2—填充剂;氧化锌晶粒;4—环氧树脂绝缘封表层;5—引出线

避雷器元件带有压力释放装置,当避雷器在超过规定负载或意外情况下损坏时,其内部压力迅速上升,当压力达到某一规定值时,防爆装置动作,排出气体,防止瓷套爆炸。产品上端有高压接线端子,下有接地螺栓。

(三)氧化锌避雷器的工作原理

氧化锌避雷器正常工作在工频电压下具有极高的电阻呈绝缘状态,在电压超过启动值(雷电或内部过电压)时,阀片“通道”呈低阻状态,泄放电流;待危险过电压消失后,阀片“通道”终止,迅速恢复高电阻呈绝缘状态。

(四)氧化锌避雷器的优点

氧化锌避雷器采用氧化锌(ZnO)电阻片,采用无间隙化之后,给避雷器的结构、性能、制造工艺及试验等带来了根本性的改革，与传统的避雷器相比，具有下述突出的优点：

1. 结构简化了，尺寸和重量减小了。传统型避雷器（特别是高压避雷器），由于采用数量甚多的串联间隙，以及为了获得较平坦的伏-安特性，须采用许多复杂的电压控制措施（如并联电阻、并联电容、控制间隙等），其结构非常复杂，体积庞大。氧化锌避雷器不用串联间隙，这样就大大简化了结构，使尺寸减小（高度降低 1/3～1/2，只取决于外绝缘）、重量减轻（减小 1/3～2/3），并且提高了综合可靠性，简化了生产过程，降低了造价。

2. 保护特性好。在高压电力系统中，操作绝缘水平已经成为绝缘配合中的控制因素了，因此，氧化锌避雷器将操作保护水平降低了 7%，无疑对绝缘配合是极为有利的。至于陡波残压的降低，对于那些伏-安特性比较平的被保护设备，如 GIS 特别有利。

3. 吸收过电压能量的能力大。传统避雷器在吸收过电压能量方面，不仅受阀片限制，而且受间隙灭弧能力的限制。而氧化锌避雷器仅受电阻片的限制。如前所述，氧化锌（ZnO）电阻片具有很大的吸收过电压能量的能力。因此，氧化锌避雷器比传统避雷器具有更大的吸收过电压能量的能力。

4. 氧化锌避雷器特别适用于作直接保护 SF_6 电器保护。传统的 SiC 避雷器要熄灭没有自然过零的直流电弧是比较困难的，而氧化锌避雷器可以做到无续流，也就没有灭弧问题。加之氧化锌（ZnO）电阻片可以并联使用，使直接避雷器的要求变得比较容易满足。在 SF_6 电器中，传统的带间隙的避雷器将出现一系列问题，如放电电压随气压变化、分散性大等，而无间隙氧化锌避雷器则根本不存在上述问题，因而可靠性高。

5. 氧化锌避雷器在用于波阻抗低的系统（多回线、电容器组、电缆回路）中，性能优异。

6. 优异的耐污秽和带电冲洗特性。传统型避雷器当瓷套严重污秽和带电冲洗时，瓷套表面电位分布不均或发生局部闪络，使工频放电电压和动作负载能力下降，甚至在无雷击、无操作的情况下发生动作，不能熄弧而爆炸。氧化锌避雷器由于没有串联间隙，即使电阻片电位分布不均，也不会导致全部放电，另外，瓷套表面的局部闪络只能引起瞬时冲击电流，电阻片不会因过热而烧坏。它在本质上具有优良的耐污秽和带电冲洗特性。

第十一节　静电电容器

一、概　　述

在供电线路中，为了提高线路的功率因数、降低功率损耗和电能损失及改善电压质量，一般在变配电所内都装设静电电容器。静电电容器又称电力电容器，有高压和低压两种。额定电压在 1 kV 以下称为低压电容器，1 kV 以上的称为高压电容器。

电容器回路一般装有保护装置和放电装置。低压电容器常用自动空气开关与线路接通和切断。高压电容器用断路器来接通和断开，并且每个电容器都装有熔断器来加以保护。

电容器常采用白炽灯和电压互感器连接成三角形或 V 形进行放电。

二、电容器的安装

1. 安装前检查

电容器在安装前应进行外观检查。检查油箱有无膨胀和凹陷，瓷瓶有无裂纹或缺口，有无漏油现象，引出线端连接用的垫圈及防松螺帽是否齐全，套管的导油芯棒是否有弯曲现象。

2. 安装

安装电容器应根据每个电容器铭牌的容量按相分组，应尽量调配至三相电容间误差最小，其差值不应超过5%，然后将电容器放在安装位置上。电容器要放平正，铭牌应面向维护通道的一侧。相邻电容器外壳应符合设计规定，一般不小于电容器厚度的1/2。电容器底部距地面距离不小于100 mm。电容器外壳和构架均应有接地螺栓，安装时，要用接地线将其与变电所地网连在一起，接地线截面应按规定选择。高压电容器必须经试验合格后才投入运行。

三、电容器常见故障及处理

1. 电容器巡视检查的项目：

(1)绝缘子有无闪络放电、裂纹、破损。

(2)外壳有无变形、渗油、漏油。

(3)接地是否良好，放电回路与引线接触是否良好。

(4)安全距离是否合格。

(5)断路器、熔断器(熔丝)是否熔断，电压电流是否正常。

2. 电容器常见故障及处理

电容器常见故障有以下几种：

(1)电力电容器发生爆炸，有爆炸声音、异味。

(2)接头严重过热或熔化，有异味。

(3)电容器喷油或起火。

(4)外壳鼓肚严重，三相电流不平衡超过50%以上。

(5)故障电容器回路电流值较小，端电压较高引起电容柜故障跳闸。

当运行中的电容器出现上述情况之一时，应立即停止电容器的运行。

第十二节 低压开关

一、胶盖瓷底闸刀开关

胶盖闸刀开关主要适用于额定电压交流380 V或直流440 V，额定电流60 A以下的电器装置，电热、照明等配电设备，供不频繁地手动接通和切断负载电路，并具有短路或过载保护作用。胶盖瓷底闸刀开关分为二极和三极，电流等级分10、15、30、60 A等四种。三级开关在适当降低容量时，也可作为小容量异步电动机的不频繁直接启动和停车使用。

二、刀开关

刀开关大部分都用在成套动力箱和开关柜中，主要适用于额定电压交流380 V或直流440 V，额定电流1 500 A以下的工业企业的配电设备中，作为不频繁地手动接通和切断电路或隔离电源之用。装有灭弧室的可以切断负荷电流，其他都只作隔离装置使用。刀开关的结构极为简单，由操作手柄、触刀、静插座和绝缘底板组成。

刀开关的种类很多，按刀的极数分，有单极、双极、和三极；按刀的转换方向分，有单投和双投；按灭弧装置情况分，有带灭弧罩和不带灭弧罩(有灭弧罩的刀开关可以切断负载电路，没有灭弧罩的刀开关只可作隔离开关使用)；按操作方式分，有直接手柄操作式和远距离连杆操作式；按接线方式分，有板前接线和板后接线。

刀开关使用时额定电压应等于或大于电路额定电压，其额定电流应等于或大于电路工作电流。若用刀开关来控制小型电动机，则必须考虑电动机的启动电流比较大，应选用额定电流较大的开关，而刀开关的通断能力和其他性能均应符合电器的要求。刀开关断开负载电流不应大于允许断开电流值，一般结构的刀开关通常不允许带负载操作，但装有灭弧室的刀开关，可作不频繁带负载操作。刀开关所在线路的三相短路电流不应超过规定的动、热稳定值。

三、封闭式负荷开关

封闭式负荷开关又称铁壳开关，它的用途与胶盖瓷底闸刀开关相同。负荷开关主要由闸刀、瓷插式熔断器、灭弧装置、操作机构和钢板（或铸铁）外壳构成。三把闸刀固定在一根绝缘方轴上，受手柄操纵。操作机构装有机械联锁，使盖子打开时手柄不能合闸，或者手柄合闸时盖子不能打开，以保证操作安全。另外，操作机构中装有速动弹簧，使闸刀能快速接通或切断电路，其分合速度与手柄的操作速度无关，有利于迅速切断电弧，减少电弧对闸刀和静插座的烧蚀。

封闭式负荷开关的运行与维护

1. 开关的金属外壳应可靠接地或接零，防止漏电时发生触电事故。
2. 接线时，应将电源线接在静触座的接线端子上，负荷接在熔断器一端，如果接反了，在维修时将有可能会出现不安全。
3. 检查机械联锁是否正常，速断弹簧有无锈蚀、变形现象。
4. 检查压线螺钉紧固后有无松扣现象。
5. 检查外壳是否完好无损，操作的绝缘杆应牢固无损，可动触片固定牢固，接触紧密。
6. 被控制设备应在开关容量之内，所配熔体应满足负荷要求。

四、交流接触器

它是一种适用于远距离频繁接通和切断大容量（大电流）电路的自动控制电器。其主要控制电动机，也可用于控制其他电动负载。它有三对常开主触头用于接通负荷电源，还有二对常开和二对常闭辅助触头。辅助触头随着主触头的接通和断开而同时闭合或断开，供给控制回路中应用。

接触器的操作线圈有交、直流之分。交流控制的为 50 Hz，36、220、380 V；直流为 48、110、220 V。

五、低压断路器

低压断路器旧称低压自动开关或空气开关。它既能带负电荷通断电路，又能在短路、过负荷和低电压（或失压）时自动跳闸，其功能与高压断路器类似。

（一）性　　能

它具有良好的灭弧室，以熄灭切断电流时所产生的电弧。它既能在正常情况下切断负载电流，又能在发生短路时自动切断短路电流。开关中装的电磁脱扣器，用作短路保护，当短路电流达到近 10 倍额定电流时，电磁脱扣机构迅速分断。一般自动开关还装有复式脱扣，也就是电磁脱扣加上热脱扣。热脱扣主要保护电器的过载，靠双金属片受热弯曲的原理。

（二）工作原理

自动空气开关工作原理如图 4-11 所示。

从图中可见，正常工作时，电磁脱扣器的动作线圈串联在开关回路中。当负载发生短路等故障，流过开关触头的电流大于整定值时，该线圈中流过的电流，产生的磁力克服弹簧的拉力，带动衔铁，顶开开关的操作机构中的钩子，使开关跳闸，起到熔断器的短路保护作用。

失压脱扣器工作原理与电磁脱扣器相反。当开关的电源电压降低到一定值，失压脱扣器线圈产生的电磁力小于弹簧的作用力，衔铁被释放，顶开操作机构中的钩子开关跳闸，起到失压保护作用；热脱扣器实际上是一个双金属片的热继电器，其发热元件串联在开关触头的主回路中，当电路过载时，双金属片受热弯曲，顶开开关的操作机构中的钩子，使开关跳闸，起到了过载保护作用。

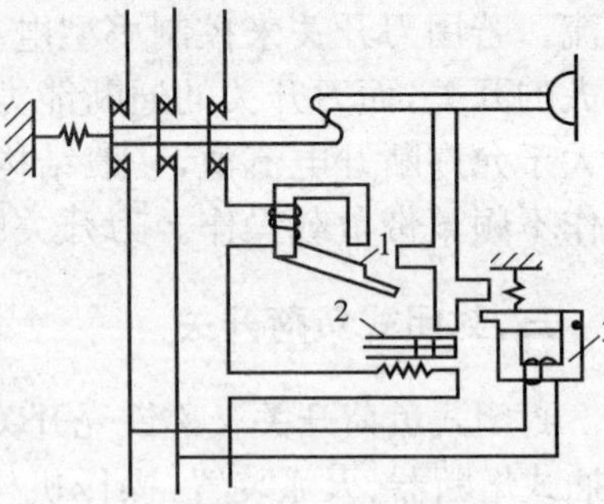

图 4-11　DZ 型自动开关工作原理
1—电磁脱扣器；2—热继电器；
3—失压脱扣器

（三）构　　造

自动空气开关由以下几部分组成：

1. 触头系统：包括主触头、弧触头、副触头、辅助触头等。

2. 电磁系统：包括电磁脱扣器、失压脱扣器、分励脱扣器等。

3. 灭弧系统：包括灭弧罩、灭弧室、弧触头等。

4. 操动系统：包括手动和电动操作两种，电动操作机构容量在 600 A 及以下有电磁铁合闸操作机构，1 000 A 及以上有电动机合闸操动机构。

5. 绝缘底座：自动空气开关按结构型式分，可分为框架式结构 Dw 型和装置式结构 Dz 型两种。

（四）分　　类

低压断路器按灭弧介质分类，有空气断路器和真空断路器等；按用途分类，有配电用断路器、电动机保护用断路器、照明用断路器和漏电保护断路器等。

配电用低压断路器按保护性能分，有非选择型和选择型两类。非选择型断路器，一般为瞬时动作，只作短路保护用；也有的为长延时动作，只作过负荷保护用。选择型断路器，有两段保护、三段保护和智能化保护。两段保护为瞬时或短延时与长延时两段。三段保护为瞬时、短延时与长延时特性三段。其中瞬时和短延时特性适于短路保护，而长延时特性适于过负荷保护。图 4-12 表示低压断路器的三种保护特性曲线。而智能化保护，其脱扣器由微机控制，保护功能更多，选择性更好，这种断路器称为智能型断路器。

近几年来，各种新型号的断路器已大量生产，有的是国内有关单位新开发研制的，有的是

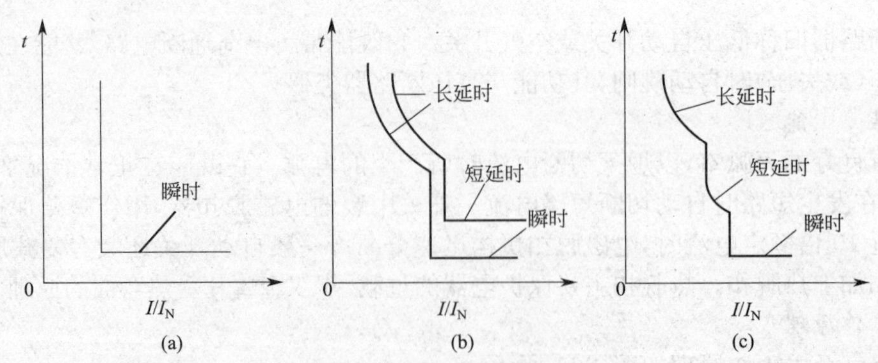

图 4-12　低压断路器的保护特性曲线
(a)瞬时动作式；(b)两段保护式；(c)三段保护式

引进国外先进技术生产的。新产品的各项性能指标优于老产品将逐步替代老产品。

第十三节　低压熔断器

低压熔断器是低压配电系统中起安全保护作用的一种电器，主要作短路保护，有时也可起过载保护作用。广泛应用于电网保护和用电设备保护，当电网或用电设备出现短路或过载故障时，通过熔体的电流大于额定值，熔体因过热而被熔化，自动切断电路，避免电网或用电设备的损坏，并防止事故的蔓延。

在正常情况下，熔断器相当于一根导线，在发生短路时，电流过大，熔体因过热而熔化，自动断开电路。

在切断电路过程中往往产生强烈的电弧并向四周飞溅，为了安全有效地熄灭电弧，一般把熔体安装在壳体内，并采取有效措施，快速熄灭电弧。

熔断器具有结构简单、使用方便、体积小、重量轻、价格低廉等特点。

熔断器按结构可分为：开启式、半封闭式和封闭式三种。封闭式熔断器又分为无填料管式、有填料管式和有填料螺旋式等。另外还有快速熔断器，主要用于半导体器件的短路或过载保护。

一、熔断器的结构和特征

熔断器主要由熔体、绝缘底座、动触点和静触点等组成，而熔体是整个熔断器的核心部分，常做成丝状或片状。熔体材料必须具有熔点低、导电性能好、易于熔断、不易氧化等性质。制作熔体的材料一般有铅锡合金、锌、银、铜等。

(一)插入式熔断器

用于 380 V 低压电路，作电气设备的短路保护或过载保护，熔断器装有熔丝或熔片，使用时熔丝的额定电流不能超过瓷件上标明的额定电流，否则熔丝烧断时产生的电弧极强，会烧坏熔断器。

(二)有填料螺旋式熔断器

它由瓷帽、熔断管、瓷套、上下接线端子等组成。常用的 RL1 系列螺旋式熔断器的熔断管内除了装接熔丝外，还在熔丝周围塞满石英砂。当熔丝熔化时，由于石英砂导热性很好，热容量大，能大量吸收电弧能量，提高了其灭弧分断能力。

在熔断管的上端有一色点，当熔体熔断时，其色点自动脱落，作出熔断器需更换的信号。

(三)无填料瓷插式熔断器

该熔断器由瓷底座、瓷插件、动触头、静触头和熔丝组成。瓷插件的突出部分与底座之间的间隙形成灭弧室。当熔断器额定电流超过 60 A 以上时，在灭弧室中还装垫有利熄弧用的石棉布。瓷插件上二动触头间有熔体连接，额定电流小于 30 A 的熔体一般用铅锡丝(俗称软铅丝、保险丝)。额定电流 30～100 A 的熔断器用铜丝制成，额定电流 120～200 A 的熔断器则用变截面的冷铜片作熔体。

(四)有填料管式熔断器

有填料管式熔断器是一种具有限流作用的低压熔断器，广泛应用于要求断流能力较高的场合，它主要由瓷熔管、具有引燃栅的栅状铜熔体和触点底座等部分组成。当熔体熔断后，装设在上盖板的红色熔断指示器立即弹出，以便于运行维护人员进行监视。

(五)无填料管式熔断器

熔断器的熔断管部分主要由纤维熔管、变截面的锌熔片和触点底座等部分组成。当熔片熔断时,纤维管的内管将有极少部分纤维物质因灼热而分解,产生高压气体,使电弧很快熄灭。具有结构简单、更换熔体方便及保护性能好等优点,广泛应用于低压配电装置中。

(六)有填料封闭管式快速熔断器

由熔断管、熔体、指示器、填料和触点底座等部分组成。熔体用银带制成"V"形的狭窄截面或网状形式,使熔断器具有快速性,可作为半导体整流元件的短路保护及过载保护。

二、熔断器的选择

熔断器的选择首先应该根据供电线路的电压选用相应等级的熔断器。选用标准过高或过低则会造成不安全或功能浪费等现象。

熔断器的选择还应该根据负载的情况和电路短路电流的大小来选择,对于容量较小的照明线路或电动机的保护,可选用 RC 系列半封闭式熔断器或 RM 系列无填料封闭式熔断器;对于短路电流相当大的电路或有易燃气体的地方,应选用 RL 或 RT 系列有填料封闭式熔断器;对于晶闸管及硅元件的保护,应选用 RS 型快速熔断器。

熔断器规格的选择则必须根据被保护电路的需要来选择,原则如下:

(一)照明和电热设备线路熔体的额定电流:总熔丝的额定电流等于电度表额定电流的 0.9～1 倍;支线熔体(丝)的额定电流等于支线上所有电气设备额定电流总和的 1～1.1 倍。

(二)交流电动机线路熔体的额定电流:对于单台鼠笼式异步电动机,熔体的额定电流等于电动机额定电流的 1.5～2.5 倍;对于多台鼠笼式异步电动机,熔体的额定电流等于其中功率最大一台电动机额定电流的 1.5～2.5 倍,再加其他电动机额定电流的总和。

(三)交流电焊机线路熔体的额定电流:可按下法进行估算,对于 220 V 电源电压,熔体的额定电流等于电焊机功率千瓦数的 6 倍;对于 380 V 电源电压,熔体的额定电流等于电焊机功率千瓦数的 4 倍。

(四)选用熔断器注意事项:

1. 熔断器的保护特性应与被保护对象的过载特性有良好的配合。

2. 按线路电压等级选用相应电压等级的熔断器,通常熔断器额定电压不应低于线路额定电压。

3. 根据配电系统中可能出现的最大短路电流,选择具有相应分断能力的熔断器。

4. 在电路中,各级熔断器应相应配合,通常要求前一级熔体比后一级熔体的额定电流大 2～3倍,以免发生越级动作而扩大停电范围。

三、熔断器使用维护中要注意的事项

(一)当发现熔断器的熔体烧断,不应马上更换熔丝,而应首先查明原因,分清故障类型后再处理。对于短路故障,由于短路电流较大,熔丝会高温气化,并有放炮声,熔断器有严重的烧灼等现象。对于一般过载电流使熔体烧断,由于电流不大,熔体发热不严重,熔体一般只有一段熔化并没有严重的烧灼现象。

(二)更换熔丝时,必须断开电源,并检查熔断器插座、插片的接触状态,有否过热、软化、变色等现象,如有上述现象必须立即更换。

(三)正确选择熔体(丝),应根据各种电器设备用电情况(电压等级、电流等级、负载变化情况等),在更换熔体时,应按规定换上相同型号、材料、尺寸、电流等级的熔体。

(四)安装和维修中,特别是更换熔体时,装在熔管内熔体的额定电流不准大于熔断管的额定电流。

(五)熔丝两端的固定螺钉应完好,无滑扣现象,以保证固定熔体时,接触良好、配合牢固,否则会造成接触处温度升高,烧坏熔体。安装熔丝时,应按顺时针方向弯曲熔丝,这样紧固螺钉时,熔丝不会被挤出来。安装熔丝时,不要划伤、碰伤熔丝,更不要随意改变熔丝的外形尺寸。

(六)安装熔断器时,先放好弹簧垫或钢纸垫后再紧固螺钉,不要用力过猛,否则会损坏瓷底座 。

(七)不能随便改变熔断器的工作方式,在熔体熔断后,应根据熔断管端头上所标明的规格,换上相应的新熔断管。不能用一根熔丝搭在熔管的两端,装入熔断器内继续使用。

(八)作为电动机保护的熔断器,应按要求选择熔丝,而熔断器只能作电动机主回路的短路保护,不能作过载保护。

(九)在维修短路保护线路时,应注意以下几点:

1. 对变压器中性点接地的三相三线制或三相四线制供电线路,电动机主回路必须采用短路保护。

2. 对不同性质的负载(如主回路、控制回路、照明回路、指示回路等)应分别保护,小容量电动机的控制回路可用主电路的熔断器作短路保护。

3. 对容量较小且容量相差不大的两台或三台电动机,可采用一组共用的熔断器作短路保护;而对容量较大且容量相差较大的几台电动机的分支电路,应分别进行短路保护。

作为一个末端支路的短路保护共用一组熔断器时,应符合以下条件:

1. 给末端支路馈电线路的最大额定电流应不大于 100 A。

2. 每台电动机要有单独的过载保护装置。

3. 在有分支电路中,熔体的熔断动作应有选择性,前一级熔体的额定电流必须大于分支电路的熔体额定电流。

4. 在下列线路中,不允许接入熔断器:

(1)接地线路中。

(2)三相四线制的中性线路中。

(3)直流电动机的励磁回路。

第十四节 电力设备试验

为了检查电气设备的质量状态,及时发现设备隐患,确保供电设备安全运行,在变配电所投入运行前,必须对电力相关电器设备进行验收交接试验,运行设备还应定期进行预防性试验。

(一)绝缘电阻试验

通常使用摇表测量电气设备的绝缘电阻,以判断电气设备的绝缘状况。摇表分普通摇表和晶体管摇表两种,电压一般为 500 V、1 000 V、2 500 V、5 000 V 几种,绝缘电阻的有效量程可达到 1 000~50 000 MΩ。绝缘电阻试验的设备简单,操作方便,并能发现许多缺陷,特别对发现脏污和开裂之类缺陷尤为灵敏。

绝缘电阻的大小，反映了电导电流的大小。电气设备绝缘良好，其电导电流就较小，即绝缘电阻高。而当设备受潮或存在缺陷时，其电导电流增加，绝缘电阻降低。一般采用施加的电压除以加压 1 min 后所测得的电流之比值作为绝缘电阻值。并把历时 60 s 和 15 s 测量的绝缘电阻之比(即 $R_{60''}/R_{15''}$)称作"吸收比"。

"吸收比"能明显地表示绝缘介质的受潮程度。当绝缘介质受潮后，电导电流显著增加，而吸收电流则增加不多，使总的充电电流曲线较为平坦，从而吸收比趋近于 1。反之，绝缘干燥时，吸收比的数值较大。

1. 试验步骤

(1)断开被试电气设备的电源，将其短路接地进行放电。放电时间约 1 min，大容量的电气设备放电时间不应少于 2 min。

(2)拆除被试电气设备的外连接线，用干燥清洁的布擦去表面的污垢，必要时，可先用汽油洗净套管表面的积污。

(3)将摇表放置平稳，并在额定转速下 120 r/min 调整指针到"∞"的位置。再用导线短接摇表的火线"L"与地线"E"，指针应指零位置。停摇后，将引线接至被试物上。

(4)以 120 r/min 的均匀速度转动摇表，待其指针稳定后(一般为 1 min)读取绝缘电阻值，将火线"L"离开被试物，停止转动，使被试物接地放电。

(5)摇表在额定转速下测量吸收比时，应将火线"L"接到被试电气设备上，同时记录时间，读取 15 s 和 60 s 的绝缘电阻值。然后计算 $R_{60''}/R_{15''}$，则可得出吸收比。

(6)试验时应记录被试电气设备的温度和天气情况及试验日期。

2. 注意事项

(1)摇表的火线及地线的引线不要靠在一起，火线不能与被试电气设备外壳和地线相接触，防止测量时带来误差。

(2)使用导线接线时应用金属外壳的屏蔽线或绝缘良好的导线，禁止使用裸铜线。

(3)转速应尽可能地保持额定值，并维持均匀。

(4)为防止被试电气设备套管受潮，或测试绝缘电阻值太低时影响其正确性，在测量时必须用金属线在套管下部绕几圈后连接到摇表的"G"端子上，以消除套管表面泄漏电流，防止测量误差。

(5)测量大容量的电气设备绝缘时，充电电流较大，摇表开始指示读数很小，这并不表示被试电气设备绝缘不好，而必须经过较长时间，才能得到正确结果。为了防止反充电而损坏摇表表头，必须先将摇表与被试电气设备脱离后，方可停止转动摇表。

(6)如所测绝缘电阻过低，应分部进行试验，找出绝缘电阻最低的部分。

(二)泄漏电流及直流耐压试验

泄漏电流试验和用摇表测量绝缘电阻的原理完全相同，不过泄漏电流试验中所用的直流电源，一般均由高压整流设备供给，用微安表来指示泄漏电流。它比用摇表试验的优点是，试验电压高并可随意调节；另一方面微安表精密度较高，量程可以选择，读数准确，所以能发现用摇表测试绝缘电阻时不易发现的缺陷，如绝缘破损脆裂等，对被试电气设备的受潮、劣化和局部缺陷等反应也较灵敏。

1. 试验步骤

(1)做泄漏电流试验前，被试电气设备先作绝缘电阻试验，并进行放电。

(2)按仪表说明书正确接线，仪表量程应适当，调压器应在零位。为了防止损坏微安表，应在微安表两端并联一个放电管。

(3)合上电源开关,将调压器以 3 kV/s 的速度逐步上升到所需的试验电压值。读取空载泄漏值,然后断开电源开关,并放电。

(4)将火线接到被试电气设备上,再合上电源开关,然后逐步升压。一般将试验电压分为四点,即 0.25、0.5、0.75、1.0 倍试验电压,在每个点上停留 1 min 后,读取泄漏电流值。在读取泄漏电流时,注意假泄漏和摆动幅度过大,并找出原因,将其消除。

(5)升至直流耐压试验值后停留 1 min,读取其泄漏电流值,然后再读取 5 min 或 10 min 的泄漏电流值。

2. 对测量所得的泄漏电流进行下列判断:

(1)将 1 min 所测的泄漏电流值换算为绝缘电阻值与摇表测得的绝缘电阻值相比较,并进行分析。

(2)与电气设备试验标准相对照,是否超过规定标准。

(3)判别三相不平衡系数,工作电压为 3 kV 及以下者不大于 2.5,其余不大于 2。

根据上述三点来判别被试电气设备是否存在缺陷。

注意事项:

(1)微安表接于高压侧时应安装牢固,以免操作中摇摆或倾倒。

(2)连接被试电气设备的引线,尽量采用金属屏蔽线或绝缘较高的导线,并尽可能短。

(3)加电压时应注意微安表摆动是否过大,如微安表摆动突然增大,应立即切断电源,以免击穿被试电气设备。

(4)试验完毕后,应立即切断电源,并须对地放电后,才能拆除接线。接地放电棒须经过小电阻后再接地,禁止直接短路接地。

(5)对于电容量较小的电气设备,为减少半波整流的电压误差,可并联 1 台稳压电容器,容量一般为 0.01～0.1 μF。

(6)微安表应放在绝缘支架上,尽量减少外来干扰和引入的杂散电流的影响。

3. 泄漏电流出现下列异常时电气设备内存在的缺陷

(1)泄漏电流突然变化,随着试验电压不成比例的急剧上升。

(2)泄漏电流随时间延长而有上升现象。

(3)泄漏电流很不稳定,来回摆动幅度很大。

以上情况应尽可能找出原因加以消除,必要时可视具体情况,征得有关方面同意,酌量提高试验电压或延长耐压持续时间,以找出缺陷的部位。

影响泄漏电流的因素:

(1)温度的影响。泄漏电流随温度的变化而变化,为了将测量值与前次测得的值或绝缘电阻的换算值相比较,须将其换算到同一温度。

(2)表面泄漏电流的影响。例如,套管外表潮湿、脏污、三相对地距离不对称,绝缘支架距离不足等,均会影响表面泄漏电流值和三相不平衡系数。

(三)介质损失角的试验

测量介质损失角是一种灵敏度较高的试验方法。特别对绝缘老化,受潮等缺陷,效果尤其明显。

介质损失角试验比耐压击穿强度试验灵敏度提高了 100 倍。利用介质损失角试验来反应电气设备的受潮、水分、杂质、老化、发现局部性缺陷等均有较好的效果,故在多油断路器、套管、变压器、互感器等电气设备试验中都采用介质损失角试验，这对保证电气设备安全运行是十分必要的。

温度上升时，不同的介质其 $\tan d$ 值也有不同程度的增长，为了便于与历次试验结果进行比较，应采用温度换算系数，统一归算到 20 ℃时的数值。其值不应超过规定标准，且和历次数值比较变化不大时，则可认为合格，否则要分析试验，找出原因，进行处理。

（四）直流电阻的测量

直流电阻的测量可反映导体的焊接质量和接触情况。例如，变压器的直流电阻试验能有效地发现变压器线圈匝间和层间短路，分接开关接触不良及引线焊接头松动等缺陷。对油断路器，主要是测量其触头的接触电阻。

直流电阻测量所用的仪表一般为双臂电桥和单臂电桥两种。双臂电桥测量电阻时，其阻值范围为 0.000 1～10 Ω 时，宜采用双臂电桥四端钮的接线方式。当测量 $10\sim10^5$ Ω 的高电阻值时，应使用单臂电桥。

注意事项：

（1）测量直流电阻时要十分仔细，如有微小误差，可导致不正确的结论。

（2）在测量变压器线圈的直流电阻时，应注意掌握充电时间，因为变压器线圈是一个大电感，有储能的特性，当加上电池后，首先要进行充电，大容量变压器充电时间要数分钟才能稳定。若未完成充电时间而过早地接通检流计，则容易损坏检流计，或测量值不准确，造成误判断。

（3）测量直流电阻时，必须记录环境温度，并换算成 75 ℃时的电阻值，再进行比较。

（4）为了测量准确，减少接触电阻和引线电阻，应尽量选用短而粗的铜线。用砂纸擦去连接处表面层，螺母要拧紧。

（5）直流电源要保证容量，电压稳定，所以要用甲号电池，并经常进行检查，发现电池电压不足时，及时调换。

（6）测量前，应先对被测电阻值估计一下，这不仅可缩短操作时间，而且减少检流计指针的撞击机会，以免损坏检流计。

（五）极性和组别的测量

极性和组别的测量主要是测量变压器或互感器线圈一次侧与二次侧之间的极性关系。若不正确，对变压器或互感器并联运行将带来不良影响，同时也使计量和测量误差加大。如果若干个变压器或互感器并联运行，均须知道极性，只有相同的极性连接才能得到正确的运用。

对三相变压器来说，连接组别代表变压器各个相线圈的连接法和向量关系，由于变压器是由三个一次线圈和二次线圈组成，而一次线圈与二次线圈间电压或电流向量存在着相角差，因此就产生了组别。二次对一次线电压向量的相位差决定于线圈的绕制方式和变压器各个相线圈的接线方式，从而形成不同的组别。

常用的测量方法：

测量极性的方法有直流法与交流法两种。直流法可用一个 1.5 V 或 3 V 的干电池与一个直流电压表或电流表即可进行测量；交流法则须有一个低压交流电源和两个交流电压表才可试验。

（六）交流耐压试验

前面介绍的试验叫做非破坏性试验，即试验时所用的电压比被试的电气设备工作电压低得多。这些试验虽然能够发现很多缺陷，但是对保证安全运行还是不够的，对于有些结构上的缺陷，如引线距离不够等，还必须做破坏性试验作为最后考验。即对被试的电气设备施加略高于运行中可能遇到的过电压相近的试验电压，承受一定的时间，一般采用工频交流耐压试验，电压值及承受的相应时间，视各种电气设备的技术条件而定。

试验步骤：

(1)用摇表测量被试电气设备的绝缘电阻。

(2)调整球间隙。

(3)正确接线，但不能将高压线碰到被试电气设备上。

(4)合上电源开关，进行一次空载试验，检查试验变压器、球间隙及其试验设备，然后切断电源。

(5)准备工作做好后，即将高压线头接到被试电气设备上，并通知有关人员注意安全。

(6)将换算后的低压值，在电压表的刻度上用红线标出，以免在升压时忘记，而引起过高的电压。

(7)将操作、监护、记时、记录人员分配好，并作好各人的准备工作。

(8)将低压电源开关合上，看指示灯是否已亮，然后用调压器调压。

(9)升压时，电压上升到所需电压的 1/3 以后，电压应平稳的升高，保持 3 kV/s，一直升到试验电压为止。

(10)操作人员将电压升到试验电压后，耐压试验已开始，注意观察被试电气设备的情况。

(11)耐压试验过程中未发现闪络或其他情况时待到 1 min 后降压为零。

(12)将低压电源断开，然后接地放电，拆除试验接线，交流耐压试验结束，并作记录。

注意事项：

(1)试验用的电源电压应稳定，因为电源电压不稳定时，试验中加于被试电气设备的电压值会发生忽大忽小的变动，这会影响试验的正确性。

(2)交流耐压试验是一种破坏性试验，应在其他各项试验合格的基础上才能进行。

(3)在进行耐压试验时须考虑避免产生谐振，以免电压过高，将被试电气设备击穿。

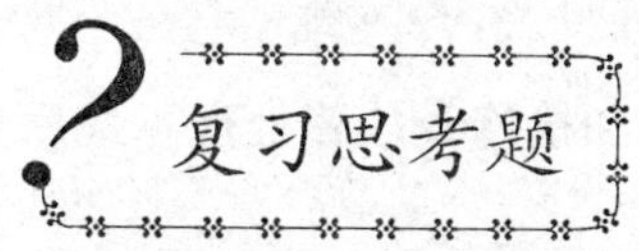

1. 互感器的作用有哪几个方面？

2. 什么是高压开关柜，它的作用有哪些？

第五章　变　压　器

变压器是一种静止的电气设备，根据法拉第电磁感应原理，可以将一种等级电压与电流的交流电能变换为同一频率的另一种等级电压与电流的电能。它的最主要的部件是绕组和铁芯。接入电源的绕组称为一次绕组，接到负载的绕组称为二次绕组。一次、二次绕组互相绝缘，一同放置在铁芯上。一次绕组和二次绕组的匝数不同，具有不同的电压与电流。它的主要用途是变换电压，所以叫变压器。

变压器的应用非常广泛。在电力系统中，变压器是一种重要的电气设备。将发电站发出的电能，从发电站输送到远距离的用电区，要采用高压输送，需用升压变压器，当电能输送到用电区以后，要把输电线上的高电压降到用户所需要的电压，供给用户，需用降压变压器。通常输电高压为110、220、330和500 kV。用户电压则为220、380和660 V。从发电、输电、配电到用户，需要经过3～5次交换，用以提高输配电的效率。因此，在电力系统中，变压器对电能的经济输送、灵活分配和安全使用具有重要意义。对于其他工业部门，变压器的应用也很广泛。例如：供炼钢用的电炉变压器，电解、化工及工矿用的整流变压器，电焊变压器，实验用调压变压器，煤矿用的防爆变压器，电力机车的机车变压器，仪用互感器等。随着电子技术的发展，应用于整流和逆变，电压在较宽范围内可调的多相变压器。用于电子设备中作电源、隔离、阻抗匹配的小容量变压器等。

最近几年，我国的变压器工业发展迅速，在变压器的制造中采用了很多新工艺，新材料，大力发展节能变压器，新的测试技术得到应用，设计中采用了电子计算机。我国制订了新的国家标准，这些标准采用国际电工委员会标准(1EC)，使我国变压器生产水平得到提高。国产变压器最大容量为360 MV·A，最高电压为500 kV。

本章着重介绍单相变压器的基本结构、基本原理、运行分析和检修及故障处理。最后分析自耦变压器、仪用互感器的特点。

第一节　变压器的分类

变压器的种类很多，可按用途、结构形式、绕组数目、相数、冷却方式等进行分类。

一、按用途分类

1. 电力变压器(升压变压器、降压变压器、配电变压器、联络变压器)。
2. 调压变压器。
3. 仪用变压器(电压互感器、电流互感器)。
4. 整流变压器。
5. 矿用变压器。
6. 试验变压器。
7. 机车变压器。

8. 电焊变压器。

二、按结构形式分类

1. 芯式变压器。
2. 壳式变压器。

三、按绕组数目分类

1. 自耦变压器。
2. 双绕组变压器。
3. 三绕组变压器。
4. 多绕组变压器。

四、按相数分类

1. 单相变压器。
2. 三相变压器。
3. 多相变压器。

五、按冷却方式分类

1. 油浸变压器。(油浸自冷变压器,油浸风冷变压器和油浸强迫油循变压器)
2. 干式变压器。

第二节 电力变压器

一、电力变压器的用途与分类

在电力系统中的发电、输电、配电、用电过程中需将电压升高或降低,变压器就是升高电压和降低电压的电气设备,其作用是将某一等级的交流电压和电流变换成另一个等级的电压和电流。它由绕在同一铁芯的两个或两个以上的绕组组成,绕组之间通过磁场变化而联系。

电力变压器按用途可分为升压、降压(配电)和联络变压器(见图 5-1);还可以按相数分为单相和三相变压器;按绕组数分为双绕组、三绕组和自耦变压器;按绝缘介质分可分为油浸式变压器、干式变压器,气体绝缘变压器等;按铁芯结构分类,可分为铁芯式和铁壳式。分类的依

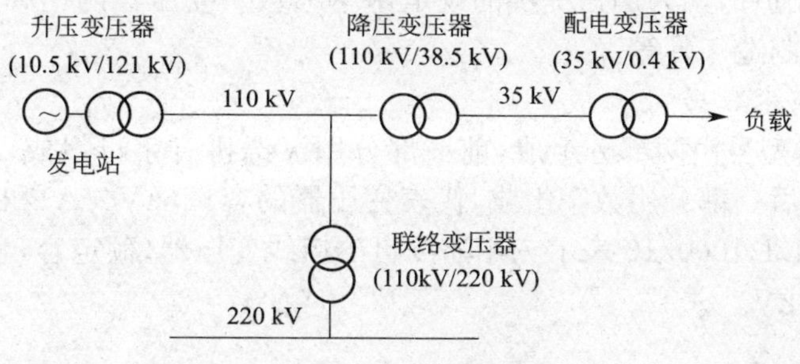

图 5-1 电力变压器用途举例

据还有很多，以上所提到的只是最常见的一些。

二、电力变压器的构造

电力变压器是由铁芯、线圈、绝缘油及附属零件（油箱、散热器、油枕、套管、分接开关、瓦斯继电器、安全阀、温度计）等组成。

1. 铁芯：铁芯是变压器中的导磁体，是作为导磁用的。

2. 线圈：线圈是导电用的，一般用扁形或圆形截面的铜（或铝）导体绕制而成，外面缠以电缆纸和棉纱作绝缘层。

3. 绝缘油：变压器中的绝缘油具有冷却铁芯和线圈绝缘的作用。

4. 油箱和散热器：油箱是存放铁芯、线圈和绝缘油以及安装高、低压套管等附件用的，它能使变压器所产生的热量得到散发，并保护变压器器身使其不受到外界（如风、雨、灰尘）的影响。油箱上的散热器，能使变压器箱内的油得到循环而冷却。

5. 分接开关：电力变压器在运行时，二次线圈输出的电压随输入电压的高低及负载电流的大小和性质而变化的。为了保持二次线圈电压恒定或控制其变化的幅度，电压应该在一定范围可以调节。因此变压器的高压侧一般都有抽头，称为分节头，变换分节头位置就可改变一、二次线圈的匝数比，以达到调节二次线圈电压的目的。变压器的电压调节一般有无载调压和有载调压两种。两种调压部是用分接开关切换各个分接头的位置来实现。无载调压是在变压器从电网中切除的情况下进行的，有载调压可以带负载切换，不需断电。

6. 油枕：当变压器的温度变化时，变压器内绝缘油的体积会膨胀和收缩，当油温下降时，体积缩小，油面将会与大面积的空气接触，势必会加速油的吸潮和氧化，同时也使变压器中的油因温度升高时补偿其体积。一般变压器上都装有油枕。

7. 安全阀：又称安全气道或防爆管，容量在 1 000 kV・A 及以上的变压器均装有安全阀，它的作用是防止油箱受到由于变压器内部故障时所引起的突然增高的压力。

8. 瓦斯继电器：又称气体继电器，它装在油枕与油箱的连接管上，是保护变压器的一种器具，它的内部有两个带水银接点的浮筒。作用是：当变压器内部故障时，产生大量气体，这些气体通向瓦斯继电器，使水银接点浮筒动作，发出信号或接通跳闸回路。

9. 温度计：用来测量并监视变压器内部的温度，有水银温度计、信号温度计和电阻温度计等。

三、电力变压器的铭牌和技术数据

（一）变压器铭牌

变压器铭牌是制造厂家为用户提供的规定基本参数。变压器的铭牌上标有型号、产品代号、标准代号、厂名、制造年月等。

（二）变压器的技术数据

1. 型号：变压器型号由两部分组成，前一部分用汉语拼音字母组成，代表变压器的类别、结构、特征和用途。后一部分用数字组成，代表变压器的容量（kV・A）和高、低压绕组的电压等级（kV）。例如：SLT-1000/10 表示三相油浸自冷铝线变压器，额定容量为 1 000 kV・A，高压侧额定电压为 10 kV。

2. 额定容量 S_e

在变压器铭牌所规定的额定状态下变压器二次的输出能力（单位用 kV・A 表示）。

3. 额定电压U_{e1}和U_{e2}

一次额定电压U_{e1}是指加到一次绕组上电源的线电压额定值。二次额定电压U_{e2}为变压器空载时的二次侧线电压(单位 kV 表示)。

4. 额定电流I_{e1}和I_{e2}

变压器一、二次额定电流I_{e1}和I_{e2}是指在额定容量允许温度下,变压器一、二次绕组中长期允许通过的电流。

5. 额定频率(f_e)

我国规定工频为 50 Hz。

6. 额定温升

温升是指变压器绕组及上层油面的温度与变压器周围环境温度之差。对每台变压器都规定温升限值。绝缘材料耐热等级见表 5-1 所示。

表 5-1 绝缘材料耐热等级

绝缘耐热等级	A	E	B	F	H	C
耐热温度℃	105	120	130	155	180	220

7. 空载电流I_0%

变压器空载运行时的电流值一般是指变压器的励磁电流,常用占电流的百分数来表示,容量 800 kV・A 及以上的空载电流百分数为 2%~2.5%,在 800 kV・A 以下的为 3%~6%。

8. 空载损耗P_0

变压器空载时的有功功率损耗,也就是变压器的铁损。变压器空载损耗约占额定功率的10%左右。

9. 阻抗电压U_k

阻抗电压也叫短路电压,是变压器在二次绕组短接情况下,一次绕组流过额定电流时所加的电压,6~10 kV 电压等级的电力变压器,阻抗电压标准约为 4%~5.5%。

10. 短路损耗P_d

通过对变压器短路试验,测出的有功功率损耗,也叫变压器的铜损。

11. 电压比k

变压器空载状态时,一次侧额定电压与二次侧额定电压之比。

12. 连接组标号

如图 5-2 所示,连接组标号是指三相变压器一、二次绕组之间连接和极性关系的一种代号。它表示变压器一、二次绕组间对应电压的相位关系,也叫接线组别。

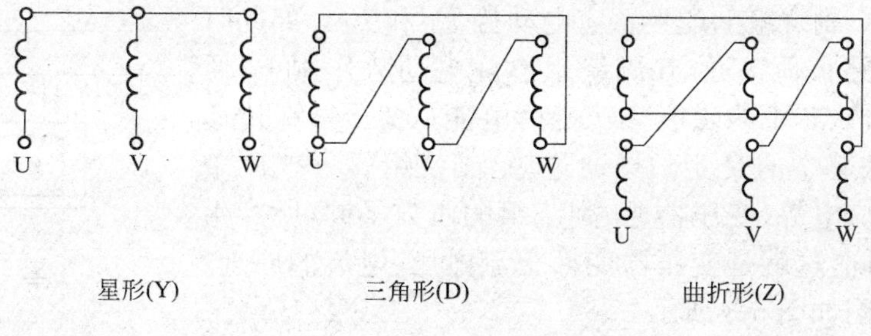

图 5-2 三相变压器常用接线法

三相变压器的同一侧三个绕组，有星形连接、三角形连接、曲折形连接等三种接线。

(1)星形连接是指三相绕组中有一个同名端相互连在一个公共点(中性点)上，其他三个线端分别引出接电源或负载。

(2)三角形连接是指三个绕组的首、尾相接，即异名端相接成一个闭合回路，在每两相连接点上引出三根线端，接电源或负载。

(3)曲折形连接也属星形连接，只是每相绕组分成两个部分，分别绕在两个铁芯柱上。

三相变压器的一、二次绕组连接后，其一、二次电压对应向量有相位差。原来一般采用线电压向量间的角度，用时钟法表示，分成 12 个时区，每差 30°为一种组别号。将一次侧线电压向量定为时钟的分针，定于 12 时区上，将二次侧线电压向量定为时针，所指的时区数，即为变压器的连线组别的组号。

现采用新的变压器连接组标号，相位差表示用一、二次绕组对应端与中性点(三角形连接为虚设中性点)的电压向量角度差。相位差为 30°的倍数，为 0、1、2、3、4、5、6、7、8、9、10、11 等 12 种。为变压器设计制造标准化，连线组标号仅为 0 和 11 两种。

6～10 kV 常用的电力变压器其特性及应用连接组号为 Y，yn0(Y/Y0—12)常用于小容量，三相四线供电系统。Y，zn11(Y/Z0—11)适用于多雷地区，其防雷性能好，二次绕组每相由两部分组成，分别绕在相邻铁芯上，当遭受过电压冲击时，同一铁芯柱上两个绕组产生的磁势可相互抵消，一次侧产生感应过电压或逆变过电压。

13. 冷却方式

变压器采用不同的冷却循环方式和冷却介质使变压器达到冷却的目的。变压器铭牌上用二个或四个字母代号标志。

冷却方式字母代号表示的意义：

冷却介质	循环种类
A—空气	N—自然循环
W—水	F—强迫循环
G—气体	D—强迫导向油循环
L—不燃性合成油	
O—矿物油(合成油)	

四、电力变压器的工作原理

变压器的基本工作原理就是电磁感应原理。变压器的原绕组(一次)接通交流电源，在绕组内流过交变电流产生磁势，在磁势的作用下，铁芯中产生交变磁通 Φ，即原绕组从电源吸取电能转变成磁能，在闭合的铁芯中原绕组(一次)、副绕组(二次)同时切割磁力线，由于电磁感应作用，分别在原、副绕组上产生感应电动势 E_1 和 E_2。如此时将副绕组与外电路负荷接通，在副绕组感应电动势作用下，便有电流通过负载，铁芯中的磁能又转变为电能。变压器在传递电能的过程中，铁芯中的交变磁场通过原、副绕组每一线匝中都产生相同的感应电势，变压器原、副绕组的匝数不同，所产生的感应电势也不同，这就是变压器变换交流电压、电流的原理。单相变压器原理图如图 5-3 所示。

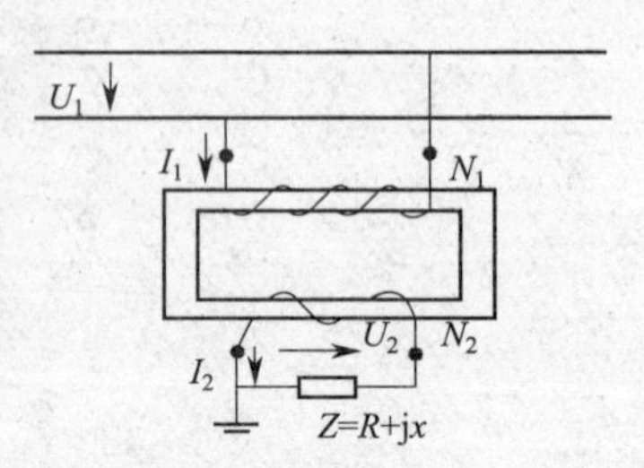

图 5-3　单相变压器原理图

根据电磁感应定律可以导出：

一次侧绕组感应电动势值

$$E_1=4.44fN_1B_mS\times10^8(\text{V}) \tag{2-1}$$

二次侧感应电动势值

$$E_2=4.44fN_2B_mS\times10^{-8}(\text{V}) \tag{2-2}$$

式中 f——电源频率，单位 Hz，工频为 50 Hz；

N_1——一次侧绕组匝数（匝）；

N_2——二次侧绕组匝数（匝）；

B_m——铁芯中磁通密度的最大值（Gs）；

S——铁芯截面积（cm^2）。

由式（2-1）与（2-2）得出公式（2-3）为：

$$\frac{E_1}{E_2}=\frac{N_1}{N_2} \tag{2-3}$$

由此可见，变压器一、二次侧感应电动势之比等于一、二次绕组匝数之比。

由于变压器一、二次绕组的漏电抗和电阻都很小，可以忽略不计算，因此可近似地认为：$U_1=E_1$；$U_2=E_2$。于是得出公式（2-4）为：

$$\frac{U_1}{U_2}=\frac{E_1}{E_2}=\frac{N_1}{N_2}=K \tag{2-4}$$

式中 K——变压器的变压比。

变压器一、二次绕组的匝数不同，导致一、二次绕组的电压高低也不等，匝数多的绕组电压高，匝数少的绕组电压低，这就是变压器变换电压的原理。

在一、二次绕组电流 I_1、I_2 的作用下，铁芯中的磁势为：

$$I_1N_1+I_2N_2=I_0N_1 \tag{2-5}$$

式中 I_0 为变压器的空载励磁电流。由于 I_0 比较小，在数值上可忽略不计，因此公式（2-5）可改写为：

$$I_1N_1+I_2N_2=I_0N_1=0$$

$$I_1N_1=-I_2N_2$$

于是从数值上有如卜关系：

$$\frac{I_1}{I_2}=\frac{N_2}{N_1}=\frac{1}{K}$$

由此可见，变压器一、二次电流之比与一、二次绕组的匝数成反比。即变压器绕组匝数多的一侧电流小，匝数少的一侧电流大，也就是电压高的一侧电流小，电压低的一侧电流大。

五、电力变压器的实用计算

（一）变压器额定容量、额定电流、电压的计算

1. 单相变压器额定容量计算：

$$S_e=U_{e1}I_{e1}=U_{e2}I_{e2}$$

2. 三相变压器额定容量计算：

$$S_e=\sqrt{3}U_{e1}I_{e1}=\sqrt{3}U_{e2}I_{e2}$$

3. 三相变压器的线电压和相电压：

变压器三相绕组任意两条端线间的电压称为线电压。线电压用 U_x 表示，三相变压器线

电压有U_{AB}、U_{BC}、U_{AC}。三相绕组每个端的电压称为相电压。相电压用U_{xg}表示，三相变压器相电压有U_A、U_B、U_C。变压器的额定电压指三相变压器的线电压。线电压与相电压的关系决定于变压器三相绕组的接线方式。

变压器星形接法：线电压$U_x=\sqrt{3}U_{xg}$

变压器三角形接法：线电压$U_x=U_{xg}$

4. 变压器的额定电流计算：

变压器的额定电流是指三相变压器的线电流。三角形接法的变压器电流为相电流的$\sqrt{3}$倍，星形接法的线电流等于相电流。

变压器额定电流按下式计算：

$$I_{e1}=\frac{S_e}{\sqrt{3}U_{e1}} \qquad I_{e2}=\frac{S_{e1}}{\sqrt{3}U_{e2}}$$

实际工作中，选择变压器一、二次熔丝时，可粗略掌握变压器一、二次的额定电流计算常用公式：

变压器的变压比为10/0.4

一次额定电流$I_{e1}\approx0.06S_e$

二次额定电流$I_{e2}\approx1.5S_e$

因为$I_{e1}=\dfrac{S_e}{\sqrt{3}U_{e1}}$为0.057 8近似值取0.06

因为$I_{e2}=\dfrac{S_e}{\sqrt{3}U_{e2}}$为1.443近似值取1.5

5. 变压器不同电压挡位时电压值计算：

无载调压变压器的变压等级分为10.5/0.4；10/0.4；9.5/0.4。求不同挡位时的变压比如下式：

Ⅰ挡 $$K_1=\frac{10.5}{0.4}=26.25$$

Ⅱ挡 $$K_2=\frac{10}{0.4}=25$$

Ⅲ挡 $$K_3=\frac{9.5}{0.4}=23.75$$

(二)变压器损耗计算

1. 变压器的铁损P_{ti}计算：

当变压器一次侧加上交流额定电压时，铁芯中产生交变磁通，从而在铁芯中产生磁滞损耗和涡流损耗，总称铁损(空载损耗)。通过变压器空载实验可得出铁损：

变压器的铁损 $$P_{ti}=P_0-I_0^2R_1$$

因变压器空载电流和一次绕组电阻都比较小，所以$I_0^2R_1$；可忽略不计，因此变压器的铁损基本等于空载损耗。

2. 变压器的铜损P_{to}计算：

变压器一、二次绕组都有一定的电阻(R_1、R_2)，当电流流过时，就产生一定的电能损耗，这就是铜损。

由于铜损 $P_{to}=I_1^2R_1+I_2^2R_2$，因此变压器的铜损主要决定于负荷电流大小。

3. 变压器的效率 η 计算：

变压器的效率 η 为变压器输出功率 P_2 和输入功率 P_1 的百分比。

可用下式计算：

$$\eta=\frac{P_2}{P_1}\times100\%$$

因为输入功率 $P_1=P_2+P_{ti}+P_{to}$，所以 $\eta=\frac{P_2}{P_2+P_{ti}+P_{to}}\times100\%$

变压器的效率一般都在 95%以上。

六、电力变压器并联运行条件

(一)变压器并联运行理想工作状态

为了保证变压器并联后空载时绕组中不出现环流，各变压器负荷分配容量成正比，并联运行的变压器必须满足以下三个条件：

1. 变压器的接线组别相同；
2. 变压器的变压比相同(允许差值不应超过 0.5%)；
3. 变压器的短路电压(百分阻抗)相等(允许差值不超过 10%)；除满足以上三个条件，对并联运行的变压器容量比一般不宜超过 3∶1。

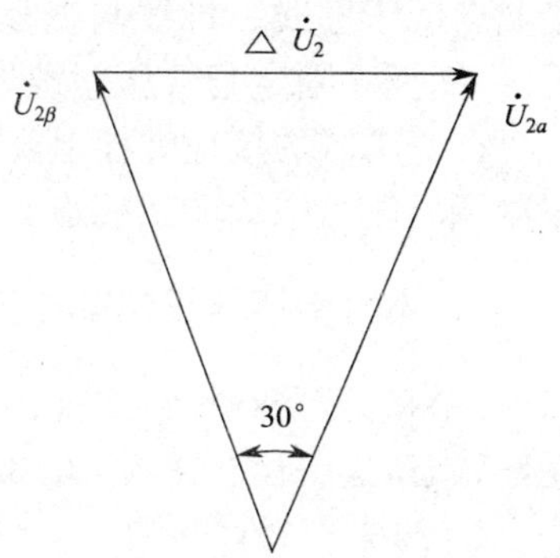

图 5-4 Y,y0 与 Y,d11 连接组的两台变压器并列电压向量图

(二)变压器接线组别不同并联运行的后果

受压器组别表明以变压器一、二次线电压(电势)的相位关系。当组别不用的两台变压器(如 Y,y0 与 Y,d11)并联，其二次对应线电压电压则有 30°相位差，如图 5-4 所示。

变压器二次电路中合成电压：

$$\Delta\dot{U}_2=\dot{U}_{2\beta}+\dot{U}_{2\alpha}=0.52\dot{U}_{2\beta}=0.52\dot{U}_{2\alpha}$$

由于变压器二次阻抗很小，在电压差 $\Delta\dot{U}_2$ 的作用下，二次绕组中会产生几倍于额定电流的环流烧毁变压器，因此，接线组别不同的变压器是绝对不能并联的。

(三)变比不同的变压器并联运行的后果

变比不等的两台变压器一次接在同一母线上有相同的一次电压，对应的二次电压则不相等，空载时就会有电压差而产生环流，变比相差越大，环流越大，负载运行时，影响两台变压器的负荷分配，使变压器容量不能合理利用。所以，并联变压器变比的差值不能超过 Δ±0.5%。

(四)短路电压不等的变压器并联运行的后果

变压器的短路电压不等，也就是变压器内部阻抗不等。从变压器的简化等值电路可以看出，两台变压器并列相当于两个阻抗并联，如图 5-5 所示，负载电流与短路电压(即阻抗百分比)成反比。短路电压高的变压器负载电流小，短路电压低的变压器负载电流大。当短路电压大的一台变压器满载时，短路电压小的一台变压器则过载。因此，一般规定短路电压差不超过 10% 。

七、变压器安装

经过上述检查后，若无异常，即可就位安装。就位前，应检查变压器的导轨是否水平，轨距与轮距是否吻合。装有气体继电器的变压器，顶盖沿气体继电器气流方向应有1%～1.5%的升高坡度，便于发生的气体跑向气体继电器。常用垫片垫在储油柜侧的两滚轮下，其厚度等于两滚轮中心距乘以升高坡度，如果两滚轮中心距为1 m，则垫片厚为10～15 mm。

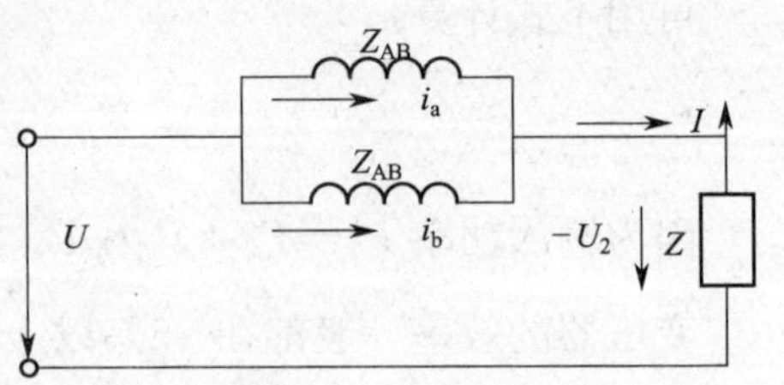

图 5-5　短路电压不等的两台变压器并列运行的等值电路

变压器就位后，应检查变压器与建筑物或其他设备的距离是否符合设计要求，再用可拆卸的制动装置固定滚轮，并在其上涂防锈油。在变压器的两侧分别接上高低压母线。母线与变压器连接时，应用两把扳手，一把扳手固定套管压紧螺母，另一扳手旋转压紧母线的螺母，以防损坏套管。

在变压器的接地螺栓上安装地线。如果变压器的联结组别为Y，yn，则还应将接地线与变压器低压侧的中线端子相连。

八、电力变压器投运前检查和投运、停运的规定

（一）变压器在投运之前，应对变压器本体及其附属设备进行详细的检查，确认变压器处于完好状态，具备运行条件，方可投入运行，其具体检查项目如下：

1. 油枕和套管的油位。对停运中的变压器，油枕的油位应在周围气温相对应的油标刻度附近。
2. 冷却系统是否已在启动状态。
3. 调压开关位置是否正确。
4. 一、二次侧有无短路地线。
5. 继电保护装置是否已按规定起用，对整定值有无疑问。
6. 高压侧为熔丝保护的变压器，应检查高压熔丝的状态。
7. 对修复后和新安装的变压器，应审查其试验报告，并检查一、二次接线是否正常。

（二）变压器停、送电的操作顺序规定

变压器的停、送电操作顺序：停电时，先停负荷侧，后停电源侧，送电与停电顺序相反。

（三）变压器投入与停运的操作原则

变压器各侧装有断路器时，投入或停运必须使用断路器；如没有断路器，可用隔离开关开、合电压为10 kV，电流为5 A以下的负荷，投入时必须先合隔离开关，后合断路器，停运时相反。

九、电力变压器常见故障及原因分析

（一）声音异常

1. 正常响声

变压器在运行时，由于绕组的励磁电流的磁场作用使硅钢片振动，发出均匀的“嗡嗡”声。

2. 异常响声

（1）如声音突然升高，原因可能有：

运行的电压升高；电压波形有变化；大容量动力设备起动、过载。

(2)如声音变为嘶哑，原因可能有：

铁芯松动；结构上有螺栓或其他配件松动。

(3)如有"噼啪"的放电声，原因可能有：

变压器内部或外部的绝缘损坏；

绝缘子有严重污秽或线夹接触不良。

(4)如声音大且不均匀，并夹有爆裂和"咕噜"声，原因可能有：

线圈内有局部(层间、匝间)绝缘击穿；

分接开关接触不良。

(二)油温异常

在正常运行情况下，油温不断升高，以致超过允许值，原因可能有：

绕线局部有层间、匝间短路；分接开关接触不良，接触电阻增大；冷却系统故障或缺油；铁芯片间绝缘或穿芯螺栓绝缘破坏，铁损增大；通风不利，二次回路中有大电流短路；油本身故障等。

(三)三相电压不平衡

变压器运行中三相电压超过允许值，或其中一相、二相有升高或降低现象，原因有：

断相，熔丝熔断或一相断线；绕组局部发生匝间短路；三相负载不平衡，引起中性点位移；系统发生铁磁谐振等。

(四)变压器呼吸器或防爆管喷油

二次系统突然短路，保护拒动使变压器温度升高，以致油箱内压力增大而喷油，喷油后使油面降低，可能引起瓦斯继电器动作；变压器内部有短路，油枕出气孔有堵塞现象，油的呼吸器作用不能正常进行，造成喷油。

(五)油位降低

油箱渗漏油；油节门关闭不紧；采取油样时忽视及时检查油面情况；油面计堵塞。

(六)油色显著变化

运行时多次发生短路或经常过负荷运行；油温经常较高，油老化现象加剧；油质劣化，油内含有碳粒和水分；油的酸值增高，闪点降低。

(七)瓷套管闪络放电和爆炸

瓷套管密封不严，进水受潮而损坏；套管电容芯子质量不过关，内部游离放电；瓷套管表面严重污秽及瓷套有裂纹等。

(八)分接开关故障

变压器油箱有异声，温度高，瓦斯动作，线圈直流电阻不平衡，油的闪点降低，原因有：

分接开关弹簧压力不足、触头滚轮压力不均，使接触面减小；镀银层的机械强度不够或严重磨损、接触不良，经受不住短路电流冲击，表面产生氧化油膜；分接头位置错误，产生电弧造成开关烧毁；分接开关相间距离不够或绝缘材料性能降低，在过电压情况下发生放电或短路造成烧毁。

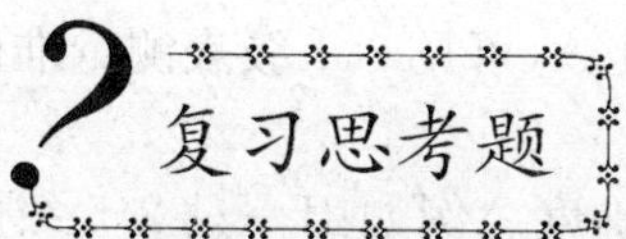

1. 电力变压器分为哪几类？

2. 变压器常见故障的部位。

第六章 仪器仪表

第一节 电工测量基本知识

一、电工测量仪表的分类

用于电工测量的仪表可分为两大类。

第一类是比较仪器：它是在测量过程中，被测物需要和相应的标准量进行比较而测出被测物的数值的。如测量低值电阻的惠斯登电桥、凯尔文电桥，测量电阻、电容电感的万用电桥等，都是比较仪器。

第二类是指示仪表：它的特点是在测量时，通过指针或光点的偏转，直接读出被测量的数值。如电压表、电流表、功率表等。

常用的指示类仪表又可分为下列几类：

1. 根据被测量对象，可分为电压表、电流表、功率表、电度表、功率因数表等。
2. 根据仪表的测量原理可分为磁电式、电磁式、电动式、感应式、静电式及势电式等。
3. 根据使用方法可分为便携式仪表和开关板式仪表等。
4. 根据工作电流的种类又可分为直流仪表、交流仪表和交直流两用仪表。

二、仪表的误差和精度等级

电气测量中的误差主要有下列三种表示方法：

1. 绝对误差：测量指示值 X 与被测量值 X_0 之差 ΔX 叫绝对误差。$\Delta X=X-X_0$
2. 相对误差：绝对误差 ΔX 与实际值 X_0 之比叫相对误差，以 γ 表示。

$$\gamma=\Delta X/X_0\%$$

相对误差可以较正确地表达测量结果的准确程度。

3. 基本误差：是指仪器或仪表的绝对误差 ΔX 与其测量上限值（满刻度值）X_n 的比值。

$$r_n=\Delta X/X_n$$

由于基本误差表达了测量仪器和仪表的准确程度，所以通常都引用基本误差来表示测量仪器和仪表的准确等级。测量仪器和仪表的准确等级一般分为 0.1、0.2、0.5、1.0、1.5、2.5、5.0 七个等级。如某电压表的基本误差是 0.9%，则其精确度等级就是 1.0 级，通常 0.1、0.2 级仪表用作标准表，0.5 级、1.0 级仪表用于实验，1.5 级至 5.0 级为一般测量仪表，表示级别的数字愈小，准确程度越高。如用 0.1 级和 2.5 级两只同样 10 安量程的电流表分别去测量量限内的电流，则 0.1 级表可能产生的误差为 10 A×0.1%＝0.01 A，可见 0.1 级表测量准确度高。

另外，同一只仪表使用的量程适当与否也会影响测量的准确度。例如用一只 2.5 级的量程为 0～5～10 A 的电流表去测量 4 A 的电流，当用满刻度为 10 A 挡量程时可能产生的误差为 10 A×2.5%＝0.25 A；但是，用满刻度为 5 A 挡量程时，可能产生误差为 5 A×2.5%＝

0.125 A。显然，对同一只仪表用小的量程测量比用大的量程测量准确度高。所以选择量程时应使读数占满刻度的1/3以上为宜。

第二节 电 流 表

一、电流表的接线

电流表又叫安培表，用电流表测量电流时，电流表必须和电路串联。测量交流大电流时，需经电流互感器接入电路。测量直流大电流时应与分流器并联后接入电路。

测量直流电流应特别注意电流表的正负极性的接法，直流电流表的接线柱旁都标有"＋"和"－"的符号，电流是从电源的"＋"极到"－"极，电流表串联在路电中，电流也应当从电流表的"＋"极流到"－"极。

二、分 流 器

当电路电流超过电流表所能承受的电流时可以采用一个数值很小的电阻和直流电流表并联，然后串联到电路中，以扩大电流表的量程。这个电阻称为分流器。分流器的规格很多，应根据电流表的量程及所测电路电流的大小选用。

若电流表量程为 I_a，电路的电流为 I，电流表的内阻为 R_a，分流器到表头引线的电阻为 r，分流器的电阻为 R_s，则 R_s 由下式确定 $R_s=(I_a \cdot R_a)/(I-I_a)$

如果已知 R_a、R_s，则根据电流表的读数 I_a 可以得出电路的实际电流值。

$I=I_a(R/R_s+1)=I \cdot K$　　　　$K=R_a/R_s+1$ 称为扩程倍数

将电流表的实际读数乘以扩程倍数 K 即为被测电流的实际值。

第三节 万 用 表

万用表是一种可以测量多种参量的多量限可携式仪表，在电气设备、仪器和元件的生产、调试、计量、维修和牵引变配电所故障查找等工作中万用表已成为必不可少的测试工具。一般的万用表可以测量直流电流、直流电压、交流电压、直流电压和音频电平等参数量。分为指针式和数字式两类。

一、万用表的构成

万用表型号虽多，但一般都有测量机构(表头)、测量线路和转换开关三部分组成。

1. 测量机构：多采用高灵敏度的磁电系测量机构，满刻度偏转电流约为几微安到几百微安。

2. 测量线路：它实质上是由多量程直流电流表、多量程直流电压表、多量程整流系交流电压表，以及多量程式欧姆表等几种线路组合而成。关键是通过测量线路的变换，把被测量变换成磁电系表头所能接受的直流电流，达到一表多用的目的。

3. 转换开关：由许多固定触头和可动触头组成。万用表中各测量种类及量限的选择是靠转换开关来实现的。

万用表的外形可做成便携式或袖珍式，不同的万用表，面板有不同的形式：对于指针式万用表一般有指针、刻度盘、转换开关、指针的机械零位调节器和零欧姆调节旋钮及接线柱(插孔)等部分组成。刻度盘上备用对应于不同测量对象的多条标度尺。

二、万用表的工作原理

1. 测量电阻工作原理

万用表测量电阻的部分,实际上是个欧姆表,它的原理电路图如图 6-1 所示。根据欧姆定律

$$I=\frac{E}{R_x+R_B+\dfrac{R_0R_A}{R_0+R_A}}$$

式中 I——电路电流;

E——电路电压;

R_A——表头内阻;

R_0——调零电阻;

R_B——串联电阻;

R_x——被测电阻。

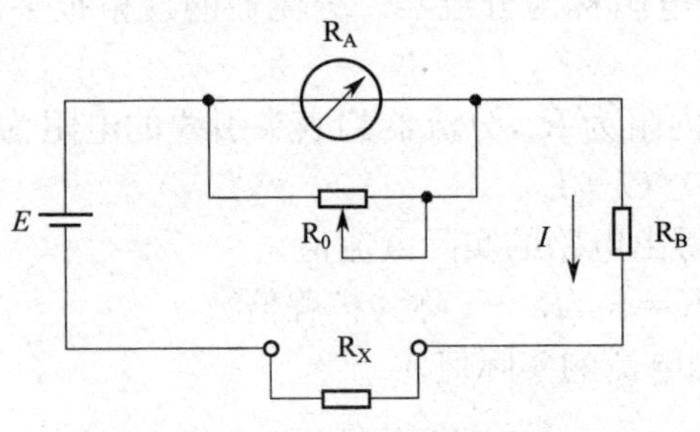

图 6-1 欧姆表原理图

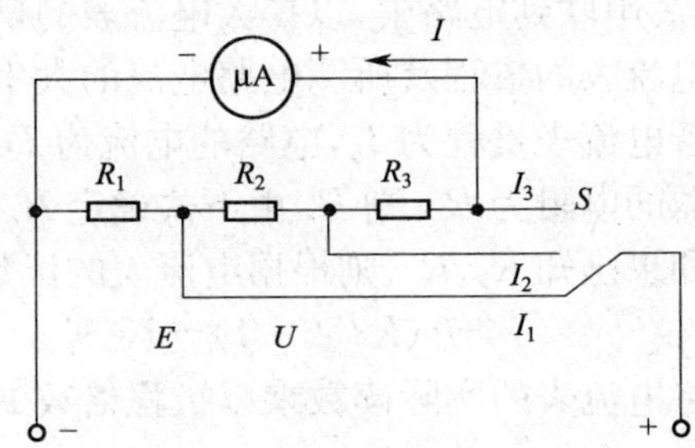

图 6-2 多量程电流表原理图

可见,当其他已知电阻保持不变时,电路中电流的大小,取决于被测电阻 R_x,因而表头指针偏转角的大小,也取决于 R_x,这样通过欧姆表的标度尺就可以反映出 R_x 的大小来。

R_0 的作用:当 $R_x=0$ 时,I 应为最大值,但由于电池电压的变化等原因,致使指针偏转角达不到满度值,这时可改变 R_0 的阻值(即改变分流电阻),从而改变流入表头的电流,使指针回到欧姆表零位。

2. 测量直流电流工作原理

测量直流电流部分实际上是一只采用分流器的多量程电流表,如图 6-2 所示。

由于各分流电阻串联后再与表头并联,形成一个闭合回路,称闭路式分流器。这种分流器在变换量程时,分流器中的电阻和表头支路电阻是同时变化的,而闭合回路的总电路始终保持不变。这样如果某量程挡因转换开关接触不良而造成分流电路不通时,表头则可以因闭合回路中电阻不变而不被损坏。

3. 测量直流电压工作原理

测量直流电压部分是一只采用附加电阻的多量程直流电压表,如图 5-2 所示。

由于与表头串联的附加电阻不同,因此,电压的量程也不同。例如开关 S 接到 U_1 位置时,电压量程为 U_1,附加电阻为 $R_1+R_2+R_3$;而开关接到 U_3 位置时,电压量程为 U_3,附加电阻为 R_3,由于附加电阻减小,电压量程也减小,即 $U_3<U_1$。电路中因低量程挡的附加电阻被高量程挡所利用,也称此为共同式附加电阻电路。

4. 测量交流电压工作原理

测量交流电压部分实际上是一只多量程的整流系交流电压表。因为万用表的表头是磁电系测量机构,在测量交流电压时,必须采用整流。

三、磁电系(47 型、51 型)万用表的使用

1. 正确接线:

测量前要检查表笔接的位置是否正确,红色测试棒接标有"+"号插孔,黑色测试棒接标有"—"号插孔。测直流时红测试棒接被测部分正极,黑测试棒接被测部分负极。当测电流时,仪表与被测电路串联;测电压时,仪表与被测电路并联。

2. 正确选择挡位:

它包括测量对象挡位及量程挡位的选择,测量前应根据测量对象及其大小,选择相应的挡位。有的万用表用一个转换开关进行挡位切换,有的万用表采用两个转换开关,一个用来切换测量对象,一个用来切换测量量程。使用时应选择测量对象挡位,然后选择测量量程挡位。量程的选择应使读数在标度尺的一定范围之内。如测量电压、电流时,应使指针指示在满刻度的1/2 以上;测量电阻时,应尽量使指针指示在刻度较稀的部位。用欧姆挡测量晶体管参数时,应用低电压高倍率挡,即应选 $R\times100$ 或 $R\times1\text{k}$。否则,将因电流过大($R\times1$ 挡时),或电压过高(如用 $R\times10\text{k}$ 挡时),而使被测晶体管损坏。

3. 正确调零:

在使用万用表之前,应注意其指针是否指在零位,如不指在零位应调整零位调节器使之指零。在测量电阻之前,还应进行欧姆调零,欧姆调零的时间要短,以减少电池的消耗。如果用调零旋钮已无法使指针指零位,说明电池电压太低,应更换电池。

4. 正确读数:

指针式万用表有多排标尺,一定要选择对应的标尺读数,且应将万用表放平,并应使视线与指针所在板面垂直。

5. 测量时应注意以下几点:

(1)严禁带电测量电阻,否则不但测量结果无效,而且有可能烧坏表头。

(2)测电阻,尤其大电阻,不能用手接触表笔的导电部分,以防影响测量结果。

(3)用欧姆表内部电池作测试电源时,如检查晶体管的穿透电流或管脚等,要注意此时表笔的正负极性恰与电池极性相反。

(4)测非线性元件(如二极管)正向电阻时,若用不同倍率挡,其测量结果会不同。

(5)测高电压时,操作者一定要站在绝缘良好的地方,且用一只手操作。

(6)绝不允许用万用表的欧姆挡去直接测量微安表头、检流计、标准电池、电压电流等类的仪器仪表。

(7)仪表在测试电压和电流时,不能带电转动开关旋钮,以防烧开关及烧损万用表。

(8)测试完毕时,将万用表转换开关置于空挡或交流最高电压挡,不要在欧姆挡随便短接表笔要以免浪费电池。

四、数字万用表的使用

1. 仪表简介(以 VC890 型系列仪表为例):

数字式仪表是一种性能稳定、用电池驱动的、采用 25 mm 字高 LCD 显示器的万用表,具

有使用方便、读数清晰的特点。

数字式仪表可用来测量交直流电压、交直流电流、电阻、电容、二极管、三极管、温度等参数。

2. 注意事项：

(1)测量电压时，不要测量超过交流 700 V 或直流 1 000 V 的极限电压；

(2)在测量高于 36 V 直流、25 V 交流电压前，应检查表笔是否可靠接触，是否正确连接，是否正确良好，防止电击；

(3)转换挡位时，表笔要离开测试点；

(4)测量电器设备前，应确认被测对象，选择正确的功能和量程，防止误操作；

(5)测量电流时，不要测量超过 10 A 的电流。

3. 直流电压的测量方法：

(1)将黑表笔插入"COM"插孔，红表笔插入"V/Ω"插孔；

(2)将量程开关转止相应的直流(DCV)量程上，然后将测试表笔跨接在被测电路上；若测量读数为正，说明红表笔所接为正电位；若测量读数为负，说明红表笔所接为负电位。

注意事项：

如对被测对象电压范围不确定，应将量程开关转至最高挡位，若液晶显示为"1"，表明已超过量程范围。

4. 交流电压的测量方法：

(1)将黑表笔插入"COM"插孔，红表笔插入"V/Ω"插孔；

(2)将量程开关转至相应的交流(ACV)量程上，然后将测试表笔跨接在被测电路上。

注意事项：

如对被测对象电压范围不确定，应将量程开关转至最高挡位，若液晶显示为"1"，表明已超过量程范围。

5. 直流电流的测量：

(1)将黑表笔插入"COM"插孔，红表笔插入"mA"插孔(最大量程为 200 mA)，或红表笔插入"10 A"插孔(最大量程为 10 mA)；

(2)将量程开关转至相应的直流(DCA)挡位上，然后将测试表笔串接在被测电路中，被测电流值及红表笔点处的电流极性将同时显示在液晶上。

注意事项：

如对被测对象电压范围不确定，应将量程开关转至最高挡位，若液晶显示为"1"，表明已超过量程范围。

6. 交流电流的测量：

(1)将黑表笔插入"COM"插孔，红表笔插入"mA"插孔(最大量程为 200 mA)，或红表笔插入"10 A"插孔(最大量程为 10 mA)；

(2)将量程开关转至相应的交流(ACA)挡位上，然后将测试表笔串接在被测电路中，被测电流值将显示在液晶上。

注意事项：

如对被测对象电压范围不确定，应将量程开关转至最高挡位，若液晶显示为"1"，表明已超过量程范围。

7. 电阻的测量：

(1)将黑表笔插入"COM"插孔，红表笔插入"V/Ω"插孔；

(2)将量程开关转至相应的电阻量程上,然后将测试表笔跨接在被测电阻上。

注意事项:

(1)如电阻值超过所选的量程,液晶显示为“1”,应将量程开关转至最高挡位。

(2)在测量线路中的电阻时,需确认线路无电或电源已完全断开,且线路中的电容已完全放电。

五、万用表的维护和保养

1. 测量前,应校对量程开关位置及两表笔所接的插孔,无误后再进行测量。严禁在测量高电压或大电流时拨动转换开关,以防产生电弧,烧毁开关触点。测量完毕应将选择开关放在高电压挡。

2. 对无法估计的待测量,应选择最高量程挡测量,然后根据显示结果选择合适的量程。

3. 严禁带电测电阻。用低挡(200 Ω挡)测电阻时,可先将两表笔短接,测出表笔引线电阻,据此修正测量结果。用高阻挡测电阻时,应防止人体电阻并入待测电阻而引起测量误差。

4. 仪表保存时应特别注意环境条件,不应放置在高温或潮湿的环境中。长期存放时,应取出电池,以防电池漏液,造成仪表损坏。

第四节 钳形电流表

使用电流表测量电流时,必须停电断开电路,接入电流表以后,方可进行测量。而钳形电流表是用于测量电流的一种指示仪表,它可以在不切断电路的情况下测量电流载流。钳形电流表可分为交流和直流两类。

一、钳形电流表的原理

钳形电流表实质上是由一只电流互感器和一只整流系仪表所组成,如图 6-3 所示。其外形如图 6-4 所示,电流互感器铁芯呈钳口形。

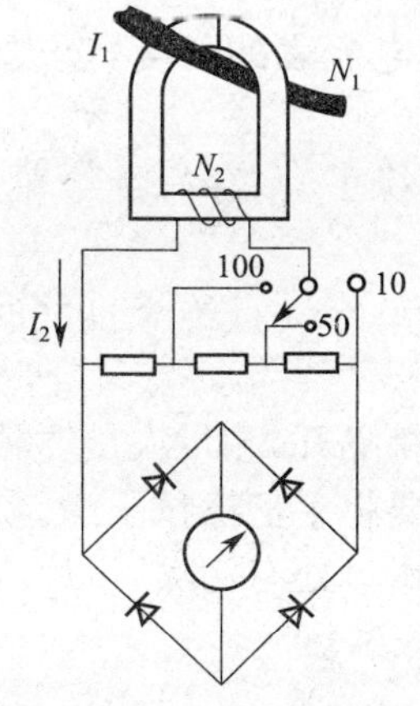

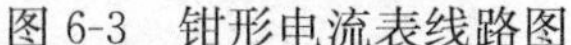
图 6-3 钳形电流表线路图

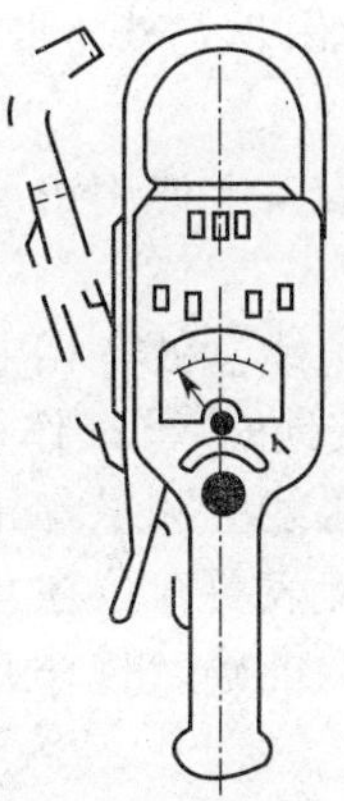
图 6-4 钳形电流表外形图

当捏紧钳形电流表的扳手时,其电流互感器的铁芯便可以张开,这样,被测电流通过的导线不必切断就可穿过铁芯的缺口，然后放松扳手使铁芯闭合，通过电流的导线相当于电流互感器的一次线圈，因此，电流互感器的二次绕组中产生感生电动势，测量电路中就有电流 I_2 流过，这个电流按不同的分流比，经整流后通入表头。标尺是按一次电流 I_1 刻度的，所示指示值就是被测量的数值。量程的改变可由转换开关改变分流电阻来实现。于是接在二次线圈上的电流表便指示出电流的大小。

二、钳形电流表的使用方法

1. 测量前应先估计被测电流的大小，将量程开关放在合适的位置。若无法估计则应先用较大量程挡测量，然后根据被测电流的大小再逐步换成合适的量程。

2. 收紧扳手，使电流互感器的铁芯张开，把待测的导线从铁芯开口处放进钳形电流表铁芯窗口内，然后放松扳手使铁芯的钳口自动闭合。

3. 按量程规范一线一线地测，测完收紧扳手，张开钳口使导线从钳口处退出。

4. 在测量过程中不得切换选择开关，以免损坏仪表。

5. 测量时应注意：

(1)测电流时，电路电压不能超过电表的额定值。

(2)测量时被测的载流导线应放在钳口内的中心位置，以免增大误差。

(3)测后拨回零挡或测量后一定要把调节开关放在最大电流量程位置，以免下次使用时，由于未经选择量程而造成仪表损坏。

(4)当表的刻度大，读数不方便时，可将被测的导线在钳形表钳口上多绕几回，读数即可增大，再将读数除去匝数即为导线中的实际电流。

三、其他应注意事项

1. 使用钳形电流表测量电流时，其电压等级应符合要求。测量时可以不开工作票，但在测量前，须经值班员同意，并由值班员与作业人员共同到作业地点进行检查，必要时由值班人员做好安全措施方可作业。测量完毕要通知值班员。

2. 使用钳形电流表测量时，作业人员不得少于 2 人，在高压设备上测量时，其中 1 人的安全等级不得低于 3 级。

3. 测量时，作业人员与带电部分之间的距离要大于钳形电流表的长度，读表时身体不得弯向仪表面上。

4. 在高压设备上使用钳形电流表时，测量人员要戴好绝缘手套，穿好绝缘靴并站在电缘垫上作业。

5. 当测量电缆盒处各相电流时，只有在相间距离大于 300 mm 且绝缘良好时方准进行，当电缆有一相接地时，严禁作业。

6. 在低压母线上测量各相电流时，要事先用绝缘板将各相隔开，测量人员要戴绝缘手套。

7. 钳形电流表要存放在盒内且要保持干燥，每次使用前要将手柄擦拭干净。

8. 为使读数准确，钳口的结合面应保持良好的接触。如钳口处有污垢，可用汽油擦干净。

第五节　兆　欧　表

一、兆欧表的选择

兆欧表又叫摇表，是用来测量高电阻的仪表。兆欧表的额定电压，应根据被测电气设备的额定电压来选择。一般情况下，额定电压在 500 V 以下的设备，选择用 500 V 或 1 000 V 的兆欧表；额定电压在 500 V 以上的设备，选有 1 000 V 或 2 500 V 的兆欧表。此外要注意兆欧表的测量范围与被测绝缘电阻的数值相适应。

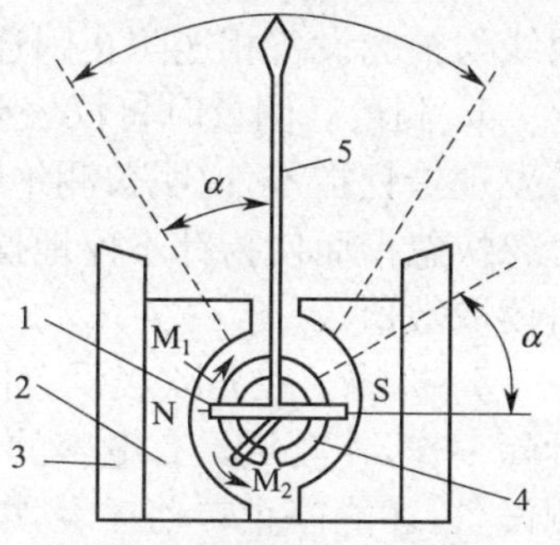

图 6-5　磁电系比率表的结构

1—动圈；2—极掌；3—永久磁铁；4—带缺口的圆柱形铁芯；5—指针

二、兆欧表的构造

1. 磁电系比率表的测量结构

兆欧表是由一台手摇发电机和磁电系比率表组成，结构如图 6-5 所示。可动部分可分为两个绕向相反的线圈，线圈 M_1 作用是产生转动力矩，线圈 M_2 的作用是产生反作用力矩，两个线圈装在同一转轴上。比率表和一般磁电系测量机构相比缺少游丝，它的反作用力矩由电磁力产生。固定部分包括永久磁铁、极掌、铁芯等部件，它和一般磁电系测量机构不同，它的极掌间气隙中的磁场分布不均匀，中间磁通密度高，两边较低。

2. 手摇发电机部分

手摇直流发电机容量很小，但发出电压很高，常用的有 500 V、1 000 V、2 500 V、5 000 V 等几种规格。手摇发电机的电压越高，兆欧表的量程就越大。

三、兆欧表的工作原理

兆欧表的工作原理线路图如图 6-6 所示。当转动手摇发电机手柄时，发电机就发出电压。由于该电压是接在电压线圈上，故使可动部分产生反作用力矩。发电机的另一部分是由测量端 L 通过被测物接到测量机构的电流线圈上，它也产生一个与电压线圈力矩相反的力矩，并在该力矩的作用下也使可动部分发生偏转，其偏转角度的大小与被测的绝缘电阻成反比。当两个线圈产生的力矩处于相等，则兆欧表可动部分的转动也就随之停止，即仪表已处于平衡状态，这时仪表指针所指示的电阻数即为被测绝缘电阻值。

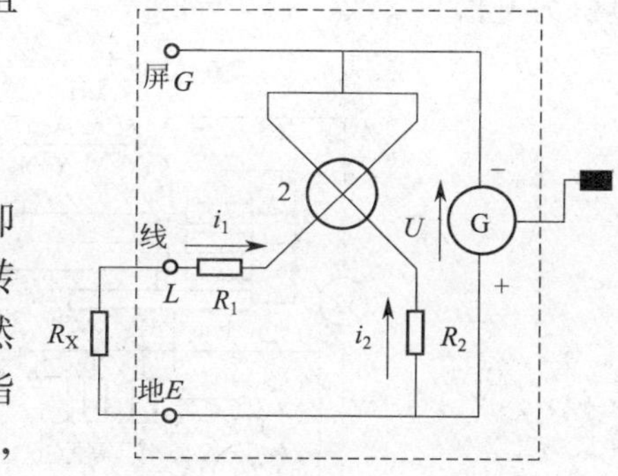

图 6-6　兆欧表原理电路图

四、兆欧表的使用

1. 检查兆欧表。使用前应检查兆欧表是否完好，即将兆欧表两根表线开路，转动发电机的手柄达到额定转速（120 r/min），观察指针是否指在标尺的“∞”位置，然后将两根表线短接，转动发电机手柄，观察指针是否指“0”，如指针不能指到该指的位置，表明兆欧表有故障，应检修后再用。

2. 停电和放电。测量前要先切断被测设备的电源，并将设备的导电部分与大地接通，进行充分放电，以保证安全。用兆欧表测量过的电气设备，也要及时接地放电，方可进行再次测量。

3. 接线：一般测量，将被测电阻接在端钮“线”（L）和“地”（E）之间，当被测设备表面漏电严重不易消除时，须将兆欧表端钮“屏”（G）用导线与被测设备的保护环或其他不需测量的部分相连，以消除表面影响。此外，还应注意兆欧表的“线”和“地”的端钮应分别用绝缘良好的单根线与被测设备相连防止因连接线绝缘不好，影响测量效果。

4. 测量。测量时将仪表放在便于摇动手柄平坦位置，测量开始时，摇动手柄应由慢渐快，若发现指针指零，说明被测绝缘物可能发生了短路，应停止摇动。手摇发电机要保持匀速，不可忽快忽慢而使指针不停地摆动。通常最适宜的速度是 120 r/min，待指针稳定后(约 1 min)时读取数值。

5. 拆线。在兆欧表没有停止转动和被测设备没有放电前，不准用手触及被测设备和进行拆除工作，在测量具有电容的设备时(电缆)，读数后不能立即停止摇动兆欧表，必须先断开被测设备，才能停止转动摇表，以免被测设备向兆欧表放电时损坏兆欧表。

6. 测量设备的绝缘电阻时，还应记下测量时的温度、湿度、被试物的有关状况等，以便于对测量结果进行分析。

第六节　接地电阻测试仪

接地电阻测量仪又称接地摇表，主要用于直接测量各种接地装置的接地电阻。常用型号是 ZC-8 型，它主要由手摇发电机、电流互感器、滑线电阻及检流计等组成。测试仪还随表带一个附件袋，附件包括接地探测针两支、导线三根：5 m 长一根(用于接地极)，20 m 一根(用于电位探测针)，40 m 一根(用于电流探测针)。

一、接地电阻测试仪的工作原理

ZC-8 接地电阻测试仪的原理图和外部接线图，如图 6-7 所示。图 6-7(a)中 G 为发电机，电流互感器二次线圈与电位器 B 并接，磁电式检流计是经过机械整流装置串入电位器回路中，C 为隔离电容器。图 6-7(b)中 E′为被测接地极，C′为辅助接地极(电流探测针)，P′为电位探测针。将仪表 E、C、P 端头分别接于相对应的 E′、C′、P′上，当摇动发电机以 120 r/min 速度旋转时，一次电流 I_1 流过变流器一次线圈经过接地极 E′进入大地，再经辅助接地极 C′回到发电机另一极。

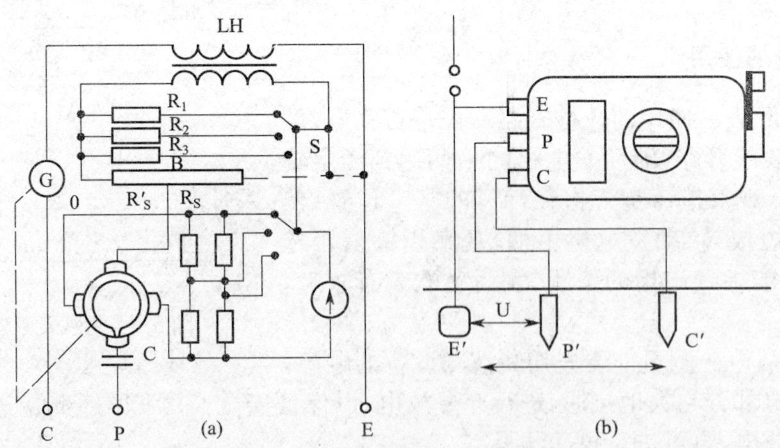

图 6-7　ZC-8 型接地电阻测定仪

(a)ZC-8 型接地电阻测定仪原理图；(b)测量接地电阻的接线图。

当 I_1 流过变流器 LH 时，在其二次侧将有电流 I_2 产生。电流 I_1 在被测电阻 r_X(接地电阻)上造成压降 $U_1=I_1r_X$。电流 I_2 在 R_S 之 BO 段上造成压降 $U_2=I_2R_{BO}$。调整滑动接触点 B 以变动 R_{BO} 值,使 $U_1=U_2$,此时检流计回路电流为零,即:

$$I_1r_X=I_2R_{RO}$$

$$r_X=\frac{I_2}{I_1}R_{BO}$$

$$r_X=KR_{BO}$$

式中 R_{BO}——R_S 的一部分,决定于滑动触点 B 的位置;

K——变流器变流比,可由开关 S 控制。

因此,标度盘满刻度为 10,读数为 N,可得出下列方程式:

$$I_1r_X=I_2R_S\frac{N}{10}\text{或 }r_X=\frac{I_2}{I_1}R_S\frac{N}{10}$$

如 $$I_2=I_1\text{ 则 }r_X=R_S\frac{N}{10}$$

如 $$I_2=\frac{I_1}{10}\quad\text{则 }r_X=R_S\frac{N}{100}$$

如 $$I_2=\frac{I_1}{100}\text{则 }r_X=R_S\frac{N}{1\ 000}$$

也就是量限按 1/10 的比率递减,借助开关 S 改变 I_2,可得到三个不同量限 0～1 Ω,0～10 Ω,0～100 Ω。

二、接地电阻仪的使用方法

1. 测量前将仪表放平,并调零,使指针指在红线上。

2. 首先将被测接地装置与被测设备断开,然后接线。三端式测量仪的接线如图 6-7(b)所示,即使被测接地体 E′、电位探测针 P′和电流探测针 C′成一直线各相距 20 m,电位探测针 P′在 E′、C′之间。

3. 用导线将 E′、P′、C′连接于仪表相应的 E、P、C 端钮上。

4. 将倍率标度置于最大倍率挡,缓缓摇动发电机的手柄,同时转动测量标度盘,使检流计的指数趋于中心红线,当检流器接近平衡时,加快发电机的转速 120 r/min,继续调整测量标度盘,使指针稳定在红线上,然后读测量盘的读数乘以倍率标度,即为所测的电阻值。

5. 如果"测量标度盘"的读数小于 1 时,应将"倍率开关"置于较小的倍数,再调整"测量标度盘",然后重新测量以求得准确读数。

6."测量标度盘"的读数,乘以"倍率"即为所测得接地电阻值。

7. 如果检流计的灵敏度过高时,可将电位探针 P′插入地中的深度减小些,如果检流计灵敏度不够时,可沿电位探针 P′和电流探针 C′注水使其湿润。

三、使用注意事项

1. 当检流计的灵敏度高时,可将电位探针插入土壤中浅一些;当检流计灵敏度不够时,可沿电位探测针和电流探测针注水使其湿润。

2. 当接地极 E′和 C′之间距离大于 20 m 时,P′插入的位置距离 E′C′之间直线几米以外时,其测量误差可以不计。当 E′C′之间距离小于 20 m 时,则 P′必须插在 E′C′的直线中间。

3. 为了防止其他接地装置影响结果,测量时应将待测接地极与其他接地装置临时断开,以便得到更准确的测量数据，测量完毕，应马上恢复。

第七节　有功电度表

电度表是用来记录有功和无功电能消耗的仪表。它的指示器不能像其他指示仪表一样，停在某一位置，而是随着时间的推移用电量的不断增长，反映出电能积累的总数值。因此这类仪表又叫"积算仪表"。

电度表按其用途可分为工业用和民用；按其相数分为单相、三相三线和三相四线三种。对低压线路，当容量不大时电度表的电压线圈和电流线圈可以直接接入电路；当电流较大时，则经电流互感器接入。对高压电路，电度表应接在电压互感器和电流互感器的二次侧。

一、有功电度表的构成

有功电度表由感应系测量机构组成，产品型号虽然很多，但基本结构则大同小异。其主要组成部分可分为：

1. 驱动元件；
2. 转动元件；
3. 制动元件；
4. 计度器。

二、有功电度表的接线方法

有功电度表有单相接线法和三相接线法；有直接接通式，也有经电流互感器和电压互感器接通式。但总的来说只有电压回路和电流回路两种。

1. 单相电度表接线法

在低电压小电流线路中，电度表可直接接在线路上，如图 6-8(a)所示。如果负载电流超过电度表电流线圈的额定值，则需经电流互感器将电流变小后再接入线路，如图 6-8(b)所示。

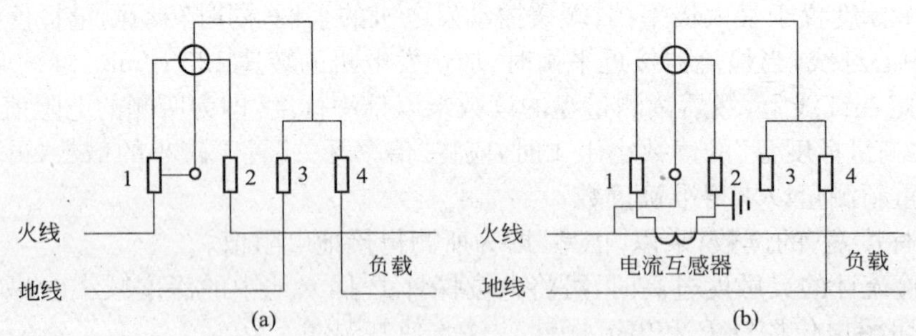

图 6-8　单相电度表的接线图

(a)单相电度表的直线接线图；(b)经过电流互感器的单相电度表的接线

2. 三相二元件电度表的接线方法

在三相三线制电路中，三相电能可用两只单相电度表来测量，三相总电能是两表读数之和，一般工业上多数采用三相二元件电度表来测量。其接线方法有直接接入法，如图 6-9(a)所示。如果线路电压很高，电度表不能直接接入线路，须经电流互感器和电压互感器，接线图如

图 6-9(b)所示。将电流互感器的二次绕组分别与电度表的两只电流线圈相连,电流互感器的一次绕组与高压线路串联;电压互感器的二次绕组分别接电度表的两只电压线圈,一次绕组按相序分别接到高压线路上。

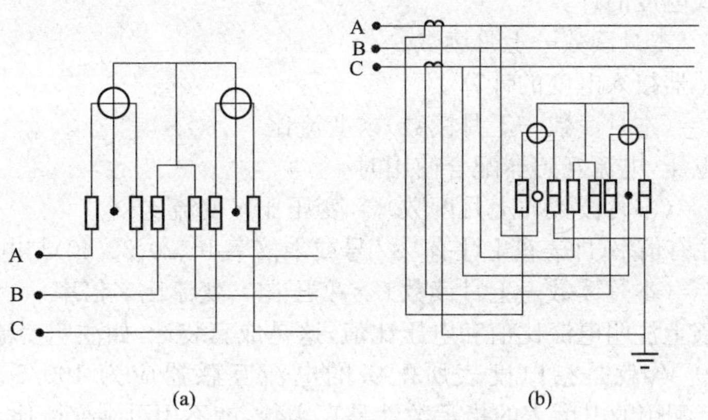

图 6-9 三相二元件电度表的接线图

(a)直接接入法;(b)经过电流电压互感器接入法

3. 三相三元件电度表的接线方法

在负载平衡的三相四线制电路中,可用一只单相电度表来测量任意一相负载所消耗的电能,将读数乘以 3 即得三相线路消耗的总电能。如负载不平衡,可用三相三元件电度表。这样三相负载所消耗的功率可以由表上直接读出。三相三元件电度表的接线方法也有直接接入法和经过电流、电压互感器接入两种方法。分别如图 6-10(a)和(b)所示。

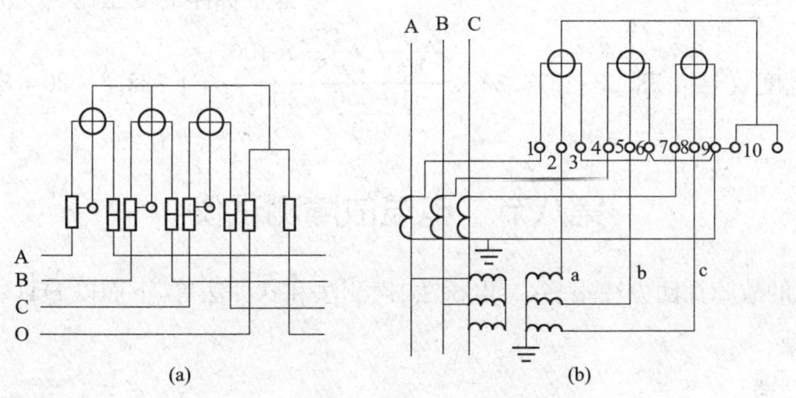

图 6-10 三相三元件电度表的接线图

(a)直接接入法;(b)经过电流电压互感器接入法

三、有功电度表接线注意事项

1. 电度表要按设计装配图规定的位置安装,不能装在潮湿、多尘及有腐蚀或震动的地方。

2. 为保证电度表工作的准确性,电度表必须垂直装设。接到电度表的导线中间不应有接头端子板的接线要准确牢固,接触良好,配线应整齐美观,尽量避免交叉,每根导线都要按设计规定编上号,以便检查。

四、电度表电度的计算

有功电度的计算：

(1)直接接入式电度的计算

实际用电度数＝本月读数－上月读数

(2)经电流互感器接入电度的计算

实际用电度数＝(本月读数－上月读数)×变流比

(3)电度表与电压，电流互感器配合使用时

实际用电度数＝(本月读数－上月度数) ×变压比×变流比

(4)电度表上注有倍率(即表盘上注有“×”号或乘倍率 10、20、30、40)与电压电流配合使用时

实际用电度数＝(本月读数－上月读数) ×变压比×变流比×倍率

(5)有的电度表上注明电流比值和电压比值，这是成套装计，如注明变流比为 100/5 A，变压比为 10 000/100 V，就是指电度表所配备的电流互感器应为 100/5 A，电压互感应为 10 000/100，这样套配用的电度表的指示数就是真实数，就不用再乘变流比，变压比和倍率了。

(6)如果电度表盘上所标注的倍率和变比与电压、电流互感器的变比不符时。

[**例题**]某变电所二次出口用一块三相三线制电度表计量总用电量，表盘上注明配用电压互感器为 10 000/100 V，电流互感器 300/5，乘倍率 100，而实际上配用的电压互感器为 6 000/100 V，电流互感器 100/5，上月读数是 253.5，本月读数是 4 535.8，求该变电所本月实际用电度数是多少？

解：

$$\text{实际用电度数}=(\text{本月度数}-\text{上月度数})\times\frac{\text{所配互感器变压比}\times\text{变流比}\times\text{倍率}}{\text{表盘上标注的变压比}\times\text{变流比}}$$

$$\text{实际用电度数}=(4\ 535.8-253.5)\times\frac{\frac{6\ 000}{100}\times\frac{100}{5}\times 100}{\frac{10\ 000}{100}\times\frac{300}{5}}=4\ 282.3\times 20=85\ 646\ \text{度}$$

第八节　电缆故障测试仪

电力电缆的故障探测方法很多，有电桥法、声测法和脉冲法等，下面以 DTG-1 型故障探测仪为例来介绍。

一、构　　造

DTG-1 型电缆故障探测仪是以线路波形传输及反射原理(即脉冲法)来对电力电缆的闪络、高阻、断线等故障进行探测。它是由控制电路、距离标志电路、扫描电路、发射脉冲产生电路、延时电路、显示电路及电源等 7 部分组成。仪器的方框图如图 6-11 所示。

二、工作原理

1. 脉冲法测试如图 6-12 所示。当线路输入一个脉冲电波时，该脉冲波便以速度 v 沿线路传输，当行进 L_x 距离遇到故障点后被反射折回输入端，其往返时间为 T，则可表示为：$2L_x=vT$，所以 $L_x=v\times T/2$。

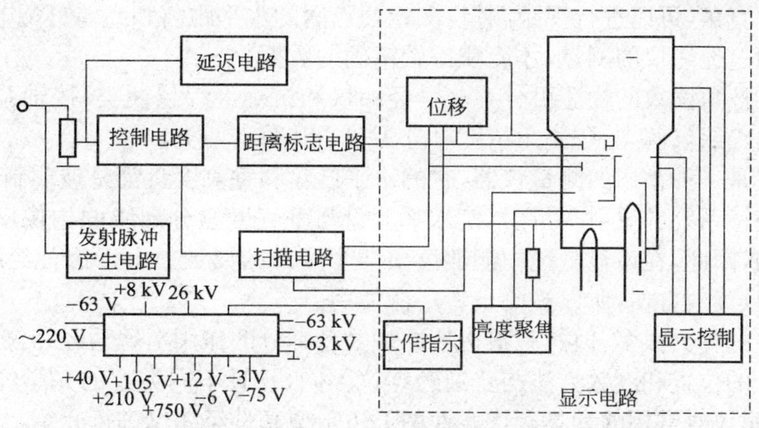

图 6-11　DLG-1 方框图

v 为电波在线路中传播速度，与线路一次参数有关，对每种线路它是一个固定值，可通过计算和仪器实测得到。将脉冲源的发射脉冲和线路故障点的反射波以一显示器实时显示，并由提供的时间标志可测得时间 T，因此故障点的距离 L_x。便可求得。

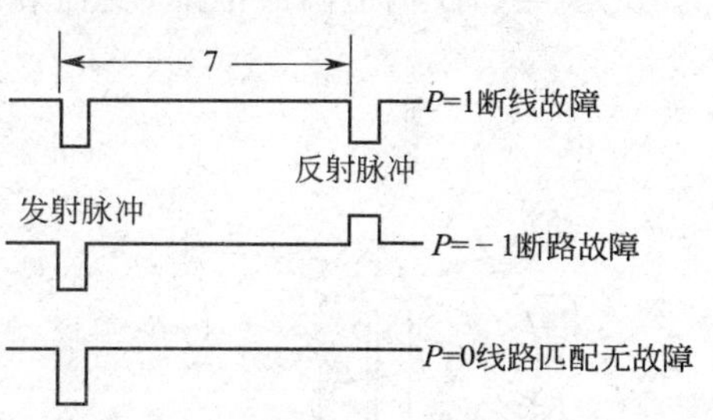

图 6-12　不同故障时的反射波形

对电缆的低阻性接地和短路故障及断线故障，脉冲法可很方便地测出故障距离。但对高阻性故障，因在低电压脉冲作用下仍呈很高的阻抗，使反射极不明显甚至无反射。此种情况下需加一定的直流高压或冲击高压使其放电，利用闪络电弧形成的瞬间短路使电波反射。

2. 直流闪络法测试。当故障电阻极高，尚未形成稳定的电阻通道之前，可利用逐渐升高的直流电压施于被测电缆的故障相。

三、仪器使用

电源开关：控制电源的通断；亮度、聚焦电位器：调节显示屏波形的亮度和粗细；水平、垂直电位器：调节扫描基线的前后位移，用于距离检测；扩展电位器：改变扫描速度，便于波形的展开测量；基距电位器：调节两条扫描基线之间的距离；起点电位器：在脉冲工作时，调节发射脉冲的起始点位置，使之能与标志刻度对准；脉冲宽度开关：工作时改变脉冲的宽度；选择开关：选择仪器的工作状态；工作量程开关：改变距标的量程，量程Ⅰ时，每小格表示时间为 1 μs，量程Ⅱ时，每格为 5 μs；匹配电位器：脉冲工作时，调节仪器输出阻抗与测试线路匹配；增益电位器：控制输入信号幅度；中停开关电位器：扫描中停的通断与时间调节；消除按钮：贮存图像的人工清除；抹迹按钮：贮存图像人工抹迹；自试按钮：直闪和冲闪工作状态时的自试检查。

第九节　经　纬　仪

一、经纬仪的用途及分类

配电线路的测量可借助于经纬仪来完成，经纬仪是一切测量工作中的主要仪器，用它可以观测水平角与垂直角，可以进行视距测量，测定两点间的水平距离和高差。配电线路施工和运行维护中只有通过经纬仪的测量，才能获得较精确的数据。

它的种类可按角读数的构造可分为光学经纬仪和游标经纬仪两类；按轴系构造可分为复测经纬仪和方向经纬仪两类；按测角精度可分为普通和精密两类。

光学经纬仪是一种常用的测量仪器，它的水平度盘和垂直度盘都是玻璃制成的，借助于光线通过透镜和棱镜系统的反射与折射，使水平度盘与垂直度盘分划线的构像反映到两个度盘共用的显微镜内，因此，在该显微镜中能够读出两个度盘的读数。由于这种经纬仪轻便，测角的精度较高，并且读数方便，所以被测量者广泛使用。

光学经纬仪的种类很多，但其基本构造原理及各部分的作用与普通经纬仪相同；光学经纬仪各个操作部分的位置和读数方法与普通经纬仪不同，并且不同类型的光学经纬仪也各不相同。因此，在这里仅对常用的和具有代表性的DJ6-1型光学经纬仪进行介绍。

二、光学经纬仪的构造

光学经纬仪构造由照准部、度盘和基座三大部分组成（图6-13所示为DJ6-1型光学经纬仪）。

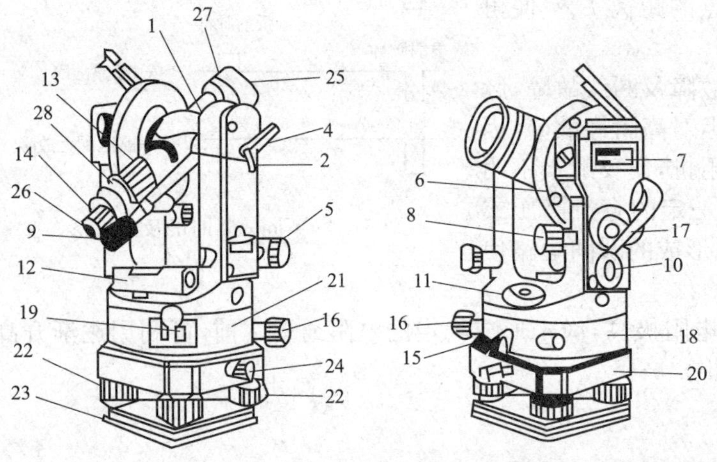

1—望远镜；2—横轴；3—竖轴（在基座内）；4—望远镜制动把手；5—望远镜微动螺旋；6—竖直度盘；7—竖盘水准器；8—竖盘微动螺旋；9—读数显微镜；10—测微轮；11—照准部圆水准器；12—照准部管水准器；13—望远镜对光螺旋；14—目镜对光螺旋；15—照准部制动手柄；16—照准部微动螺旋；17—反光镜；18—水平度盘罩；19—复测手柄；20—基座；21—轴座；22—安平螺旋；23—连接板；24—轴套固定螺旋；25—物镜；26—目镜；27—准星；28—照门

图6-13　DJ6-1型光学经纬仪

1. 照准部　是指水平度盘之上，能绕竖轴旋转的部分。主要由望远镜、横轴、竖轴、竖直度盘、制动手把、微动螺旋、管水准器、读数显微镜等主要部件组成。

2. 度盘　指水平度盘，由光学玻璃制成的精密刻度盘，装在水平度盘罩内，外面看不见，它的圆周等分刻度用来测量水平角的读数。它用复测手把控制和照准部的离合关系。

3. 基座　是支承仪器的底座。主要有轴座、定平螺旋、固定螺旋和连接板组成。

三、经纬仪的使用

应用经纬仪测角以前，须在测站点（标桩中心）上安置经纬仪。安置经纬仪包括对中与整平。在观测角度时，还须用望远镜瞄准目标。对中、整平和瞄准是使用经纬仪的基本功，必须熟练掌握。

(一)对　　中

对中的目的是使度盘中心与测站点在同一铅垂线上。对中的步骤如下:

1. 松开三脚架的伸张螺旋,张开三脚架并立在测站点上,使其高低合适,架头尽量水平;

2. 用线砣初步对中,用脚将三角架踩入土中,旋紧三脚架伸张螺旋,使三角架固定,如图 6-14 所示;

3. 仪器放在三脚架上,用中心螺旋固定;观察线砣尖端是否还对准站点,如果相差不大,可用脚踩三脚架使其对准,如差很多,应重支三角架;

4. 仪器对中后,松开中心螺旋,移动仪器基座使其对准测站点然后旋紧中心螺旋。

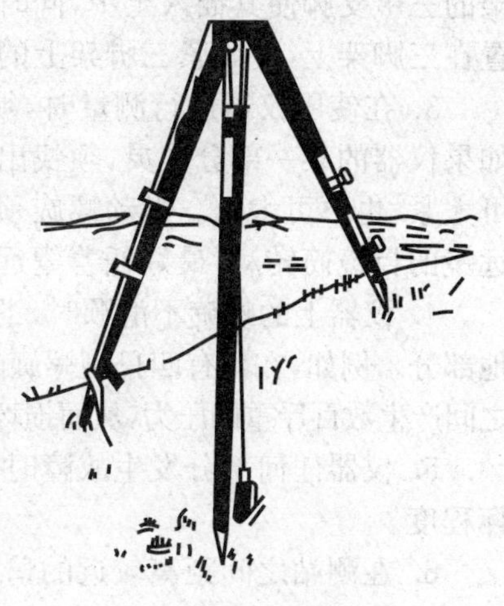

图 6-14　三脚架安置

(二)整　　平

整平的目的是将水平度盘置于水平位置。度盘水平是用游标盘上的水准管来调整的,调整使其气泡居中时,水平度盘便处于水平位置。而调整水准管气泡居中是利用仪器的基座螺旋,经纬仪一般设置三个脚螺旋,有的旧仪器设置四个脚螺旋。

仪器设有三个脚螺旋时的整平方法:转动游标盘使水准管和与两脚螺旋相平行,两手同时向内或向外旋转与水准管平行的两脚螺旋,使气泡居中。注意气泡的移动方向,应与左手大拇指移动方向相同:然后把游标盘转 90°,旋转另一脚螺旋使气泡居中。

当仪器上有四个脚螺旋时,先把水准管与两相对的脚螺旋平行,旋转此两脚螺旋使气泡居中,然后再把水准管与另外两相对的脚螺旋平行,再旋转此两脚螺旋使气泡居中,以后水准管不论在任何方向气泡都应居中。

如果游标盘上附有两个互相垂直的水准管,则可应用上述相应的脚螺旋分别使两个气泡居中,不必把游标盘旋转 90°。

(三)瞄　　准

经纬仪经过对中、整平以后,便可开始观测,在观测目标时,首先把望远镜对向天空,转动目镜筒使十字丝清晰;然后放松望远镜和度盘制动螺旋,先用望远镜上的准星粗略地瞄准目标,同时转动望远镜调距螺旋使目标在望远镜视场内,并尽量使目标在十字丝交点附近,此时旋紧度盘和望远镜制动螺旋;最后转动度盘与望远镜微动螺旋,精确地瞄准目标,同时再一次进行对光,并消除十字丝视差,便可读取度盘读数。

四、经纬仪使用时的注意事项与维护保养

经纬仪是比较精密的仪器,其使用寿命的延长与原有精度的保持,主要靠日常的维护和正确、细心的操作。如果对仪器维护得好,不仅工作起来使用方便,而且会大大地减少仪器的修理。仪器频繁的修理既浪费资金,又耽误使用,同时仪器的精度也会受到影响。

一般应注意以下几点:

1. 开箱时必须观察并记清仪器在箱内的正确安放位置及各部分的相对关系,以便工作结束后顺利地按照原来的正确位置装箱,不然会放不进去或者因放得不对而挤坏仪器。从箱内取出仪器时须用双手托着基座或用双手执望远镜支架的下部,不可用手提着望远镜部分或度盘部分。

2. 仪器未安装在三脚架上以前,先把三脚架放在测站点上使其顶部大致水平,并踏三脚

架的三个支脚使其插入土中，同时旋紧三脚架伸张的固定螺旋，使三脚架固定。然后把仪器安置在三脚架上，并旋紧三脚架上的中心螺旋使仪器固定，且不可把仪器浮放在架头上。

3. 在使用仪器进行测量时，须熟悉各部分制动与微动螺旋的关系，不可激烈地转动仪器。如果仪器的某一部分失灵，须找出原因加以消除。在转动各部分螺旋时，必须有“轻重感”，不可太紧，也不可太松。微动螺旋须经常保持适中位置，使它进退灵活。转动仪器时小心握着望远镜的目镜筒转动，最好托着望远镜的支架转动。

4. 仪器上的螺旋不滑顺时，不可强行旋转，必须检查出不滑顺的原因，否则将损坏螺旋或其他部分。例如，在具有四只脚螺旋的仪器上，倘若过分地勉强旋转其中一个，就可能在基座与底板之间产生数百斤重的压力，从而损坏纵轴下面的球臼，甚至使纵轴发生挠曲，造成十分严重的后果。

5. 仪器任何部分发生故障时，不应勉强使用，应及时检修，以免损坏仪器或加重仪器的损坏程度。

6. 在测站之间距离较近的情况下，搬移仪器时，按照实际情况采取下述几种方法：

(1)对于小型仪器，可以扛在肩上，仪器放在后面。但要把它的重心放在前面，倘若遇到意外，容易及时把它立起。

(2)对于大型仪器，肩负的方法：使三脚架依靠在肩上，几乎直立，避免仪器从三脚架上脱落下来以及避免纵轴弯曲。

(3)在树林中或穿过门户时，应把仪器连同三脚架夹在肋下，用右手托着仪器。

(4)在测站之间距离较远的情况下，搬移仪器时，应把仪器装在箱内携带。

(5)搬移仪器时，应把仪器的制动螺旋略微制动，不要旋得过紧，并使望远镜的物镜对向度盘中心。略微制动的目的在于不让它的各部分在搬移时晃动，以免磨损，而不旋得过紧的意义是当仪器某些部分一旦发生碰撞时，还可以有转动的余地，免得损坏仪器。

7. 望远镜是仪器的重要组成部分之一，必须保持它视像清晰和光亮。物镜和目镜的表面应尽量避免灰沙、雨水的侵袭。透镜需要擦拭时，千万不要用手或普通布、纸等物。临时的清洁可用仪器箱内配带的软毛刷轻轻拂拭，正式的清洁可用透镜纸或软鹿皮等轻轻擦拭。当观测告一段落时，随时把物镜罩盖上。在工作中遇雨时，应立刻盖上物镜罩，并把望远镜的物镜头转向上方，同时加以避雨，防止雨水侵入仪器内部。

8. 经纬仪上的罗盘针除了在使用时之外，一律把它固定起来。每次放松磁针时，也要慢慢地放下来，以保护磁针的旋转轴头。

9. 应随时注意附件的保护及使用，如活动罗盘、铅垂、修理工具、镜盖、遮光筒等，用后及时放回原处并加以固定，以免丢失或者掉出来打坏仪器。

10. 在市街道路、牧场或爆破场地附近测量时，必须时时有人看守。

11. 在近海地区测量时，应避免海水溅在仪器上。因为海水中含有盐分，能腐蚀仪器没有漆过的部分。为了防止海水浸蚀，可以在仪器的外露部分的表面涂一点钟表油。倘若不慎溅上了海水，擦干水分还不能使盐分全部去掉，须擦点钟表油，过几小时后用亚麻布把油和盐分一起擦掉。

12. 在潮湿地区测量时，仪器箱中的干燥剂应经常用烘箱烘干，以免失效，仪器箱不应有裂缝或关闭不严等现象，在工作时从箱中取出仪器后马上把箱关上，以免干燥剂吸收空气中的潮气过多而失效；倘若仪器受了潮或有水汽等，必须等干了后再装进箱内。

13. 在严寒地区测量时，每日工作完毕后，不应把仪器携进温度较高的房间内，否则仪器会由于从低温到高温后各部分膨胀不均匀而导致损坏，并且室内水汽遇到透镜容易凝成水珠，给清洁工作带来麻烦。若必须把仪器携进温度较高的房间时，必须使仪器远离火炉或暖气，并应把仪器放置在室内温度较低的地方。切记不可把仪器携进室内后立刻打开仪器箱，应稍等一会儿，让仪器适应室内的温度后，再打开仪器箱。

14. 在炎热的地区测量时，应当用伞遮挡阳光，不可置仪器于曝日下。

15. 乘汽车到工地或乘汽车出工、收工时，应防止仪器在车上颠覆，应将仪器抱在怀里或背在身上。

16. 为了保持仪器的清洁，每天工作完毕后，应用刷子把仪器上的灰尘去掉；仪器遇雨必须擦干后再放进箱内；仪器装在箱内，必须保持原来的正确位置，为此应先松开所有的制动螺旋，细心地把仪器放在箱内，不可猛放猛关，然后把各制动螺旋旋紧。

17. 最后应注意：不可轻易拆开仪器，特别是光学经纬仪更不可轻易拆动。

18. 经纬仪应有专人保管，并对仪器的规格、性能、附件、检修情况详细记载。仪器进洞后，应敞开吹晾 1 h 左右才能装箱。仪器应存放在干燥通风处。久不使用，应常吹晾。

第十节 水 准 仪

一、水准仪的用途

水准仪又称水平仪，主要用来测定地面上两点的高差。它是由望远镜、水准器和基座组成，并配有三脚支架，如图 6-15 所示。

二、水准仪的种类

水准仪分为定镜水准仪、活镜水准仪、微倾式水准仪、精密水准仪和自安水准仪等。按水准仪测量所达精度可分为 $S_{0.5}$、S_1、S_3、S_5、S_{10} 五个等级。

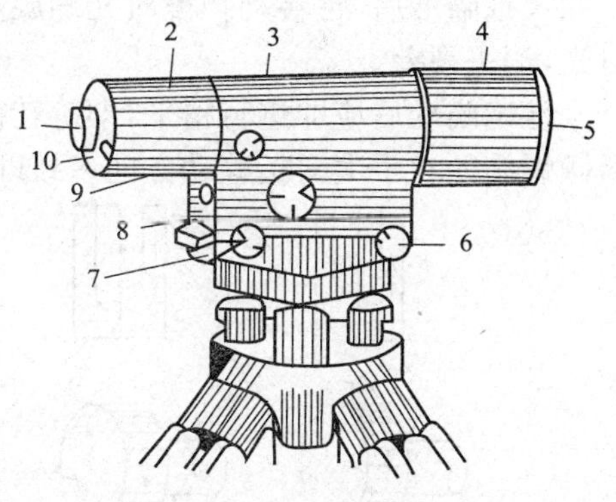

图 6-15 微倾式水准仪构造

1—目镜；2—觇口；3—望远镜；4—准星；5—物镜；6—微动螺旋；7—调倾螺旋；8—调微螺旋；9—调焦螺旋；10—符合水准器观察窗

三、水准仪各组成部分的性能

（一）望 远 镜

望远镜的主要作用是提供一条视线，并清晰地观测目标。

（二）水 准 器

水准器的作用是指示视线水平。该仪器设有圆水准器和长水准器。圆水准器和支座固联，长水准器和望远镜固联。

（三）基　　座

其主要作用是支承望远镜和水准器并置平仪器。在支座上设有望远镜水平制动和微动螺旋。为了整平仪器，还设有三个定平螺旋。

（四）三 脚 架

安置仪器所用。

四、水准仪的使用方法

（一）水准仪的架设

在测站上，首先打开三脚架，腿的叉开角度要适当，不得过陡或过缓，架头大致水平，高度要适当，宜与司镜者的口齐高，当在地面坡度较大处架设，必须有两个腿置于下方，以保安全，将脚架腿脚尖踩入土中，固定、拧紧蝴蝶螺旋，防止镜腿滑缩。

打开镜箱，用双手握住仪器的基座部分，取出安放在镜架头上，马上拧紧连接螺旋，并确认已与三脚架牢接才可松手。

调整水准仪的脚螺旋，使水准器的气泡居中。

(二)水准的测量

水准仪经架设初步整平后即可进行水准的测量。测量时一般按：瞄准→精平→读数程序进行。

瞄准步骤如下：

1. 将望远镜对向背景较亮处(如白墙)，转动目镜对光螺旋，看清十字丝(注意是看清而不仅仅是看见)。

2. 大致瞄准和对光

利用望远镜筒上的照门和准星，对准目标，转动物镜对光螺旋初步看清标尺或标尺附近景物。有时虽已瞄准标尺，但由于标尺或附近景物未成像于十字丝平面上，所以仍然看不清标尺，因而在大致瞄准目标后，要立即调节物镜对光螺旋。当能在视场内看见标尺时，再转动望远镜大致瞄准，要在镜内看见标尺时，固定制动螺旋。

3. 准确对光、瞄准

大致瞄准后，再转动物镜对光螺旋，使标尺分划清晰，转动微动螺旋使竖丝对准标尺，仔细对光，消去视差。

准确瞄准后应即进行精平，即旋转微倾螺旋使气泡像符合，气泡像左半部移动方向和转动微倾螺旋的右手大拇指移动方向一致(图 6-16)。

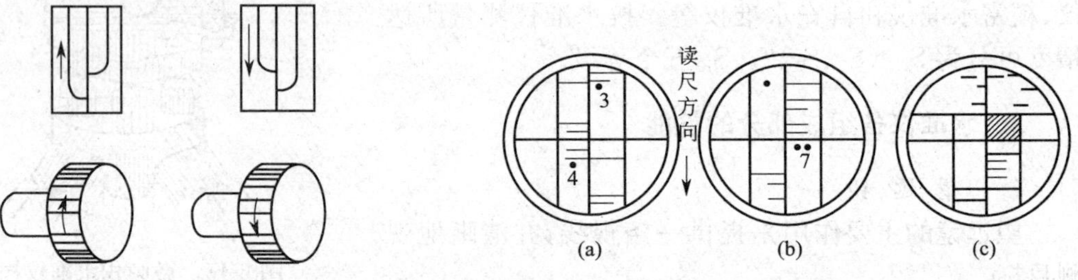

图 6-16 精平水准仪

图 6-17 读尺程序

气泡像一符合，立即读出。为求得准确读数，应先估读毫米数，然后依次读出来米、分米和厘米，加上估读的毫米。图 6-17(a)所示，先估读 5 mm，再分别读出 1.3 m 和 7 cm，全读数为 1.375 m；图 6-17(b)，先估读 7 mm，再读出 2.7 m 和 0 cm。全读数为 2.707 m。为记录方便，常将小数点省略，读为 1375 和 2707。每次读够 4 个数码，例如 0.393 m，读为 0393。

如为倒像望远镜，读尺要由上而下，即由小到大读数。

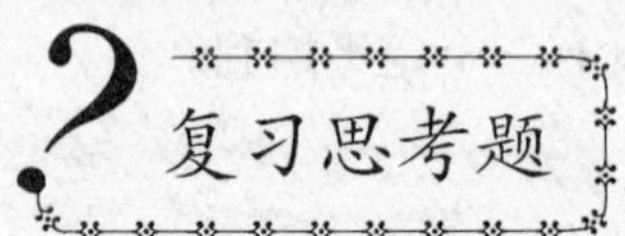

复习思考题

1. 电工测量仪表的分类。
2. 指针式万用表的使用方法。
3. 兆欧表的工作原理。
4. 经纬仪的使用方法。

第七章　架空电力线路

第一节　架空线路的分类、组成元件及作用

一、架空线路的分类

(一)输电线路(又称供电线路)

发电厂生产的电能,经升压变压器把电压升高,通过架空线路或电缆线路输送到距离很远的降压变电站(系统降压站或工厂、矿山专用降压站),这样用来输送电能的架空线路或电缆线路称为输电线路。

(二)配电线路

配电线路是指通过降压变电所把电压变为 10 kV 及以下,然后通过架空线路或电缆,把电能分配到各个用户的线路称为配电线路,其中 3～10 kV 线路称为高压配电线路,又叫一次配电线路。铁路自动闭塞高压架空线路和电力贯通架空高压线路均属于此类线路,其导线排列有正三角形排列和扁三角排列两种。正三角排列时线间距离为 1 m;扁三角排列时,横担两侧线间距离为 1.4 m,顶部与横担两侧线间距离各为 1 m。1 kV 及以下(380 V/220 V)的线路称为低压配电线路。低压配电线路一般采用三相四线制,即三条相线一条零线。导线在横担上一般采用水平排列,习惯的排列次序是 a,o,b,c(a、b、c 是相线,o 是零线)。在路径拥挤的地段,以及地段并不拥挤但为了节省投资,有时把高压导线与低压导线架设在同一根电杆上。为保证线路检查时的安全,高压导线要布置在上部,低压导线布置在下部。高、低压之间的线间距离要符合规定。

自动闭塞高压线路在非电气化区段也可能是一种高、低压合架的供电线路,不过其低压导线是信号装置的控制线,属于弱电流性质。高压导线的排列方式与其他高压配电线路一样。信号导线也为水平排列。信号导线的数量是根据信号装置的动作要求而设置的,一般为 3～4 条,最多为 12～13 条,这种导线叫信号条件线。

自动闭塞高压架空线路的高、低压导线间的距离为 2 m,如果电杆上挂有信号电源的联络线时,则在低压横担上方 0.6 m 处再加一条横担,低压联络线的数量为 2～3 条。高压导线一般采用 LJG-35 钢芯铝绞线,信号电源联络线、调度集中遥控线一般采用 ϕ5.0 mm 的镀锌铁线,信号条件线一般采用 ϕ4.0 mm 的镀锌铁线。

(三)直配线路

由发电机不经过变压器,直接把 10 kV 电能经电缆或架空线路把电能输送给用户的线路,称为直配线路。

二、架空线路的组成元件及其作用

构成架空线路的元件很多,其主要元件有:

(一)导线——输送电能。

(二)绝缘子——有两个作用,一是将带电导线与杆塔可靠的绝缘起来;二是将导线牢固的固定在杆塔上。

(三)横担——将绝缘子与电杆固定连接在一起,并使导线与电杆保持一定的距离。

(四)电杆——用来支持和固定导线、绝缘子及其他附件,并使带电部分与其他物体保持有足够的安全距离。

(五)拉线——平衡杆塔张力和增加杆塔的稳定性。

(六)金具——紧固和连接线路各种元件。

(七)柱上油开关——作线路的断与通、分段、分支和联络作用。

(八)高压熔断器——断开或接通变压器及小负荷线路,并起保护线路的作用。

(九)变压器——把高压变成低压或将低压变成高压,一般起降压作用即将 10 kV 变成 380 V/220 V。

(十)避雷器——防止雷电损坏变压器及其他电器。

(十一)接地装置——它具有保护接地和工作接地两种作用。

(十二)变台(变电亭)——放置变压器和开关计量控制设备。

第二节　基础施工

杆塔埋入地下的部分称为杆塔基础。基础的作用是承受杆塔、导线和地线的重量,保证杆塔在运行中不发生下沉和在外力作用时不发生倾倒或变形,故基础施工是非常重要的。

一、基本要求

(一)10 kV 及以下线路钢筋混凝土电杆其埋设深度,当设计未作规定时,不宜小于表 7-1 所列数值:

表 7-1　钢筋混凝土电杆埋设深度

杆高(m)	8	9	10	11	12	13	15	18
埋深(m)	1.5	1.6	1.7	1.8	1.9	2.0	2.3	2.6～3.0

(二)杆上变压器台的电杆其埋深当设计未作规定时不宜小于 2.0 m。

(三)基础坑施工时,应按设计要求的位置与深度挖掘基坑。电杆基础坑深度允许偏差为深 100 mm,浅 50 mm,坑底要平整。拉线基坑深度误差为浅 50 mm,深不控制。

(四)双杆基坑根开的中心偏差不应超过±30 mm,深度宜一致。

(五)电杆基础采用底盘、卡盘时应符合下列规定:

1. 在土质松软和在斜坡上埋设电杆时,适当加深或增设卡盘。
2. 卡盘上口距地面不应小于 500 mm,卡盘与电杆连接应紧密。
3. 直线杆的卡盘应与线路平行,并在电杆左、右侧交替埋设。
4. 承力杆的卡盘应埋设在承力侧。
5. 底盘基础坑坑底应平整,底盘的圆槽面应与电杆中心线垂直,找正后应填土夯实至底盘表面。底盘中心与中心桩之间在横线路及顺线路方向位移不应大于 50 mm。

二、土壤的工程分类

基础的开挖应根据不同的土质采用不同的方法,因此施工人员要对土壤的性质与类型有所了解。土壤大致分为黏性土、砂石类土和岩石三大类。黏性土可分为黏土、亚黏土、亚砂土三种。

砂石类土可分为砂土和碎石。砂土又可分为砾砂、黏砂、中砂、细砂、粉砂。碎石又可分为大块碎石、卵石及砾石。

岩石有泥灰岩、页岩和花岗岩之分。

一般岩石类较好鉴别，黏性土、砂石类的目测及鉴别方法，可参考表 7-2。

表 7-2　土 壤 类 别

土壤名称	土壤鉴别方法				
	在手掌中搓捻时的感觉	用放大镜看和用眼睛看	土壤情况		搓条情况
			干的时候	湿的时候	
黏土	不感觉有砂粒	大多是很细的粉末，一般没有砂粒	土地很坚硬用锤可打成碎块	塑性大，黏结性很大，土团压成饼时，也不起裂缝	能搓成直径为 1 mm 的长条
亚黏土	感觉有砂粒、小土粒，易用指捻碎	细土粉末中有砂粒	土块需用力压碎	塑性小，黏结力大	能搓成 3～4 条，但长度较小
亚砂土	感到有砂粒，也有些黏性	砂粒比黏土多	土块用手捏成，抛扔时易碎	无塑性	搓不成土条
砂土	感到是砂粒	看到绝大部分是砂粒	松散	无塑性	搓不成土条

三、基坑、拉线坑的开挖

(一)一般要求

1. 要熟悉了解开挖基坑的基础形式及尺寸要求，检查开挖基础的土壤情况是否与设计相符。

2. 杆塔基础坑深，以施工基面为准，拉线坑以拉线坑中心的地面标高为准。

3. 基础开挖前要保护好辅助桩。

4. 挖出的土，应堆放在离坑边 1 m 以外的地方，以免影响坑内工作和立杆。

5. 当挖至一定深度，坑内出水时，应在坑的一角深挖一个小坑集水，然后用水桶将水排出。

6. 基坑开挖深度超过＋100 mm 时，应作如下处理：

(1)铁塔基础坑：其深度部分以铺石灌浆处理。

(2)钢筋混凝土电杆基础：超深在 100～300 mm 之间时其超深部分以填土夯实处理；如超深在 300 mm 以上时，其超深部分以铺石灌浆处理。

(3)拉线坑如超深对拉线盘安装有影响时，以填土夯实处理，如无影响可不作处理。

(4)水坑、流砂、淤泥、石坑超深部分均用铺石灌浆处理。

7. 基坑超深而以填土夯实处理时，应用相同的土壤回填，每层填土厚度不宜超过 100 mm，并夯至原土相同的密度，若无法达到时，应将回填部分铲去，改以铺石灌浆处理。

(二)基坑(拉线坑)的开挖

1. 挖圆形坑，对于不带卡盘和底盘的电杆，以挖圆形坑为好，因为圆形坑挖土最少，短时间一般不易塌土，电杆进坑后还未进行回填土时，不易发生倒杆，一般配电线路均采用圆形坑。35 kV 线路水泥电杆不用底盘和卡盘的，也采用圆形坑，当埋深在 1.8 m 以下时，一次即可挖成上下一样粗细的圆坑，深度在 1.8 m 以上时，为了挖坑人员便于立足和向上抛土，可挖成阶梯形，如图 7-1。挖坑时，底部直径必须大于电杆根径 200 mm 以上，以便矫正，并在放置电杆侧开挖马道（采用倒地立杆时）。

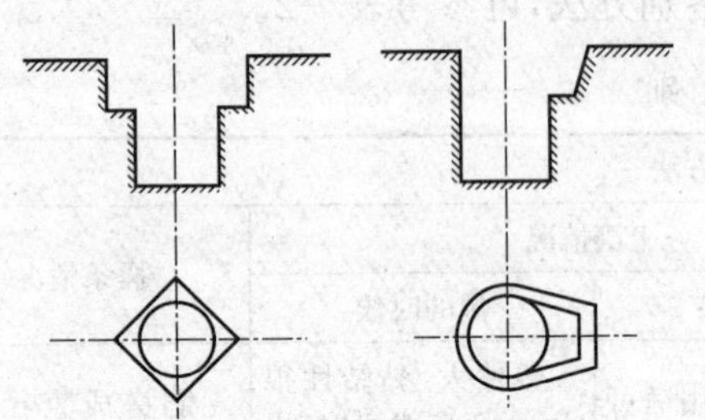

图 7-1 圆形阶梯坑挖坑示意图

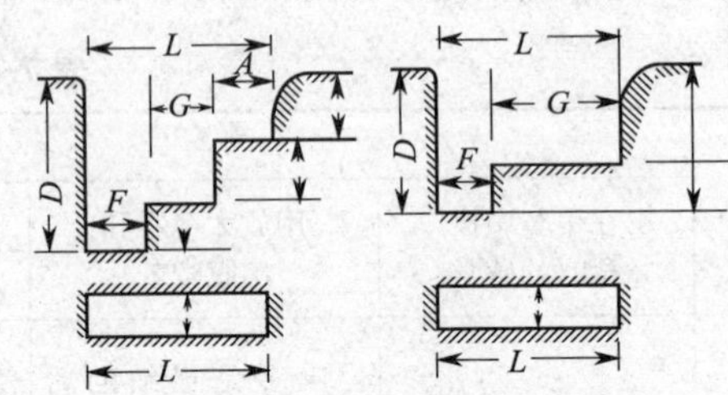

图 7-2 挖方形坑示意图

2. 挖方形坑（含长方形坑）

在开挖方形坑时，杆坑应在放置电杆侧挖一个阶梯形马道，阶梯可根据电杆的长度挖成二阶（10 m 以下电杆）和三阶（10 m 以上电杆）两种，如图 7-2。

3. 在开挖基坑时，还应根据不同的土质，采用不同的方法和措施。

(1)土坑的开挖：

一般土坑，坑壁要有适当坡度，开挖时，如发现土壤湿度过大、土质松散时，要采取加大坡度或对坑壁加以支撑措施。开挖的坑底必须铲平，中间不准有凹凸不平现象，坑的四角在一个水平面上。基坑开挖后如不能立即进行下道工序，应暂留 300 mm 深，待下道工序施工前，再行挖平。

(2)水坑的开挖

水坑和带有泥土的泥水坑，其开挖方式视水坑渗水量而定。渗水量小的水坑，用人工淘水的方法边淘边挖，挖到要求深度时，便可放置底盘。如渗水速度快，可用机械抽水，采用边抽水边开挖的方法，对于坑深大于 1.5 m 的水坑，要采用围栏或板桩支撑坑壁，以防坑壁倒塌。

(3)流砂坑的开挖：

流砂坑的开挖主要是设法挡住流砂，通常采用挡土板挡流砂的方法。

挡土板有木质和钢质两种，木挡土板厚 50 mm，宽 150～200 mm，边挖边挡，由于木材易劈，现已为钢质挡土板所代替，钢板加工成圆柱形，直径 2～3 m，高度随坑深而定，可多次使用。

4. 岩石的爆破

基坑开挖中，遇有岩石、冻土或坚实土层，人工无法开挖时，可采用炸药爆破。爆破必须经专门训练，按工艺规程做，不许随便施行。

(1)爆破施工程序

①选炮眼和打炮孔。选炮眼要避开石缝及分层处，以免炸药所生气体自石缝或层间跑逸，而使爆炸力降低。打孔时，用钢锤敲打钢钎，逐步深入，也可用机械打孔。

②装填炸药。往炮孔内装药时，应用木炮棍（禁用金属棍）将药卷或散药送入炮孔中。炮

孔内装药量根据不同的要求而确定。

③填塞炮泥。炸药装好后，孔中其余空隙要用炮泥分层轻轻压紧填满，使之密实。在填塞过程中要注意保护导火索、电爆导线。

④起爆。在一切准备完毕后即可起爆。起爆方法主要根据雷管种类来决定，火雷管用火点燃导火索起爆；电雷管通过导线接通电源起爆。

(2)爆破施工的安全措施

5. 坑深检查

不论圆坑、方坑或拉线坑，其坑底均要平整。杆坑深度等于电杆埋设深度，如电杆装设底盘，坑深还要加上底盘厚度。

检查坑深可用尺直接量或用水准仪、塔尺等进行测量，单坑的检查，一般以坑边四周平均高度为基准。

双杆坑深的检查，坑深标准一般以中心桩处的地面为准，两坑相对高差不得大于 20 mm，当相差 20 mm 至 100 mm 时，应以较深的一坑为准，挖另一坑使深度相同。当双杆设于斜坡上时，坑深以斜坡下侧一根杆的靠下坡侧面为准，使两坑底保持在同一平面上。

四、混凝土基础施工

现场浇制混凝土基础有两种：钢筋混凝土基础和无钢筋的素混凝土基础，这两种基础施工复杂，工作量大，但适用性大，在电力线路中普遍采用。下面简单介绍一下钢筋混凝土基础的施工。

1. 施工准备

现场浇制基础的施工须连续进行，所以施工前必须做好充分的准备。

(1)技术准备

要准备好有关的技术资料，对施工人员进行技术交底，明确基础的形式、尺寸，施工方法，安全措施，质量要求等。

(2)材料准备

主要材料有钢筋、水泥、砂、石和水等，材料的规格、型号、数量要符合施工设计要求。

(3)工器具准备

主要有插入式振动器、搅拌机、铁锹、钢钎、水桶等。

2. 钢筋加工

①钢筋弯钩

钢筋混凝土基础所用的钢筋其长度加工误差为±1%，但最多不能超过 20 mm。钢筋末端部都要弯成弯钩状。

②钢筋连接

钢筋连接一般采用绑扎法，也可采用焊接法。采用绑扎法连接钢筋，至少要绑扎三处。

3. 模板支立

基础模板有木模板和钢模板，施工中应尽量使用钢模板，模板的尺寸规格可根据基础的设计尺寸进行选择。

4. 基础的浇灌

混凝土浇灌前，要按配合比把混凝土材料搅拌均匀，搅拌有人工搅拌和机械搅拌，应尽量采用机械搅拌。浇灌时要注意以下事项：

①搅拌好的混凝土应立即进行浇灌。浇灌应从一角开始,不能从四周同时浇灌。

②混凝土倒入模盒内,其自由倾落高度不应超过 2 m。以免混凝土发生离析现象。

③混凝土应分层浇灌和捣固。用插入式振动器时应做到直上直下,快插慢拔,插点均匀。

④浇灌时要注意模板及支撑是否变形、下沉及移动。

⑤浇灌时要随时注意钢筋笼与四周模板保持一定的距离,严防露筋。

⑥浇灌混凝土,应连续进行,不得中断。如因故中断超过 2 h 不得继续浇灌,要待混凝土抗压强度达到一定程度后,才可继续浇灌。

5. 基础养护与拆模

混凝土浇制完成后,要立即对混凝土加以覆盖,防止表面干裂,在 12 h 内浇水养护,使混凝土表面以及模板经常保持湿润,保证混凝土在硬化期间有足够的水分。养护日期视水泥品种而定。

当混凝土强度达到设计强度的 50%以上时,即可拆去模板。这时强度较低,要自上而下拆模,保证混凝土表面及棱角不受损坏。

第三节　杆塔组立

一、钢筋混凝土电杆的外观检查、堆放、运输

(一)外观检查

1. 环形钢筋混凝土电杆的技术特性、制造规格等除应符合国家现行标准的规定外,安装前应进行外观检查,且应满足下列要求:

(1)表面光洁平整,壁厚均匀,无露筋、跑浆等现象。

(2)放置地平面检查时,应无纵向裂缝,横向裂缝的宽度不应超过 0.1 mm。长度不应大于 1/3 周长。

(3)杆身弯曲不应超过杆长的 1/1 000。

2. 预应力钢筋混凝土电杆的技术特性、制造规格等要符合国家现行标准的规定,安装前外观检查时要满足下列要求:

(1)表面光洁平整,壁厚均匀,无露筋、跑浆等现象。

(2)不得有纵、横向裂纹。

(3)杆身弯曲不超过杆长的 1/1 000。

(二)电杆的堆放

钢筋混凝土电杆自重很大。堆放时宜按型号分别堆放在支垫物上,支垫物一般以枕木为宜,枕木的支放点应使杆身自重所产生的弯曲最小。堆放层数不宜大于 4 层,层与层之间应用支垫物隔开,各层支垫物应在同一垂直线上,每层支垫物应在同一平面上,支垫物数量及位置应符合国家现行的《环形钢筋混凝土电杆》及《环形预应力混凝土电杆》规定。单根电杆放置在地面上时对悬空部分应加衬垫。

(三)电杆的运输

电杆运输从性质上可分为大运输、小运输。从采购地用火车、舟船、汽车等将电杆运到施工班材料库或施工班指定的各集散点,称为大运输,简称大运。由施工班根据施工图纸把电杆分别配发到每个电杆基坑边,称为小运输,简称小运。小运多采用胶轮车或人抬肩扛,在丘陵地可用绞磨拖上坡地,在山边可设法架设专用索道运输。

二、电杆的连接

钢筋混凝土电杆的连接方法有两种，即法兰盘螺栓连接和钢圈焊接。

(一)法兰连接

法兰连接，要从四周轮换进行紧螺栓，保持电杆正直并力求连接处严密，在组装时，允许加垫片调直，但数量不超过 3 个，厚度不大于 5 mm。

(二)钢圈连接

钢圈的连接，一般有气焊和电弧焊接。由于气焊在焊接过程中加热面积大、时间长，使钢圈附近的混凝土受高温烘烤，不但影响强度而且易产生裂缝，电弧焊接无此毛病，在有电源的情况下以电弧焊接为宜。

采用电弧焊接时，要符合以下规定：

1. 应由经过焊接专业培训并经考试合格的焊工操作。
2. 焊接前，钢圈焊口上的油脂、铁锈、泥垢等物应清除干净。
3. 钢圈应对齐找正，中间留 2～5 mm 的焊口缝隙。当钢圈有偏心时，其错口不应大于 2 mm。
4. 焊口宜先点焊 3～4 处，然后对称交叉施焊。点焊所用焊条牌号应与正式焊接用的焊条牌号相同。
5. 当钢圈厚度大于 6 mm 时，应采用 V 形坡口多层焊接。多层焊接的接头应错开，收口时应将熔池填满。焊缝中严禁填塞焊条或其他金属。
6. 焊缝应有一定的加强面，其高度和遮盖宽度符合表 7-3 的规定。
7. 焊缝表面应呈平滑的细鳞形与基本金属平缓连接，无折皱、间断、漏焊及未焊满的陷槽，并不应有裂缝。基本金属咬边深度不应大于 0.5 mm，且不应超过圆周长的 10%。
8. 雨、雪、大风天气施焊应采取妥善措施。施焊中电杆内不应有穿堂风。当气温低于 −20 ℃，应采取预热措施，预热温度为 100～120 ℃。焊后应使温度缓慢下降，严禁用水降温。
9. 焊完后的整杆弯曲度不应超过电杆全长的 1‰。

表 7-3　钢圈焊接焊缝规定

焊缝加强面尺寸(mm)	钢圈厚度(mm)	
	<10	10～20
高度	1.5～2.5	2～3
宽度	1～2	2～3

当采用气焊时，除满足以上要求，还要符合如下规定：

1. 钢圈的宽度不应小于 140 mm。
2. 加热时间宜短，并采取必要的降温措施。焊接后，当钢圈与水泥粘接处的附近水泥产生宽度大于 0.05 mm 纵向裂缝时，应予补修。
3. 电石产生的乙炔气体，应经过滤。

无论法兰连接，还是钢圈焊接，在连接处都应进行防护。法兰连接的法兰盘螺栓处，应用水泥砂浆填补；钢圈焊接头应按设计要求进行防腐处理。设计无规定时，可将钢圈表面铁锈和焊缝的焊渣与氧化层除净，先涂刷一层红樟丹，干燥后再涂刷一层防锈漆。

三、立　　杆

立杆一般分三个步骤，即立杆、杆身调正和填土夯实。

(一)立杆的方法

立杆常用方法有以下几种：

1. 固定式抱杆立杆方法

一般用于立 15 m 及以下的单根钢筋混凝土电杆，一般不受地形限制，在铁路站场、城镇施工比较方便，如图 7-3 和图 7-4 所示。

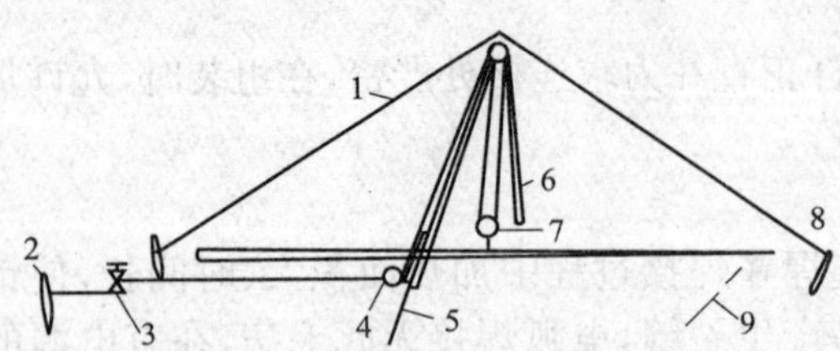

图 7-3　固定人字抱杆起吊布置示意图

1—临时拉线；2—绞磨桩；3—绞磨；4—导向滑轮；5—铁钎；6—人字抱杆；7—滑轮组；8—拉线桩；9—调整绳

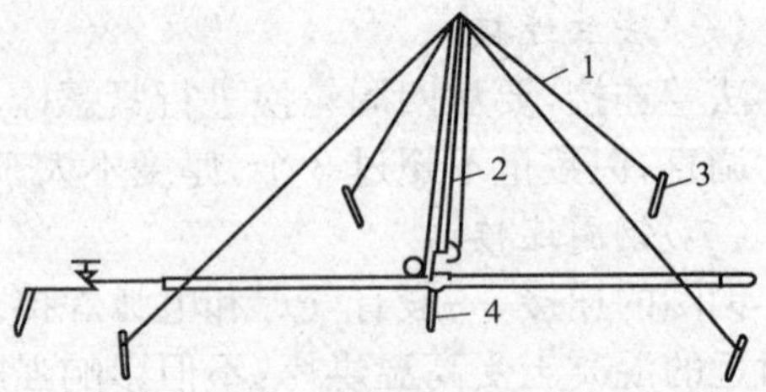

图 7-4　固定独抱杆起吊布置示意图

1—临时拉线；2—独抱杆；3—拉线桩；4—铁钎

2. 倒落式抱杆立杆方法

这种方法是各种杆塔起立最常用的方法，立杆前先要把要立的电杆移到杆坑的合适位置。安装好各类工具，起吊要使抱杆同时起立，缓慢牵动，使电杆根部正确沿滑板入坑，电杆应在抱杆失效前接触坑底，在起吊过程中，两根晃绳要紧密配合，适当地松、紧来保证电杆不摇晃并沿直线竖起，防止电杆向牵引侧倾倒。如图 7-5 所示，图中所示尺寸仅供参考。

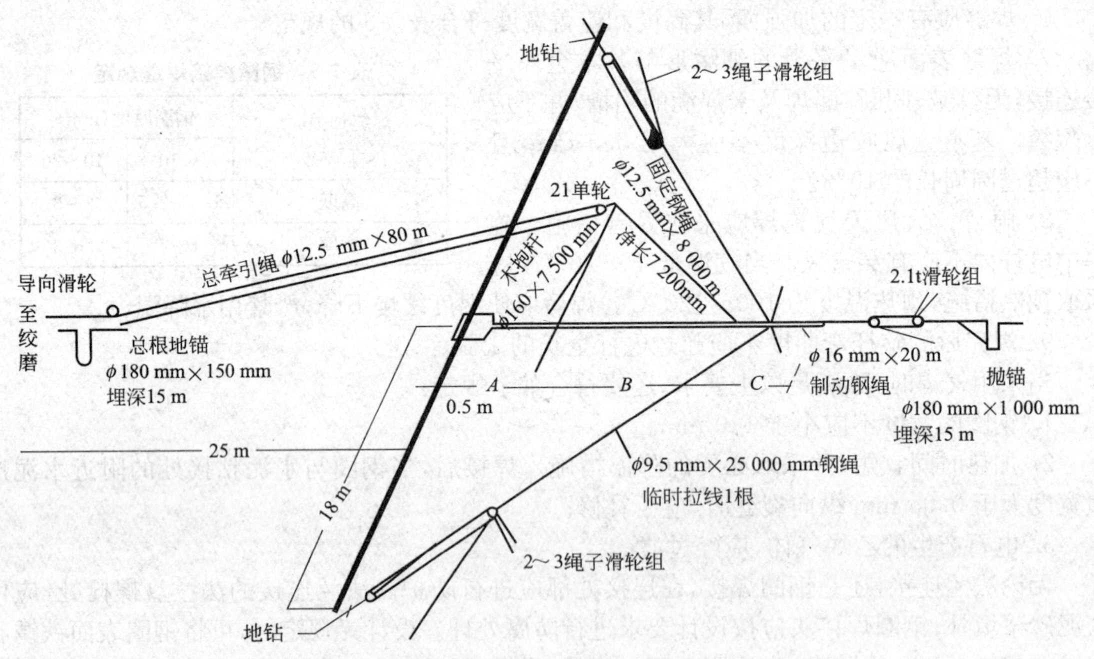

图 7-5　一点起吊 13～15 m 拔梢杆单杆布置示意图

3. 用三角架立杆

它主要是依靠装在三角架上的小型倒链或手扳葫芦及上下两个滑轮和牵引钢丝绳等来起立电杆的，先把电杆移到杆坑边的合适位置，立好三角架，并防止三角架根部移动或下陷，在电杆梢部拴三根拉绳以控制杆身，再在电杆的 1/2 处拴一根短的起吊钢丝绳，钢丝绳套在滑轮吊钩上，就可以拉动倒链或扳动手扳葫芦的摇柄进行起吊了。

4. 用吊车立杆

立杆时，先将吊车开到距杆坑适当距离位置，支立好，然后从电杆梢部量起，在 1/2 至 1/3 杆长处结一起吊钢丝绳，再在杆顶向下 500 mm 处拴三根拉绳，站成以杆坑为中心的等边三角形的位置来控制电杆的倾斜，由 1 人指挥起吊。

（二）杆身调正

电杆立起后，应进行找正，即电杆位置的调正。杆身调正，包括顺线路方向和横线路方向的调正，顺线路方向（俗称大面）的调正方法是：当第一根电杆立起后，观测人员要在距离已立好电杆 3～4 个坑位远的线路中心立花杆，由 1 人站在花杆后面 10 m 以外的坑位中心观测，看电杆是否位于线路中心线上。横线路方向（俗称小面）调正时，应距电杆 10 m 以外垂直线路中心线方向，看电杆是否垂直，否则进行调正。

1. 单电杆调正后应满足以下要求：

（1）直线杆的横向移动不应大于 50 mm，电杆的倾斜不应使杆梢位移大于半个杆梢（35 kV 电杆倾斜度不应大于 3‰）。

（2）转角杆应向外角预偏，紧线后不应向内角倾斜，向外角倾斜不应使杆梢位移大于一个杆梢。

（3）终端杆应向拉线侧预偏，紧线后不应向拉线反方向倾斜，向拉线侧倾斜不应使杆梢位移大于一个杆梢。

（4）变更导线并带有双侧拉线的跨越杆、耐张杆，应向非跨越方向预偏，紧线后不应向跨越方向倾斜，向非跨越方向倾斜，不应大于一个杆梢。

2. 双杆立好后，位移偏差应符合以下规定：

（1）直线双杆中心与中心桩之间的横向位移不大于 50 mm，转角双杆中心与中心桩之间的横线路及顺线路方向位移不应大于 50 mm。

（2）迈步不应大于 30 mm。

（3）根开不应超过±30 mm。

（4）两杆高差不应大于 20 mm。

（三）填土夯实

杆身调正后，即可填土夯实，回填杆坑时应符合以下规定：

1. 基坑回填时应将土块打碎，每回填 500 mm 或 300 mm（10 kV 以上线路）夯实一次，土中可掺石块但树根杂草要清除，坑内有积水应排除。

2. 回填石坑时，应掺土夯实，石与土比例为 3∶1 且掺土均匀。

3. 冻土回填时，不应夹杂冰雪块，应将大冻土块打碎掺以碎土，冻土块最大允许尺寸为 150 mm。

4. 回填后的基坑应有防沉土台，其培设高度应高出地面 300 mm（冻土及其他不易夯实的土质为 500 mm），土台上部面积应大于原坑口。

第四节 杆塔的结构类型

一、架空电力线路按其杆塔所处位置及作用分为以下几种（以 10 kV 架空线路为例）

（一）直线杆塔：也叫中间杆，位于架空线路直线段上。在线路正常运行情况下，直线杆只承受导线、绝缘子和金具以及覆冰的垂直荷重和风吹导线的水平荷重，而不承受顺线路方向的导线的张力。只有在断线时才承受两边的不平衡张力。如图 7-6 为直线杆塔组装方式。

（二）耐张杆塔：线路在运行中可能发生断线故障而使杆塔承受拉力，为了防止故障的扩大，必须在一定地点装设机械强度较大，能够承受拉力的杆塔，这种杆塔叫耐张杆。耐张杆顺线路方向设置拉线，这样，就可以防止断线后，故障蔓延到整条线路上去，而只把拉力不平衡的状态限制在两个耐张杆之间。两个耐张杆之间的距离叫耐张段或耐张档距，长电力线路一般规定 1 km 为一个耐张段，但也可以根据运行情况加以适当延长或缩短。在导线根数与截面有改变的地方，也要使用耐张杆。耐张杆塔把线路分段，把故障段限制在两个耐张杆塔之间，控制事故范围，便于施工、检修。因此，它的强度要求较高，结构也比较复杂，如图 7-7 所示为耐张杆组装图。

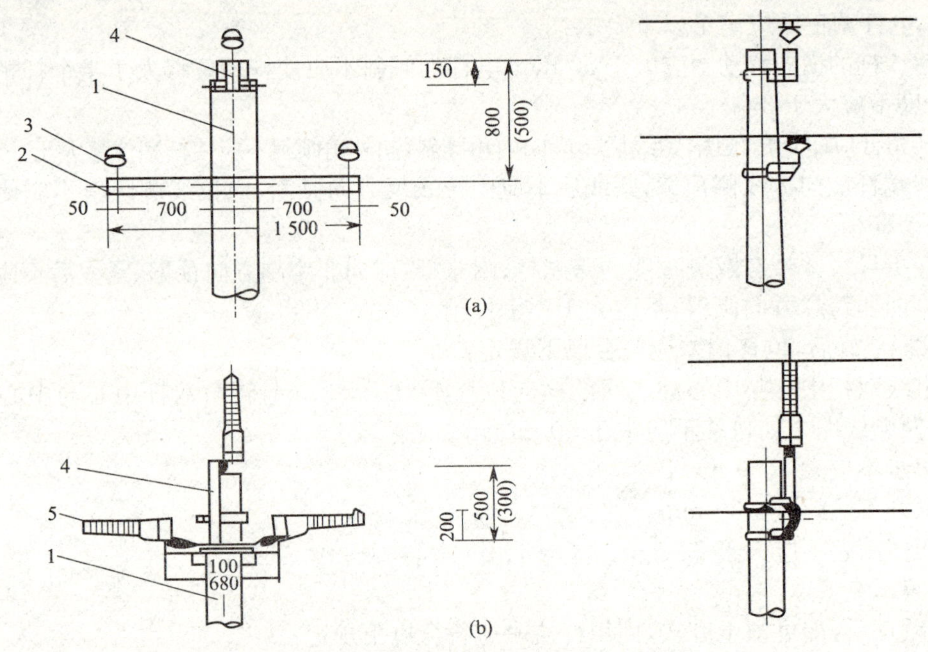

图 7-6　直线杆塔

(a)铁横担；(b)瓷横担

1—电杆；2—横担；3—针式绝缘子；4—杆顶支座；5—瓷横担绝缘子

（三）转角杆塔：在线路转弯处所设的电杆就是转角杆。转角杆塔除应承受垂直重量和风荷载外，还必须承受两侧导线张力的合力。转角杆可以是耐张型的，也可以是直线型的，要根据杆塔受力情况装设拉线。其组装方式如图 7-8。

（四）终端杆塔：在架空线路的始端和末端以及在中间由架空改电缆时形成的终端、始端处所设立的杆塔叫终端杆塔。由于终端杆上只有一侧有导线，在正常情况下也要承受拉力，所以要装设拉线。组装方式如图 7-9。

（五）分歧杆塔：设在分支线路与干线相连的地方的杆塔叫分歧杆塔。分歧杆塔在顺干线方向有直线型和耐张型。除了承受干线上原有的荷重，还要承受分支线路导线的张力。组装方式如图 7-10。

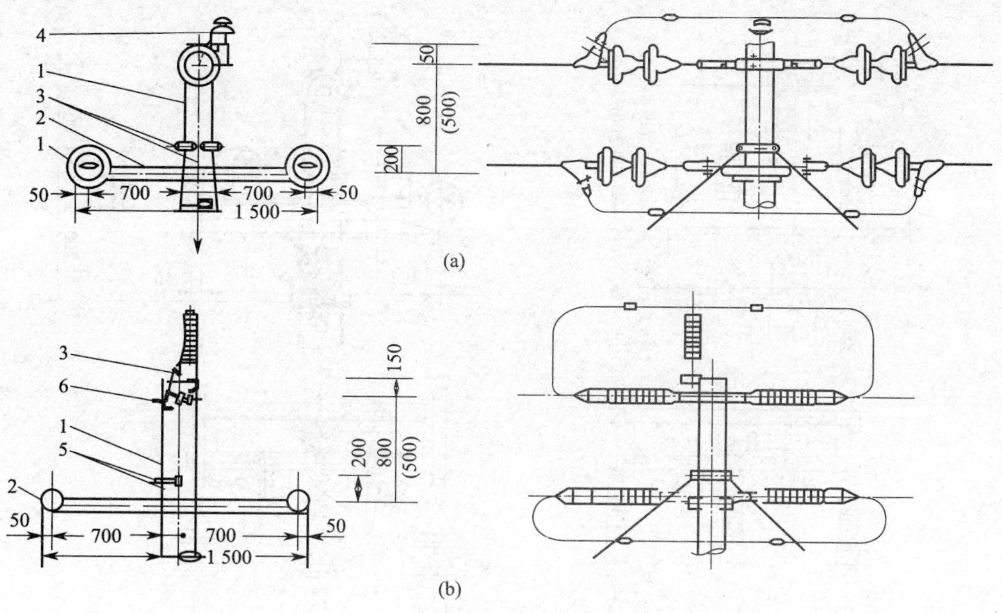

图 7-7　耐张杆塔

(a)铁横担；(b)瓷横担

1—电杆；2—横担；3—悬式绝缘子(瓷横担绝缘子)；4—针式绝缘子；5—拉线；6—瓷拉棒绝缘子

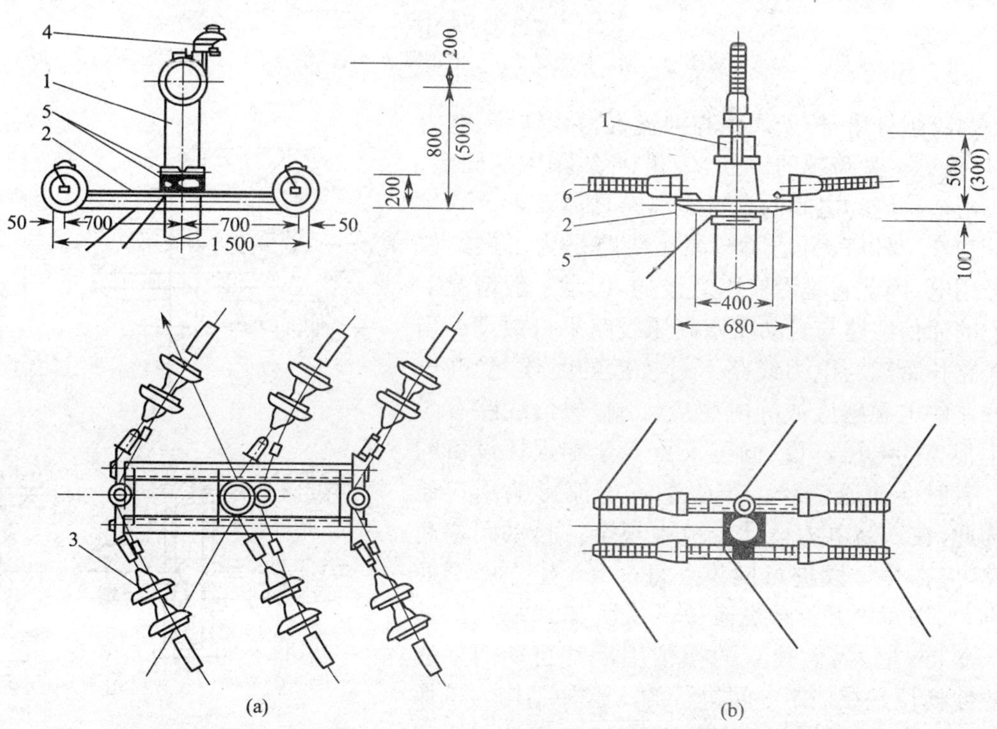

图 7-8　转角杆塔

(a)铁横担；(b)瓷横担

1—电杆；2—横担；3—悬式绝缘子；4—针式绝缘子；5—拉线；6—瓷横担绝缘子

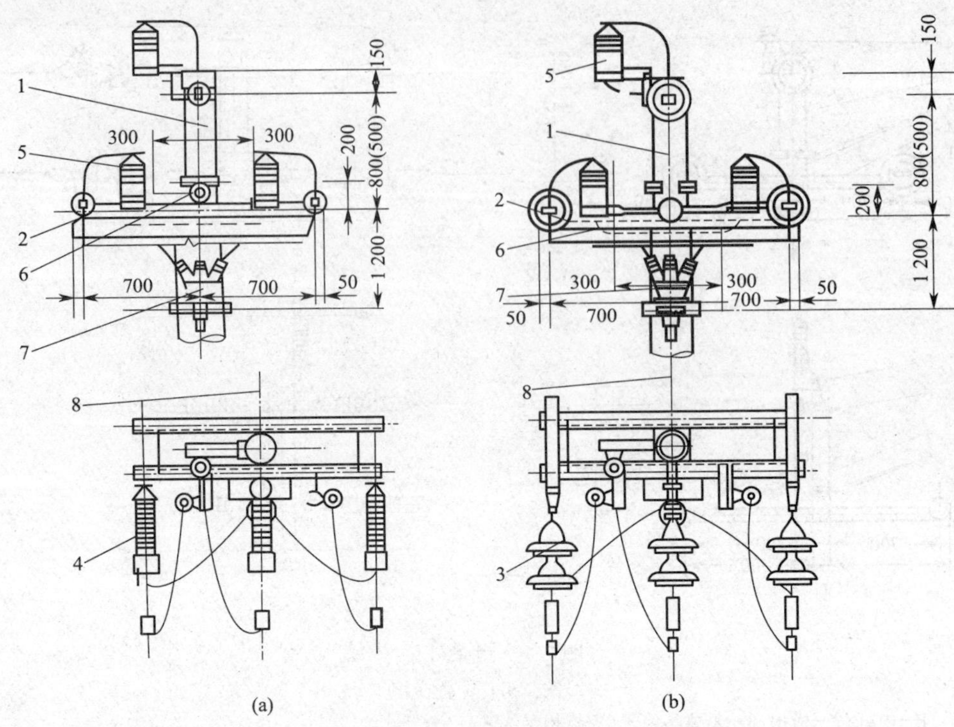

图 7-9 终端杆塔

(a)瓷横担;(b)铁横担

1—电杆;2—横担;3—悬式绝缘子;4—瓷拉棒绝缘子;5—避雷器;6—针式绝缘子;7—电缆终端头;8—拉线

(六)跨越杆塔:位于线路与河流、公路、铁路、电力线、通信线等交叉跨越的地方。一般导线采用双固定。对导线与被跨越物之间的垂直距离有具体要求。

(七)换位杆塔:自动闭塞高压线路是为了供给铁路信号用电,因此它是沿铁路敷设的,但是一般情况下铁路上的通信线路与自动闭塞高压线路平行敷设。当通信线路长距离与电力线路平行接近的时候,受高压电力线路的电磁感应或静电感应影响,通信线路有时会产生很高的电压,以致危害人身安全和损坏设备的绝缘。有时会使通信线路产生杂音电流影响用户通话。为此,在铁路电力设计规范中规定:"自动闭塞高压线路,应在全区段进行换位。每 9 km 建立一个换位周期,平均每 3 km 导线换位一次。如末端剩余长度大于 3 km 时,需做独立的换位周期。"自动闭塞线路的导线换位是在档距中间进行的。这种结构为了保证导线交叉点有足够的线间距离,在换位杆上把线间距离增大到 1.4 m,另外为了加强导线的固定,采用了双绝缘子,一个绑扎本线,一个绑扎附套,应使本线绕

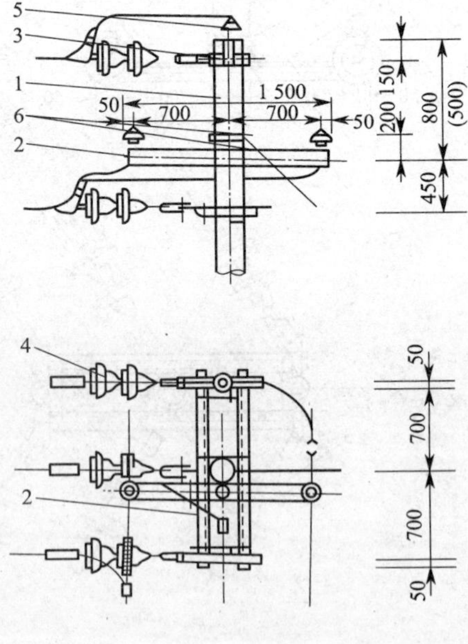

图 7-10 分歧杆塔

1—电杆;2—横担;3—杆顶支座;4—悬式绝缘子;5—针式绝缘子;6—拉线

过外侧绝缘子，内侧绝缘子用以固定附套。附套与本线的联结方法，若是直径 5.0 mm 镀锌铁线则采用绑扎方法，若是 LGJ-35 mm^2 导线，则采用并沟线夹固定。

用来进行三相导线轮流换位的，即轮流改换三相导线在杆塔的位置，这种杆塔，叫做换位杆塔。输电线路导线换位的方法有直线型和耐张型换位杆塔。组装方式如图 7-11。

（八）设备杆塔：在电杆上安装电气设备的杆塔，叫做设备杆塔。

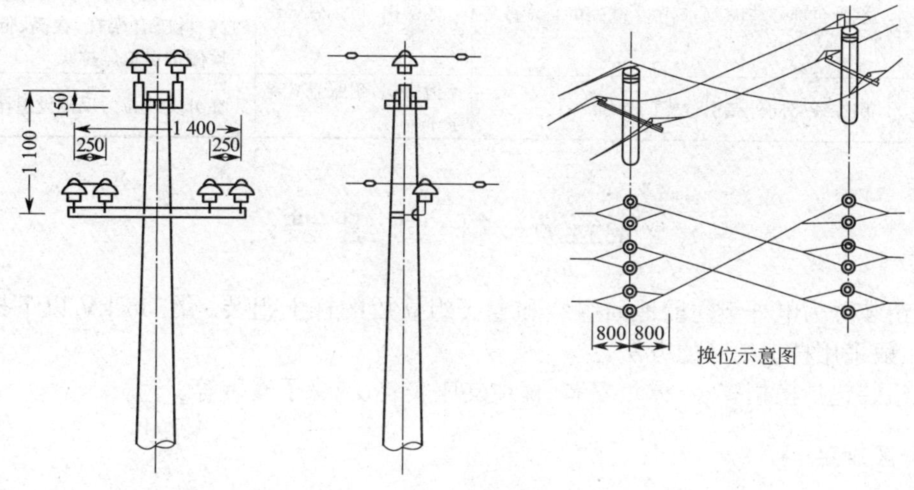

图 7-11　铁路自动闭塞线路换位杆塔

二、10(6)kV 线路常用杆型结构表。见表 7-4

表 7-4　10(6)kV 线路各种杆型结构上的区别

杆　型	用　　途	横担与绝缘子	拉　　线
直线杆	位于线路的直线区段，电杆支持导线、绝缘子及横担等重量，并承受线路侧面的风力	单横担，单针式绝缘子	无拉线
带拉线的直线杆	用途同直线杆，这种电杆位于地下水位较高和气候条件比较恶劣的地带，它是为防止倒杆、歪杆而采取的一种补救性措施	同直线杆	有侧面的对方拉线或十字拉线（四方拉线）
跨越杆	用于直线区段交叉跨越一些较重要的设施处所	单横担，双针式绝缘子，导线采用附套加强绑扎固定	有时在跨越反侧设一拉线
15°以下转角杆	用于 15°及以下线路转角处，承受两侧导线的合力作用	单横担，单针式绝缘子	有反向合力拉线一条
30°以下转角杆	用于 30°及以下线路转角处，承受两侧导线的合力作用。如本区段导线截面满足规程要求时，可兼做跨越杆	双横担（抱横双担）双针式绝缘子	有反向合力拉线一条；对高、低压合架电杆在高、低压导线部位各设一条合力拉线
45°以下转角杆	用于 45°及以下线路转角处，承受两侧导线的合力作用。如本区段导线截面满足规程要求时，可兼做跨越杆	抱横担，耐张悬式，绝缘子串	同上
90°以下转角杆	用于 90°及以下转角处所，受两侧导线拉力作用。可兼作跨越杆	分段式抱横担耐张悬式绝缘子串	在两侧导线拉力反侧各设追尾拉线一条。对高、低压合架电杆，在高、低压导线部位反侧都要设追尾拉线

续上表

杆 型	用 途	横担与绝缘子	拉 线
耐张杆	能承受任一侧的导线拉力作用，用于：(1)耐张段的紧线杆；(2)限制断线事故的影响范围；(3)用于交叉跨越各种设施时需要更换导线的处所(直线杆或45°及以下转角杆皆可)	抱横担，耐张悬式绝缘子串	在两侧导线的反侧各做追尾拉线一条
终端杆	承受全部导线的拉力，用于线路的首端或终端	抱横担，耐张悬式绝缘子串	在导线拉力反侧设追尾拉线一条。对高、低压合架杆，在高、低压导线拉力反侧都设追尾拉线
分歧杆	用在线路向外接引分支的处所	抱横担，耐张悬式绝缘子串	在分支线拉力反侧设追尾拉线

第五节 杆顶组装

杆顶组装分为电杆组立前地面组装和电杆组立后的杆上组装。在35 kV以下架空线路施工中，一般采用杆上组装的方法。

杆顶组装包括横担安装、撑角安装、杆顶支座安装、绝缘子安装等。

一、一般规定

1. 横担、螺栓、各种抱箍及铁配件均要热镀锌。

2. 角钢横担及金属构件选用的钢材性能及规格，除应符合国家规定及设计要求外，还应进行外观检查，且应满足下列要求：

(1)应平直无毛刺、无锌皮剥落、锈蚀等现象。

(2)无刮痕、裂纹、结疤、麻点、重皮等现象。

(3)螺杆与螺母的配合应良好。加大尺寸的内螺纹与有镀层的外螺纹配合，其公差应符合国家现行标准。

3. 金具在使用前应进行外观检查，且应满足下列条件：

(1)表面应光洁，无裂纹、毛刺、飞边、砂眼、起气泡等缺陷。

(2)线夹船体压板与导线接触面应光滑，转动灵活。

(3)悬垂线夹以回转轴为中心自由转动45°以上。

(4)镀锌良好，无镀皮剥落、锈蚀现象。

4. 绝缘子在安装前应进行外观检查，且满足下列条件：

(1)各部尺寸符合要求，装配正确。

(2)铁件与瓷件结合无歪斜现象，且结合紧密，铁件镀锌良好。

(3)瓷釉光滑，无裂纹、缺釉、斑点、烧痕、气泡或瓷釉烧坏等缺点。

(4)弹簧销、弹簧垫的弹力适宜。

(5)严禁使用硫黄浇灌的绝缘子。

5. 瓷件在安装时应清除表面污垢、附着物及不应有的涂料。

6. 各种连接螺栓宜有防松装置，弹力应适宜，厚度应符合规定。

7. 螺栓的穿入方向：

立体结构：

(1)水平方向时由内向外；

(2)垂直方向时由下向上。

平面结构：

(1)顺线路方向时：双面构件由内向外，单面构件由送电侧向受电侧穿或按统一方向；

(2)横线路方向时：两侧由内向外，中间由左向右(面向受电侧)或按统一方向；

(3)垂直方向时由下向上。

8. 以螺栓连接构件时，应符合下列规定：

(1)螺栓应与构件面垂直，螺栓头平面与构件间不应有空隙。

(2)螺母拧好后螺栓露出丝扣的长度：单螺母不应少于 2 扣，双螺母可与螺母相平。

(3)必须加垫圈者，每端垫圈不应超过 2 个。

9. 杆顶组装的连接螺栓在紧线完了以后，应再全面复紧一次，对全部单螺母螺栓，宜在紧靠螺母外侧螺纹上涂以铅油或打冲两次。

二、横担安装

(一)横担安装的规定

1. 直线杆单横担应装在受电侧，双方向供电时，则按统一方向，转角杆、分歧杆、终端杆当采用单横担时，应装于拉线侧。

2. 横担应平行架设在一个垂直面上，如为高低压合架时，高压线应在低压线的上方。

3. 横担中心至杆顶距离，不应小 200 mm，10 kV 及以下不同回路的线路同杆架设，各横担中心最小垂直距离不应小于表 7-5 所列数值。

表 7-5　横担中心间最小垂直距离

电压等级	直线杆	分歧或转角
10 kV 与 10 kV	0.8	0.45/0.66
10 kV 与 0.38 kV	1.2	1.0
0.38 kV 与 0.38 kV	0.6	0.3

4. 电力线路转角为 45°及以下，用单横担或双横担，转角为 45°以上时用二段横担。

5. 横担安装应平整，横担端部上下倾斜偏差不应大于 20 mm，左右扭斜偏差不应大于 20 mm。

6. 双杆的横担，横担与电杆连接处的高差不应大于连接距离的 5‰，左右扭斜不应大于横担总长度的 1%。

(二)横担安装的程序

1. 核定杆型及该杆型所安装横担的规格、尺寸；

2. 配齐所安装电杆横担的所有材料；

3. 对横担及安装附件进行外观检查，不合格者不得安装；

4. 准备好安装横担所需的工具；

5. 在电杆上确定横担所安装的位置、方向，进行横担的安装；

6. 检查所安装横担是否符合要求。

三、撑角安装

1. 核对撑角等的尺寸、规格；

2. 对撑角等进行外观检查；

3. 安装：先把撑角的一端固定在横担上，另一端的螺栓孔对准在电杆上的抱箍螺栓，如位置不准，可在电杆上移动抱箍，直至准确无误为止，然后将螺栓固定好；

4. 检查安装质量。

四、杆顶支座安装

1. 核对杆顶支座抱箍尺寸;
2. 检查外观质量;
3. 安装:量好距杆顶的距离,将杆顶支座放置在安装位置上,将抱箍螺栓拧紧即可;
4. 检查质量。

五、绝缘子安装

1. 进行外观检查。
2. 进行交流耐压试验。
3. 绝缘子的电压等级不能低于线路额定电压。绝缘子的泄漏距离应满足线路污秽情况的要求。
4. 绝缘子裙边与带电部分的间隙不应小于 50 mm。
5. 瓷横担绝缘子安装应符合下列规定:

(1)中相瓷横担应垂直地面,顶端顺线路倾斜不应大于 10 mm。

(2)边相瓷横担应水平安装,宜向上翘起 5°～15°,顶端顺线路歪斜不应大于 20 mm。

(3)边相用的横担不宜用于中相。

(4)全瓷式瓷横担与铁件固定处应加软垫。

6. 耐张串上的弹簧销子、螺栓及穿钉应由上向下穿。当有困难时可由内向外或由左向右穿入;悬垂串上的弹簧销子、螺栓及穿钉应向受电侧穿入;两边线上应由内向外,中线应由左向右穿入。导线采用蝴蝶形绝缘子做耐张固定时,其穿心螺栓应由上向下穿。
7. 采用的闭口销或开口销不应有折断、裂纹等现象,当采用开口销时应对称开口,开口角度应为 30°～60°。严禁用其他材料或线材代替闭口销、开口销。

第六节　拉线及撑杆安装

拉线的作用是平衡杆塔各方向的拉力,防止杆塔弯曲或倾斜,因此在承受不平衡荷载的电杆上(终端杆、转角杆、跨越杆等)均装设拉线,以达到平衡的目的,如果由于地形限制不能设拉线时,可使用撑杆代替。

一、一般规定

(一)拉线与电杆夹角不宜小于 45°,当受地形限制时不应小于 30°,特殊情况下可采用弓形拉线及撑杆等措施,拉线截面与材质按设计规定。

(二)终端杆、耐张杆、耐张性转角杆、分歧杆的终端拉线及直线跨越杆的顺向拉线,应与线路方向对正;转角杆的合力拉线,应与线路分角线对正;防风拉线应与线路方向垂直。

(三)拉线棒出土处与规定位置的偏差:终端、顺向拉线不应大于拉线高度的 1.5%;合力、防风拉线不应大于拉线高度的 2.5%。

(四)采用绑扎固定的拉线,应符合下列规定:

1. 拉线两端应设置心形环。

2. 钢绞线拉线可采用直径不小于 3.2 mm 的镀锌铁线固定，绑线应整齐、紧密，缠绕长度不小于表 7-6 所列数值。

表 7-6　缠绕长度最小值(mm)

钢绞线截面(mm²)	缠绕长度				
	上　端	中端有绝缘子的两端	与拉线棒连接处		
			下端	花缠	上端
25	200	200	150	250	80
35	250	250	200	250	80
50	300	300	250	250	80

3. 合股组成的镀锌铁线拉线可采用直径不小于 3.2 mm 的镀锌铁线绑扎固定，绑扎应整齐、紧密，缠绕长度为：五股以下者，下缠 150 mm，花缠 250 mm，上缠 100 mm。

4. 合股组成的镀锌铁线拉线采用自身缠绕固定时，缠绕应整齐、紧密，缠绕长度：三股线不应小于 80 mm，五股线不应小于 150 mm。

(五)采用 UT 形线夹及楔形线夹固定拉线，其安装要求为：

1. 安装前丝扣上应涂润滑剂。

2. 线夹舌板与拉线的接触应紧密，受力后无滑动现象，线夹的凸肚应在尾线侧，安装时不得损伤拉线。

3. 拉线弯曲部分不应有明显松股，拉线端头处与拉线主线应有可靠固定。线夹处露出的尾线长度不宜超过 300～500 mm，尾线回头后与本线扎牢。

4. 当同组拉线使用双线夹并采用连板时，其尾线端的方向应统一。

5. 花篮螺栓在安装前丝扣上应涂润滑剂。UT 形线夹或花篮螺栓必须露扣，并留有不少于 1/2 螺杆丝扣长度可供调紧。调整后，UT 形线夹的双帽应并紧，花篮螺栓调整后应予封固。

(六)当一根电杆上装设多条拉线时，拉线不宜有过紧、过松、受力不均匀现象。

(七)拉线棒与拉线盘的连接应加背板并使用双螺母，拉线坑应有马道使拉线与拉线棒成一直线，拉线盘面应垂直于拉线棒。

(八)钢筋混凝土电杆拉线，可不装设拉线绝缘子。若拉线穿越导线时，应装设拉线绝缘子。在断拉线的情况下，拉线绝缘子对地面的垂直距离不应小于 2.5 m。

(九)水平拉线的安装应符合下列规定：

1. 拉线桩埋设深度不应小于杆长的 1/6。

2. 拉线桩应向张力反方向倾斜 10°～20°。

3. 拉线坠线与拉桩杆夹角不应小于 30°。

4. 拉桩坠线上端固定点的位置距拉桩杆顶应为 0.25 m，距地面不应小于 4.5 m。

5. 水平拉线跨越道路时，对路面中心的垂直距离不应小于 6 m；跨铁路时，对轨高度不应小于 7 m。

(十)拉线位于交通要道或人易触及的地方，须套涂有红白油漆相间的保护管。

(十一)拉线固定于电杆上的位置，应符合下列规定：

1. 导线为三角排列时，在横担上方距横担中心 150～300 mm 处。

2. 导线为水平排列时，在横担下方距横担中心 150～300 mm 处。

(十二)拉线距 10 kV 带电部分不应小于 200 mm;距 0.38 kV 带电部分至少保持 100 mm。

(十三)用镀锌铁线组合成合股拉线时,其单股直径不应小于 4.0 mm,股数不应少于 3 股,绞合应均匀,受力相等,不应出现抽筋现象。

(十四)长距离的架空电力线路在大风及以上地区,宜设置防风拉线,10 kV 线路可每隔 10 基左右装设一处,一般装在线路两侧。

(十五)耐张杆两侧导线截面不同时,应在截面小的一侧设拉线或按两侧导线截面的不同设两条不同规格的拉线。

(十六)10 kV 及以下电力线路,拉线盘的埋设深度一般不小于 1.2 m。拉线盘在坑内应倾斜,以拉线棒与底盘上表面垂直为准,拉线与拉线盘的连接应牢固可靠。

(十七)拉线棒、拉线抱箍及铁附件要热镀锌。

(十八)镀锌铁线、镀锌钢绞线外观检查,应满足:

1. 不应有松股、交叉、折叠、硬弯、断裂及破损等缺陷。

2. 表面镀锌层应良好,无锈蚀。

二、拉线的种类和用途

1. 普通拉线

用在线路的终端杆、转角杆、耐张杆等处,主要起平衡作用。

2. 两侧拉线(或叫人字拉线)

横线路方向装设于直线杆的两侧,用以增强电杆抗风吹倒的能力。

3. 水平拉线(或叫过道拉线)

由于电杆距离道路太近不能就地安装拉线或跨越其他设施时,则采用过道拉线。即在道路的另一侧立一根拉线杆,在此杆上作一条过道拉线和一条普通拉线,过道拉线应保持一定高度,以免妨碍行人和车辆的通行。

4. V 形拉线(或叫 Y 形拉线)

这种拉线分为垂直 V 形和水平 V 形两种,主要用在电杆较高、横担较多、架设导线条数较多时,在拉力合力点上下两处各安装一条拉线,其下部则为一个基础,在双杆安装 V 形拉线较多。

5. 弓形拉线(或叫自身拉线)

为防止电杆弯曲,因地形限制不能安装拉线时,可采用弓形拉线。

6. 十字拉线

十字拉线一般在耐张杆处装设,为了加强耐张杆的稳定性,安装顺线路人字拉线和横线路人字拉线,总称十字拉线。其实,这也属于人字拉线的一种。

7. 共用拉线

共用拉线应用在直线路上。如果某根承力杆没有装设拉线的地方,只好把拉线拉在相邻的第一根杆上。类似于水平拉线。

三、拉线安装

拉线的安装分为镀锌铁线拉线安装和镀锌钢绞线拉线安装。

镀锌铁线拉线安装比较复杂,在铁路电力线路中已很少使用。常用的是钢绞线拉线。

钢绞线拉线的安装,一般均采用线路金具固定,也有采用绑扎法固定安装的,但使用较少。钢绞线拉线的安装要满足本节“一般规定”的要求。

1. 普通拉线的安装见图 7-12。

2. V 形拉线安装

分为垂直 V 形和水平 V 形两种，如图 7-13。

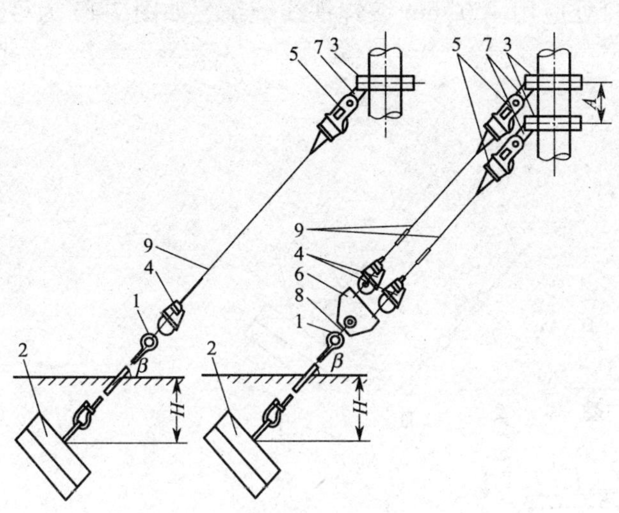

图 7-12　普通拉线安装

1—拉线棒；2—拉线盘；3—拉线抱箍；
4、5—UT 形线夹；6—双拉线联板；7—双眼板；
8—U 形挂环；9—拉线

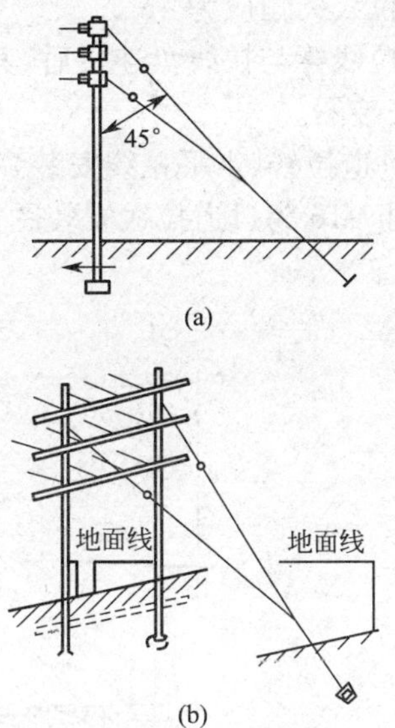

图 7-13　V 形拉线

(a)垂直；(b)水平

对垂直 V 形拉线，在所受张力合力点的上下两处，各设一条拉线；对于水平 V 形拉线（用于双杆），在双杆的两根杆上各设一条拉线，其下部经拉线环并为一条。如图 7-14 为 V 形拉线安装图。

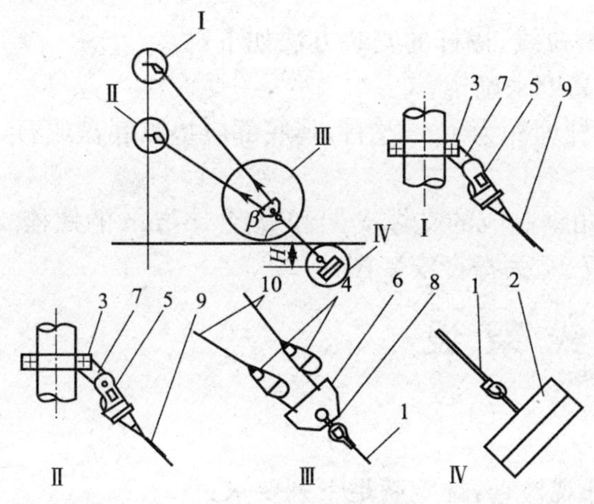

图 7-14　V 形拉线钢绞线安装

1—拉线棒；2—拉线盘；3—拉线抱箍；
4、5—UT 形线夹；6—双拉线联板；7—双眼线；
8—U 形挂环；9—绑线；10—拉线

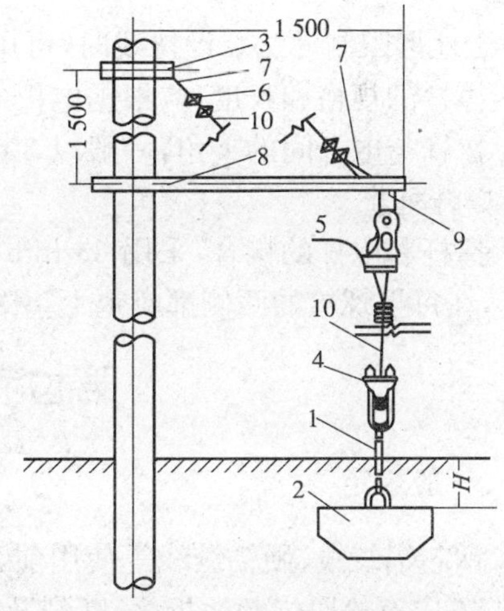

图 7-15　弓形拉线安装

1—拉线棒；2—拉线盘；3—拉线抱箍；
4、5—UT 形线夹；6—元宝螺栓；7—心形环；
8—撑铁；9—平行挂板；10—拉线

3. 弓形拉线安装

弓形拉线的安装要符合下列规定：

(1)钢绞线拉线截面积不应大于 70 mm^2。

(2)拉线夹角应为 45°。

(3)拉线棒与拉线盘连接后，其圆环开口处应用 4.0 mm 镀锌铁线缠绕。如图 7-15 为弓形拉线安装图。

4. 过道拉线(水平拉线安装)

如图 7-16 为过道拉线安装图。

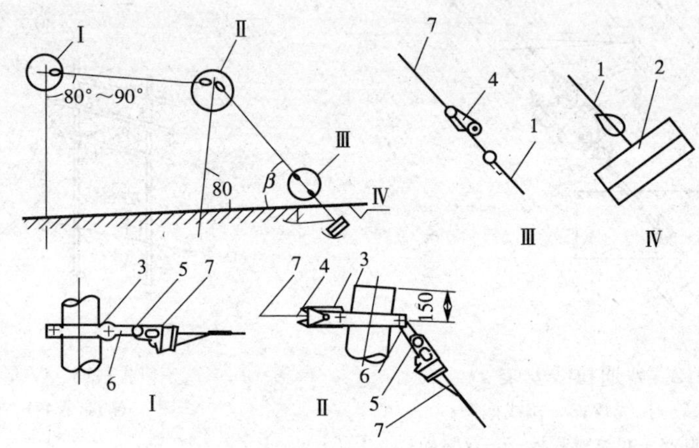

图 7-16　过道拉线(水平拉线)安装

1—拉线棒；2—拉线盘；3—拉线抱箍；4、5—UT 形线夹；6—双眼板；7—拉线

四、撑杆安装

由于地形限制无法装设拉线时，可用撑杆代替拉线，撑杆的安装方法如下：

1. 撑杆的规格和长度，应根据电杆的规格和高度来确定。

2. 撑杆与电杆间的夹角，一般以 30°为宜，撑杆埋深为 1 m 左右，其底部应垫以底盘或石，并应与撑杆垂直。

3. 撑杆和电杆的接合，采用 63 mm×6 mm 角钢制成的支撑支架和直径 16 mm 的螺栓 4 根固定，在每根螺栓的两侧都应垫上垫圈。如图 7-17 为撑杆安装图。

第七节　导线架设

一、一般规定

1. 钢芯铝绞线、硬铝绞线等使用前，应进行外观检查，且应满足下列要求：

(1)不应有松股、交叉、折叠、断裂及破损等缺陷。

(2)钢芯铝绞线、硬铝绞线不应有严重腐蚀现象。

(3)绝缘线表面应平整、光滑、色泽均匀，绝缘层厚度应符合规定。绝缘线的绝缘层应挤包紧密，且易剥离，绝缘线端部应有密封措施。

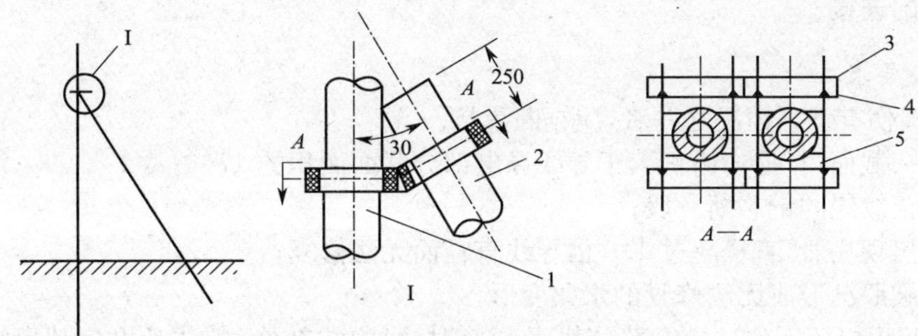

图 7-17 钢筋混凝土电杆的撑杆装设

1—主杆；2—撑杆；3—联板；4—螺栓；5—M形抱铁

2. 导线的排列，应符合下列规定：

(1)高压线路：面向负荷从左侧起，导线排列相序为A、B、C，环形线路或导线有换位时，按设计定。

(2)低压线路：面向负荷从左侧起，导线排列顺序为A、O、B、C，同一根导线向两侧供电时与其中一侧导线排列一致。

(3)低压线路当多层排列时，由上而下的回路顺序为：电源、动力、外灯、控制及电铃。

二、放　　线

(一)放线的准备

1. 沿线勘察，包括所有交叉跨越点情况，制订各交叉跨越点放线时的具体措施，如需停电的被跨电力线路要申请停电。

2. 对于一般的河道，可搭临时便桥或安排渡船，主要航道在必要时应征得有关部门同意，临时封港停航。

3. 清除放线通道上足以损伤导线的障碍物，或采取其他保护措施。

4. 跨越电力线、通信线、铁路及公路时，应搭设跨越架或采用其他的跨越措施。

5. 根据线轴的线长及架线方向，布置线轴的安放位置。放线支架应装设稳固。

6. 铝绞线、钢芯铝绞线的展放，宜采用铝滑车进行牵引，合理布置滑车的数量，不得使导线在地面上或横担上拖拉。滑车轮槽尺寸应与导线直径相适应，滑车轮槽底部的轮径不宜小于导线直径的15倍。

(二)放线方法

放线的方法有人力拖拉法、机械张力放线法和最先进的飞机放线法。但在铁路电力线路施工中由于各种条件的限制，采用的多是人力放线法。

人力放线方法步骤为：

(1)把线轴安放在放线架上，固定牢固；

(2)把牵引绳与导线连接牢固；

(3)人力拖拉，转动线盘，当导线拖拉至每基杆塔处，将导线提起穿入滑轮，继续往前拖拉导线，使导线沿着滑轮移动。

三、导线的连接

(一)一般要求

1. 导线损伤有下列情况之一者,应锯断重接。

(1)在同一截面内,损伤面积大于导线导电部分截面面积的17%;

(2)钢芯铝绞线的钢芯断一股;

(3)导线出现松股,直径超过1.5倍导线直径而无法修复;

(4)金钩破股已形成无法修复的永久变形。

2. 导线面积损坏不超过导电部分截面17%时,可敷线补修,敷线长度应超出缺陷部分两端,且缠绕长度不小于100 mm。缠绕材料应为与导线同金属的单股线,其直径不应小于2 mm。

3. 导线磨损的截面在导电部分截面积的6%以内,损坏深度在单股直径的1/3之内,应用同金属的单股线在损坏部分缠绕,缠绕长度应超过损坏部分两端各30 mm。

4. 导线磨损的截面,在导电部分截面的5%以内,且单股损伤深度小于直径的1/3时,可不作处理。

5. 同一档距内,同一根导线上的接头不得超过一个,导线接头位置与导线固定处的距离应大于0.5 m,有防振装置者应在防振装置以外。

6. 导线跨越标准轨距铁路,一、二级公路,电车道,一、二级通信线路,通航河流以及特殊管道时,不许有接头。

7. 不同金属、不同规格、不同绞向的导线,严禁在档距内连接。不同金属的导线,不应在同一直线横担上架设。

(二)连接方法

在铁路电力线路施工中,通常使用的是钳压连接法。钳压连接法适用于铝绞线、钢芯铝绞线和铜绞线。下面简单介绍一下钳压连接的方法。

1. 钳压的工具和材料

(1)钳压的工具有压接钳和压模;

(2)钳压使用的材料主要有钳接管和垫衬,不同的导线采用不同类型、不同规格的钳接管,垫衬主要用在钢芯铝绞线连接上。

2. 压接前的准备

(1)检查钳接管型号与导线的规格是否配套;

(2)检查钳接管有无裂纹毛刺,是否平直,其弯曲度不应大于1%;

(3)导线连接前清除表面污垢,清除长度为连接部分的二倍,连接部分不应有缠绕不良、断股、松股等缺陷;

(4)检查钳接管上有无划出钳接印记;

(5)检查钢模是否与导线同一规格;

(6)将导线用钢锯锯齐,锯前应在锯点的两侧用与导线相同的线股或软于导线的绑线将导线捆紧,以免松股。钢锯应垂直于导线锯。

3. 压接方法

(1)将导线塞入钳接管内,如为钢芯铝绞线时,应在导入一根导线后,中间插入一个铝垫衬,再插另一根导线,这样可增加接头握着力,并使接触良好。

(2)将钳接管放入压接钳的压模中，并使导线平直，按图 7-18 的顺序和表 7-7 的规定深度和压口数进行压接，并应使钳接管最外边的压口位于导线端头侧。

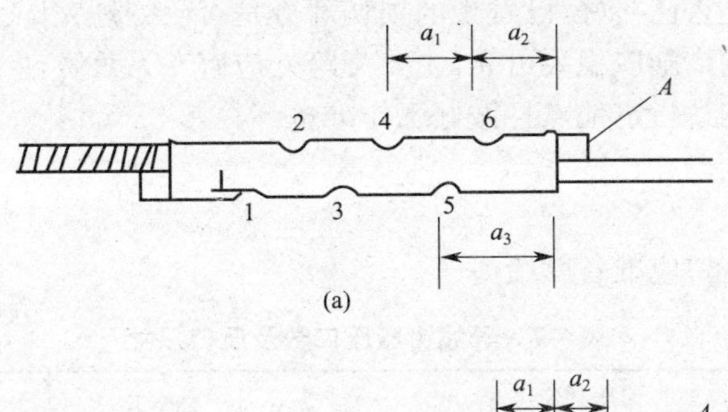

(a)

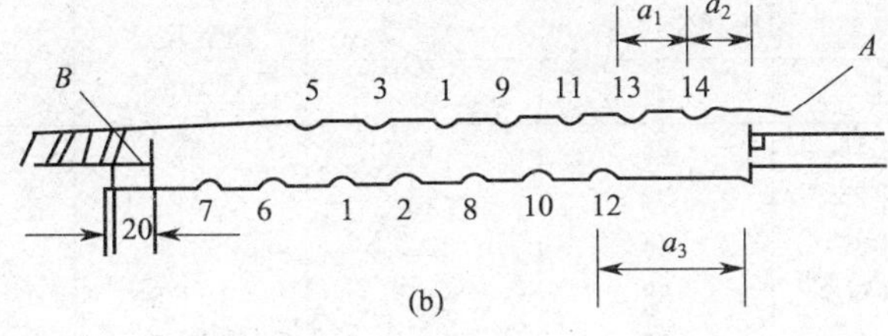

(b)

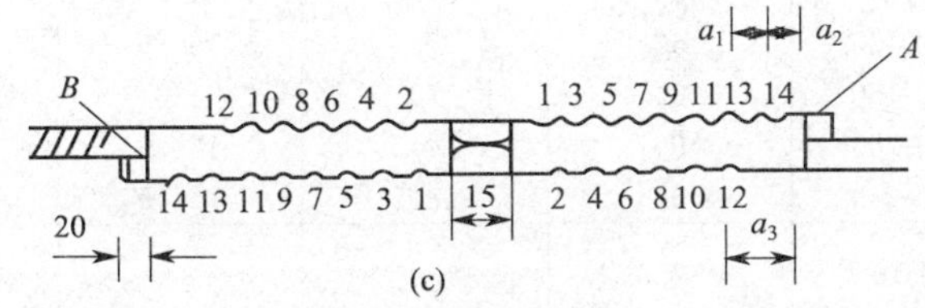

(c)

图 7-18　钳压管连接图

(a)LJ-35 铝绞线；(b)LGJ-35 钢芯铝绞线；

(c)LGJ-240 钢芯铝绞线

A—绑线；B—垫片

注：1、2、3…表示压接操作顺序

(3)压接时每个压坑应一次压完，中途不能间断，并应压到规定深度，即压到上、下模相接触为止。稍停后，即可松开压钳，进行下一个压口。

4. 连接后应满足下列要求：

(1)导线钳压压口数及压口尺寸应符合表 7-7 的规定。

(2)钳压后导线端头露出长度，不应小于 20 mm，端头绑线不应拆除。

(3)压接后的接续管的弯曲度不应大于管长的 2%，大于 2%应校直。

(4)压接后或校直后的接续管不应有裂纹。

(5)压接后接续管两端附近的导线不应有灯笼、抽筋等现象。

(6)压接后接续管两端出口处、合缝处及外露部分应涂刷电力复合脂。

四、紧　　线

(一)紧线的准备工作

1. 紧线前，根据耐张杆受力情况，在电杆和横担两端导线悬挂点设临时拉线补强。如已设有永久拉线且能平衡紧线张力时，则只在横担两端设临时拉线(若耐张杆另一侧架空线已紧好,则横担两侧也不设临时拉线)。

2. 应再检查一遍导线有无损伤,线条有无相互交叉混淆,有无障碍或卡住情况。

3. 检查所有接头是否已接好,已发现的损伤部分是否已处理完毕。

4. 所有交叉跨越的措施应稳妥可靠,主要交跨处应有专人负责。

5. 观测弛度人员到达指定地点且做好工作准备。

6. 紧线工具应齐全。

7. 通信工具应畅通。

8. 牵引人员(或设备)应准备就绪。

表 7-7 导线钳压压口数及压口尺寸

导线型号	钳压部位尺寸(mm)			压后尺寸(mm)	压口数	
	a_1	a_2	a_3			
钢芯铝绞线	LGJ-16	28	14	28	12.5	12
	LGJ-25	32	15	31	14.5	14
	LGJ-35	34	42.5	93.5	17.5	14
	LGJ-50	38	48.5	105.5	20.5	16
	LGJ-70	46	54.5	123.5	25.5	16
	LGJ-95	54	61.5	142.5	29.0	20
	LGJ-120	62	67.5	160.5	33.0	24
	LGJ-150	64	70	166	36.0	24
	LGJ-185	66	74.5	173.5	39.0	26
	LGJ-240	62	68.5	161.5	43.0	2×14
铝绞线	LJ-16	20	20	34	10.5	6
	LJ-25	32	20	36	12.5	6
	LJ-35	36	25	43	14.0	6
	LJ-50	40	25	45	16.5	8
	LJ-70	44	28	50	19.5	8
	LJ-95	48	32	56	23.0	10
	LJ-120	52	33	59	26.0	10
	LJ-150	56	34	62	30.0	10
	LJ-185	60	35	65	33.5	10

注:①压接管上数字1、2、3…表示压接顺序。

②压接后尺寸允许误差为±1.0 mm。

(二)紧线方式

根据每次同时紧线的根数,紧线方式分为单线法、双线法及三线法。

1. 单线法:即每次只紧一根线,适用于中导线的紧线或人员较少、工具较少的情况。

2. 双线法:即每次同时紧两根线,适用于两根边导线或两根地线的紧线。

3. 三线法:即每次同时紧三根线。

(三)紧线操作

1. 紧线前拉紧余线,通常由人力在地面拉紧。待导线被拉到一定弛度时,套上紧线器,由牵引设备牵引钢丝绳。

2. 紧线顺序为先地线后导线,先紧中导线后紧两边导线。

3. 当导线收紧达到要求弛度值时,由观察人员通知杆上操作人员,停止牵引拉紧。

4. 由杆上操作人员丈量导线固定位置，在耐张线夹上固定，然后把耐张线夹挂上绝缘子，最后松去紧线器，即完成紧线操作。

五、弛度观测与导线固定

（一）弛度观测

导线弛度（弧垂）指在平坦的地面上，即在两根电杆的悬挂点高度相同时，导线最低点与悬挂点间连成的垂直距离叫弛度。

1. 影响弛度变化的因素

导线的弛度在不同的气象条件下是不同的，它随着天气的变化而变化，当气温升高时，弛度就变大，当气温下降时，弛度就变小，弛度还受覆冰厚度、风速、导线的安全系数、线张系数等影响。

2. 观测弛度的基本要求

(1)对于 35 kV 导线及避雷线：当紧线段在 5 档及以下时，靠近中间选择一档；紧线段在6～12档时，靠近两端各选择一档；紧线段在 12 档以上时，靠近两端及中间各选择一档；观测档宜选档距较大和悬挂点高差较小的线距档，若地形特殊时应适当增加观测档。

(2)对于 10 kV 及以下导线宜选择靠近紧线段中间，悬挂点高差较小，并具有代表性的档距，紧线中要注意观察并调整使各档导线张力一致。

(3)架设新导线应考虑导线的初伸长，一般采用减小导线弛度法补偿。

(4)同一层横担上架设截面不同的导线时，导线弛度以弛度最大的导线为准。

3. 导线的弛度曲线：导线的弛度应该由设计单位所确定的导线弛度从曲线表中查得。导线弛度的大小要根据耐张段的规律档距长度和当时的气温来确定。规律档距是指一个耐张段内，在各直线档距长度不相等的情况下所选定的一个代表档距。

例如：如规律档距为 100 m，观测时的气温是＋20 ℃，那么从曲线表中查得的导线弛度是 1 m。

4. 观测弛度的方法

在一个耐张段内有 1～6 个档距时，可选择中部一档观测弛度，有 7～15 个档距时，可选择两档观测弛度，并尽量选在靠近耐张段的两端，有 15 个以上档距时，可选择三档观测，即在耐张段的两端和中部各选一档观测弛度。

目前观测弛度的方法很多，如等长法（即平行四边形法）、异长法、张力紧线法、角度法等。10 kV 及以下架空线路一般采用等长法和异长法；35 kV 及以上架空线路一般采用角度法进行弛度测量。现对等长法和异长法作一介绍。

(1)等长法

等长法是施工中常用的方法，精确度较高，如图 7-19 所示。从给定的弛度表或曲线表中查得弛度值 f，然后在观测弛度档的两侧电杆 A、B 上从导线悬挂点向下量出与弛度值相等的距离，并定出 A_0 点和 B_0 点，在 A_0B_0 各装设一块弛度板，这时 $AA_0=BB_0=f$。然后调整架空线，观测人员在一基杆塔的弛度板瞄准另一基杆塔的弛度板，当导线最低点与两块弛度板成一条直线时，此时的弛度值，就是所要求的弛度值。

(2)异长法

异长法观测弛度比等长法多一步计算手续，常用于悬挂点高差较大的线路观测。如图

7-20所示，若 A、B 为悬挂点，f 为中点弛度，A_0、B_0 为某切线与杆塔的交点，则 a、b、f 存在下述关系，即 $\sqrt{a}+\sqrt{b}=2\sqrt{f}$。

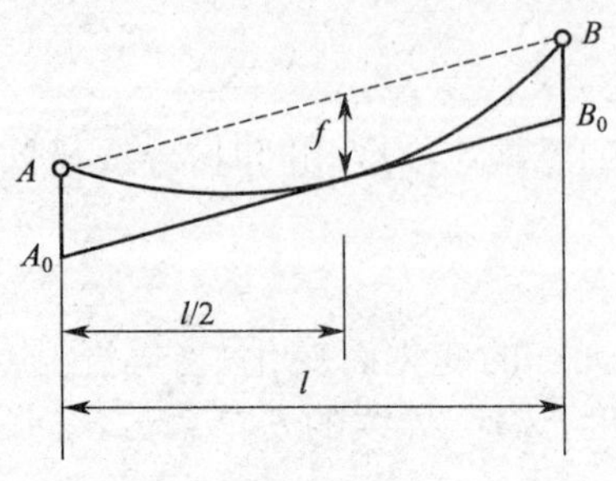

图 7-19　等长法观测弧垂

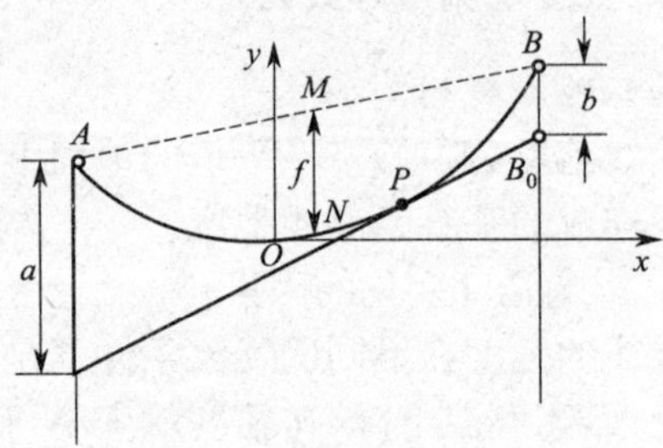

图 7-20　异长法观测弧垂

根据弛度表查出弛度值，再根据悬挂点 A 和 B 的高差与 f 确定 a 值，将 a、f 代入公式即可确定 b 值，将弛度板置于 A_0、B_0 点，在杆塔上观察，使弛度板与导线的最低点成一直线，此时的弛度即为要求的弛度值。

5. 弛度观测的误差要求

(1)对于 35 kV 导线及避雷线，其偏差不应大于＋5％～2.5％，但正误差最大值不应大于 500 mm。当弛度大于 30 m 时，其偏差不应大于±2.5％；按大跨越设计的跨越档，其偏差不应大于＋2％～2.5％，导线或避雷线各相的弛度应力求一致，各相间弛度的相对误差不应大于表 7-8 规定数值。

(2)对于 10 kV 及以下导线，其误差不应大于±5％，同档内各相导线力求一致，水平排列的导线弛度相差不应大于 50 mm；对于大档距导线弛度误差应满足 35 kV 导线的规定。

表 7-8　35 kV 导线避雷线各相间弛度允许相对误差

排 列 形 成	一般的线档(mm)	弛度大于 30 m 的线档	按大跨越设计的线档
水平排列	200	1％	1％
非水平排列	300	1.5％	1％

6. 弛度对线路安全运行的重要性

观测导线弛度的工作应与线路紧线工作配合进行。观测的目的是使安装后的导线达到最合理的弛度。架空线路安装后的弛度是否适当，直接影响着线路的安全运行。弛度过大将增加导线因风摆和覆冰下垂极易产生混线或相间闪络造成事故。弛度过小则使导线所受张力过大而有可能造成断线事故。为此，在施工紧线过程中要注意调整好导线弛度。变更季节时，要利用线路维修的机会调整一下导线弛度，以保证线路的安全运行。

(二)导线固定

导线紧线及弛度观测完成后，应立即进行固定和绑扎，绑扎应牢固，且应满足下列要求：

1. 导线在针式绝缘子上的绑扎：

(1)直线杆：10 kV 导线应固定在针式绝缘子的顶槽内，0.38 kV 及以下导线应固定在针式绝缘子的侧槽内。

(2)直线转角杆：导线应固定在针式绝缘子转角外侧的边槽内。

(3)直线跨越杆：边相导线应固定在针式绝缘子外侧侧槽内，中相导线应固定在右侧针式绝缘子上(单方向供电时面向电源侧、双方向供电时按统一方向)，导线本体不应在固定处出现角度。

(4)自动闭塞换位杆：边相导线应固定在针式绝缘子上的外侧侧槽内，中相导线固定在换位转角的绝缘子外侧侧槽内。

2. 导线在瓷横担的绑扎应符合：

(1)直立安装时固定在顶槽内；

(2)水平安装时固定在端顶部边槽内。

3. 铝绞线或钢芯铝绞线的绑扎要求：

(1)在绝缘子或线夹上固定时应缠绕铝包带，缠绕长度应越出接触部分 30 mm；

(2)在蝶式绝缘子上作耐张且采用绑扎方式固定时，其接触部分应缠绕铝包带。绑扎长度不应小于表 7-9 规定数值，回头套的大小应以能更换绝缘子为准。

4. 过引线(弓子线)之间，过引线与主干线之间的连接应符合下列规定：

表 7-9　绑扎长度值(mm)

导线型号	绑扎长度
LG-50、LGJ-50 及以下	150
LJ-70	200

表 7-10　过引线绑扎长度值(mm)

导 线 型 号	绑扎长度
LJ-35 及以下	150
LJ-50	200
LJ-70	250

(1)不同金属导线之间连接应有可靠的过渡设备。

(2)不同金属导线，采用绑扎连接时，绑扎长度不应小于表 7-10 规定数值。

(3)采用并沟线夹连接时，线夹数量不应少于 2 个。

5. 绑线应选用与导线同金属的单股线，其直径不应小于 2 mm。

6. 10(6)kV 线路每相过引线，引下线与相邻的过引线、引下线或导线之间的净空距离，不应小于 300 mm；0.38 kV 及以下导线、自动闭塞信号导线，不应小于 150 mm。

10(6)kV 线路的导线与拉线、电杆或构架之间的净空距离，不应小于 200 mm。0.38 kV 及以下导线，自动闭塞信号导线，不应小于 50 mm。

10(6)kV 引下线与 0.38 kV 及以下导线之间的净空距离不应小于 200 mm。

第八节　架空接户线

架空接户线又叫引入线，是从架空线路电杆引到建筑物第一支持点的一段架空线。接户线在引入点应以绝缘子固定，按电压等级，接户线可分为高压接户线和低压接户线(0.38 kV/0.22 kV)。

一、低压接户线

低压接户线应满足下列要求：

1. 档距不宜大于 25 m,大于 25 m 时,宜设接户杆。

2. 低压接户线应采用绝缘导线。

3. 低压接户线的线间距离,不应小于表 7-11。

表 7-11　低压接户线线间距离

架设方式	支持点距离(m)	线间距离(mm)
自杆上引下	25 及以下	150
沿墙敷设	6 以上	150
	6 及以下	100

4. 低压接户线与弱电流线路的交叉距离,不应小于下列规定。如不能满足要求时,应采取防护措施。

在弱电路上方时垂直距离 600 mm;

在弱电路下方时垂直距离 300 mm。

5. 低压接户线在引入口处的最小对地距离,不应小于 2.5 m。

6. 低压接户线在最大弛度时对路面中心垂直距离不小于下列规定:

通车街道:6 m;

办公房屋及住宅一般通道:3.5 m。

7. 低压接户线与建筑物有关部分距离不应小于表 7-12 所列数值。

8. 低压接户线不宜跨越建筑物,如必须跨越时,在最大弛度下,对建筑物的垂直距离,不宜小于 2.5 m。

9. 不同规格、不同金属的接户线不应在档距内连接。跨越通车道的接户线不宜有接头。绝缘导线的接头必须用绝缘布包扎。

10. 接户线如遇有铜铝连接时应有可靠的过渡措施。

11. 低压接户线不应从 10(6)kV 引下线间穿过,亦不宜跨越铁路。

表 7-12　低压接户线线间距离(mm)

名　称	建筑物位置及垂直距离		水平距离
	上方	下方	
阳台	800	2 500	750
窗户	800	300	750
墙壁、构架	50	—	50

二、高压接户线(6～10 kV)

高压接户线应满足下列要求:

1. 接户线的档距不宜大于 25 m,大于 25 m 时宜设接户杆。

2. 高压接户线的截面:钢芯铝绞线不应小于 25 mm^2,铝绞线不应小于 16 mm^2。

3. 高压接户线的线间距离不小于 450 mm。

4. 高压接户线至地面的垂直距离,不应小于下列规定:

(1)通车街道　　　　　　　　　　7.0 m;
(2)不通车的街道、人行道　　　　5.0 m;
(3)偏僻街道、胡同(里、弄、巷)　　5.0 m;
(4)绝缘线对地距离　　　　　　　4.0 m。

5. 不同金属、不同规格的接户线不应在档距内连接,跨越通车街道的接户线不应有接头,接户线与导线如为铜铝连接应有可靠的过渡措施。

6. 高压接户线与建筑物的突出部分的距离,不应小于200 mm,至人们常到的地方(阳台、台阶等)的距离,不应小于2.5 m。

7. 高压接户线引入口处的对地距离,不应小于4.0 m。

第九节　架空线路的工程验收

一、工程竣工后工程在施工及交接验收时应进行下列工作

1. 检查竣工的工程是否符合设计。
2. 按本章要求进行检查。
3. 检查调正、试验项目及其结果是否符合本标准规定。
4. 检查按本章规定提出的技术资料和文件。

二、验收时应提交下列资料和文件

1. 在原图上修改后的实际施工图。
2. 变更设计的证明文件(包括施工内容)、明细表。
3. 安装技术记录(包括隐蔽工程记录)。
4. 交叉跨越距离及对建筑物的接近距离记录及有关协议文件。
5. 架空电力线路征用土地协议及供用电协议文件。
6. 原材料和器材以及电器设备的出厂质量合格证和试验记录。
7. 工程试验记录。
8. 有关批准文件。

三、工程竣工时应进行下列检查

1. 采用器材的型号、规格应符合设计要求。
2. 架线后电杆、横担、拉线等的各项误差应符合规定。
3. 拉线的制作和安装应符合规定。
4. 导线的弧垂、相间距离、对地距离及交叉跨越距离及对建筑物的接近距离等应符合规定。
5. 电器设备外观完整无缺损。
6. 油漆完整、相色正确、接地良好。
7. 各零部件的规格、组装和连接质量均应符合规定。
8. 基础埋深、导线连接和补修质量应符合规定。
9. 沿线的障碍物、应砍伐的树木及树枝等杂物应清除完毕。

复习思考题

1. 架空线路的分类。
2. 10 kV 及以下线路钢筋混凝土电杆其埋设深度一般不应小于多少?
3. 立杆常用方法有哪些种,具体如何操作。
4. 拉线的种类和用途。
5. 工程竣工时应进行哪些检查?

第八章　电缆线路

第一节　电缆线路的分类及选择

一、电缆的分类

1. 按传输电能形式分为交流电缆和直流电缆等。
2. 按结构特征分为统包型、分相型、钢管型、扁平型、自容型电缆等。
3. 按电压等级分为超高压型、高压型和低压型电缆等。
4. 按芯数分为单芯与多芯电缆等。
5. 按敷设环境分为直埋、排管、隧道、架空、水底过河、大高落差电缆等。
6. 按电缆的绝缘材料不同分类

(1)油浸纸绝缘电缆:其中包括铅包、铝包、铠装和无铠装等。常见的三芯油纸绝缘电缆结构如图 8-1 所示。

(2)塑料类电缆:常见的有聚乙烯、聚氯乙烯和交联聚乙烯电缆等。其中交联聚乙烯电缆较为常见,其单芯与三芯电缆的结构如图 8-2、8-3 所示。

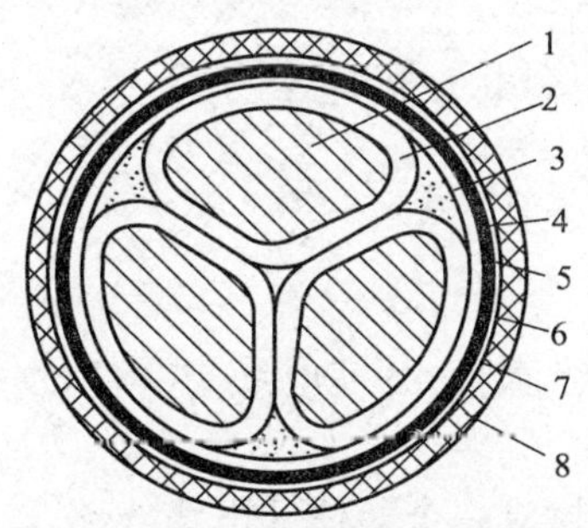

图 8-1　油浸纸绝缘电缆

1—线芯;2—纸绝缘;3—填料;4—纸绝缘;5—铅(铝)包;6—内衬垫;7—金属护层(铠装);8—外绝缘护层

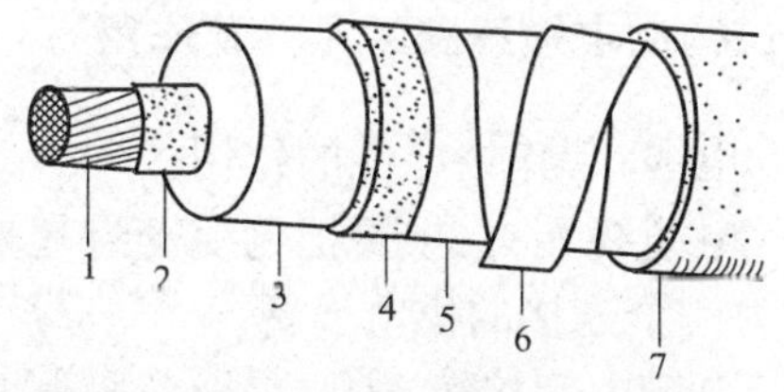

图 8-2　单芯交联聚乙烯电缆

1—线芯;2—内半导体层;3—交联聚乙烯绝缘层;4—外半导体层;5—铜屏蔽层;6—金属护层(铠装);7—外绝缘护层

(3)橡胶类电缆:它的电气性能和耐老化性能较好。常见的有天然橡胶电缆,复合橡胶电缆等。

(4)其他绝缘材料的电缆:如充气电缆、充油电缆等。

二、电力电缆的选择

电力电缆选择应符合下列要求:

1. 电压等级及制造厂规定的使用特性。
2. 敷设环境及使用方式。

3. 符合各项技术要求并有较好的经济性。

三、电力电缆绝缘型式的选择

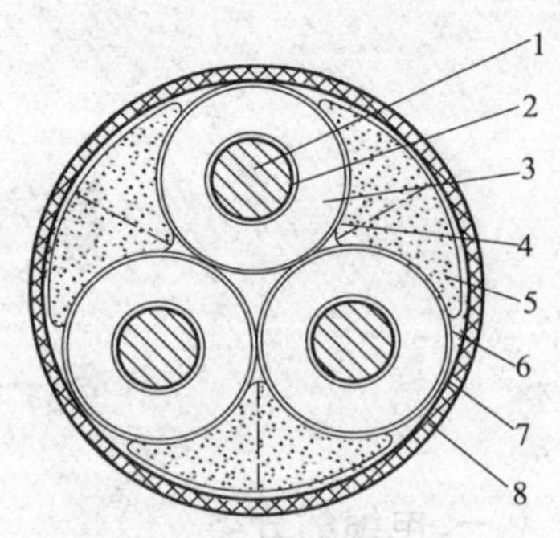

图 8-3　三芯交联聚乙烯电缆

1—线芯；2—内半导体层；3—交联聚乙烯绝缘层；4—外半导体层；5—填料；6—铜屏蔽层；7—金属护层（铠装）；8—外绝缘护层

电力电缆绝缘型式的选择应符合下列要求：

1. 用电设备需要经常移动的供电电缆，应采用的橡皮绝缘电缆。

2. 防腐地区，宜采用塑料护套电力电缆。

3. 在高温场所及难以避免日光照射的地区，不宜用塑料护套电力电缆。

4. 在低温严寒地区，宜选用聚乙烯，交联聚乙烯绝缘或外护层的塑料电力电缆。

5. 电缆两终端头高差比较大的场合，不宜采用油浸纸绝缘电力电缆。

四、电力电缆护层型式选择

电力电缆护层型式选择应符合下列要求：

1. 在三相交流系统中，不得使用单相电流通过有金属护层的电力电缆。

2. 明敷设场合的电缆，严禁使用有黄麻外护层电力电缆，不使用裸铝或裸铅包外护层电力电缆，应使用剥去黄麻的钢带铠装电力电缆。

3. 在有腐蚀性物质的场合，应采用塑料护套电力电缆。

4. 直接敷设在有外界干扰地区，宜采用有钢带铠装护套电力电缆。

五、构成电缆线路的元件及作用

1. 电缆：起输送电能的作用。

2. 电缆终端头：主要把电缆密封起来，保证电缆的绝缘水平，并使电缆与其他设备连接起来，成为一个连接的供电设备。

3. 电缆中间接续：主要是把各段电缆连接起来，并密封成一个整体的电缆线路。

4. 紧固配件：将电缆或电缆头固定在电杆上或其他构件上。

5. 电缆沟预制排管及保护管：保护电缆，便于电缆检修。

6. 电缆标志桩：标志电缆路径。

六、电缆头的制作工艺

现在常用的有以下三种：

1. 热缩工艺。

2. 冷缩工艺。

3. 预置工艺。

七、电缆头制作

在制作中应注意以下几点：

1. 保证密封,防止热胀时漏油,冷缩时吸潮。
2. 保证干燥清洁,保持应有绝缘强度。
3. 保证电气距离,避免局部闪络或击穿。
4. 保证机械强度,防止损伤三叉口及绝缘层。
5. 电缆头外壳与铠装钢带和铅(铝)包均应良好接地。
6. 做好相位或相色记号,防止重做后相位弄错。

八、对电缆终端头中间头的要求:

(1)密封好,防止潮气水分侵入。
(2)绝缘性能稳定,机械强度好。
(3)便于检修,保证运行安全。

第二节 电缆线路的运行和检修

电缆线路在正常情况下,维修工作量不大,但遇有故障时查找比较慢,处理故障时间较长,要保证电缆安全运行,必须抓好日常维修和巡视工作,避免产生故障。

电缆制作整个过程中,都必须是密封的,破坏了电缆的密封性,油浸电缆中的油就浸出来,非油浸电缆潮气会侵入电缆内部,使电缆的绝缘性能下降。同时,电缆内部有很大的吸水性,极易受潮,严重影响电缆绝缘。因而是电缆的密封性也就成为电缆运行中重要的要求之一,电缆终端头和中间头是电缆运行中的薄弱环节,因而在日常运行检修工作中,主要工作量应在电缆终端头和中间头上。在一个密封良好的整条电缆上,某一部位受到外伤,一旦损坏保护层或铅包,电缆密封就受到破坏,所以电缆在日常维护工作中,要注意防止和避免电缆受外伤,一旦受到外伤后,要根据情况进行补救或做中间头。

新建大修或重做电缆终端头或中间头后,应进行下列检查和测试:
(1)检查电缆芯线并定相。
(2)测量电缆绝缘电阻。
(3)测量电缆泄漏电流及直流耐压试验。
(4)测量接地电阻。
(5)检查固定和埋设是否符合要求,周围是否有妨碍电缆运行的物品。

运行中的电缆应做下列几项测试:
(1)负荷测量,每半年不少于一次。
(2)绝缘电阻测量,每年不少于一次。
(3)接地装置电阻测量,每年不少于一次。

电缆线路的巡视可配合架空线路进行,但应针对电缆线路特点,注意以下几点:
(1)电缆的路径上有无施工,取土或被洪水冲刷的可能。
(2)电缆终端头或中间头有无浸油等异状,套管有无破损,裂纹或污染现象,地线保护设施是否良好。
(3)电缆终端头与线路或其他电器连接处是否接触良好,有无铜铝氧化现象。
(4)电缆埋土,电缆沟或井有无缺土,损坏进水等异状。

(5)遇有洪水、暴雨或故障时,根据情况进行特殊巡视。

电缆保养修范围:

(1)清扫检修终端头套管接线螺丝和引线。

(2)清扫检修入孔井及接地装置。

(3)测量绝缘电阻,对高压电缆还应进行泄漏电流和直流耐压试验。

(4)检修电缆紧固件,更换修复路径标志。

电缆大修范围除包括保养修范围外还有:

(1)检查电缆保护麻层,清除腐蚀部分,必要时重新包扎并涂刷防腐剂。

(2)更换不合格地线,重新制成不良电缆头,更换不合格电缆。

第三节　电缆线路的故障及预防

近几年来电力电缆在我段电力线路中占的数量越来越多,在运行中不断出现故障影响正常供电,因电缆线路出现故障查找时,架空线路相比较难,尤其高压电缆常因故障延长停电时间。

电缆故障类型:

1. 单相接地故障:电缆一芯对地击穿。

2. 短路故障或短路并接地故障(包括两相或三相短路故障):电缆的两芯或三芯之间发生击穿并对地击穿。

3. 断线故障:电缆的一芯或数芯断线。

4. 封闭性或闪络性故障:电缆在运行中试验时,当电缆加到一定电压时发生击穿,而电压稍低时绝缘又正常,或者由于绝缘油的流动补充或瓷套管污物去除后击穿会完全停止。

5. 混合性故障:两种以上故障同时存在。

电缆在运行中发生故障和电气击穿,主要是绝缘损坏造成的,因此绝缘水平如何,是衡量电缆运行可靠的唯一标准。

电缆产生绝缘损坏的原因:

1. 电缆过热过负荷对绝缘的损坏:电缆接头接触不良发热,敷设条件不好的外部条件引起电缆过热;电缆长期过负荷发热都会造成电缆本身运行温度超过电缆的允许运行温度。电缆长期在这么高温度下运行会使绝缘老化甚至损坏。

2. 潮气和水分对电缆的损坏:电缆终端头和中间头或本身保护层因某种原因密封受到破坏时,使空气中的潮气和水分进入电缆内部,造成电缆绝缘下降甚至损坏。

3. 电缆本身老化对电缆绝缘的损坏,电缆使用多年,由于电缆浸油或两终端头高差太大,使电缆某段绝缘油枯干而使电缆绝缘下降甚至损坏。

4. 过电压冲击对电缆绝缘的损坏,保护电缆的避雷器不起保护作用,雷电电压侵入电缆内部;线路中产生操作过电压,线路运行中电压谐振产生过电压;这几种高电压使电缆绝缘受到冲击,使电缆绝缘下降甚至损坏。

5. 机械损坏对电缆绝缘损坏,电缆本身所受拉力或压力超过本身允许值时,使电缆保护层或绝缘层受到损坏,使电缆绝缘下降甚至损坏。

6. 外力损伤对电缆绝缘的损坏;电缆被他人施工刨伤,虽没有刨伤产生严重伤痕,但使内部绝缘受到挤压或变型，使电缆绝缘下降甚至损坏。

7. 腐蚀作用对电缆绝缘的损坏：因电缆敷设地段的电解作用和化学作用，使电缆的保护层（铅包或铝包）出现海绵状的细孔，导致电缆绝缘下降甚至损坏。

8. 材质缺陷对电缆绝缘的损坏：因电缆终端头或中间头外壳因制造遗留下先天性砂眼，电缆经过长期运行，潮气和水分通过砂眼进入电缆内部，使电缆绝缘下降甚至损坏。

防止电缆故障的措施：

1. 定期对电缆进行预防性试验，做好记录并与以往资料比较，发现问题及时处理。
2. 定期对电缆进行负荷测试，保证电缆在允许负荷和温度下运行。
3. 对保护电缆的避雷器进行定期检修和试验，使电缆得到可靠的保护。
4. 严格按工艺施工，保证工程质量。
5. 加强电缆的日常巡视工作，保证电缆在良好的运行状态下运行。
6. 建立必要的记录和资料，定期对电缆进行运行分析，发现问题及时处理。

电缆故障的查找：

电缆终端头和接线柱，接地装置和有电缆中间头检查井的中间头，发生烧坏、破损、击穿故障可以通过巡视发现，针对故障情况进行处理，但整个电缆大部分是隐蔽工程，一旦出现故障不容易直观看到，须通过试验才能发现，一般先断开电源和负荷，放电后用摇表测量绝缘电阻，判断电缆属于那种性质的故障。若电缆属断线，找到断线点进行处理，若属低阻短路或接地，用电缆故障路径仪找到电缆准确的路径，用电缆故障探测仪探测故障范围，再用电缆故障探测仪找出故障点。若电缆属高阻状态短路接地故障，还得用高压球间隙放电，将高阻烧成低阻，再用上述方法查找到具体故障点，也可用电缆故障探测定点仪沿电缆进路听球间隙放电声，根据声音查找故障点。无论用那种方法找到故障点，即可开始故障恢复。

第四节　交联聚乙烯绝缘电力电缆和热缩材料

电力电缆是输配电线路中的一个重要部分，以往使用的油浸绝缘电力电缆；因为有绝缘老化的浸油的缺点，逐渐被新产品交联聚乙烯绝缘电力电缆而代替。这种新电缆在铁路也广泛使用，交联聚乙烯绝缘电力电缆，有优良的耐热性能、机械性能，甚至在高温下有较高强度，它的结构具有紧压的绞丝铠装和聚乙烯外护套。

电缆线路发生故障的机会较少，但一旦发生故障，多为永久性的，一般故障点多在终端头，中间头及制作中使用的附件上，终端头和中间头制作使用附件，是电缆运行中的薄弱环节。热缩性型电缆附件与传统的附件相比，具有重量轻，体积小，运行安全等优点，这种热缩性附件不仅适用交联聚乙烯电力电缆使用，而且也适用于油浸纸绝缘电力电缆使用，是今后电力电缆终端头和中间头制作附件发展的方向。

热缩型附件材料的特点，在一定的温度范围内，施加外力可以拉伸或扩张，材料扩张形变后、只要将外温回升到一定的温度，形变很快消除，并恢复到原来状态。利用这个特点，将热收缩附件套在电缆某一部位，加热收缩冷却，恢复原状，达到紧固密封节油作用。

当前各厂家生产的电缆热收缩附件的管材型号和品种很多，现就中国科学院长春应化热缩材料厂生产的 LRS 管材做介绍：

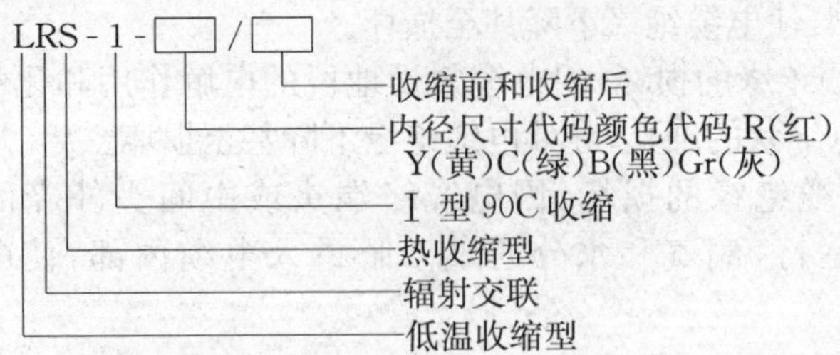

第五节　10 kV 热收缩型电力电缆终端头及中间头制作工艺

一、10 kV 热收缩电缆终端头及中间头工艺简介

10 kV 热收缩电缆封端工艺是近几年来普通采用的一种工艺，本工艺对交联聚乙烯电力电缆胶的终端头和中间头均适用，这种工艺具有重量轻，造价低，安装简便，维护简单，运行可靠等优点。用这种工艺制作的电缆终端头和中间头，经电气试验，其物理特性及电气性能都达到规程要求，主要材料有：应力控制管，隔油绝缘管；绝缘套管密封套管；三芯指套；三孔防雨套；单孔防雨罩；接线端子；屏蔽铜网；编织铜带；填充胶；聚四氟带。

二、制作热收缩终端头和中间头注意事项

1、使用喷灯要注意调节好火头，使火焰柔和温度适宜(符合厂家要求)，加热收缩管时将喷灯不断晃动，由中间向两头收缩，以便排出空气，不能将收缩管表面烧伤，一般热收缩材料表面温度控制在 120 ℃～140 ℃左右为适宜。

2、制作时工具要选用适当，电缆及材料应保证清洁干燥，操作程序不可随意简化。

三、制作程序

10 kV 交联聚乙烯电力电缆终端头制作工艺

1. 预试电缆。

2. 固定电缆后，用小刀将电缆外护层去掉露出钢带，切掉尺寸户内头 600 mm，户外头 630 mm。

3. 在外护套断口处向上 30 mm 用铜绑线将钢带扎牢，去掉以上钢带。

4. 在钢带断口处向上保留 10 mm 黑色内护层，其余剥去。

5. 剥去垫层、去掉芯线间填料，露出软铜屏蔽带，将电缆芯线分开。

6. 用软铜编织带在各相电缆芯铜屏蔽带上缠绕，与钢带连通并与钢带焊牢。

7. 在三相分叉处包绕填充胶，高度与电缆外径相同，使中间略呈苹果形。

8. 套进三叉分支手套，加热收缩时先缩中间后缩两头，以便排除空气。

9. 在三叉分支手套向上 50 mm 处用粘胶带固定，然后去掉上部软铜屏蔽带，注意断口整齐，不得损伤主绝缘。

10. 铜屏蔽带以上保留半导体导电层 20 mm，其余去掉(断口要整齐)。

11. 套应力管，下端距离三叉分支手套 20 mm，将应力管回热收缩至紧贴。

12. 用“0”号砂纸清除主绝缘表面杂质，并用清洗剂洗干净。

13. 切去三条芯线顶端一段绝缘层(接线端子孔深加 5 mm)。

14. 在切断处将绝缘剥成“铅笔状”，各套上终端接线耳，压接或焊接后，在线耳根部包上

填充胶。

15. 用清洗剂清洗三条芯线绝缘表面。

16. 套进绝缘管,并加热使其收缩至紧贴。

17. 户内头套进顶端密封套,户外头套进三相共用防雨裙,加热收缩至紧贴。

18. 户内头包相序带,制作完毕。

19. 户外头套进每项防雨裙,加热收缩至紧贴,加密封套并加热收缩,包相序带,制作完毕(参看图 8-4)。

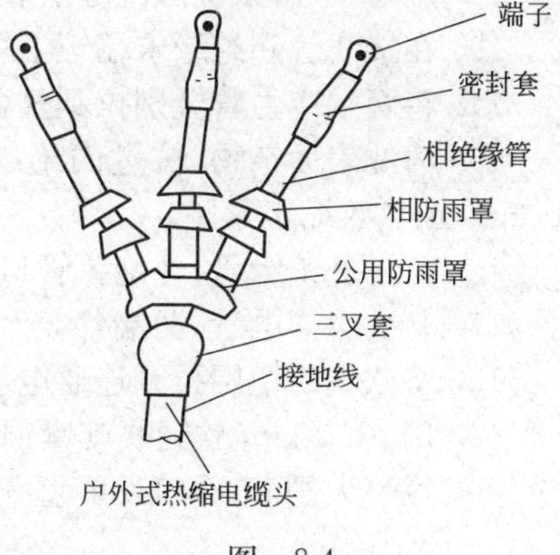

图 8-4

10 kV 交联聚乙烯电力电缆中间头制作工艺:

1. 预试电缆

2. 确定电缆接头中心,将多余部分去掉(在中心点重叠 400～500 mm),见图 8-5。

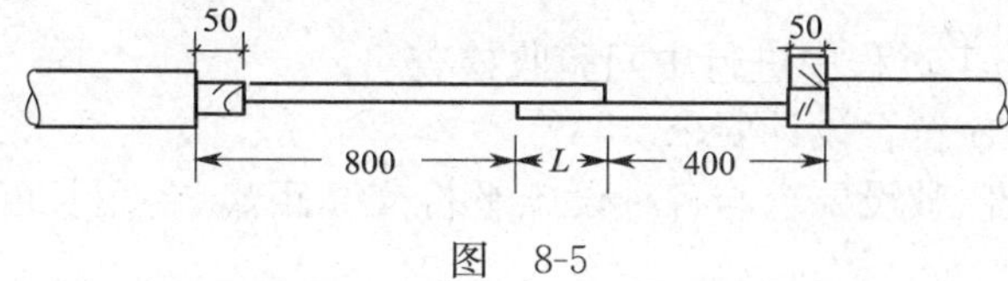

图 8-5

临时预留重叠部分 L:400～500 mm

3. 在电缆两端外分别套上热收缩外护套。

4. 剥去电缆两端外护层,长的一端剥 800 mm,短的一端剥 400 mm,露出钢带(见图 8-6)。

5. 电缆两端各保留 50 mm 钢带用铜线扎牢,其余部分用钢锯锯掉露出内护层。

6. 保留内护层 10 mm 其余部分剥去,剥出填充物露出软铜屏蔽带(见图 8-6)。

7. 按接线管长度 1/2 加 5 mm,分别切去电缆两侧各相芯线的铜屏蔽带,外导电层,主绝缘及绝缘体内导电层,露出导体。

8. 在较长一侧依次套入应力管、内绝缘管、外绝缘管、半导电管,在短的一端套上应力管。

9. 在导体上套上连接管,按规定压接连接管。

10. 在两侧各留 260 mm 软铜屏蔽带,用铜线扎牢,其余剥去,露出外半导电层。

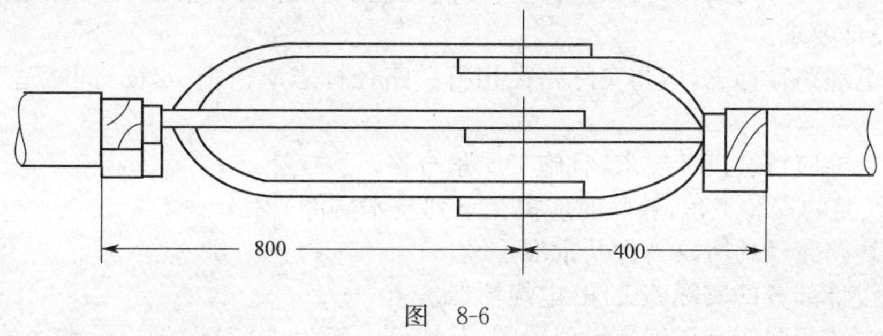

图 8-6

11. 在两侧分别留半导电层 10 mm,其余部分剥去,连接管口处绝缘要削成 45°倾角即铅笔头状。

12. 用"0"号砂纸擦除绝缘层表面炭粉杂质,用清洗剂清洗干净。

13. 在接线管和绝缘末端缠上填充胶。

14. 将两端应力管分别拉到叠盖绝缘芯线 20 mm 处,加热收缩至紧贴。

15. 清洗表面杂物,拉过内绝缘套管,套在电缆接线管上,内绝缘两端口距两侧应力管 50 mm,加热收缩至紧贴。

16. 拉过外绝缘管,外绝缘管口距两侧应力管为 30 mm,加热收缩至紧贴。

17. 套上半导电管,两端各盖上软铜屏蔽带 50 mm,加热收缩至紧贴。

18. 将软铜纺织网拉开连通电缆两端软铜屏蔽带,使之紧贴。

19. 用 ϕ1.0 mm 软铜线旋紧铜网套,并将两端分别与钢带焊牢。

20. 拉过大护套,叠口处要重叠 200 mm,然后分别加热收缩至紧贴,制作完毕。

第六节　电缆线路工程的验收

1. 隐蔽工程应在施工过程中进行中间验收检查

(1)电缆规格,特性应符合设计要求。

(2)电缆埋地的深度、敷设要求与各种设施平行交叉距离、备用长度等应符合本标准要求及规范规定。

(3)电缆应无机械损伤,弯曲半径、高差应符合规定。

2. 工程竣工后,应进行下列交接验收工作

(1)检查竣工的工程是否符合设计。

(2)按本章规定进行检查,确定工程质量是否符合规定。

(3)检查按规定提出的技术文件。

(4)检查按"电气设备交接试验标准"进行的试验是否符合要求。

3. 在验收电缆线路时,应进行下列外观检查

(1)电缆排列应整齐,无机械损伤,标志应装设齐全、正确、清晰。

(2)电缆的固定、弯曲半径、有关距离等应符合要求。

(3)电缆头、电缆接头应安装牢固,不应有渗漏现象。

(4)接地应良好。

(5)电缆头、电缆接头、电缆支架等金属部件的防腐层应完好、相色正确。

(6)电缆沟道内应无杂物,盖板应齐全,沟内无积水。隧道内应无杂物,照明、通风、排水等设施应符合设计要求。

(7)直埋电缆路径标志,应与实际路径相符。路径标志应清晰、牢固,间距适当,且应符合规定。

(8)防火措施应符合设计要求,且施工质量合格。

4. 电缆线路的安装工程,验收时应提交下列技术文件

(1)电缆线路路径的协议文件及批准手续。

(2)变更设计部分的实际施工图、电缆清册。

(3)直埋电缆线路应有详细敷设位置图,其比例一般为 1∶500,地下管线密集的地段应为 1∶100,在管线稀少、地形简单的地段可用 1∶1 000,平行敷设的电缆线路,尽可能合用一张图纸,图上必须标明各线路的相对位置,并有标明地下管线的剖面图。

(4)制造厂提供的产品说明书、试验记录、合格证件及安装图纸等技术文件。

(5)安装工程及隐蔽工程的技术记录。

(6)电缆线路的原始装置记录,包括电缆和电缆头(终端头及中间接头)的规格(型号、电压)及电缆的实际敷设长度(总长度及分段长度),安装日期;电缆终端头和中间接头中填充的绝缘材料名称、型号等。

(7)试验记录。

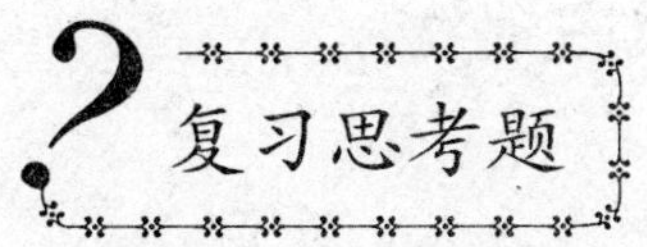

1. 电力电缆绝缘型式的选择应符合什么样要求?
2. 电缆终端头工艺常用有哪几种?
3. 新建大修或重做电缆终端头或中间头后,应进行哪些检查和测试?
4. 电缆故障类型有哪些?
5. 在验收电缆线路时,应进行哪些外观检查?

第九章 变配电所

第一节 变配电所的概论和电气主接线

一、变配电所的概述

变配电所是电力系统中变换电压和接受、分配电能的场所。铁路变配电所是专门为铁路内各用户，如编组场、车站、检修工厂、通信设备、行车信号、桥梁、隧道等铁路设施供电的。所以对变配所的要求是：技术先进、结构合理、管理方便、供电可靠、安全适用。

变配电所一般由下列设备组成：调压器、所用变压器、配电装置、继电保护装置、自动及信号显示装置、整流设备及直流系统、测量装置及其附属设备等。

配电装置是指接受和分配电能的电气装置。它是由母线、绝缘子、断路器、隔离开关、互感器、电力电容器、避雷器、熔断器、操作机构、测量仪表及其他辅助设备组成。变配电所根据周围环境及不同的电压等级可分为户外、户内两种类型。根据其用途又可分为升压变配电所和降压变配电所，铁路内的变配电所，一般为降压变配电所。根据我国铁路发展的特点，铁路配电所可分为地区性配电所和专为自动闭塞信号供电配电所。

自动闭塞变配电所，是指专为铁路自动闭塞信号供电的变配电所，它的供电范围和容量都比较小。输入电压一般为 10～35 kV，输出电压为 0.4～10 kV。目前，铁路配电所大部分采用 10 kV/10 kV 调压器、10 kV 馈出接线方式。

二、铁路变配电所的特点

铁路变配电所与地方变配电所相比，具有下列特点：

(一)供电容量小

地方的变配电所，装机容量一般为 10 000 kV·A 及以上，而铁路变配电所一般为 2 000 kV·A 左右，最大的单机容量为 8 000 kV·A。自动闭塞变配电所的装机容量为 8 000 kV·A。

(二)供电臂长，负荷成线状分布

铁路变配电所供电线路除向站区供电外，还向铁路沿线供电，在一般条件下供电臂长为 40～60 km，当电源条件下不允许时可延长到 70 km。地方的变配电所，其供电半径一般为 15～30 km。

(三)供电可靠性要求高

随着铁路现代化发展，电子计算机技术和通信技术在自动闭塞信号、调度集中控制、机械化驼峰等装置中的应用，对铁路供电可靠性和供电质量提出了更高的要求。铁路运输系统任何一个环节如突然停电，就可能造成运输阻塞，甚至造成列车颠覆、旅客死亡。根据事故停电所造成的后果，铁路用户负荷可分为一级负荷、二级负荷、三级负荷。

一级负荷要求昼夜不间断地供电，其中电气集中联锁等信号用电，两路电源切换时，停电间隔时间不得大于 0.15 s。不然，将对已开通信号造成闭锁。

三、铁路变配电所的布置方式和控制方式的特点

(一)布置方式

1. 户外户内布置方式

35 kV 变电所即可采用户外布置,也可采用户内布置。一般采用户外布置,高压电气设备如变压器、断路器、隔离开关、互感器、避雷器等安装在户外构架上。

10 kV 配电所高低压电气设备均安装在户内。

无论是 35 kV 变电所,还是 10 kV 配电所,其户内布置有两种:

(1)分开布置。35 kV 电气设备不止在一个室内,10 kV 电气设备布置在另一个室内,两室之间安装主变压器。

(2)楼房式布置。35 kV 和 10 kV 配电装置及控制室和值班休息室布置在楼上,变压器室、调压器室、电容室等高压设备布置在楼下,两层中间也可布置电缆夹层。

2. 变配电所与电力工区合建的布置方式

目前,铁路新建变配电所一般与电力工区合建,合建的变配电所一般为楼房式。将高压开关柜、控制室和值班休息室布置在楼上,变压器室、调压器室、电力电容器室、电力工区布置在楼下。

(二)控制方式

变配电所控制分集中、半集中和就地控制三种:

1. 集中控制

变配电所控制室内设控制屏或操作控制台,操作开关、测量仪表、信号显示、继电保护、自动装置、电度表等均设在控制屏台上,配电值班员在控制室实现对设备进行监视操作,这种方式称为集中控制。集中控制便于配电值班员监视及操作管理;随着综合自动化配电所在铁路中的应用,可实现由调度中心对变配电所设备进行远距离监视和控制。

2. 半集中控制

变配电所控制室内设控制屏,将操作开关、测量仪表、信号显示等设在控制屏台上,而继电保护和自动装置设在高压开关柜上,这种控制方式称为半集中控制。

3. 就地控制

就地控制一般使用于高压开关柜较少的小型配电所内,配电所不设控制室和控制屏。操作开关、测量仪表、信号显示、继电保护、电度表等均装在高压开关柜上。配电值班员即在高压配电室值班。随着计算机技术和通信技术在配电设备中的使用,目前,对于无人值班的变配电所,已实现就地控制方式和远方控制。

四、变配电所的主接线

变配电所主接线包括不同电压等级侧的接线,对于具有一级负荷的变配电所,应有两路相互独立的电源进线。具有两路电源的 35 kV 进线侧,应采用桥式或单母线分段接线方式;对于具有两路电源同时供电的 10 kV 配电所应采用母线分段接线方式。

(一)变配电所设备构成及主要作用

1. 高压设备。由所用变压器、电力调压器、高压断路器、高压隔离开关、高压保险、电压互感器、电流互感器、绝缘子、母线组成,用于分配传递电能、取样、切除线路故障及倒闸操

作。

2. 低压设备。变配电所低压设备主要由互感器、指示仪表、控制保险、转换开关、继电器、测控装置、后台机(后台计算机)、通信管理机、辅助接点等电器设备构成,用于电能的计量、电力系统运行参数的测量、实现对高压设备进行控制和保护。

3. 电源系统。为低压设备正常工作提供能源。

4. 所内事故照明及通信系统。

(二)变配电所主接线

变配电所主接线又称为一次接线或一次配线,是指变配电所高压设备相互连接所组成的输送和分配电能的电路。主要包括变压器(调压器)、高压断路器、高压开关、互感器、母线等以及进出线的连接方式,是用规定的图形符号和文字符号将电气设备按照它们的实际连接顺序绘制成的。

变配电所主接线是电力调度人员、变配电值班员进行调度指挥各种操作的重要依据,也是进行事故处理的必备资料,直接关系到变配电所运行的安全性及经济性,为便于对设备维护和检修,其主接线应满足下列几项要求:

1. 根据电力系统状况和用户的用电情况,保证供电的可靠性及电能质量。

自动闭塞电力线路由相隔 40～60 km 的两个配电所供电。在复线区段,应架设双回路电力线路:一路为自动闭塞电力线路作为主要电源;另一路为电力贯通线作为备用电源和其他生产及生活用电。这两路电源分别向车站和区间信号设备供电,以增加供电的可靠性。

2. 接线简单、运行的灵活性和检修的方便性

变配电所主接线运行应能满足不同的运行方式,根据需要方便地投入或切除某些电气设备。检修作业或故障处理,不影响其他设备的正常供电。

3. 运行操作的安全性

主接线应简单、清晰、电气设备的图示位置和实际布置相一致。对部分电气设备进行投入或切除操作时,作业人员应最易确认,操作步骤应最少,尽可能减少了误操作。

4. 运行的经济性

主接线在满足其可靠、灵活性、安全性和检修方便性的前提下,设备数量及投资和运行维护费用应最省。

5. 具备扩大供电能力的可能性

由于铁路运量的不断增加,运输生产和职工生活的用电量及供电范围也将不断增加和扩大。因此,变配电所主接线必须具备扩大供电能力的可能性,一般可按交付运营后的 5～10 年发展要求考虑。

(三)主接线的基本形式

变配电所主接线主要有单母线方式(单母线不分段、单母线分段)、单母线加旁路线方式、双母线方式(双母线不分段、双母线分段、双母线分段、双母线加旁路线)。在 10 kV 配电装置中一般采用单母线或分段单母线。

1. 单母线不分段主接线

电源和馈出线都接在同一公共母线上,如图 9-1 所示。其优点是接线简单、清晰、操作方便、设备少、投资省。缺点是供电不可靠。当母线和母线隔离开关、电源断路器故障或检修时,将造成变配电所全所停电。

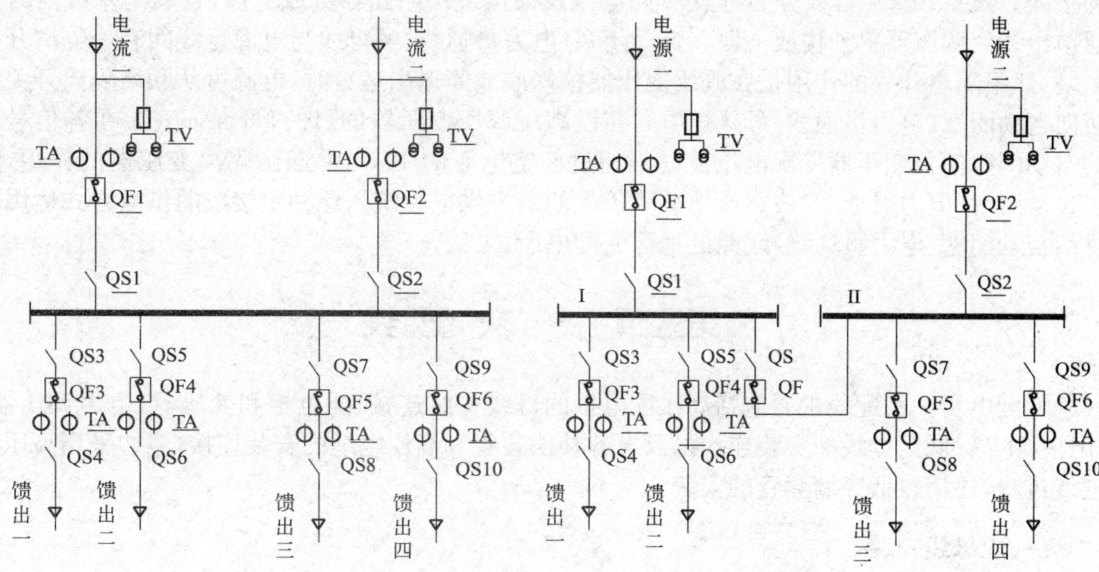

图 9-1 单母线不分段主接线　　　　图 9-2 单母线分段主接线

2. 单母线分段主接线

为提高供电的可靠性，将单母线用断路器分成Ⅰ、Ⅱ两段，如图 9-2 所示。Ⅰ、Ⅱ段母线上分别接有电源和馈出线，两路电源正常时，可由两段母线同时供电。当其中一路电源故障或检修停电时，母线断路器可自动投入，该母线仍可从相邻母线获得电源。单母线断路器分断运行方式能保证重要用户的连续供电，减少停电范围，并有结构简单、操作方便、易于发展等优点。

3. 2 路电源单母线断路器分段带调压器方式的主接线

单母线断路器分段带高压调压方式的主接线如图 9-3 所示。目前铁路配电所主要采用此

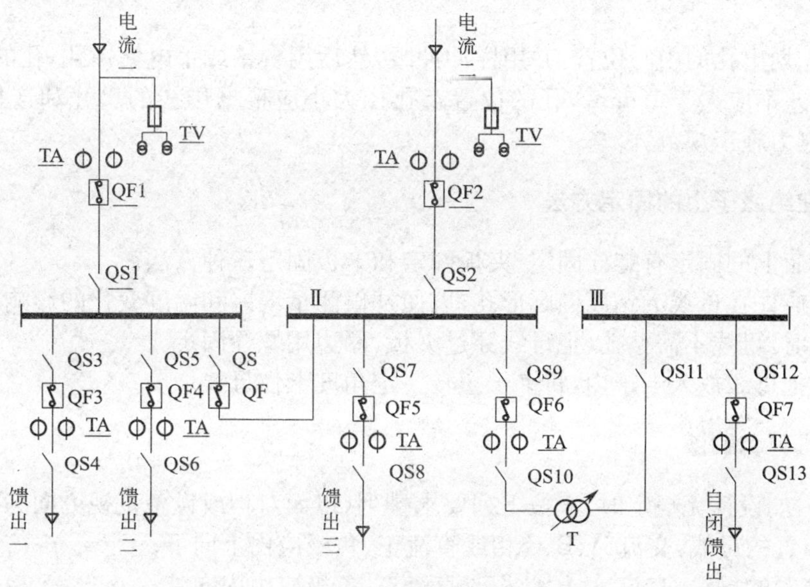

图 9-3 单母线分段带调压器主接线

种接线方式。10 kV 母线分为Ⅲ段，2 路电源及馈出线用断路器分成二段，自动闭塞或电力贯通馈出线经调压器单独构成一段。自动闭塞（电力贯通线）的母线与电源母线间有一隔离开关联络，此组隔离开关的作用是在调压变压器检修或故障退出运行时，电源可从联络隔离开关直接向自动闭塞（电力贯通线）母线送电。装设高压调压变压器的目的，可保证安装在各信号点的自动闭塞信号变压器二次电压波动不超过额定电压的 10%，并起到隔离变压器的作用，阻止自动闭塞（电力贯通线）线路接地故障传入的地方供电系统。此种主接线的供电方式适用于供给自动闭塞（电力贯通线）线路的地区变配电所。

第二节　一次配线

变配电所一次配线主要包括高压配电柜的母线安装连接、配电柜和变压器（电力调压器）相连接的高、低压母线的安装连接以及电容补偿装置和高压电缆的安装连接，假如采用高压架空线进户，还应包括穿墙套管的安装。

一、硬母线安装

硬母线安装，包括母线材料的矫正、弯曲、钻孔、修整、固定、油漆等。

1. 母线材料的矫正

母线材料通常用铜排或铝排。加工前要检查材料规格和质量是否符合施工图纸的要求，有无机械损伤或缺陷，然后进行矫正。矫正时，将母线材料放在平整的平板上，用木锤或橡皮锤逐段检查矫正，不可直接使用铁锤敲打，以免留下痕迹。

2. 弯曲

母线的弯曲要根据现场的安装尺寸而定。因此，必须先实地测量，然后在平台上划出大样，再进行加工。

矩形母线的弯曲有平弯、立弯和扭弯三种形式。

3. 钻孔

钻孔前，先划出孔的中心位置，并用样冲冲眼，然后用台钻或手电钻钻孔，孔的直径与连接螺栓的直径之差不应大于 1 mm。孔的位置及孔径大小应根据母线的尺寸和连接要求而定，可参照《铁路电力施工规范》。

二、母线在绝缘子上的固定方法

母线在瓷瓶上的固定有螺栓固定、夹板固定和卡板固定三种方法。

螺栓固定应先在母线上钻以椭圆形孔，以便补偿测量误差和温度变化的影响。

夹板固定时，母线不需钻孔，把母线穿过夹板，两边用螺栓固定。

卡板固定把母线放入卡子内，将卡子扭转一定角度卡住母线。

三、母线排列和刷漆

母线排列，如设计无规定时，应按下列要求排列（以面对柜或设备正视方向为准）：

1. 垂直布置的母线：交流 A、B、C 相或直流正、负极应由上向下；
2. 水平布置的母线：交流 A、B、C 相或直流正、负极应由内向外；
3. 引下线的母线：交流 A、B、C 相或直流正、负极应由左向右。各种不同电压的配电装置，其相位的配置应互相一致。母线安装完毕，都要刷漆。三相交流母线刷漆的颜色分为黄、绿、红三种，分别代表 A、B、C 三相。单相交流母线刷色时，由三相分出来的应与引出的颜色相同。如果是单独的单相母线，则一相刷黄色，另一相刷红色，排列顺序与三相交流相同。直流母线，正极刷赭色，负极刷蓝色。交流中性汇流母线和直流均压汇流母线，不接地者刷紫色，接地者刷紫色带黑色横条。

母线刷漆时，下列各处不应涂刷相色油漆：母线的螺栓连接及支持连接处、母线与电器的连接处以及距所有连接处 10 mm 以内的地方。

四、穿墙套管的安装

穿墙套管的安装有两种方法，一种是直接在墙上固定，另一种是穿过墙板再安装在墙上。直接安装是预先在墙上按设计要求留三个孔，并按穿墙套管的法兰螺孔位置，在墙内埋人安装螺栓。安装时套管直接固定在墙上。

通过穿墙板的安装，预先做一角铁支架预埋在墙壁中，然后将留有穿墙套管孔的钢板固定在支架上。可采用螺栓连接，也可直接进行焊接。再将穿墙套管安装在孔内，穿墙套管的室外部分应适当下倾，避免雨水沿套管表面流向墙壁或钢板(应良好的接地)，影响线路的绝缘。

第三节 二次接线的概念及二次配线

一、二次接线的概念

在变配电所中，常把变压器、高压断路器、高压隔离开关、母线、电容补偿装置及电力电缆等主要电器设备划分为一次设备，用规定的符号和文字图形将它们按照实际连接顺序而成的电路称为一次配线或主接线。对变配电所一次电气设备进行监视、测量、保护及自动装置所用电器、控制开关和信号设备以及操作电源和控制电缆等一系列辅助电器设备划分为二次设备，根据技术要求，用导线将这些低压电器连接起来的电路称为二次回路或二次配线。随着计算机、通信技术在变配电所中的使用，把二次设备又称为弱电设备。

由于二次回路电器设备接线复杂、安装分散，为了便于二次线的配线施工安装，以及在运行中检查故障时查对方便，常根据二次回路在电路中的作用和性质，将二次回路划分为不同的回路。

(一)按二次回路电源的性质划分

1. 交流电流回路：由电流互感器二次侧供电的全部回路。

2. 交流电压回路：由电压互感器二次侧供电的全部回路。

3. 直流回路：由直流电源正极至负极，包括直流控制操作及信号等全部回路。

(二)按二次回路的用途划分

1. 测量、监视回路：主要的测量电器和仪表组成，其作用是监视、测量一次设备的运行状态，为运行管理、事故分析提供参数。

2. 保护回路。

3. 开关控制回路：主要有转换开关、继电器组成，其作用是对变配电所高压开关进行分合闸的操作。

4. 信号回路。

5. 自动装置回路。

二、二次回路接线图

二次回路接线图是用来表达二次回路各设备配置及电气联系关系的图纸，也称为二次电路图。因为此种图纸不仅可以用来说明二次回路的原理，而且它的接线也画得非常清楚，可以按照各个二次设备端子上的接连顺序，把它按实际排列顺序画出来，因此，在变配电所的施工安装、运行以至调试检修中都得到了广泛的使用。

1. 原理图(又称归总式原理接线图)

原理图是表示二次回路构成原理的最基本的图纸，在图纸上所有的二次回路设备都用整体的图形表示并和一次回路画在一起，以便能表达出一个简单明了的总体概念。

由于原理图是把交直流回路画在一起，在图纸上对回路的详细路径、接线端子以及设备的内部接线等表达不清。因此，当装置比较复杂时，用原理图表示就不一定方便，此时用展开图。

2. 展开图(又称展开式接线图)

展开图虽然也是用来表示二次回路构成的基本原理，但是与原理图的表达方式不同，它的特点是把二次回路设备展开表示，即把线圈和接点按交流电流回路、交流电压回路和直流回路为单位分开表示，同时为了避免回路的混淆，对属于同一线圈作用的节点或同一元件的端子，用相同字母号表示。此外回路的排列还按动作次序由左到右，由上到下顺序的排列，并在每一回路的右边列表说明该回路的用途。因此，回路次序明显，阅读和查对回路比原理图来得方便，所以在现场生产运行中用此图来核对回路或查找故障。

3. 安装接线图

用于表明配电盘的类型，各二次设备在盘上的安装位置、设备间的尺寸及二次设备接线情况的图称为安装接线图。安装接线图通常包括由盘面布置图和盘后接线图两部分。盘面布置图是用来决定各元件在盘上的排列和安装位置，因此要注有各元件相互间距离尺寸，以便于在盘上安装设备；而盘后接线图则是按装配线依据，除了回路及元件编号必须与展开图完全对应一致外，对各接线端子也要有更具体的端子编号，说明端子上的接线从哪里来到哪里去。此外，为了便于配电盘外的接线，还须在端子排外引线侧，画出至各安装单位的控制电缆方向。

三、二次接线图中常用的图形，元件符号及回路标号

1. 原理图及展开图中的常用图形

在原理图及展开图中所采用的设备及元件图形，通常都要求它具有一定的特征，以使人们一看到图形便能联想到它所代表的特性，例如电阻与线圈，按钮与控制开关，继电器的瞬动接点与延时接点等，都应该有不同的图形给以明显的区别。

2. 元件符号

为了便于阅读和记忆二次回路图纸，在设备或元件图形的上方通常还惯用元件的字母代号加以识别。一般通用二次设备及元件和各种小母线回路的文字符号见本书文字符号说明。

3. 二次回路标号原则

对于大、中型发电厂和变电所内的二次回路，由于回路比较复杂，因此经常还在回路内加注数字标号，以便工作人员进一步区分和识别回路的工作特点。

二次回路是变电所电气设备的重要组成部分，对电气设备的正常运行具有重大意义。它是通过二次配线将控制电路和二次设备按一定的要求连接起来的回路。

四、二次回路的故障查找

(一)工作要求

1. 安全要求

查找故障时,必须有人监护,操作人员和监护人员必须对工作目的、操作方法、操作程序十分明确。在工作中须集中精力,仔细查找。

查找时使用的工具大小应合适,避免碰触带电部分引起短路。对于需停电处理的工作,应在查明无电压后再进行处理。

2. 操作要求

在工作中遇到需拆动的接线,应做出标记,工作结束后,按标记复原,复原后应进行全面复查。

当需检查继电器内部触点情况时,其机械部分不得随意调整,以免改变其整定值。

(二)查找二次回路故障的方法

1. 用万用表测通法

万用表测通法即是使用万用表的欧姆挡测量操作回路各节点、线圈的通断,以判断故障所在。现利用图 9-4 为例,将方法叙述如下:

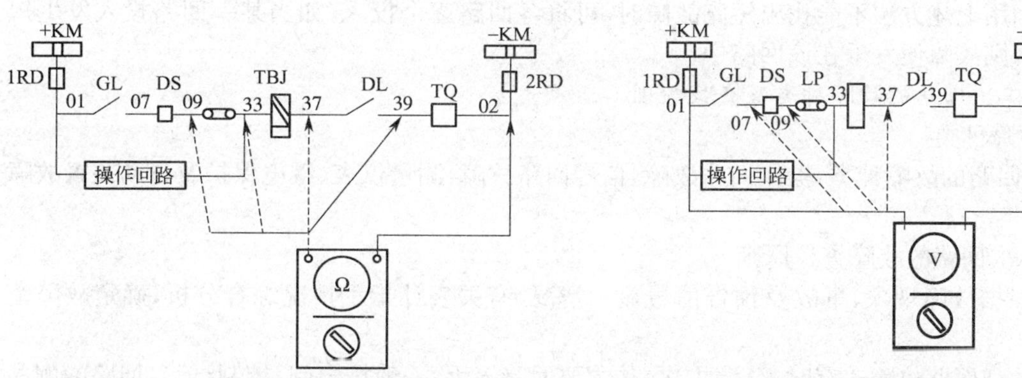

图 9-4 测通法寻找故障　　　　图 9-5 压降法寻找故障

(1)断开操作电源。

(2)将万用表的选择开关置于欧姆挡。

(3)将一支表笔固定在端子"02",另一支笔依次与 39、37、33、09 等线号搭接。当表笔与线号 39 接触时,万用表指示通路,表笔移至 37 时,万用表指示断路,表明断路器的常开辅助触点 DL_1 没有接通或接触不良。

(4)按上述方法,依次可判断 37 和 33、09 和 07、07 和 01 之间的元件和导线的通断情况。

(5)在使用该种方法时,应防止分支旁路而造成误导通现象。例如 33 和 09 之间元件或导线有断路,但继电器 DS 线圈、DL 接点是完好的,且操作回路导通。导通路径如下:

09→07→01→操作回路→33→37→39→02 使万用表显示导通,造成错误判断。在这种情况下,应将 01 和 33 之间的操作回路断开再进行测量。

2. 电压降法

电压降法查找操作回路故障如图 9-5 所示，步骤如下：

(1)将断路器合闸，其辅助接点 DL_1 接通；

(2)送上操作电源；

(3)选择万用表直流电压 250 V 挡；

(4)将负表笔接在 02 接线端子上，正表笔接在 01，此时电压值为操作电源的电压值，如无电压，可能 1RD、2RD 熔断，更换后，重测该电压；

(5)如果电压正常，接 02 负表笔不动，将正表笔移至 07，并将 GL 接点用手压合，如电压正常，表明 GL 接点接触良好，否则说明 GL 接点接触不良，处理后重测；

(6)按上述方法依次用正表笔搭接 09、33、37 各点即可查明该段回路的故障。

3. 短路故障的检查

(1)目测检查

当二次回路发生短路故障时，短路处的导线、继电器线圈、接点会发生冒烟、电弧、烧伤等现象，如接点烧伤说明与该接点相串联的控制回路内有短路故障，可用导通法测该回路的阻值是否明显变小。如系线圈或导线冒烟，冒烟处可能是短路点。应仔细查明各接线端有无异物及线头短路。

(2)当外部检查不能发现故障时，可用导通法测各回路的电阻，观察其阻值是否正常。

(3)当用上述方法不能找出短路故障时，可将各回路逐个投入，如当某一回路投入发生短路现象时，则故障便发生在该回路中。

(三)二次回路的故障种类及查找原则

1. 故障种类

二次回路的故障种类：操作回路故障、信号回路故障、测量仪表、继电保护及自动装置故障等。

2. 二次回路的故障查找原则

(1)根据故障现象、事故及预告信号显示情况、有关表计指示情况综合分析，确定故障范围；

(2)各种回路故障兼有时，分清主次，从主要回路入手：一般按合闸、控制、信号回路的顺序查找；

(3)查找某一具体回路故障时，先检查并排除电源部分的故障。

(四)二次回路常见故障分析处理

1. 直流系统故障排除

直流系统是变配电所的控制电源，其故障后若不及时排除，往往会造成直流系统蓄电池报废，甚至整个变配电所控制回路瘫痪的严重事故，因此必须及时排除。

(1)直流接地的种类

按性质分：绝缘降低和直流接地；

按极性分：正极和负极接地；

按接地点数目分：一点和多点接地。

(2)直流接地的原因

直流系统中的设备或回路绝缘不良，检修、试验中的误操作等原因造成。正极接地易引起继电保护及自动装置或断路器误动作；负极接地时，可能造成继电保护及自动装置或断路器的拒绝动作。

(3)直流接地的查找方法

①查看正在进行的倒闸和检修作业,了解有无误操作;

②检查充电装置、蓄电池有无明显的接地;

③按先室外后室内,先低压后高压,先备用设备后运行设备的原则进行各回路的拉、合试验:依次瞬时拉、合事故照明、信号、充电、户外合闸、户内合闸、10 kV 断路器控制的开关,确定接地回路;

④在确定了接地回路后,在这一回路内再分别拉、合各支路的开关,进一步缩小故障范围,查找处理。

(4)直流接地的查找注意事项:

①查找前通知调度,尽可能避免倒闸操作;

②两人同时进行查找,一人监护并监视信号,不得造成短路或另一点接地,停止二次回路的其他作业;

③尽量不切断或少切断直流回路,使电气设备不脱离保护,必须切断时,应采取防误动措施;

④严禁用灯泡法查找接地点,应用内阻不低于 2 000 Ω/V 的直流电压表进行。

2. 整流盘快速熔断器熔断时的处理:

(1)先检查直流二次回路有无短路现象,排除故障后,换同容量的熔断器即可;

(2)过负荷使熔断器熔断时,会出现整流元件击穿现象,此时可将熔断器额定电流选为 0.8 倍整流器的工作电流(但绝不允许超过此值);

(3)找不出原因时,可先换上同容量熔断器试送一次,再次熔断,必须查明原因后进行处理。

3. 直流母线电压消失或过低的原因及处理

直流母线电压消失的原因:交流电源故障;过负荷运行导致整流元件击穿;直流两点接地造成熔断器熔断或直流 MCCB 脱扣。

直流母线电压过低的原因:交流电压过低或缺相;直流回路中各元件或接点接触不良、直流回路绝缘不良或一点接地及蓄电池极板短路。

处理:先判断故障范围,整流充电装置故障时,由蓄电池单独供电,蓄电池故障时,由整流充电装置单独供电,汇报电调,然后根据故障部位,采取措施处理,尽快恢复其正常的运行方式。

4. 控制回路故障一般发生的部位

(1)接入控制回路中的断路器辅助接点接触或转换不良;

(2)控制开关触点接触不良;控制手柄固定不良,位置与触点不对应;

(3)分闸或合闸接触器线圈断线或绝缘不良;

(4)控制回路中的防跳继电器等电流线圈断线;

(5)分闸或合闸位置继电器断线;

(6)联动隔开位置继电器线圈断线或接点接触不良。

5. 控制回路断线故障的查找

(1)根据位置信号显示情况,确定哪一台断路器控制回路故障;

(2)判断分闸控制还是合闸控制回路断线;

(3)判断控制回路还是监视回路故障。

6. 位置信号显示异常的现象及常见的元件故障

位置信号灯应亮而不亮时:灯泡及灯具本身接触不良或灯丝熔断;灯泡附加电阻断线;控制开关触点接触不良及断路器控制回路发生断线。

第四节　综合自动化配电所

一、概　　述

目前,铁路变配电所综合自动化系统的设计已按无人值守和远方实时运行监视、控制操作设计,采用综合自动化实现控制、保护、测量、远动等功能;微机监控系统采用模块化、分层、分布式开放的网络结构。系统中所有保护控制单元全部为独立运行的子系统,局部故障不会影响整个系统的正常运行,硬、软件结构模块化,硬件装置统一,站内各功能以组态方式实现。系统能实现当地后台操作、当地手动操作与远动操作的闭锁功能。整个系统分为三层:

第一层,电气间隔层:按保护、测控一体化设计,可直接安装在恶劣环境下(开关柜、就地控制保护箱)。各装置单元相对独立、互不影响,均可独立完成本单元的保护、测控功能。

第二层,通信管理层:包括与监控通信的后台通信管理机及与远动调度通信的远动通信管理机,两装置相互独立,一方损坏,不影响另一方正常工作。

第三层,后台管理层:由当地后台管理机、人机接口设备等构成,负责完成整个变配电所的控制和监视以及远程维护。所有模拟量、数据量、开关量、脉冲量的实时采集、处理。执行IEC870-5-101(102/103/104)等标准通信规约进行远动通信,并对间隔层的设备进行管理和下发各种命令。

变配电所自动化系统是将微机监控、测量、保护、通信和防误动等功能通过通信网络及成为一个整体的计算机监控系统,既可集中组屏,也可分散布置。

我国变配电所自动化发展大致经历了三个阶段:20世纪90年代初开始出现“集中式”结构变配电所自动化产品,它将传统变配电所二次部分的保护、控制、信号、测量、远动等功能分类集中处理,基本保留原有二次设备的分工界限,因此,当时有“变配电所集控装置”之称。

90年代中期,“分层分布式”产品开始走向市场,主要将原来“集控台”上面间隔层的功能,分布到各一次设备“间隔单元”中去,即功能下放。而站内全局性的监控以及与上级主控站的通信处理功能单独形成为站控层。

目前,“分散分布”式逐渐成为主流,其特点是直接将面向间隔层的二次设备或装置随同一次设备分散布置。

变配电所自动化系统不仅完成变配电所保护及自动监控功能,而且是调度自动化系统中的一个重要节点。变配电所自动化系统的发展趋势是所内数据信息转发至调度中心、将管理和调度功能上移,从而实现无人值守,同时,又与铁路自动化功能的实现密切关联。

变配电所自动化的发展趋势呈现如下特点:

(一)保护、监控单元的一体化设计

将保护、检测、控制、通信和录波等装置的功能集成在一个自动化装置内,完成面向一次设备对象的保护、监控、通信和录波等功能。

(二)采用数字信号处理(DSP)技术

变配电所自动化装置广泛采用数字信号处理(DSP-Digital Signal Processing)技术,实现直接交流采样，通过DSP获得各相电流、电压的波形值，根据这些数据，可以分析计算得出远动、保护所需要的数据，如电压、电流有效值，有功、无功、电度值，以及各种序分量和高频暂态信号分量等。

（三）操作监视屏幕化

无论有、无人值班，可在变配电所或调度中心，面对投影屏、大屏幕显示器或模拟屏进行变配电所的全方位操作监视。

（四）充分利用软件资源

采用信息共享取代硬件重复设置，通过软件组合对保护和控制进行各种条件闭锁。

（五）传统变配电所自动化系统模式与分布式模式并存，分布式系统是发展趋势

传统变配电自动化系统是指变配电所已安装了微机保护，再配置负责SCADA监控的RTU和当地功能系统构成的自动化系统。此方式适于旧所改造。

分布式变配电所自动化系统，是将传统变配电所自动化系统的全部功能或部分功能，如测量、控制、保护、计量及录波等，下放至变配电所电气间隔层，各种自动装置之间通过当地功能管理机（或局域网络）连接起来构成站级计算机监控系统，必要的数据和信息可以通过网络送给变配电所层自动化系统，进行集中管理，也可以将数据发送至远方的控制中心。此模式也叫变配电所综合自动化系统，适于新建所或旧所大修。

二、变配电所自动化的功能、性能和特点

（一）主要功能

1. 继电保护功能。

2. 变配电所实时监视和控制功能。

3. 变配电所运行管理功能，如运行状态、信息、变量、时间的监视、记录、存档、打印等功能。

4. 运行控制功能，如所内电压调节，无功补偿控制、调节。

5. 通信功能，如所内通信，与上级站的通信，实现遥测、遥信、遥控、遥调，事项或故障上报等，与下级线路自动化终端FTU、信号电源监控装置等的通信。

6. 所内电量抄表计费、负荷管理及用户电能采集计费等功能。

7. 操作管理功能，如“五防”功能等。

8. 所内电源管理功能。

9. 简单的数据处理功能，如功率总加、变量统计、分析、绘图、制表等。

（二）性能要求

1. 可靠性：这是最基本的，尤其是遥控、保护的可靠性、准确性必须100%保证。

2. 快速性、实时性：在故障状态下必须快速切除并隔离故障部位，故障信息必须及时上报，异常及正常状态下的运行控制必须实时执行。

3. 稳定性：要求系统抗干扰能力强，不死机、不频繁启动，软件不走飞。

4. 灵活性：包括系统扩展、设计灵活性，硬件配置灵活性，以及软件组态的灵活性。

5. 易维护性：要求提供远程访问，液晶面板显示，便携式测试系统等手段，插件互换性强，自诊断能力强。

性能要求还应视具体情况而定。如有人值班的所，应加强人机界面、当地监控、数据处理和管理功能。无人值班的变配电所必须立足于变配电所自动化和调度自动化基础

上。

(三)特　　点

1. 功能集成化

由于DSP技术的应用，实现了软、硬件资源共享，打破了传统专业界限，面向间隔层的一次设备，对二次功能进行优化、集成，避免了重复设置。在35 kV级以上的变电所，一般将完成保护与监控功能的装置相对独立设置；而35 kV以下的变配电所，将一个间隔层设备的保护、远动、通信功能集成到一个装置中去已是趋势。

2. 分布、分层结构

变配电所自动化系统一般采用由间隔层(一次设备)和站控层组成的两层系统结构。间隔层装置面向一次设备设置，完成数据采集、保护与监控功能，而站控层采用通信处理机装置与工业PC机，完成与上级调度自动化主站通信及当地监控功能。

间隔层与站控层之间的纵向通信，突破了以串行通信为主的模式，出现了星型网、总线网和环网等多种形式构成的局域网。按照网络接口标准及通信协议可以灵活方便地扩展和接入不同厂家的产品。

间隔层装置可以集中组屏安装，也可以分散安装到开关设备上去。

3. 操作监视屏幕化

不管有、无人值班，值班人员不是在变配电所就是在调度中心，面对投影或模拟屏或大屏幕显示其进行变配电所的全方位操作监视。

4. 运行管理智能化

智能化不仅表现在常规的自动化功能上，如自动报警、自动报表、存档、图表、曲线绘制、电压及无功的自动调节、小电流接地选线、事故判断处理等方面，还表现在线自诊断，不但监测一次设备，而且包括自动化系统自身的状态。

铁路变配电所对自动化系统可靠性要求高外，在功能上也有一些独特要求，如自闭、贯通线路主、备供电方式的自动切换等。

三、变配电所自动化装置构成的自动化系统典型结构

根据变配电所的规模，进、出线回路数，当地功能等具体情况，可以有多种选择方案。

(一)进出线回路较多的大、中型变配电所

一般有两种形式，既适于有人值班又适于无人值班。

1. 站级计算机配多串口卡，利用装置串行口构成行星通信网系统，如图9-6。

这种系统通信网络结构复杂，较适宜集中组屏方式。

2. 站级计算机配Lonworks总线卡，利用Lonworks口，构成现场总线通信网系统，如图9-7。

这种结构通信网络简单，可靠性高，较适宜将保护、监控装置随同一次设备现场分散布置。

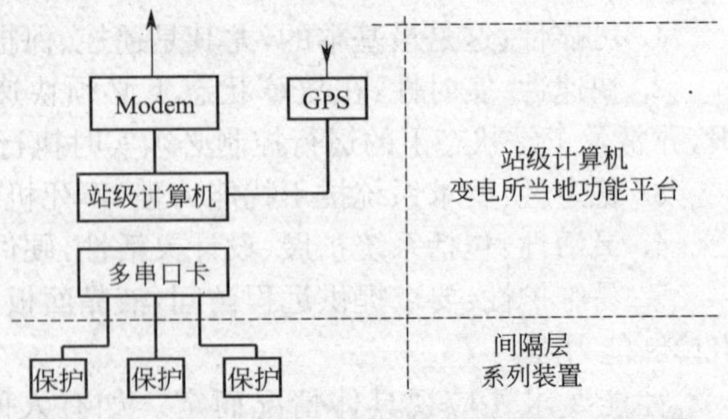

图9-6　星型通信网络结构变/配电所自动化系统

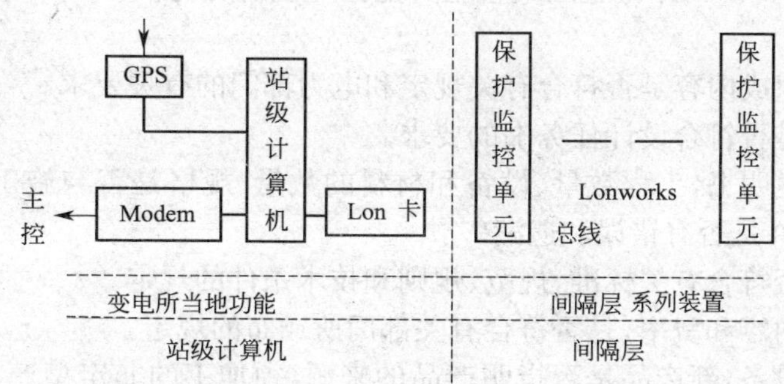

图 9-7 Lonworks 总线网变/配电所自动化系统

(二)进出线回路较少的小型配电所、开关站

对于进出线路较少(不大于 10 条)的小型配电所,由于站级需转发的数据很少,又无须设值班人员,因而可充分利用变配电所间隔层自动化装置的通信口可同时工作的特点,将其中的一台设定为 Lon 网主站点,其余装置设定为从节点,主从节点之间可互相通信。其中,一台主节点装置除了作为所在间隔或线路的保护监控装置外,还作为主站与各从节点之内的数据转发器。从而可以省去站级机,使系统更加简练、可靠、经济。如图 9-8。

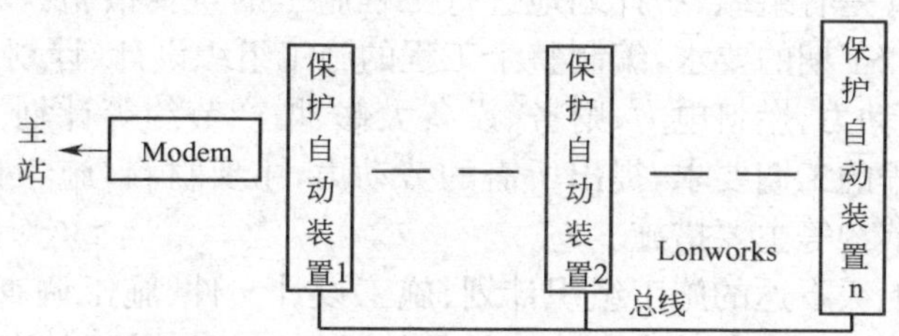

图 9-8 小型配电所、开关站自动化系统

第五节 变配电所施工、交接试验及试运行

一、变配电所的施工

变配电所是企业供电系统的枢纽和保证,是企业供电系统正常运行的关键。因此在变、配电所的施工中必须坚持“精心施工、确保工程质量”,为日后的安全、优质供电打下良好的基础。施工中必须加强技术管理,严格执行技术规范,遵守操作规程和工艺规定,建立健全工程质量检查制度和检查机构。

在施工过程中,必须树立全局观点,认真贯彻执行安全生产的方针和坚持节约的原则,尽可能地采用先进技术和新设备、新结构、新工艺,在已投产的企业施工中,必须维护正常生产秩序,做好新旧设施的交替方案,缩短停电时间和减少对企业生产的干扰。

工程竣工后,必须经过外观检查和电气性能的试验,确认工程质量符合设计要求和质量标准,全部试验动作显示正确,备齐竣工文件后,方能按规定验收交接,经验收交接后方能开通使用。

在变、配电所施工前必须做好施工准备工作。施工单位在接到施工文件后,首先应组织施工调查和复核施工文件的工作。施工调查主要是指对现场的现状和条件进行调查。核对设计文件的主要内容有：

1. 设计文件的组成内容是否符合有关规定和电力部门的有关要求。

2. 设计的内容是否符合设计任务书的要求。

3. 设计文件的说明书，工程数量、设备和材料的数量、规格是否与施工图相符；施工图之间是否一致；设计文件是否有错误和遗漏。

4. 设计文件是否符合有关标准，规范、规则和技术条件的规定。

5. 概算中各项内容和费率，是否符合有关部门所颁布的规定。

6. 所采用的新设备，新产品是否指明产品的来源，须加工的非定型产品是否附有工厂所需的生产图纸和其他必要的资料。

7. 文件中是否附有充分而完整的协议书，如供电电源协议书，外委配合工程协议书等有关文件。

当以上设计文件复核工作完成后，可根据上级下达的有关施工计划和设计单位所提供的设备，材料数量，规格，由施工主管单位（或基建单位）估编设备和主要材料的申请计划。然后根据设计文件和施工调查资料，由施工单位编制详细的设备，材料申请计划。设备材料的申请计划一定要数量准确，并应注明型号、规格。工厂订货的设备应附有满足工厂要求的图纸和技术条件。

编制施工组织设计是有组织、有计划地进行工程施工的重要措施。施工主管单位应根据上级下达的国家计划和工期的要求，编制整个工程的施工组织设计（计划）其内容包括投资、任务安排、材料、设备、劳动力、燃料电力、财务、设备大修、增产节约等计划。明确各施工单位所承担的任务及重点工程的工期要求，提出所需的劳动力，主要材料，施工机械设备、电力、运输等数量和安全、技术、节约等主要措施。

施工单位应根据上级下达的施工组织计划、施工设计文件、施工调查的资料、设备材料的供应日期、各有关工种的配合、劳动力和施工机具的进场时间以及运输条件等因素，编制单项工程的施工计划。

工程施工前应由施工单位按照设计图纸和施工调查资料，编制出施工预算，施工预算应在总概算控制范围之内。施工预算的作用是经济核算、编制施工计划、内部财务拨款和成本核算的依据。施工过程中如遇各种原因，需说明原因另编增加预算。施工预算的章节划分、定额标准、消耗指标、各项费用和费率的计划均应按有关规定执行。

工程施工必须按设计文件执行，不能随意更动，如遇必须变更时，改变设计应得到原设计单位的认可并应编制出补充预算经审批后方可施工。施工过程中必须严格执行施工规范和规则，确保工程质量，并应坚持要求在下达工程进度的同时，要根据施工任务的特点，具体的情况下达具体的措施和根据施工任务的技术复杂程度，要求下达具体保证工程质量的有效措施。在采用新设备、新技术、新工艺及技术革新成果时，必须先对职工进行技术教育、提出质量要求和进行安全教育。在已有供电任务的变配电所施工时，应有临时供电方案的设计并征得运营部门的协作，在保证安全供电前提下进行，以减少对生产和生活的干扰。施工过程和每个阶段工程均应坚持工程质量和安全生产的检查制度和评定。

需停电和带电作业的施工项目，必须按规定办理手续后方可进行施工。

工程进度和劳动力、机具、材料的进场，应按施工计划执行，各工种、部门以施工计划为依据进行，如某一工种部门遇有困难，不能按施工计划执行时应预先向施工负责人报告，以便进行修正。

二、变配电设备的检查、试验和交接

工程施工完毕后应进行外观的检查,外观检查的项目包括按规范规定的安装尺寸,设备间的距离是否符合要求;电气性能要求的限界尺寸是否符合标准;配线和设备外表是否整齐美观;设备安装是否符合设计文件的要求和是否做到按图施工等。

电气设备的试验包括元件的电气性能的试验和安装后的整组电气性能,保护动作的调整试验。

单个元件的电气性能的试验指的是对每一电气设备的各个元件在安装前都应进行绝缘电阻的测量,交流(直流)耐压的试验,对变压器和互感器还应对其极性、准确度级和接线组别进行测定和对其变比进行测试检查。确认这些电气设备符合标准后,方可进行安装、施工,

对这些元件进行测定和电气性能的试验的目的是检查这些设备的质量状态,发现设备的隐患和缺陷,保证在施工后的整组试验能顺利进行和保证日后能安全准确的运行,并对试验结果进行分析,提出改善的方案。各种电气设备试验的项目和标准应按"交接试验标准"规定进行。整组试验包括可动部分的机械性能试验和整组设备的电气性能的综合试验。

机械性能的试验包括开关可动部分动作是否灵活可靠;机械联锁设备是否符合规定的要求,电气接触、分离运动规律是否符合设计要求,触头的分开、闭合是否符合电气性能的要求等,都是应该在进行电气性能的整组试验之前试验调整完毕,确认无误之后才能进行整组电气性能的检查、试验。

在进行电气设备电气性能整组试验之前,应对变电所的一、二次配线进行一次检查,确认无误后,才能进行。对于比较复杂的大中型变、配电所进行电气性能的试验应先制定出整组试验项目的顺序。这些项目主要包括断路器的控制回路、保护回路、测量回路、信号回路和自动装置。应按照设计文件技术条件的要求对其进行试验,确认达到要求后并应备齐竣工文件和试验报告书,方可进行交接开通使用。

对元件和整组试验都应按规定进行,详细记录试验数据和试验人员签认。整理后纳入竣工文件作为设备技术档案保存。

三、变配电所的试运行

(一)受电前准备

1. 人员配备参加试运行人员,上岗前须经技术培训,并经技术、安全考核后,方准上岗。

一般室内应配备 2～3 人进行断路器和隔离开关的操作,线路配备 5～6 人进行线路开关的分合闸及故障抢修等。

2. 工具和材料准备试运行所需的工具分为普通工具和安全工具两类。

运行中常用的备品主要有:兆欧表、万用表、钳形电流表、组合工具、手电筒、绝缘靴、绝缘手套、安全帽、验电笔、绝缘拉杆、接地线、标示牌、高压熔断器、低压熔断器、信号灯等。

(二)试运行的安全措施

1. 停、送电闸操作的基本原则

(1)停电时的操作顺序是:先断负荷侧,再断电源侧;先断断路器,再断隔离开关;送电顺序相反。

(2)禁止带负荷进行隔离开关倒闸作业。

2. 倒闸作业必须在电力调度下命令后进行，但遇有危及安全的紧急情况时，值班员可先行断开运行回路，然后再向电力调度汇报。

3. 所有倒闸作业、验电及拆装临时接地线的操作，必须有 2 人配合进行。操作和监护人员须穿绝缘靴，戴安全帽，操作人员还应带绝缘手套。

4. 进行停电检修时，应先以高压验电器验电，确认停电后，挂好接地封线才能进行检修。

5. 按地线的装设顺序为先接接地端，再将另一端通过操作杆接在停电设备或线路裸导线部位。拆除顺序与上述相反。

6. 检修作业中，凡断开的断路器或隔离开关处应悬挂"有人工作，禁止合闸"标示牌。

四、试送电步骤

1. 确认所有断路器及隔离开关均处于分闸状态，手车式设备均处于分闸及退出位置。

2. 各种工具、安全工具、消防器材、设备钥匙、记录簿、值班日记等，全部放在指定位置。

3. 备品备件齐全，有关人员到达启动现场，具备启动条件。

4. 合上进线隔离开关，将电源送至受电柜断路器上桩头，使所用电受电。

5. 投入所用变压器和整流装置系统，向全所控制、保护回路、信号回路、合闸回路供电。

6. 检查灯光信号和音响信号的试验及解除功能，检查各控制选择开关是否扳至开通方案中设定的位置上。

7. 合受电柜断路器，使所内母线受电。合母线互感器柜隔离开关并检查母线的线电压和相电压应正常，检查所内有无异常现象(如冒烟、有异声和异味等)。

8. 合调压变压器的断路器，并冲击合闸五次应无异常。调节调压控制箱母线电压应有所反应。

9. 合电容器柜断路器，并冲击合闸五次，应无异常。

10. 测量各馈出柜线路的绝缘电阻(一般 2～5 MΩ 以上)，在接到电力调度的命令后，方可向线路送电。

11. 各馈出柜送电完毕，及时向电力调度汇报送电情况，并做好所内的运行记录。

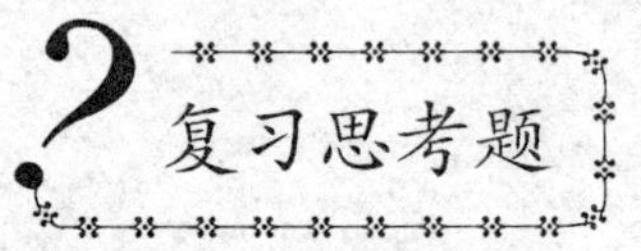

1. 对电气主接线有哪些基本要求？单母线分段接线运行方式有什么特点？

2. 新设备验收时，二次部分应具备哪些图纸、资料？

3. 简述配电所自动化系统结构组成。微机保护有什么功能？

第十章　室内外配线

配线是指接到用电设备的供电和控制线路，可分为明配和暗配两种。凡是管线沿建筑结构表面敷设为明敷，如管线沿墙壁、天花板、桁架等表面敷设为明配线(明敷设)，在可进人的吊顶内配管也属于明敷。凡是管线在建筑结构内部敷设为暗敷，如管线埋设在顶棚内、墙体内、梁内、柱内、地坪内等均为暗配线(暗敷设)，在不可进人的吊顶内配管也属于暗敷。对配线工作的基本要求是：不仅使电能传送安全可靠，而且使线路布置合理、整齐、安装牢固。

第一节　配线的一般技术要求和配线工序

一、配线的一般技术要求

室内外配线方式很多，暗配线主要采用线管配线，而明配线有塑料护套线采用硬塑料压线卡或钢精扎头配线，线管配线，槽板配线，瓷(塑)夹板配线，瓷瓶、瓷柱、瓷珠配线，阻燃塑料线槽、金属线槽配线等。在吊顶内采用线管、线槽配线，以及在电缆井、电缆沟内配线等。如上所述，在可进人吊顶内采用线管、线槽配线，以及在电缆井、电缆沟内配线等。均划为明敷配管配线工程范围。

室内外配线宜采用铝导线；有特殊要求的场所可使用铜导线；有爆炸、火灾危险的场所，不应采用裸导线。配线工程使用的金属附件(如管卡、线卡、支架、吊钩、拉环、各种盒等)，均应使用镀锌制品，或刷防腐漆，配线工程中的支持件应固定牢固，在砖石混凝土上安装时，宜用粘接法或膨胀螺栓固定；用木螺钉或铁钉固定支持件时宜选用尼龙塞或塑料塞。线路经过建筑物的伸缩缝及沉降缝处应有补偿装置。瓷夹板、瓷柱、瓷瓶、塑料护套线、槽板配线在穿过楼板或墙壁时，应用保护管保护；但穿过楼板必须用钢管保护，其保护高度距地面不应小于 1.8 m；敷设塑料绝缘导线和塑料槽板时的环境温度，不应低于 −15 ℃。

配线分为室内配线与室外配线两种，而室外配线基本与架空线路相同，故本章主要介绍室内配线。

对室内配线的基本要求是：电能传输安全可靠，线路布设规范合理，管线安装牢固整齐，并对室内装修无损害，具有一定的美化装饰作用。导线和配线方式的选择通常根据周围环境特征及安全要求等因素决定。导线的最小截面和敷设距离应符合表 10-1 的规定。

配电线路不得在锅炉、烟道和其他发热表面上敷设，与各种管道间的最小距离应符合表 10-2 的规定。如不能满足要求时，则应采取措施。

穿在管内的配线在任何情况下都不能有接头，必要时可把接头放在接线盒或灯头盒内。

导线相互交叉时，为避免碰线，在每根导线上应套以塑料管，或其他绝缘管，并将套管固定，不使其移动。配线管敷设长度超过下列值时应设接线盒：

(1)无弯时配管长度超过 45 m；

(2)有一个管时配管长度超过 30 m；

表 10-1 室内明线敷设导线的最小截面和距离

配线方式	绝缘导线最小截面(mm^2)		敷设距离					
			绝缘导线截面(mm^2)		前后支持物间	线间最小距离	与水平最小距离(m)	
	铜芯	铝芯	铜芯	铝芯	最大距离(m)	(mm)	水平敷设	垂直敷设
瓷夹板配线	1.0	1.5	1～2.5	1～2.5	0.6		2.0	1.3
			4～10	4～10	0.8			
瓷瓶配线	2.5	4.0		4.0	6(吊灯为 3)	100	2.0	1.3
			2.5 及以上	6.0 及以上	10(吊灯为 3)	150		
护套线配线	1.0	1.5			0.2		0.15	0.15

表 10-2 配线与管道最小距离

管道名称		配线方式		
		穿管配线	绝缘导线明配	裸导线配线
蒸汽管	平行	1 000(500)	1 000(500)	1 000
	交叉	300	300	1 000
暖、热水管	平行	300(200)	300(200)	1 000
	交叉	100	100	1 000
通风管、上下水管、压缩空气管	平行	200	200	1 000
	交叉	100	100	1 000

注:(1)电气管线与蒸汽管线间不能保持表 10-2 距离时,可在蒸汽管外包隔热层,平行距离可减至 200 mm;交叉距离应考虑便于维修,但管线周围温度应经常在 35 ℃以下;

(2)暖热水管可采取包隔热层;

(3)裸导线不能保持距离时,须在裸导线处加装保护网;

(4)裸导线应敷设在管道的上面,与生产设备的净距不得小于 1.5 m,电线管与水管两侧敷设时电线管宜敷设在水管的上面;

(5)表内有括号者为在管道下边的数据。

(3)有 2 个弯时配管长度超过 20 m;

(4)有 3 个弯时配管长度超过 12 m。

配线的非带电金属部分均应接地或接零。

线路安装时要注意美观,在采用明配线的场所,要求配线横平竖直、排列整齐、支持物间距均匀,位置适宜,并应尽可能沿建筑物平顶线脚、横梁、墙角等隐蔽处敷设;明配管路水平或垂直的允许偏差:在 2m 以内均为 3 mm,全长不应大于管子内径的 1/2。

二、配线工序

(一)室内配线主要包括动力配线和照明配线

动力线路一般负荷较大,导线截面在 4 mm^2 以上,为了便于敷设和检修,从动力配电屏或分配电屏至分配电箱的动力干线多采用地面金属线槽配线新工艺敷设。照明线路通常负荷较小,导线截面在 2.5 mm^2 左右,同时考虑室内配线的安全美观,多采用线管配线暗敷,塑料护套线明敷,以及采用阻燃塑料线槽明敷等。室内照明配线与动力配线的敷设安装施工工序基本相同，其施工工序如下：

1. 按电气设计平面图确定灯具、插座、开关、吊扇、配电箱及其他电气设备的平面安装位置。

2. 确定配线路径和敷设方式。暗敷设应考虑线管配置、线管、接线盒等的埋设；明敷设则应明确导线穿越楼板、墙壁的位置，以考虑埋设相应的配线保护管。

3. 按照明配线的有关固定距离要求，在配线路径上确定导线固定点的位置，如在表中列出了瓷夹、瓷柱和瓷瓶配线固定点之间的距离，以供考虑。

4. 配合土建施工及时埋设线管、线盒、木砖，以及用来固定线管、线槽、吊扇、灯具等的角钢支架、螺栓等预埋件，配合土建施工打好固定点的孔眼。

5. 装设线管、线槽、料(瓷)线夹或瓷瓶、瓶柱、瓷夹板等绝缘支持物等。

6. 敷设导线。

7. 导线的连接、分支、封端，以及与电气设备的连接等。

(二)室外配线的主要工序

与架空线路施工工序相同。

第二节 导线的选择

室内配线常用的绝缘导线，按绝缘材料分为橡皮绝缘和塑料绝缘线；按芯线分有铜芯线和铝芯线等。

导线的选择主要包括导线种类的选择和导线截面的选择两个方面。

一、导线种类的选择

室内配线常用的绝缘导线，按其绝缘材料可分为橡皮绝缘线和塑料绝缘线；按线芯材料可分为铜芯线和铝芯线；按芯线根数可分为单股线和多股线；按绝缘层外有无保护层可分为有保护套线和无保护套线；按导线的柔软程度又可分为软线和硬线等几种。

导线的种类主要根据使用环境和使用条件来选择。

1. 镀锌、酸洗等有腐蚀性气体的厂房内和水泵房等潮湿的室内，均应采用塑料绝缘导线，以便提高绝缘水平和抗腐蚀能力。

2. 教室、办公室等比较干燥的屋内，可采用橡皮绝缘导线。但对于温差变化不大的室内，在日光不直接照射的地方，也可采用塑料绝缘导线。

3. 电动机的屋内配线，一般采用橡皮导线。但在地下敷设时，应采用地埋电线管塑料电力导线。

4. 经常移动的导线，如移动电器的引线、吊灯线等，应采用多股软线。

二、导线截面的选择

导线截面选择过大时，将增加有色金属的消耗量，从而增加线路的造价。导线截面选择过小时，在线路运行期间，不仅产生过大的电压损失，而且会使导线接头处过热而引起断路故障，同时又限制以后负荷的增加。因此必须合理的选择导线的截面。

室内配线的导线截面选择，应根据导线的允许载流量，线路的允许电压损失值，导线的机械强度等，选择方法一般先按其中一个条件选择，再按其他几个条件校核。如果线路不长，负载不重则按机械强度选择；如线路长则应按允许电压损失值来选择。

(一)按允许载流量选择选择导线截面

常用绝缘导线,在不同敷设方式时,允许载流量可参见相关章节。绝缘导线的线芯最小允许截面见表 10-3。

表 10-3 绝缘导线的线芯最小允许截面(mm²)

<table>
<tr><th colspan="2" rowspan="2">导线用途</th><th colspan="3">绝缘导线的线芯最小允许面积</th></tr>
<tr><th>多股铜芯软线</th><th>铜线</th><th>铝线</th></tr>
<tr><td colspan="2">灯头引下线</td><td>屋内:0.4
屋外:1.0</td><td>屋内:0.5
屋外:1.0</td><td>屋内:1.5
屋外:2.5</td></tr>
<tr><td colspan="2">移动式用电设备引线</td><td>生活用:0.2
生产用:1.0</td><td>不宜使用</td><td>不宜使用</td></tr>
<tr><td rowspan="4">固定敷设导线支持点间的距离</td><td>1 m以内</td><td rowspan="4">不宜使用</td><td>屋内:1.0 屋外:1.5</td><td>屋内:1.5 屋外:2.5</td></tr>
<tr><td>2 m以内</td><td>屋内:1.0 屋外:1.5</td><td>2.5</td></tr>
<tr><td>6 m以内</td><td>2.5</td><td>4.0</td></tr>
<tr><td>12 m以内</td><td>2.5</td><td>6.0</td></tr>
<tr><td colspan="2">管内穿线</td><td>不宜使用</td><td>1.0</td><td>2.5</td></tr>
</table>

(二)按机械强度选择导线截面

导线在敷设时及敷设后将不断地受到导线自重及外力的影响,它与敷设方式和支点的距离有关,为使导线不产生断线情况,导线必须有足够的机械强度,以保证安全运行。

根据机械强度允许导线的最小截面见表 10-4。

表 10-4 根据机械强度允许导线的最小截面

<table>
<tr><th rowspan="2">装置场所</th><th rowspan="2">装置方法</th><th rowspan="2">前后支持物间
最大距离(m)</th><th colspan="2">绝缘导线最小截面(mm²)</th></tr>
<tr><th>铜芯</th><th>铝芯</th></tr>
<tr><td rowspan="7">户内</td><td>瓷夹板配线</td><td>0.8</td><td>1</td><td>1.5</td></tr>
<tr><td rowspan="2">瓷柱配线</td><td>1.5</td><td>1</td><td>2.5</td></tr>
<tr><td>2.0</td><td>1.5</td><td>4</td></tr>
<tr><td>瓷瓶配线</td><td>3.0</td><td>1.5</td><td>4</td></tr>
<tr><td>塑料护套线配线</td><td>0.2</td><td>0.5</td><td>4</td></tr>
<tr><td>钢管或塑料管配线</td><td></td><td>1.0</td><td>2.5</td></tr>
<tr><td colspan="4" style="display:none"></td></tr>
<tr><td rowspan="4">户外</td><td>塑料护套线</td><td>0.2</td><td>1.0</td><td>2.5</td></tr>
<tr><td>瓷柱装在墙铁板上</td><td>4.0</td><td>1.5</td><td>2.5</td></tr>
<tr><td>装在墙铁板上</td><td>10.0</td><td>2.5</td><td>6.0</td></tr>
<tr><td>装在电杆横担上</td><td>10.0
25.0</td><td>2.5</td><td>6.0</td></tr>
</table>

架空线路根据机械强度允许导线的最小截面见表 10-5。

表 10-5 架空线路根据机械强度允许导线的最小截面(mm²)

<table>
<tr><th rowspan="2">导线种类</th><th colspan="2">高压配电线路</th><th rowspan="2">低压配电线路</th></tr>
<tr><th>居民区</th><th>非居民区</th></tr>
<tr><td>铝绞线及铝合金线</td><td>35</td><td>25</td><td>16</td></tr>
<tr><td>钢芯铝线</td><td>25</td><td>16</td><td>16</td></tr>
<tr><td>铜线</td><td>16</td><td>16</td><td>直径 3.2 m</td></tr>
</table>

(三)按允许电压损失选择导线截面

电流通过导线会产生电压损失,如果电压损失过大,线路末端电压降低,会使电动机转矩降低,照明灯昏暗,因此用电设备都规定允许电压损失范围,一般规定端电压与额定电压不得相差,按允许电压损失选择导线截面可按下式计算:

$$S=\frac{PL}{\gamma\Delta U_{r}\%U_{N}^{2}}\times100(mm^{2})$$

式中 S——导线截面(mm^2);

P——通过线路的有功功率(kW);

L——线路的长度(km);

γ——导线材料的电导率,铜导线为 58×10^{-6}、铝导线为 35×10^{-6} $(1/\Omega\cdot m)$;

$\Delta U_r\%$——允许电压损失中电阻分量;

U_N——线路的额定电压(kV);

ΔU_r 可根据下式求得:

$$\Delta U_{r}=\Delta U\%-\Delta U_{X}\%=\Delta U\%-\frac{QX}{10U_{N}^{2}}\%$$

式中 $\Delta U\%$——允许电压损失,一般为±5%;

$\Delta U_X\%$——允许电压损失中电抗分量;

Q——无功功率(kvar);

X——电抗(Ω)。

(四)按经济电流密度选择导线截面

按经济电流密度选择导线截面的计算公式为:

$$S=\frac{P}{\sqrt{3}JU_{N}\cos\varphi}\quad(mm^{2})$$

式中 J——经济电流密度(A/mm^2)。

第三节 预埋件的埋设

预埋件、预留孔的位置应符合设计要求。预埋件应埋设牢固,电气装置安装结束后,凡因施工造成建筑物的损坏部分应修补完整。

一、膨胀螺栓的埋设

膨胀螺栓的胀管分塑料、橡皮、金属和铅制几种。膨胀螺栓是靠木螺钉或螺帽拧紧,使胀管胀开,在建筑物内紧固住,钻孔大小应与膨胀螺栓的规格相配合。

二、角钢支架的埋设

在混凝土结构中的角钢支架应与土建施工配合预埋,砖墙结构的角钢支架可以预埋,也可以现场临时安装。

角钢支架按形状可分为一字形和人形两种;按用途可分为终端、中间和转角三种。人形支架一般用于线路终端和转角处,不同用途和不同受力方向角钢掰脚的大小和方向是不同的。

如图 10-1。

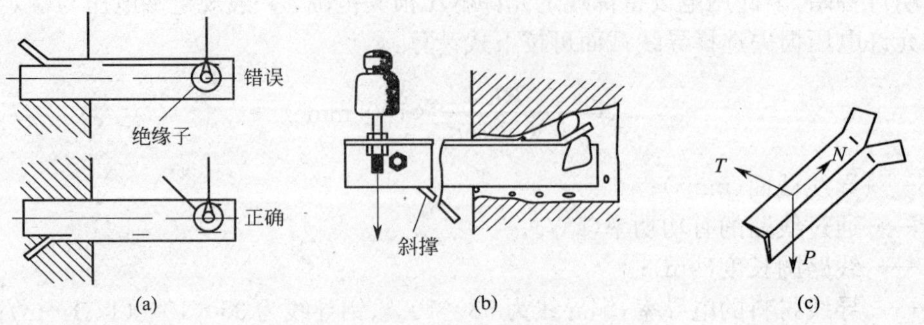

图 10-1 角钢支架的埋设

角钢支架埋设一般须在配线敷设前 3～7 天进行，时间太短，配线时支架易被拉出或松动。角钢支架埋设步骤：孔洞凿好后，先将角钢放入孔内检查各处尺寸和深度是否符合要求。经修整符合要求后清除孔内粉尘，用水将孔内壁和底部浇湿，用狭条形泥板把水泥砂浆放入孔底，再放进角钢支架。

角钢支架的支撑及埋设方法：当角钢支架间距较大，悬臂较长，导线截面较粗时，为加强角钢支撑力应在角钢下方加斜撑，此外终端和转角的角钢侧面加装拉脚撑角。如图 10-2。

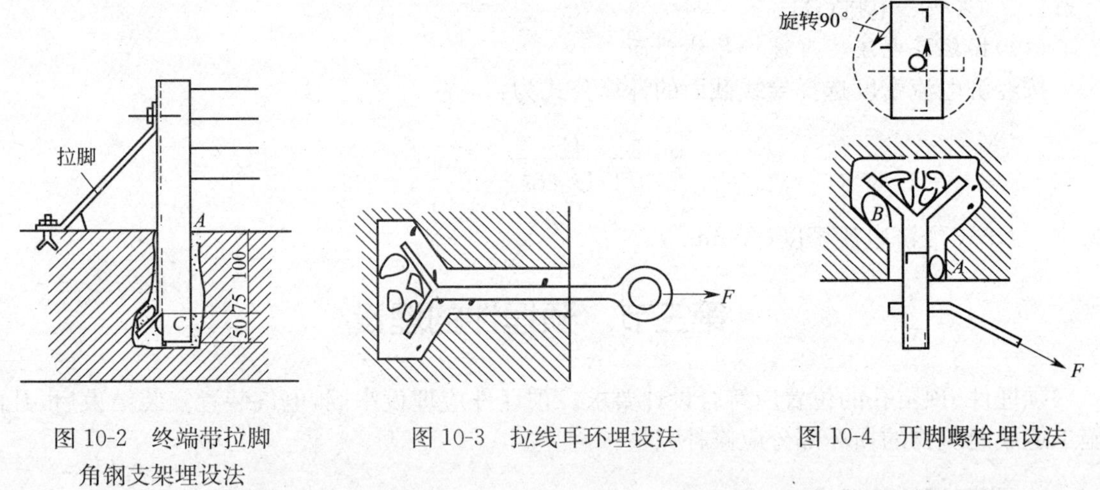

图 10-2 终端带拉脚角钢支架埋设法　图 10-3 拉线耳环埋设法　图 10-4 开脚螺栓埋设法

三、拉线耳环的埋设

拉线耳环一般受向外的力，将开脚内塞满石子以防开脚受力后并拢。埋设方法见图 10-3。

四、开角螺栓的埋设

开脚螺栓的埋设应尽量利用砖缝，其埋设方法与角钢埋设大致相同，孔口凿成狭长形，略大于螺栓开脚的宽度，开脚螺栓放入后在孔内旋转 90°，固定开脚螺栓的 A、B 点用石块挤压紧。如图 10-4。

第四节 槽板配线

槽板配线分塑料槽板和木槽板两类，仅适用于干燥房屋内。明配敷设不得使用于潮湿和易燃的场所，使用绝缘导线的额定电压不应小于 500 V。

一、配线的准备

配线前应进行划线。木槽板与塑料槽板安装基本相同。木槽板的内外应光滑、无棱刺，并刷绝缘漆。槽板应紧贴于建筑物表面，排列整齐，并应尽量沿房屋的线脚、横梁沿角等较隐蔽的地方敷设，且与建筑物的线条平行或垂直。

二、槽板的安装

槽板的连接可分为直线对接、拐角对接及分支连接三种。直线连接或转 90°时，底板均应锯成 45°的斜口相接，拼接应紧密。底板线槽要对正，盖板与底板的接口应错开，并不应小于 20 mm。对于分支拼接应在拼接点上把底板铲平，使导线在线槽内无阻碍地通过。

槽板的固定：在砖和混凝土上槽板用钉子钉在木砖或木条上，在混凝土墙上也可用先埋好的绕有铁丝的木螺栓固定。在板条樯或顶棚上，应将底板钉在龙骨上或龙骨间的板条上，槽板固定点的距离：底板应小于 500 mm，盖板应小于 300 mm，底板距终端点 50 mm 及盖板距终端点 30 mm 处均应固定，三线槽板应用双钉固定。

三、导线的敷设

一条槽板应敷设同一回路的导线，在宽槽内应敷设同一相位导线。敷设在槽内的导线不得受到挤压。若有接头，接头应设在槽板外面，槽板配线不直接与各种电器相接，而是通过底座与电器设备相接，底座应压住槽板头。

第五节 钢索配线

钢索配线适用于一般室内、外场所。钢索应符合下列要求：

1. 宜使用镀锌钢索，不得使用含油芯的钢索；
2. 敷设在潮湿或有腐蚀性的场所应使用塑料护套钢索；
3. 钢索的单根钢丝直径应小于 0.5 mm，钢绞线不得有扭曲和断股现象；
4. 如选用圆钢作钢索时，在安装前应调直、预伸和刷防腐漆。

钢索终端拉环应固定牢固，并能承受钢索在全部负载下的拉力，钢索长度在 50 m 以下时可在一端装花篮螺栓。超过 50 m 应加装一个中间花篮螺栓。钢索在终端固定处钢索卡不应少于 2 个，钢索的终端头，应用金属线扎紧。

钢索配线在中间固定点的间距不应大于 12 m。配线敷设后的弛度不应大于 100 mm，如不能达到时应加中间吊钩。

钢索上各种线的支持件间、支持件与灯头盒间及瓷柱配线间的距离应符合表 10-6 的规定。

表 10-6　钢索配线零件间和线间距离(mm)

配线类别	支持件最大间距	支持件与灯头盒间最大距离	线间最小距离
钢管	1 500	200	
硬塑料管	1 000	150	
塑料护套线	200	100	
瓷柱配线	2.5 mm²,1 000 4～6 mm²,1 500	100	35

第六节　配电箱(板)的制作安装

配电箱(板)按用途可以分为两类:动力配电箱和照明配电箱。

配电箱制作应用铁制品或塑料制品,特殊情况下可采用木制配电箱(板),其木底板应包厚度为 0.35～0.5 mm 镀锌铁皮。但对 30 A 以下不经常操作的配电箱底板可以不包铁皮。

对规格较大(大于 0.6 m 以上)及盘后装有设备(互感器等)的配电箱,宜做成前后两开门方式。配电箱制作完成后其门应严密,能防止雨、雪或风沙侵入,并应加锁。箱内外涂防腐漆。

配电箱(板)上各种电器应排列整齐;其安装间距不应小于表 10-7 所列数值(成套配电箱除外)。

表 10-7　配电箱(板)上电器间的最小距离(mm)

名　称		最小允许距离
并排电度表间		60
并排开关或单插保险间		30
开关引出瓷管头至开关上、下边缘	10～15 A	30
	20～30 A	50
	60 A	80
电表配线瓷管头至电表下沿		60
上、下排电器瓷管头间		25
瓷管头至盘边		40
开关至盘边		40
电度表至盘边		60

配电箱(板)上安装电器应满足如下原则:

1. 各种刀开关处于断路状态时,一般情况下刀片及可动部分均不应带电;

2. 垂直安装的刀开关及熔断器等,应上端接电源,下端接负荷;

3. 经常有人操作的配电箱及明装配电板、电器应有保护外壳,带电部分不明露;

4. 装设的螺旋式熔断器,其电源线应接在中间触点的端子上,负荷线应接在螺纹的端子上;

5. 装有电源指示灯的配电箱,其指示灯应接在总开关的前面(电源侧);

6. 面板后面配线应排列整齐、绑扎成束,并用卡钉固定在板面上,板后引出、引入的导线应有适当的余量;

7. 零母线在配电箱(板)上应用零线端子分路,零线端子上分支路排列位置,应与熔断器相对应。

安装配电箱用的木砖及铁配件应事先随土建砌墙时埋入。挂式配电箱宜采用胀管螺栓固定,安装时垂直偏差不应大于 3 mm。暗敷时四周边缘应紧贴墙面,箱体与建筑物接触部分应刷防腐漆。照明配电板的安装高度,底边距地面不应小于 1.8 m;配电箱安装高度,底边距地面宜为 1.5 m,经常操作时宜为 1.2 m。

复习思考题

1. 配线的一般要求是什么？
2. 架空线路根据机械强度允许导线的最小截面为多少？
3. 导线截面应如何选择？
4. 配电箱(板)上安装电器应满足哪些原则？

第十一章　室内、室外照明及动力设备

第一节　铁路照明的有关规定及照明光源设备的选择

室内、室外照明所包括的内容较多，如建筑照明、站场照明、货场照明、隧道照明等，各种光源的品种很多，用途十分广泛，现主要介绍铁路室内、室外照明基本知识。

一、照度标准

铁路照明照度标准见表11-1(a～g)的规定。本规范所指照度均为平均照度。表中“垂直”为距地面1 m处的照度测量值。照度值未列出的场所可参考使用功能相似场所的标准。

表11-1(a)　客运场所照度标准值(lx)

场所名称	照度标准值(平均)		参考平面及其高度	说明
	水平	垂直		
中央大厅、进出站大厅、高档候车室、售票厅	200		地面	
普通候车厅、通道、连接区、扶梯、进出站地道、休息厅	150		地面	
售票窗口、补票窗口、结账交班台、检、验票处、问讯处	200		距地面0.75 m	
售票工作台、海关、护照检查处、公安验证处	500		工作面	可加局部照明
行包托运、领取处、商业区、餐饮区、多功能厅	300		距地面0.75 m	
行包存放库房、小件寄存处	300		地面	
盥洗室、卫生间	75		距地面0.75 m	
有棚站台、有棚天桥	75		地面	
无棚站台、无棚天桥	50		地面	

表11-1(b)　货运场所照度标准值(lx)

场所名称	照度标准值(平均)		参考平面及其高度	说明
	水平	垂直		
货物仓库	100		地面	
货棚，装卸作业区，有棚货物站台，货物洗、刷站台	20		地面	
集装箱堆场	15	10	标记处	
货物露天堆放区	5		地面	
衡器计量处、机械化上冰台	50		距地面0.75 m	
机械库、叉车库	75		地面	
国际换装台	50		地面	
维修所	200		距地面0.75 m	可加局部照明
无棚货物站台	10		地面	

表 11-1(c) 室外场所照度标准值(lx)

场所名称	照度标准值(平均)		参考平面及其高度	说明
	水平	垂直		
到发线、道岔咽喉区、牵出线	3		轨面	
编组线、编发场道岔区(尾端)	5		轨面	
编发场驼峰顶(50～60 m 范围)	30	50	轨面	
编发场道岔区(首端)	10		轨面	
站前广场	5		地面	
有人看守道口，站、段、场(厂)主要通路，露天油罐区	10		地面	
铁路大桥、特大桥	3		轨面	桥面及人行道照明
铁路隧道	3		轨面	固定照明

表 11-1(d) 通信、信号技术房屋照度标准值(lx)

场所名称	照度标准值(平均)		参考平面及其高度	说明
	水平	垂直		
记录、查访台	100		工作面	
通信机械室、信号继电室、电源机械室、信号控制台室	200		工作面	
蓄电池室、总配线架室、充气机室	75		距地面 0.75 m	
电缆引入室	30		地面	
监控室、网络管理室、控制室		300	距地面 0.75 m	

表 11-1(e) 维护、维修段及车间照度标准值(lx)

场所名称	照度标准值(平均)		参考平面及其高度	说明
	水平	垂直		
架修、洗、定修、中检、整备、修车、站修库(棚)、轮轴选配间	200		距地面 0.75 m	可加局部照明
转向架间、冰箱修理间	300		地面	可加局部照明
轮轴检验	500		地面	可加局部照明
轮轴损伤	500		距地面 0.75 m	可加局部照明
轴承检验间	300		距地面 0.75 m	可加局部照明
煮洗间	100		地面	
存轮场、客车整备线、机车整备台位、列检作业场所	20		地面	
油脂发放间(绘油、储油、滤油)	50		地面	
锻工间、热处理间	200		地面到水平面 0.5 m	
油漆间(库)	300		距地面 0.75 m	
木工间	200		距地面 0.75 m	
转车盘	20		轨面	

表 11-1(f)　公共技术场所照度标准值(lx)

场所名称	照度标准值(平均)		参考平面及其高度	说明
汽车停车场(室内)、厕所、盥洗室、浴室	75		地面	
汽车停车场(室外)	10		地面	
汽车检修间	200		地面	
绘图室、设计室	500		工作面	
办公、值班、打字、计算机、会议室	300		距地面 0.75 m	
控制、调度中心大厅	500		距地面 0.75 m	
资料、档案室	200		距地面 0.75 m	
门厅、仓库及储藏室、水泵、风机、锅炉房	100		地面	
走廊、流动区域	50		地面	
楼梯、平台	30		地面	
压缩机房、热交换站	150		地面	

表 11-1(g)　发电所及变配电所照度标准值(lx)

场所名称	照度标准值(平均)		被照面	说明
	水平	垂直		
柴油发电机室	200		地面	
高低压配电室、控制室	200		距地面 0.75 m	
变压器室、断路器室、电抗器室、电容器室	100		地面	
电缆隧道、电缆夹层	30		地面	
室外配电装置	10		地面	

二、照明光源设备的选择

目前人工照明采用的电光源，按发光原理可分为两大类：一类是热辐射光源，如白炽灯、卤钨灯；另一类是气体放电光源，如荧光灯、高压汞灯、荧光高压汞灯、高压钠灯、低压钠灯、金属卤化物灯、氙灯等。

铁路照明应尽量采用新光源和新型灯具，如高压水银灯、高压钠灯、金属卤化物灯等，停车广场照明可采用显色性高、寿命长的光源。

站场灯柱灯塔、灯桥照明、高杆照明宜采用升降式灯盘。

第二节　照明方式和照明种类

一、照明方式

照明方式分为一般、分区一般、局部、混合照明四种。

应按下列要求确定：

1. 所有工作场所，应设一般照明；

2. 同一场所内的不同区域有不同照度要求时，应采用分区一般照明；

3. 对于部分作业面照度要求高，只采用一般照明不合理的场所，应采用混合照明；

4. 在一个工作场所内不应只设局部照明。

二、照明种类分为正常、应急、值班、警卫和障碍照明等，其中应急照明包括备用、安全和疏散照明

应按下列要求确定照明种类：

1. 工作场所均应设置正常照明。

2. 对正常照明因故障熄灭后，尚需确保正常工作或活动继续进行的场所，应装设备用照明，如枢纽通信机械室、电源室，远动调度中心调度大厅，大站（驼峰）电气集中信号楼的信号和通信机械室、电源室、信号控制台室，速度 160 km/h 以上铁路的信号楼或通信信号中继站的信号和通信机械室、电源室，有一级负荷的发、变、配电所控制室，局电子计算中心，特大型、大型站的售票室、配电室、最高计算人数 1 000 人及以上的候车室，中型及以上车站的消防控制室、消防水泵房、防烟排烟机房等。

3. 对正常照明因故障熄灭后，尚需确保处于潜在危险之中的人员安全的场所，应装设安全照明。

4. 对正常照明熄灭后，尚需确保人员安全疏散的出口和通道，应装设疏散照明，如因生产设备继续运转容易发生危险的场一所，计算人数超过 50 人的生产车间和超过 100 人的其他工作场所，计算人数 600 人及以上的进出站厅、旅客地道、候车厅、售票厅，最高聚集人数 600 人及以上的公共建筑物等。

5. 大面积场所宜设置值班照明。

6. 有警戒任务的场所，应根据警戒范围的要求装设警卫照明，如油罐区及有公安守卫要求的大桥、隧道、仓库等。

7. 在高大建筑物、构筑物、跨河桥梁上，应根据航行要求常设障碍照明。

第三节 照明和动力线路一般表示方法

电力和照明线路在平面图上采用图线和文字符号相结合的方法表示线路走向、导线型号、规格、根数、长度、线路配线方式、线路用途等。

1. 导线根数表示方法

导线根数可用多线或单线表示。多线表示是一条图线代表一根导线，单线表示是一条图线代表一组导线。当用单线表示一组导线时。若需要标出导线根数，可用加几条小短斜线或画出一条短斜线加数字表示，示例如图 11-1。

图 11-1(a)是新标准(GB 4728—85)规定画法，图 11-1(b)是旧标准(GB1373—64)规定的画法，应特别说明的是在旧标准中，对两根导线只用一线条表示，不标注根数，这已形成习惯，因而在一般电力和照明电气图中，对于大多数的两根导线只用一条图线表示。

2. 线路配线方式的标注符号见表 11-2。

3. 表示线路明配或暗配部位的符号，见表 11-3。

4. 表示线路功能的符号见表 11-4。

表 11-2　线路配线方式的标注符号

符号	意　义
CP	瓷瓶或瓷柱配线
CJ	瓷夹配线
VJ	塑料线夹配线
CB	槽板配线
XC	塑料线槽配线
G	普通水煤气钢管配线，标注外径
DG	电线管(薄壁钢管)配线，标注内径
VG	硬塑料管配线，标注内径
RVG	软塑料管配线，标注内径
SPG	蛇铁皮管配线，标注内径
QD	卡钉(钢精扎头)配线

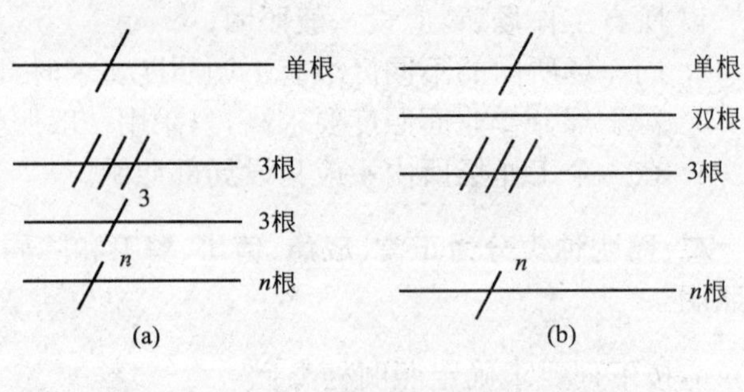

图 11-1　导线根数的表示法
(a)新标准规定画法；
(b)旧标准规定画法

表 11-3　线路配线部位的符号

符号	意　义	符号	意　义
M	明配	A	暗配
S	沿钢索配线	LA	在梁内暗配或沿梁暗配
LM	沿梁或屋架下弦明配	ZA	在柱内暗配或沿柱暗配
ZM	沿柱明配	QA	在墙体内暗配
QM	沿墙明配	PA	在顶棚或屋面内暗配
PM	沿天棚明配	DA	在地面下或地板下暗配
PNM	在能进入的吊顶棚内明配	PNA	在不能进入的吊顶棚内暗配
DM	沿地板明配		

表 11-4　线路功能及标注

符号	线路功能	符号	线路功能
PG	配电干线	LFG	电力分干线
LG	电力干线	MFG	照明分干线
MG	照明干线	KZ	控制线
PFG	配电分干线		

5. 线路标注的一般格式

线路标注的一般格式为：

$$a-d(e\times f)-g-h$$

其符号含义为：

a——线路编号或功能的符号；

d——导线型号；

e——导线根数；

f——导线截面 mm^2，不同截面应分别表示；

g——导线敷设方式的符号；

h——导线敷设部位符号。

例如线路的符号：

"1MFG－BLV－3×6＋1×2.5－CP－QM"

含义：第一号照明分干线(1MFG)；导线型号是铝芯塑料绝缘线(BLV)；共有 4 根导线，其中三根为 6 mm^2，另一根中性线为 2.5 mm^2；配线方式为瓷瓶配线(CP)；敷设部位为沿墙明敷(QM)。

"2LFG－BLX－3×4－VG20－QA"

含义:2 号动力分干线(2LFG);铝芯橡皮绝缘线(BLX);3 根导线分别为 4 mm^2;穿直径(外径)为 20 mm 的硬塑料管(VG20);沿墙暗敷(QA)。

第四节 照明和动力设备在图上的一般表示方法

1. 常用照明灯具的图形符号,见表 11-5。

表 11-5 常用照明灯具图形符号

序号	名 称	图形符号	说 明	序号	名 称	图形符号	说 明
1	灯		灯或信号灯的一般符号,与电路图上符号相同	7	吸顶灯		
2	投光灯			8	壁灯		
3	荧光灯		示例为 3 管荧光灯	9	花灯		
4	应急灯		自带电源的事故照明灯装置	10	弯灯		
5	气体放电灯的辅助设备		仅用于与光源不在一起的辅助设备	11	安全灯		
6	球形灯			12	隔爆灯		

2. 表示电光源种类的代号,见表 11-6。
3. 常用灯具类型符号,见表 11-7。

表 11-6 电光源种类的代号

序号	电光源类型	代 号	
		新标准规定	原有规定
1	氖灯	Ne	
2	氙灯	Xe	
3	钠灯	Na	N
4	汞灯	Hg	G
5	碘钨灯	I	L
6	白炽灯	IN	B
7	电发光灯	ELARC	
8	弧光灯	FL	Y
9	荧光灯	IR	
10	红外线灯	UV	
11	紫外线灯	LED	
12	发光二极管		

表 11-7 常用灯具类型的符号

灯具名称	符 号
普通吊灯	P
壁灯	B
花灯	H
吸顶灯	D
柱灯	Z
卤钨探照灯	L
投光灯	T
工厂一般灯具	G
荧光灯灯具	Y
隔爆灯	G 或专用代号
水晶底罩灯	J
防水防尘灯	F
搪瓷伞罩灯	S
无磨砂玻璃万能型灯	Ww

4. 灯具安装方式及安装方式符号，见表 11-8。

表 11-8　安装方式的符号

安装方式	符　号	安装方式	符　号
自在器线吊式	X	弯式	W
固定线吊式	X1	台上安装式	T
防水线吊式	X2	吸顶嵌入式	DR
人字线吊式	X3	墙壁嵌入式	BR
链吊式	L	支架安装式	J
管吊式	G	柱上安装式	Z
壁装式	B	座装式	ZH
吸顶式	D		

5. 灯具标注的一般格式为：

$$a-b\frac{c\times d}{e}f$$

其符号含义为：

a——场所同类型照明器的个数；

b——灯具类型代号；

c——照明器内安装灯泡或灯管的数量；

d——每个灯泡或灯管的功率，W；

e——照明器底部至地面或楼面的安装高度，m；

f——安装方式代号。

例如：$6—S\,\frac{1\times 100}{2.5}L$

这里表示该场所安装 6 盏这种类型的灯，灯具的类型是搪瓷伞罩(独盘罩)灯(S)；每个灯具内装一个 100 W 的白炽灯；安装高度为 2.5 m；采用链吊式(L)方法安装。若灯具采用吸顶安装时安装高度不表示。即用“—”表示，如 $4-YG\,\frac{2\times 400}{—}$。

第五节　室外及站场照明

一、室外照明应符合下列要求

1. 照明设备的布置不影响信号瞭望和技术作业。

2. 灯柱、灯塔支柱采用钢筋混凝土电杆时，应符合有关规定。

3. 灯柱、灯塔、灯桥的金属构件均应镀锌或涂油漆防腐。

4. 每套灯具应在相线上设熔断器。

5. 引入灯具的导线，在入口处应做防水弯。

6. 灯塔、灯桥的防雷及接地装置应符合设计要求。

7. 灯具安装高度：设计无规定时离地面一般不低于 3 m，在墙上安装时，不得低于 2.5 m；金属卤化物灯灯具安装高度宜在 5 m 以上。

8. 站场照明灯塔、灯柱、灯桥柱体的外缘距轨道中心不应小于 2.45 m；距有调车作业的牵出线或梯线不小于 3.5 m；位于站场外侧轨道以外时，距轨道中心不小于 3 m。其布置不应影响信号瞭望、技术作业和站场的发展。

二、站场照明

站场照明设备的布置不应影响信号瞭望和技术作业，通常采用的照明设备有灯柱、灯塔、灯桥或几种混合方式。

（一）灯　柱

灯柱采用混凝土电杆时梢径一般为 150 mm。站场灯柱外缘距站场边缘的距离不应小于 1.5 m；路灯灯柱外缘距道边不应小于 0.5 m；有侧沟时应在侧沟外 0.5 m；道口灯柱外缘距铁路中心不应小于 2.45 m，距道边不应小于 0.5 m；灯柱偏离中心位置不应大于 50 mm，灯柱的组立方式参照架空线路部分。

（二）灯　塔

1. 投光灯塔一般布置在股道外侧，当需要在股道中间布置时，灯塔外缘距铁路中心不应小于 3 m。投光灯塔的高度一般采用 13 m、15 m、21 m、28 m、35 m 五种，13 m 和 15 m 塔材用钢筋混凝土电杆，21 m、28 m 和 35 m 投光灯塔材为钢结构。

2. 投光灯塔电源引入方式可采用架空或电缆引入，但灯塔不应作为承力杆使用。

灯塔照明配线应采用钢管配线，导线宜采用钢芯绝缘线，配管应横平竖直，并用套卡固定在支架上。

3. 灯具及镇流器的安装

（1）灯具及镇流器盒直接固定在工作台的角钢上或花纹细板上。

（2）投光灯底头应安装牢固，按需要的光轴方向将枢轴拧紧固定，俯角符合设计要求。

（3）镇流器一般安装在铁盒内，每盏投光灯应设熔断保护。

4. 控制方式

投光灯一般应分组集中控制，并以自控为宜，自控常采用智控、光控、时控三种方式，三相负荷应尽量平衡，投光灯控制接线可参照设计或厂家提供的有关图纸。

5. 基础施工的一般要求

灯塔基础用 150 号混凝土浇制，混凝土基础的施工工艺参照其规范要求，施工后基础允许施工误差应不大于下列规定：

（1）保护层厚度－5 mm；

（2）立柱断面尺寸－1％；

（3）基础顶面间或主角钢操平印证间的相对高差 5 mm；

（4）地脚螺栓中心偏移±5 mm；

（5）地脚螺栓顶端标高＋20 mm。

安装铁塔前应将基础周围的回填土分层夯实至地面标高，对石坑及有流沙淤泥的基础坑应按设计规定处理。

6. 铁塔组立时混凝土基础必须符合下列要求：

（1）经中间检查试验合格。

（2）混凝土强度分组组立时达到设计强度的 70％。

（3）混凝土强度整体组立时达到设计强度的 100％。

7. 投光灯铁塔应符合下列要求：

（1）铁塔各段杆件材质、截面符合设计要求，焊缝符合标准。

(2)钢结构和铁附件,其角钢弯曲不应大于对应长度的2‰,且最大弯曲变形不应大于5 mm。若变形大于上述允许范围而未超过表11-9中的数值,允许采用冷矫正,矫正后不得有裂纹。

表11-9 采用冷矫正法的角钢变形限度

角钢宽度(mm)	变形限度(‰)	角钢宽度(mm)	变形限度(‰)
40	35	70	20
45	31	75	19
50	28	80	17
56	25	90	15
63	22	100	14

注:不等边角钢按窄边计算。

(3)螺栓连接的铁塔组装有困难时,需查明原因,严禁强行组装。少量螺孔位置不对需扩孔时,扩孔部位不应大于3 mm。大于3 mm时,应堵焊后重新打孔,并进行防腐处理。严禁用气割扩孔或烧孔。

铁塔安装结束后对涂层被破坏部分应进行修补,整个铁塔的倾斜度不应大于3‰,对不能达到要求的应进行加垫垫片。

三、灯　　桥

站场内投光灯塔在编组场内作照明时,易被停放的车辆挡住光线产生阴影而影响调车作业,而灯桥上的投光灯,因系平行于股道照射,光线均匀不会产生阴影,照度也有所提高,能够满足现场作业的要求,在8股道以上的编组场及到发场被广泛采用,两座灯桥间距一般为400～500 m。

投光灯一般布置在灯桥防护拉杆的立柱上,投光方向在两股道的中间,平行股道向两侧照射,灯桥下面的照明是在横梁上吊装高压水银荧光灯,一般容量为250 W,间距不大于30 m。

(一)灯桥设置、安装应符合下列要求:

1. 设置位置符合设计要求,并应满足铁路建筑限界的规定。桥体各部位均符合设计要求及现行有关技术标准。

2. 基础施工应符合本技术指南的有关规定。钢筋混凝土立柱的杯形基础,在拆除内模板后,杯口应拉毛,立柱组立后,立柱与基础间用细石混凝土填实。

3. 灯桥组装结束后全部螺栓应复紧一次,单螺母螺栓施加防松措施。

4. 防雷接地、保护接地应符合本有关规定。

5. 灯桥外缘与电力线路、接触网带电部分水平净距应符合有关规定。

6. 灯桥配线方式应采用三相四线制,导线为铜芯绝缘线。沿桥支柱敷设时宜采用钢管配线,沿桁梁敷设时宜采用绝缘子明配线。

7. 灯桥安装时,梁部组成后,按支持点做挠度测验,应大于规定值。桥柱一般采用整体浇制,预埋件应按设计位置固定,基础形式常采用纵形基础,基础要求与灯塔部分相同。

(二)投光灯安装应符合下列规定:

1. 投光灯的俯角应符合设计要求。

2. 投光灯引入线宜用橡皮套电缆直接引入。

3. 投光灯、反射器、玻璃罩等应固定牢固,灯具应接地良好。

4. 灯座板应焊在灯桥的角钢(钢管)扶手拉杆上。

（三）镇流器的安装应符合下列规定：

1. 镇流器引线采用绝缘导线或橡皮电缆；

2. 镇流器和熔断器，应设通风良好和拆卸方便的保护罩以便保护。

当光源功率因数较低时，采取低压电容器进行补偿，电容器应装在通风良好的箱内，装设在灯桥配电箱附近，配电箱安装可参见配电箱部分。

（四）投光灯的控制方式

投光灯控制方式有集中自动控制和多回路控制：

1. 自动集中控制通常采用微光、时间和微电脑三种方案，集中控制点一般设在经常有人值班处所，有条件时可将控制线引在配电所控制室内。

2. 多座灯桥时，为减少启动电流，应进行分座启动。同一电源供电的分座启动延时时间不应小于 2 min。

第六节　室内、室外照明安装使用注意事项

一、一般照明电源对地电压不应大于 250 V，在危险性较大及特殊危险场所，如特别潮湿、高温、有导电电阻、有导电性灰尘的场所，当照明器的安装高度小于 2.4 m 时，应有防护措施或使用额定电压为 36 V 以下含 36 V 的照明灯具，手提行灯的电压不应大于 36 V，在不便于工作的狭窄地点，工作者有接触良好接地的大金属面（如锅炉、金属容器内）时，行灯的电压不应大于 12 V。

二次侧电压在 36 V 及以下的照明变压器，在电源侧应有短路保护，熔丝的额定电流不应大于变压器的额定电流。各种照明装置的接线必须牢固，接触良好。对需要接地或接零的灯具、插销、开关的金属外壳，应由接地螺栓连接。

二、安装时高度要求

（一）室内照明灯距地面高度不得低于 2.5 m，受条件限制时可减为 2.2 m，低于此高度时，应进行接地或接零，加以保护，或用安全电压供电。当灯在桌面上方或其他人不能够碰到的地方时，允许高度可减为 1.5 m。

（二）安装室外照明灯时，一般高度不低于 3 m，对墙上灯具允许高度可减为 2.5 m，不足以上述高度时，应加保护措施，同时尽量防止风吹而引起的摇动。

（三）各种附件的安装高度应符合设计要求，一般拉线开关距地 2.5 m，明装插座距地 1.8 m，暗装插座距地 0.3 m，特殊场所暗装插座不应小于 0.15 m，同一场所的安装高度应一致，同一室内安装的插座高低差不应大于 5 mm，成排安装时不应大于 2 mm。舞台上的落地插座应有保护盖板。明装和暗装板把开关距地面 1.4 m，各种开关、插座的安装要牢固，位置准确。

三、插座接线应符合下列要求：

（一）单相两孔插座：面对插座的右极接相线，左极接零线。

（二）单相三孔及三相四孔的接地或接零线均应在上方。

（三）交、直流或不同电压的插座安装在同一场所时应有明显区别且其插头与插座均不能互相插入。对暗敷的插座应有专用的接线盒，盖板应端正紧贴墙面。

（四）圆形单相三孔等距插头座均已淘汰，因为不具备必要的安全性，一律不得使用。

（五）不同电压等级的插座应有明显标志，以免弄错。

（六）接线时，相线和零线要严格区分应将零线直接接在灯头上，相线必须经过开关再接到

灯头上;双股紫花线其带白点的一根线接相线,线路与灯头引入接头处不应受到拉力;除安全电压外,不得使用带开关的灯头,并不准将电线直接焊在灯泡的接点上,使用螺纹灯头时,铜口不得外露。

四、开关安装根据其种类的不同,安装场所的要求也不尽相同,但同一场所开关的切断位置应一致,且操作灵活,接点接触可靠;扳把开关应为上合下分,成排安装的开关高度应一致,高低差不应大于 2 mm;拉线开关相邻间距不宜小于 20 mm。照明开关应有明显的开、合位置,相邻开关或插座相、零线的配置,以及开、合位置都应当一致。

开关的安装高度应便于操作,拉线开关宜为 2～3 m,距门框为 0.15～0.2 m,拉口应向下,其他各种开关安装宜为 1.3 m,距门框 0.15～0.2 m,所有电器及灯具的相线必须经开关控制,对民用住宅严禁装设床头开关。

五、当事故照明采用直流供电时,因直流电源一般还要同时供给控制线路供电,不允许接地,因此在中性点接地系统中,直流电源应从不接地的工作零线部分引进事故照明装置,而在中性点不接地系统中没有这种要求。

六、车间照明装置一般应采取保护接零(或接地)措施,应注意保护接零(或接地)与工作零线分开,还应注意保护零线(或地线)的连续性。明线敷设时,可用挠性导线将照明器具外壳上的接地端钮与距照明器具最近的固定支架上的工作中性线相连;穿管敷设时,若零线未有断开的可能,允许用工作零线兼作保护零线。

七、照明线路熔丝的额定电流一般不应超过 15 A,对工业厂房可以放宽至 20 A,熔丝的额定电流应大于正常负荷电流,但应小于正常负荷电流的 1.5 倍。照明线路应避开暖气管道,其间距不得小于 300 mm。户内照明线路每条线路上的灯数一般不多于 20 个;而户外照明线路一般不多于 10 个,但节日彩灯不受此限。计数时,插座也应按灯考虑,其电流可按 2.5 A 计入。

八、照明线路的开关应能同时切断相线和零线,只有在危险性较小的场所才允许用单极开关,而且单极开关必须装在相线上。

九、固定灯具需要吊线盒及木台等配件,吊线盒若为软线吊灯,需在盒内打线结,用线结卡在盒盖上的线孔处,以防脱落,而多股软线的两端应先涮锡,使芯线成一整体。若灯具自身重量超过时,就需要用吊链和钢管悬挂灯具,一般采用直径大于的吊管悬挂灯具,注意管内导线不应有接头。木台要与建筑物固定牢靠,防止灯具脱落。

十、根据工作场所的环境条件,应分别采用下列各种灯具:

(一)在潮湿的场所,应采用防水灯具或带防水灯头的开启式灯具;

(二)有腐蚀性气体和蒸气的场所,宜采用耐腐蚀性材料制成的密封式灯具;

(三)在高温场所,宜采用带有散热孔的开启式灯具;

(四)在有尘埃的场所,应按防尘的保护等级来选择合适的灯具;

(五)在有振动、摆动的场所,其灯具应有防振措施和保护网,防止灯泡及灯具附件等自动脱落;

(六)安装在易受机械损伤的场所的灯具,应加保护网。

第七节　常用低压电器的安装与调试

低压电器在安装前应仔细检查产品的外壳、漆层、手柄有无损伤或变形,内部仪表、灭弧罩、瓷件有无裂纹或伤痕，附件是否齐全、完好。低压电器及其操作机构的固定方式和安装高度当设计无明确规定时应采用支架或垫板固定在墙或柱上；落地安装的电器设备其底面宜高出地面 50～100 mm，操作手柄的中心距地面宜为 1 200～1 500 mm，侧面操作的手柄距离建筑物或其他设备的距离不宜小于 200 mm。

电器的外部接线应按照电器接线端头标志接线。一般情况下，电源侧导线应连接在进出线端（固定触头接线端）；负荷侧导线应接在出线端（可动触头接线端）。电器的接线螺栓及螺钉应有防锈镀层，螺栓连接时，螺钉应拧紧，母线与电器连接时，电器的金属外壳或框架的接零或接地应符合设计要求。

一、刀 开 关

1. 刀开关的安装应垂直，仅在不切断电流的情况下才允许水平安装；

2. 安装后刀片与固定触头的接触应良好，大电流的触头或刀片可适量加润滑（脂）；有消弧触头的刀开关各相的分闸动作应调整一致；双投刀开关刀片应固定可靠，不得出现自行合闸的可能。

二、熔 断 器

1. 安装位置及相互间距应便于更换熔体；

2. 有熔断指示的熔芯、指示器的方向应装在便于观察侧；

3. 瓷质熔断器在金属底板上安装时，其底座应垫软绝缘衬垫。

三、自动开关

1. 自动开关的安装应垂直，对裸露在箱体外部且易触及的导线端子应加绝缘保护。

2. 自动开关操作手柄的安装、调整。

（1）操作手柄或传动杆的开合位置应正确。

（2）自动操作机构的接线应正确，合闸过程不应跳跃；开关合闸后，限制电动机或电磁铁通电时间的联锁装置应及时动作，使电动机或电磁铁的通电时间大于产品允许规定值。

（3）触头在闭合、断开过程中，可动部分与灭弧室的零件不应有卡阻现象。

（4）触头接触面应平整，合闸后接触应紧密，以免烧坏触头。

（5）有半导体脱扣装置的自动开关，接线应符合相序要求，脱扣装置的动作应可靠。

四、接触器和启动器

1. 接触器与启动器在安装前应进行检查，主要注意：

（1）电磁铁的表面应无锈斑及油垢；

（2）触头的接触面应平整、清洁；

（3）电磁启动器热元件的规格应按电动机的保护特性选配；

（4）热继电器的电流调节指示位置，应调整在电机的额定电流值上，设计有要求时，应按整定值进行校验。

2. 自耦减压启动器的安装、调整

（1）启动器应垂直安装；

（2）油浸式启动器的油面不得低于标定的油面；

(3)减压抽头(65%～80%额定电压)应根据负荷要求进行调整,启动时间不大于自耦减压启动器的最大允许时间;

(4)连续启动累计或一次启动时间接近最大允许启动时间时,应待其充分冷却后再启动。

五、按钮、行程开关及转换开关的安装

1. 按钮的安装

(1)按钮及按钮箱安装时,间距为 50～100 mm,倾斜安装时,与水平面的倾角不宜小于 50°。

(2)集中在一处安装的按钮应有编号或不同的识别标志,"紧急"按钮应有鲜明的标记。

2. 行程开关安装调整

(1)行程开关的安装位置应能使开关正确动作,并不得阻碍机械主件的活动。

(2)碰块或撞杆应在开关滚轮或推杆动作轴线上。

(3)碰块或撞杆对开关的作用力及开关的动作行程均不应大于开关允许值。

(4)限位用的行程开关,应与机械装置配合调整确定动作可靠后方可接入电路使用。

3. 转换开关

转换开关的安装,其手柄位置应与相应的接触片位置相对应,机构应可靠,触头任何接通位置均应接触良好。

4. 控制器

凸轮控制器的安装应在便于操作和观察的位置;操作手柄和手轮的安装高度为 1～1.2 m,其动作方向应与机械装置的动作方向一致。

5. 电阻器及变阻器

组装电阻器时,电阻片应位于垂直面上,并按设计要求进行安装。电阻器与其他电器垂直布置时,应安装在其他电器的上方。

电阻器与电阻元件间连接线应用裸导线;电阻器引出线夹板或螺钉应具有与设备接线图相应的标号;与绝缘导线连接时,不应由于接头处的温度升高而降低导线的绝缘强度。

电动传动变阻器的转换装置,其限位开关及信号联锁接点的动作应准确、可靠。

齿轮传动的变阻器转换装置,允许有半个节距的带动范围。频敏电阻器在调整抽头及气隙时,应使电动机启动特性符合机械装置的要求。

6. 电磁铁

电磁铁的铁芯表面应洁净无锈蚀,通电前应除去防护油脂。电磁铁的衔铁及其传动机构的动作应迅速、准确、无卡阻现象,直流电磁铁的衔铁上应有隔磁措施,以消除剩磁影响。制动电磁铁的衔铁吸合时,铁芯的接触面应紧密地与其固定部分接触,且不得有异常响声。有缓冲装置的制动电磁铁,应调节其缓冲器气道孔的螺栓,使衔铁动作至最终位置时平稳,无剧烈冲击。牵引电磁铁固定位置应与阀门推杆准确配合,使动作行程符合设备要求。

7. 漏电保护器

漏电保护作为低压电网保护的重要组成部分,其主要对象是为了防止人身触电事故;漏电火灾事故;漏电设备损坏事故。

(1)在下列设备必须安装漏电保护器:

①凡使用超过安全电压的手持式电动工具;

②基建施工电气设备;

③潮湿场所的电气设备;

④移动式、携带式的电气用具；

⑤电气设备的插座。

(2)漏电保护器的安装：

①漏电保护器的安装应符合生产厂产品说明书的要求；

②漏电保护器的安装应充分考虑供电线路、供电方式、供电电压及系统接地形式；

③漏电保护器的额定电压、额定电流、短路分断能力、额定漏电动作电流和分断时间应满足被保护供电线路和电气设备的要求；

④安装漏电保护器的电动机及其他电气设备在正常运行时的绝缘电阻值不应小于0.5 MΩ；

⑤漏电保护器安装后，应操作试验按钮，检查漏电保护器的工作特性，确认能正常动作后才允许投入使用；

⑥漏电保护器安装后的检查项目；

⑦安装时必须严格区分中性线和保护线，三极四线式或四极式漏电保护器的中性线应接入漏电保护器。经过漏电保护器的中性线不得作为保护线，不得重复接地或接设备外露可导电部分。保护线不得接入漏电保护装置。

第八节　电气照明运行与维护

一、照明设备的检查

(一)检查周期

1. 每年4月之前，应做好雨季前的检查和检修工作。

2. 每年7～8月间，应做好雷雨季节中的检查工作。

3. 每年冬季前，应做好防冻、防风的检修工作。

4. 暴风雨和大风后，应做特殊巡视及检查。

5. 对于特殊企业和生产厂房的照明装置的检查期限，应根据具体情况而确定。

(二)检查内容

1. 照明灯具上所装的灯泡，有无超过灯具的额定功率。

2. 局部照明时，检查降压变压器引线的绝缘情况，若有损坏，应及时更换或包好绝缘布带。

3. 灯具各部件若发现松动、脱落、损坏时，应修复或更换。

4. 检查行灯变压器和所有移动式灯具外壳的接地线是否牢靠。

5. 照明灯具的开关有无断相线，螺口灯的相线及零线接法是否正确。

6. 室外照明装置的检查

(1)室外照明灯具是否有单独熔断器保护。

(2)露天场所的照明灯有无采用防水灯口。

(3)照明灯具的开关配电箱有无漏雨现象，灯具的泄水孔是否畅通，并清除灯具内的杂物。

二、电气照明的巡视

1. 为了及时消除事故隐患，保证电气照明装置的正常运行，要定期对电气照明装置和配电线路进行检查和维修。

2. 检查导电部分的各连接处是否过热或有灼伤痕迹。

3. 检查各种仪表及指示灯是否完整，指示是否正确。

4. 检查开关及熔断器的外壳是否短缺或损坏，螺钉有无松动或脱落现象。

5. 检查熔断器内熔体的容量是否与负荷电流及导线截面相适应，禁止用不合格的导线代替熔体。

6. 若开关内有积尘或熔体熔断后有积炭，应及时清理，特别要注意检查与热源接近的塑料件有无变形，可燃件有无烧糊的痕迹。

三、照明装置的运行与维护

1. 照明装置安装后，须经检查才能投入运行，检查照明装置的所有部件是否符合设计要求，安装是否牢固，保护接地或接零是否可靠。

2. 测定所有房间的一般照明装置及各具有代表性的局部照明的实际照度和开关设备工作的准确性。

3. 在运行中应系统地检查照明器和网络中电压的稳定性，并排除引起电压损耗和波动的原因。

4. 每季检测照度不得少于一次，必须保持原设计中对限制眩光作用的措施，不允许照明灯具有所缺少或取掉反射器和保护罩及减小照明器的悬挂高度。

5. 已损坏的灯泡应及时更换。

6. 所有修理、内部检查、清扫设备及更换灯泡等工作，必须在切除电源后才能进行，以保证安全。

7. 经常清除照明设备各部分上的积尘和污染，才能保持良好的运行状态，因此在使用过程中，必须定期清扫，保持干净。

8. 为保证照明装置无事故运行，应经常检查和进行小修。

第九节　低压配电线路常见故障与检修

低压配电线路发生故障的可能很多，归纳起来主要有短路、断线和漏电三种。

一、短　　路

1. 故障现象：短路时电流很大，保险迅速熔断，电路被切断。如熔丝太粗不能熔断，则会烧坏导线甚至会引起火灾。

2. 故障检修：首先查明故障原因。故障产生的原因很多，常见的有：

(1)接线错误，火线与零线相碰接；

(2)绝缘导线的绝缘层损坏，在破损处碰线或接地；

(3)用电器具接地不好接线相碰，或未用接头，直接将导线插入座内，造成混线短路；

(4)用电器具内部损坏，导线碰到金属外壳上；

(5)灯头内部损坏，金属线相碰短路；

(6)房屋失修或漏水造成线头脱落后相碰或接地；

(7)灯头进水。

检修方法：通过配电箱内熔丝熔断回路来确定故障回路。更换保险后如保险连续熔断，切不可用金属丝代替，必须找到短路点排除故障之后才可送电，对同一线路可用逐点排除法来确定短路点，一般采用观察法，若没有明显故障点则用万用表的欧姆挡，在断电情况下进行电路分割检查，测量电阻，找到短路原因再予修理。

二、断　　路

1. 故障现象

线路发生断线故障时，电路无电压电灯不亮，用电设备不能工作。

2. 故障检修

(1)故障原因：

①熔丝熔断；

②线头松脱、导线断线；

③开关损坏不能接通电路；

④铝线端头腐蚀严重。

(2)检修方法：

如同一线路中其他设备正常工作，只有一个设备不正常工作，则为此一段电路故障。对照明线路应注意检查灯丝、灯头、开关，多为灯丝烧断。对日光灯应检查镇流器和启动器；如同一线路中的所有灯均不亮，就应检查熔丝是否熔断，及有无电压。对动力线路应对设备本身进行检查。

熔丝熔断，要注意线路中有无短路故障，如保险未断而火线上无电则应检查前一级保险是否烧断。

三、漏　　电

1. 故障现象

人体触漏电的地方会感到发麻，用电度数比没有漏电时增多，测量绝缘电阻时，阻值变小。

2. 故障检修

(1)故障原因：

①电线或电气设备长期使用后，绝缘老化；

②绝缘导线受潮、污染。

(2)检修方法

漏电不仅浪费电能，还会危及人身安全，所以对线路应进行定期检查，排除漏电故障。漏电检测可通过测量绝缘电阻检查绝缘情况，应先从灯头开关、插座等查起，然后进一步检查电线。对于穿墙、转弯、交叉、绞合及容易腐蚀和潮湿的地方，要特别注意检查，对发现的漏电设备和导线应及时更换，并除掉线路上的灰尘污物。

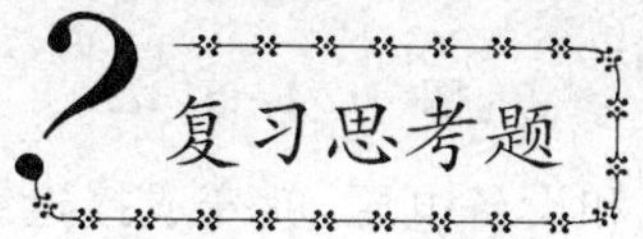

1. 照明方式、照明种类分为哪些？
2. 下列各个线路的符号代表什么意思？

"1MG—BLX—3×12—CP—PM"

"2LG—BLV—3×4—QD—QM"

3. 短路的故障现象及故障检修。

第十二章　接地接零和防雷保护

电气设备的外壳或支架，在正常情况下是不带电的，由于误接线路或设备内部绝缘损坏时，带电部分与金属外壳或支架连接，人身触碰带电的外壳或支架就有触电的危险。接地和接零是防止人体接触偶然带电体引起触电事故的重要安全措施。

电气设备的任何部分与土壤之间作良好的电气连接，称为接地。接地是利用大地为电力系统正常运行、发生故障和遭受雷击等情况下提供对地电流构成回路，从而保证电力系统中各个环节(包括发电、变电、输电、配电和用电的电气设备，电气装置和人身)的安全。

接地按其作用的不同，分为工作接地、保护接地、防雷接地、重复接地等。常见接地有两大类，第一类为固定接地，这种接地是人为的永久性接地，它又分为工作接地、保护接地、重复接地和防雷接地。第二类为临时接地，这种接地是检修设备或线路时，除了切断电源外，还要临时将检修的设备或线路的导电部分与大地连接起来，以防万一突然来电时造成触电事故。

第一节　接地和接零

(一)工作接地和工作接地的作用

在电力系统中，凡是因设备运行上的需要而进行的工作性质的接地，即叫做工作接地。工作接地可直接接地或经过一些专门装置(如消弧线圈、击穿熔断器等)与大地相连接。如 380 V/220 V 电网中性点的接地。

工作接地有以下两项主要作用：

1. 减轻一相接地的危险，如图 12-1 所示，没有工作接地时发生一相接地将导致下列危险。

(1)接地电流通过大地——人身——设备——接零——零线，因为总的电阻较大，故电流不大，线路保险不能及时熔断，故障可能会延长时间。

(2)接零设备有一相因内部绝缘损坏碰外壳时，接地电流通过设备外壳——接零——零线，这时设备对地电压(即零线对地电压)，接近相电压，人身一旦接触设备外壳时，有触电危险。

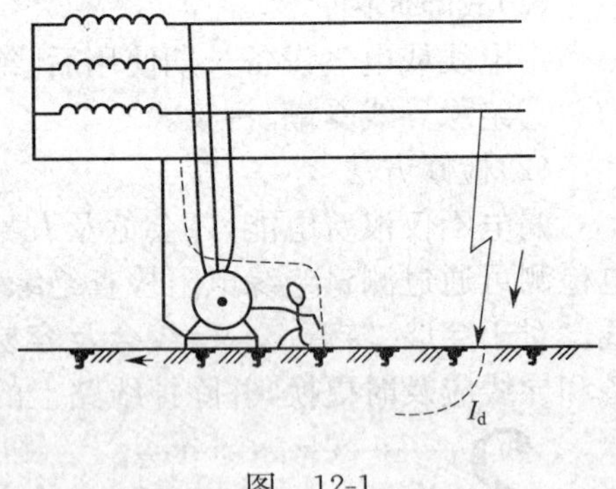

图　12-1

(3)接地相和设备对地电压接近相电压，其他两正常相对地和设备电压，就变成接近线电压，单相触电危险性增加。

如果有工作接地如图 12-2 所示，发生一相接地事故时，零线和设备对地电压为：接地电流 I_d 在接地电阻 R_0 上产生的电压降：

$$I_d=\frac{U_{相}}{R_0+R_d}$$

$$U_0 = I_d R_0 = \frac{R_0}{R_0 + R_d} U_{相}$$

显然 $U_0 < U_{相}$ 减小了触电危险性。

2. 工作接地能稳定系统的电位，限制系统对地电压不超过某一范围，减轻高压窜入低压的危险。

（二）保护接地和保护接地的作用

把电气设备的金属外壳同接地装置连接叫保护接地。

1. 在 380 V/220 V 三相四线供电系统中，变压器中性点直接接地，电气设备外壳不接地时，当设备内部绝缘损坏一相漏电时，人体触及设备外壳时，接地电流就会通过人体和变压器形成回路如图 12-3 所示，其大小

$$I_d = \frac{220}{R_0 + R_{人}}$$

式中　R_0——变压器中性点工作接地，一般 $R_0 = 4\ \Omega$；

$R_{人}$——人体电阻，一般 $R_{人}$ 为 1 000 Ω。

$$I_d = \frac{220}{4 + 1\,000} = 0.22(\mathrm{A})$$

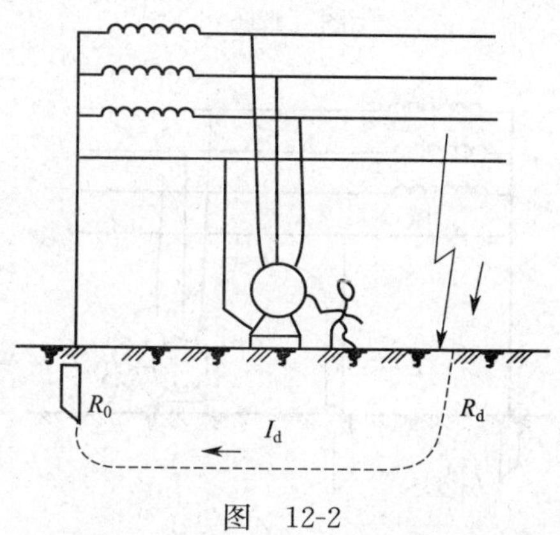

图　12-2

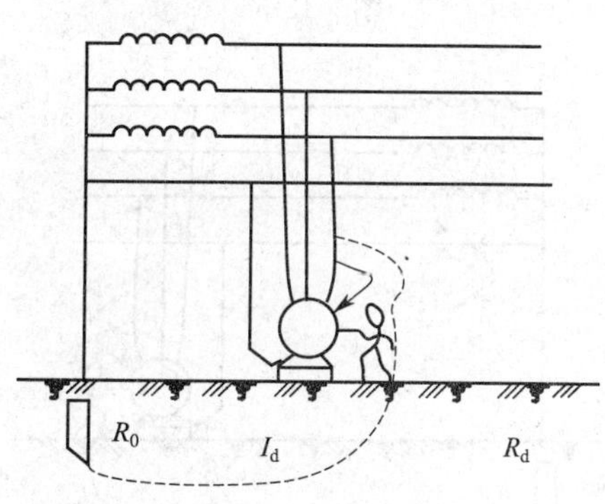

图　12-3

这个电流对人体生命有危险。如果电器设备外壳增加保护接地后，如图 12-4 所示，若一相内部绝缘损坏，有漏电电流时，人一旦碰触设备外壳，漏电电流大部分通过保护接地和工作接地构成回路，而通过人体的电流很小。

则碰壳接地电流的大小为：

$$I_d = \frac{U_{相}}{R_0 + R_d} = \frac{220}{4 + 4} = 27.5(\mathrm{A})$$

（工作接地和保护接地电阻均按 4 Ω 考虑），这就可近似求出人体承受的电压 $U_d = I_d \cdot R_d = 27.5 \times 4 = 110(\mathrm{V})$，如果人体电阻 $R_{人}$ 按 1 000 Ω 考虑，可以求出通过人体的电流：

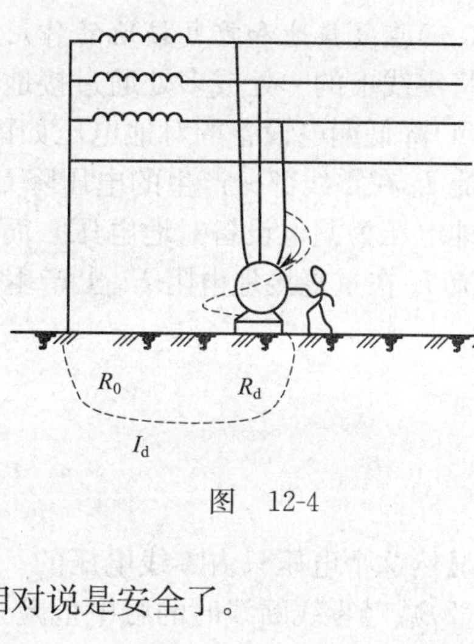

图　12-4

$$I_{人} = \frac{U_d}{R_{人}} = \frac{110}{1\,000} = 0.11(\mathrm{A})$$

看出比没有保护接地时通过人体的电流减小一半，相对说是安全了。

2. 在低压中性点不接地系统中；当一相碰壳时，如图 12-5 所示，接地电流 I_d 通过人体和电网对地绝缘阻抗形成回路。当电网对地绝缘正常时，漏电设备对地电压很低；但当电网绝缘性能显著下降，或电网分布很广时；对地电压可能上升到危险程度。如图 12-6 所示电气设备外壳增加保护接地后，这时漏电设备对地电压主要决定于保护接地电阻 R_d 的大小，只要适应当控制 R_d 的大小，即可限制漏电设备对地电压在安全范围内。

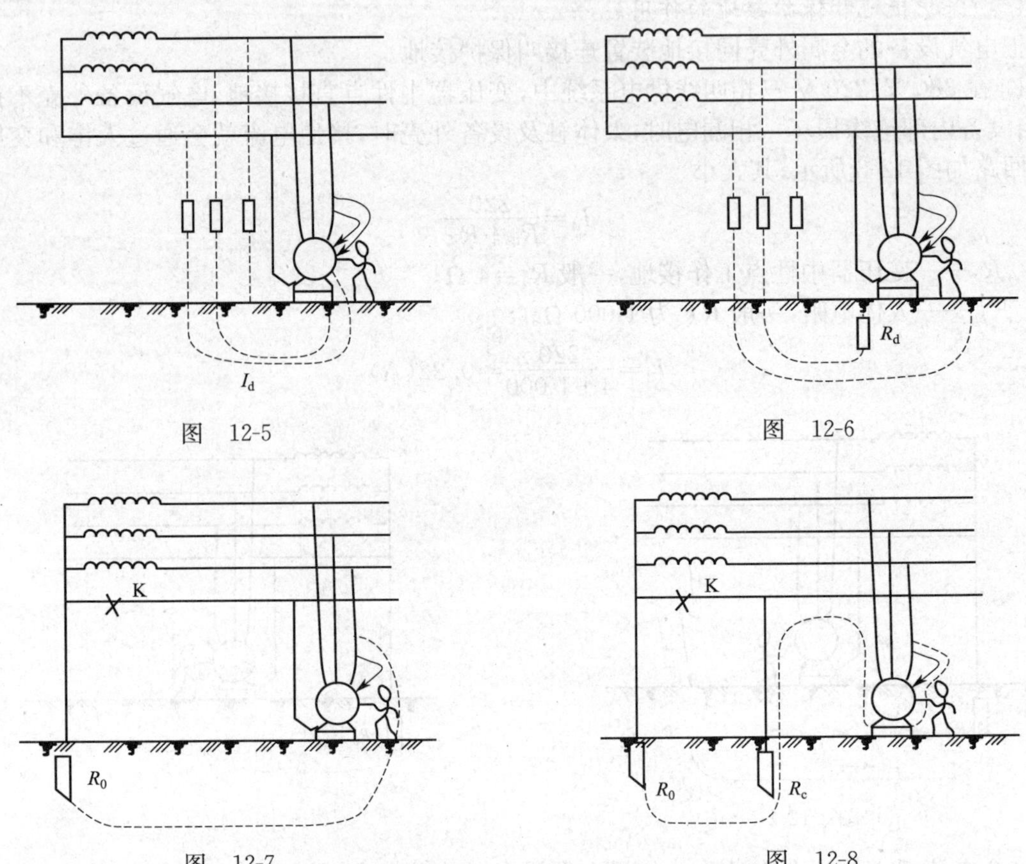

图 12-5　图 12-6

图 12-7　图 12-8

(三)重复接地和重复接地的作用

将零线上的一处或多处通过接地装置与大地再次连接，称为重复接地。其作用如下：

(1)降低漏电设备的对地电压如图 12-7，没有重复接时，漏电设备对地电压 U_d 即单相短路电流 I_d 在零线部分产生的电压降 U_0，即 $U_d=U_0$。因为漏电设备接零，它和零线等电位，零线对地电压为漏电设备对地电压。而有了重复接地后如图 12-8 所示，漏电设备对地电压即接地电流 I_d 在重复接地电阻 R_c 上产生的电压降即

$$I_d=\frac{U_0}{R_0+R_c}$$

$$U_t=I_dR_c=\frac{R_c}{R_0+R_c}U_0$$

显然这个电压只占零线电压的一部分，相对的触电危险性小了。

(2)减轻零线断线时的触电危险，如图 12-7 中零线 K 点断线，没有重复接地时，漏电设备

接零不起作用(接地电流回不到变压器中性点),漏电设备与碰壳处相等电位,即漏电设备对地电压为相电压。如果有了重复接地,如图 12-8 所示 K 点断线,漏电设备对地电压为接地电流 I_d 在接地电阻上产生的压降。

$$I_d = \frac{U_{相}}{R_0 + R_c}$$

$$U_C = I_d R_c = \frac{R_c}{R_0 + R_c} = U_{相}$$

即 U_c 仅为相电压 U 的一部分,相对触电危险性小了。

(3)在三相四线制供电系统中,当零线断线时,三相负荷不平衡时,会产生三相电压严重不平衡,甚至会烧坏单相负荷,同时在零线上会产生危险的对地电压。当有重复接地时,能消除或减轻这些不良现象。

(4)缩短一相碰壳的接地短路时持续时间,因为重复接地和工作接地构成零线和大地的并联支路,当发生接地短路或碰壳短路时,能增加短路电流,而且线路越长,效果越显著,这就加速了线路保护和线路熔丝的动作和熔断,缩短了事故持续时间。

(5)改善架空线路的防雷性能,架空线路零线上的重复接地,对雷电有分流作用,有利于限制雷电过电压。

(四)保护接零及保护接零的作用

把电气设备的外壳与三相四线制供电系统中的零线连接称为保护接零。

当某一设备外壳带电时,通过设备外壳+接零+零线,形成该相对零线的单相短路(碰壳短路),短路电流能促使线路上的保护装置或熔断器迅速动作,从而把故障部分断开电源,消除触电危险。

(五)保护接零和保护接地的使用范围

在中性点直接接地的三相四线制供电系统中,采用保护接零。在中性点不接地供电系统中,采用保护接地。由同一台变压器或母线供电的三相四线制供电系统中的各电气设备,若有的采用保护接零,有的采取保护接地,当保护接地的设备上一相碰外壳时,短路电流通过碰壳设备—保护接地—大地—变压器中性点接地—回到零线,在零线上产生电压降 U_o,则所有保护接零设备的外壳都出现 U_o。

结论:

1. 在同一变压器或同一母线供电的低压线路,要采用同一种保护方式。

2. 在中性点直接接地的低压电网中,电力设备的外壳要采用保护接零。

电力设备的下列金属部分均应接地或接零:

(1)电机、变压器、电器、携带式及移动式用电器具的底座和外壳。

(2)电力设备的传动装置。

(3)互感器的二次线圈及底座。

(4)配电屏与控制屏的框架。

(5)室内外配电装置的金属构架和钢筋混凝土构架,以及靠近带电部分的金属围栏和金属门。

(6)交直流电力电缆接线盒、终端盒的外壳、电缆的金属外皮、保护管和布线钢索。

(7)居民区的金属电杆、灯塔灯桥。

(8)装在架空线路上的开关设备,电容器等电气设备的底座外壳。

(9)控制电缆的金属外皮。

第二节　防雷保护

一、雷电现象及雷电的种类

(一)雷电现象

雷电是雷云之间或雷云对地面放电的一种自然现象。在雷雨季节里,地面上的水分受热变成水蒸气,并随热空气上升,在空气中与冷空气相遇,使上升气流中的水蒸气凝成水滴或冰晶,形成积云。云中的水滴受强烈气流的摩擦产生电荷,而且微小的水滴带负电,小水滴容易被气流带走形成带负电的云;较大的水滴留下来形成带正电的云。由于静电感应,带电的云层在大地表面会感应出与云块异性的电荷,当电场强度达到一定值时,即发生雷云与大地之间的放电;在两块异性电荷的雷云之间,当电场强度达到一定值时,便发生云层之间放电。放电时伴随着强烈的电光和声音,这就是雷电现象。

雷云放电时,也是由于雷云中的电荷逐渐聚集增加使其电场强度达到一定程度时,周围空气的绝缘性能就被破坏,于是正雷云对负雷云之间或者雷云对地之间,发生强烈的放电现象。其中尤以雷云对地放电(直接雷击)对地表的供电网络和建筑物的破坏性最大。

雷云是产生雷电的基本因素,而雷云的形成必须具有下列三个条件:

1. 空气中有足够的水蒸气;

2. 有使潮湿的空气能够有上升并凝结为水珠的气象或地形条件;

3. 具有气流强烈持久地上升的条件。

雷电过电压是由雷云放电产生的,它是一种壮观的自然现象,包括闪电和雷鸣两种现象,两者相伴出现,因而常称之为雷电。最常见的雷云有热雷云和锋面雷云两种。垂直上升的湿热气流升至2～5 km高空时,湿热气流中的水分逐渐凝结成浮悬的小水滴,小水滴越聚越多形成大面积的乌黑色积云。若此类积云由于某种原因而带电荷则称为热雷云。此外,水平移动的气流因温度不同,当冷、热气团相遇时,冷气团的容度较大,推举热气团上升。在它们的广泛的交界面上,热气团中的水分突然受冷凝结成小水滴及冰晶而形成翻腾的积云,此类积云如带电荷称为锋面雷云。一般情况,锋面雷云波及的范围比热雷云大得多,可能有几公里甚至十几公里宽的大范围地区,流动的速度可高达每小时100～200 km。因此,它所形成的雷电危害性也较大。

(二)雷电的种类

雷电的种类可分为直击雷、感应雷、雷电波侵入及球雷四种。

1. 直击雷

有时雷云较低,周围又没有带异性电荷的云层,而在地面上突出的树木或建筑物等,感应出异性电荷,雷云就会通过这些物体与大地之间直接放电,这种直接击在建筑物或其他物体的雷击,称为直击雷。

由于受直接雷击,被击物体产生很高的电位,而引起过电压,流过的雷电流可达几十千安甚至几百千安,对设备、架空线及建筑物产生极大的破坏作用,如架空线上产生几千千伏的高压后,会引起线路的闪络放电,发生短路事故,而且会波及变电所、发电厂,引起严重的后果。

雷击放电大多数具有“重复放电”的性质。产生极大的雷电流,引起地面建筑物和其他物体的损坏,甚至发生爆炸和引起火灾。

2. 感应雷

感应雷又称雷电感应，它是由于雷电流的强大电场和磁场变化产生的静电感应和电磁感应引起的。它能造成金属部件之间产生电火花放电。静电感应的特点是，当雷云出现在导体的上空时，由于感应作用，使导体上感应带有与雷云的异性电荷，雷云放电时，在导体上的感应电荷得不到释放，致使导体与地面之间形成很高的电位差。电磁感应的特点是，由于雷电流的幅值和陡度迅速变化，在它周围的空间里，会产生强大的变化的电磁场，在其中的导体感应产生极大的电动热，若有回路，则产生很大的感应电流，而产生危害。

3. 雷电波侵入

由于雷电对架空线路或金属导体的作用，所产生的雷电波就可能沿着这些导体侵入建筑物内，危及人身安全或损坏设备。

雷电波侵入的事故时有发生，在雷害事故中占相当大的比例。

4. 球雷

通常认为球雷是一个炽热的等离子体，温度极高，并发生紫色或红色的发光球体，直径在10～20 cm以上。

球雷常沿地面滚动或在空气中飘动，能通过烟囱、门、窗或其他缝隙进入建筑物内部，或无声消失，或伤害人身和破坏物体，甚至发生剧烈的爆炸，引起严重的后果。

二、雷电的效应及危害

雷电主要有雷电压的击穿效应，雷电流的热效应，雷电的机械效应。这些效应都会带来危害，雷电本身电压很高，若电压超过某一数值，电气设备的绝缘要发生击穿而破坏。

(一)电 效 应

数十万至数百万伏的冲击电压可击毁电气设备的绝缘，烧断电线或劈裂电杆，造成大规模的停电；绝缘损坏还可能引起短路，导致火灾或爆炸事故，巨大的雷电流流经防雷装置时会造成防雷装置的电位升高，这样的高电位同样可以作用在电气线路、电气设备或其他金属管道上，它们之间产生放电。这种接地导体由于电位升高，而向带电导体或与地绝缘的其他金属物放电的现象。叫做反击。反击能引起电气设备绝缘破坏，造成高压窜入低压系统，可能直接导致接触电压和跨步电压造成事故。可使金属管道烧穿，甚至造成易燃易爆物品着火和爆炸。

雷电流的电磁效应，在它的周围空间里就会产生强大而变化的磁场，处于这电磁场中间的导体就会感应出很高的电动势。这种强大的感应电动势可以使闭合回路的金属导体产生很大的感应电流，引起发热及其他破坏。

当雷电流入地时，在地面上就会因雷电流引起跨步电压，造成人身触电事故。

(二)热 效 应

巨大的雷电流(几十至几百千安)通过导体，在极短的时间内转换成大量的热能。雷击点的发热量约为500～2 000 J，造成易爆物品燃烧或造成金属熔化、飞溅而引起火灾或爆炸事故。

(三)机械效应

被击物遭到严重破坏，这是由于巨大的雷电流通过被击物时，使被击物缝隙中的气体剧烈膨胀，缝隙中的水分也急剧蒸发为大量气体，因而在被击物体内部出现强大的机械压力，致使被击物体遭受严重破坏或发生爆炸。

三、防　　雷

防雷的基本方法用“泄”和“抗”两个字来概括，就是将有危害的电压使用接地的避雷设施，把雷电引向本身,通过本身“泄”入大地,以削弱其威力。为防止雷害为目的而做的接地叫防雷接地。另外要求各种电气设备,具有一定的绝缘水平或采取其他补救措施,提高“抗”雷电的破坏能力。

目前常用的防雷设施有:避雷器、避雷针、避雷线和间隙保护,避雷器有阀型避雷器和管型避雷器两种,这里只简述阀型避雷器的构造和防雷作用。阀型避雷器由间隙元件和非线性电阻两部分组成,外面用瓷件包住,上下各有一个接线端子。

阀性电阻由陶料粘固起来的工业用金钢砂、碳化硅颗粒组成。它的特性是非线性电阻,当承受工频电压时其电阻值很高,工频电流很难通过,当加以冲击高电压时;它的电阻变得很小,使冲击电流容易通过。

正常情况下,避雷器上端承受线路工频电压,阀型电阻的电阻值很大,间隙元件有足够的绝缘,不会被正常交流电压击穿。当避雷器上端(即线路上)遭受雷击电压达到一定数值时,间隙元件被击穿,雷电压直接加在阀型电阻上,由于它对冲击电压的电阻很小,使大量的雷电流泄入大地,当雷电消失后,加在避雷器上的电压又为线路正常工频电压,阀型电阻又变为高阻,避雷器恢复正常,线路对地处于绝缘状态。

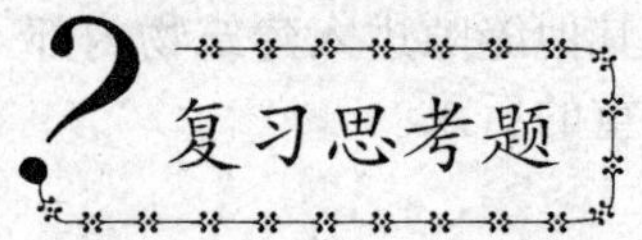

1. 接地和接零的主要作用,常见的接地有哪些?
2. 保护接零和保护接地的使用范围有哪些?
3. 什么叫接地装置?
4. 什么叫保护接零?有什么作用?

第十三章 电力远动技术

第一节 远动基本理论

一、远动的基本概念

对物体或各种过程进行远距离测量和控制的综合技术，称为远动技术。

二、远动装置的发展

我国电力系统远动技术是在20世纪50年代发展起来的。最初是从前苏联引进的SF-58型有接点远动装置，通信速率为50 bit/s，功能也较弱。60年代以来，我国自行研制出了无触点数字综合远动装置，该装置具有遥测（YC）、遥信（YX）、遥控（YK）、遥调（YT）四种综合能力。70年代中，我国电力系统中运行着的远动装置是由硬件逻辑元件组合而成的，基本满足了当时所需的远距离监控功能。自90年代以来，基于微处理机的远动装置有了迅速发展，intel8086、intel80286、intel8098、MCS-51、intel80C188EC等高性能微处理机广泛地应用于RTU中。铁路电力远动装置就是吸收电力系统远动装置的优越性能并根据自身的供电特点的一套远动装置。

三、远动装置的用途

电力系统是由若干个发电厂、变电所、输电线路组成，中心调度所为了及时了解系统的运行情况，监视系统的运行参数，以及对系统中的断路器进行操作，所以设置了远动装置。

远动装置主要有三部分组成：控制端（设在中心调度所）以实现远距离操作；被控端（设在远方终端）以接收和实现远距离控制；传输通道（连接控制端和被控端的电缆和光缆）。

远动装置的用途，就是远距离内进行信息传递，由控制端发出命令，被控端接收命令并执行。

远动实现的基本功能：

1. 遥控（YK）：就是对被控对象进行远距离控制。如：对所内开关进行远方分、合操作。

2. 遥信（YX）：就是对被控站的设备状态信号远距离传送给调度端。如：开关的状态信号、各种事件信号、装置的状态信号。

3. 遥测（YC）：是对被测对象的某些参数进行远距离的测量。如：各种电流、电压、温度等。

4. 遥调（YT）：调度端直接对被控站某些设备的工作状态和参数的调整。如：对变压器的挡位调整。

四、远动系统的组成

远动系统由调度端、远动信道、远动终端（RTU）、信息转换装置组成。各部分完成的功能如下：

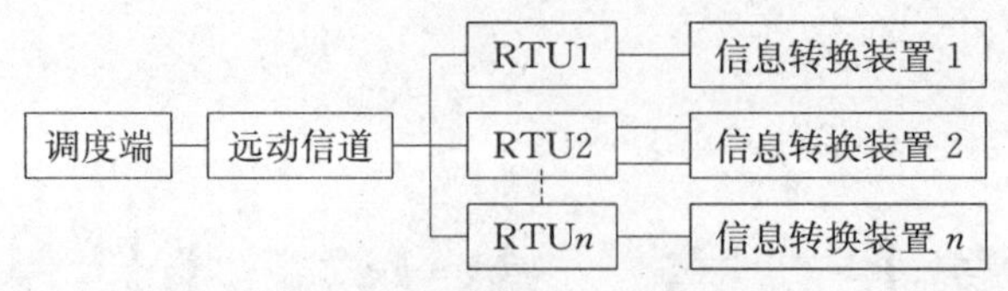

图 13-1 远动系统的组成

1. 调度端:远动系统最主要的人机界面部分的主要调度操作都在调度端实现,各远动终端和子监控与调度系统采集到的有关数据都要定时或不定时在调度端予以汇总。

2. 远动信道:用于传输远动数据的通信信道称为远动信道。远动信道的质量是确保微机远动系统可靠运行的重要前提,微机远动系统的调度端与各远动终端 RTU 通常构成 1∶N 的集散监控与调度,通信信道则担负调度端与各远动终端间数据传送的重任。在一个计算机远动系统中,调度端和各远动终端的质量再好,如果信道不过关,这样的远动系统则毫无用处。

3. 远动终端:是位于远离调度端对现场实现监测和控制的装置。它接收和处理现场信息经转换后送来的模拟量、脉冲量和开关量;为每一控制执行回路或调节执行机构回路提供继电器的 1—2 对常开或常闭节点。

4. 现场信息转换与控制机构:包括需要测量对象信息的转换与放大和被控对象的执行机构两部分。远动终端只能采集和接收符合要求的电信号,而测量对象往往还有非电信号的物理量,如压力、温度等。因此,由传感器将非电信号的量转换为电信号,并经放大和加工处理后,变为远动终端接收的信号。对于有些就是电信号的物理量,如电流、电压、功率、电度等参数的测量,因其幅度大小不标准,需经适当变换,使之满足 RTU 的要求。

五、远动系统实现调度自动化的基本过程

远动系统实现调度自动化有四个基本的过程。在这四个过程中,远动基本的"四遥"功能和各组成部分的作用将得到体现。

1. 采集被控对象信息并将其传送到调度端

RTU 负责采集现场的状态和数据,并将其进行变换后通过远动信道传到调度端,调度端经过一定的变换显示到人机界面上(显示器等)。此过程主要由被控站、现场信息转换机构来实现,实现的是遥信、遥调这两个功能。

2. 对远动装置传来的信息进行实时处理

(1)对传来的 YX、YC 数据进行存储、显示、打印。

(2)分析传输的数据是否正确,并加以抛弃或纠正后使用。

此过程主要由调度端实现。

3. 做出调度决策

调度计算机根据接收的信息,对被控对象的运行进行自动或人工分析,然后做出适当的调节和控制(调整挡位、分合开关、投撤电容等)。此过程主要由调度端实现。

4. 将调度决策送被控站去执行

调度决策包括对被控对象的控制和调节。调度端发出 YK、YT 命令,经过信道传到被控站,被控站接收到之后具体进行执行。此过程主要由被控站和现场执行机构实施。实现的是 YK、YT 功能。

六、远动终端(RTU)的主要功能

RTU使被控端的远动设备,它实际上也是一个微机,用来完成遥控接收、输出执行、遥测、遥信量的数据采集及发送的功能。主要功能如下:

1. 采集状态量信息

通过一些接口电路,把变电所的断路器、隔离开关的状态转变为二进制数据,存储在计算机的某个内存区。

2. 采集模拟量测量值

所谓采集,即把变电所的一些电流、电压、功率等模拟量,通过互感器、变送器、A/D转换器变成二进制数据,存储在计算机的某个内存区。

3. 与调度端进行通信

把采集到的各种数据,组成一帧一帧的报文送往调度端,并接收调度端送来的命令报文。通信中有一个重要的工作,即对发送的数据进行抗干扰编码,对接收的数据进行抗干扰译码,如果发现有误则不执行命令。

通信规约一般有应答式(polling)、循环式(CDT)等。应答式规约是以调度端为主,不断对各个被控站进行查询;被控站有问时必须在规定时间内回答,无问时绝对不允许主动上报信息;实用于信息量少、通道质量较高的地方。循环式规约以被控站为主,自发地不断循环上报现场数据;实用于数据量大、通道质量不高的地方。我段管辖的远动系统除宁西电力远动的东线配电所是循环式规约外,其他均为应答式规约。

1. 被测量越死区传送

每次采集到的模拟量与上一次采集到的模拟量进行比较,若差值超过一定的限度(死区),则送往调度端,否则,认为无变化,不传送。这可以大大减少数据的传送量。

2. 事件顺序记录(SOE)

当某个开关状态发生变位后,记录下开关号,变位后的状态,以及变位的时刻。事件顺序记录有助调度人员及时掌握被控对象发生事故时各开关和保护动作状况及动作时间,以区分时间顺序,作出运行对策和事故分析。时间分辨是事件顺序记录的重要指标,分为RTU内与RTU之间两种。RTU内要求分辨率小于5 ms,RTU之间的分辨率要求小于10 ms。

3. 执行遥控命令

调度端发来遥控命令,RTU受到命令,确认无误后,即进行遥控操作,通过接口电路、执行机构,使某个或多个断路器或隔离开关进行“合”或“分”的操作。

4. 系统对时

RTU站间SOE分辨率是一项系统指标,因此它要求各RTU的时钟与调度中心的时钟严格同步。可以采用全球定位系统GPS来同步对时;也可采用软件对时,就是主站定时向各被控站发布对时广播令。

5. 自恢复和自检测功能

RTU作为远动系统的数据采集单元,必须保证不间断地完成和SCADA系统的通信,但RTU的工作环境恶劣,具有强大电磁干扰,运行中难免发生程序受干扰,或通信瞬时中断等异常情况,有时也会发生电源瞬时掉电,这都会造成RTU死机,而使系统无法收到该被控站对象的信息。因此要求RTU在遇这些情况时,能在最短时间内自动恢复,重新从头开始运行程序,为了维护方便,通常要求RTU含有自检程序。

七、被控站的硬件结构

RTU的硬件结构如图13-2,CPU为其核心部分,负责计算与控制。程序执行代码部分固化在ROM中,数据部分则保留在RAM中,在系统复位或开机时,这些数据的初始化值可以从网络上装入。外设接口用于连接显示器、键盘、打印机等。信道接口用于与远方的调度端联系。AI是电流、电压等模拟量信号;DI是开关状态、事件情况等遥信量信号;遥控、遥调是远动的命令执行输出信号。各组成部分是通过总线(BUS)进行联系的。

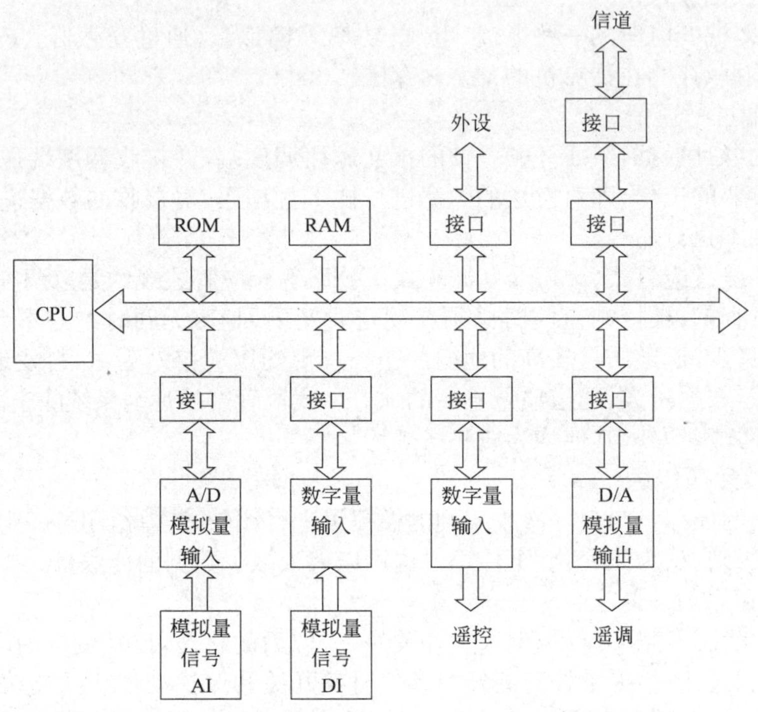

图13-2　RTU的硬件结构框图

八、开关量的输入原理

开关量的输入既是对被控对象的状态进行采集。远动装置会产生一个24 V或其他等级的直流或交流电压(即YXM),经过需采集状态的对象的辅助节点S再回到远动装置的YX采集回路上。采集到每个回路是否有电即表示开关的分、合状态或事件是否产生和消失。

每条YX采集回路都有电平转换电路,将从二次回路传来的电平转换成计算机可以兼容的电平。开关量的输入一般按组进行,每组输入的开关量位数与微机的字长相等,经I/O接口或带有三态控制的数据锁存器与主机的数据总线相连。IORQ、WRD、(A7－A0)译码通过两个与非门共同作用于CE(三态门选通信号,低电平有效)选通某一组开关量,从而对该组的开关量进行采集。

每次开关量采集进来的值都是存放在新值区,上一次采集的值总是放在旧值区。通过新旧值的比较,可以判断有无开关变位,变位开关量的序号,变位后的状态。如果再加变位的时间,则成为事件顺序记录(SOE)。因此开关量的数据处理有两个方面:一是判断变位的开关号，变位后的状态，即遥信变位传送；二是在前者的基础上再加上时间参数，实现事件顺序记录。

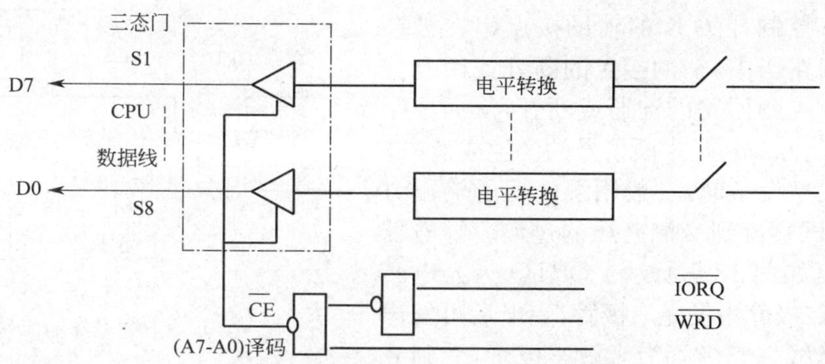

图 13-3　由三态门组成的开关量输入电路

变电所中输入的开关量有三种类型：第一类为保护继电器的输出触点，反应动作情况（如瓦斯、差动保护等），均为银质触点，接触电阻很小，又安置在控制室内，不需经继电器转换，在弱电电源（15 V 或 24 V）回路中直接接入带光电隔离的开关量输入板即可。第二类为断路器和刀闸的辅助接点，用来反应断路器和刀闸的状态（开/合），须经过转换才能进入计算机系统。这类触点接在 220 V（或 100 V）的高压回路中，接通或断开转换继电器的线圈励磁回路，这样转换继电器的镀银触点就反应了开关的辅助接点的位置，它接在弱电回路中与带光电隔离的 RTU 开关量输入板相连。因为转换继电器的线圈是接在操作回路中，电压较高，可以克服辅助接点表面氧化膜或灰尘形成的接触电阻的影响。又因为经过继电器的隔离作用，从而提高了抗干扰的能力。第三类信号为刀闸和断路器等设备的故障信号（如压力、温度监视等），用来反应刀闸和断路器等设备的故障。这类接点也应同第二类触点一样经过转换。

九、开关量的输出原理

开关量输出通道的任务是产生开关信号，用以操纵生产过程中具有两位状态的设备，其主要功能有：(1)直接操纵现场中具有两位状态的设备；(2)实现报警及中断请求。开关量输出同样必须经过 I/O 接口或数据输出寄存器，在过程控制中多以成组的形式输出。开关量输出原理电路如图 13-4 所示。

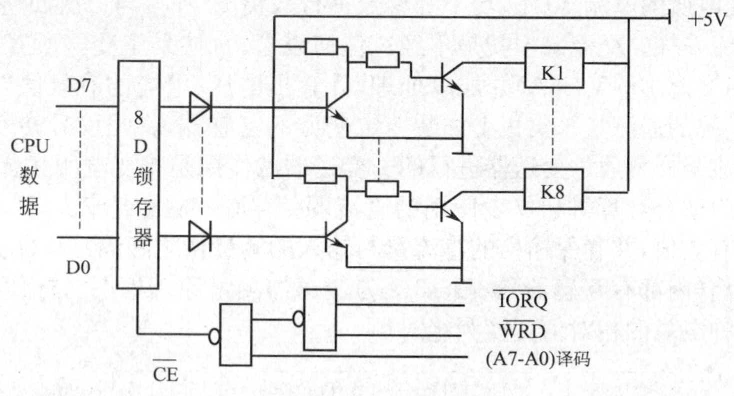

图 13-4　开关量输出原理电路

由 CPU 给出指令控制选通信号 CE(低电平有效),从而选通某一组开关量的输出回路,通过由两个三极管组成的驱动电路使控制开关 K 受电或断电。控制开关 K 的辅助接点串在被控对象的控制回路当中,辅助接点的断开或闭合控制着被控对象控制回路的沟通或断开,从而控制被控开关的开合或报警、中断信号的产生或消失。

当驱动大型设备时,一般用继电器的输出方式,以实现低压直流到交流高压的过渡。继电器输出接口电路如图 13-5 所示。OPTO 为光电转换器,其中的二极管为发光二极管,受电后可发出一定强度的光线。三极管为光敏三极管,受到光照后可以饱和导通。OPTO 可以实现高、低压电气的隔离,保护低压设备。继电器 J 的接点串于交流 220 V 的控制回路当中。

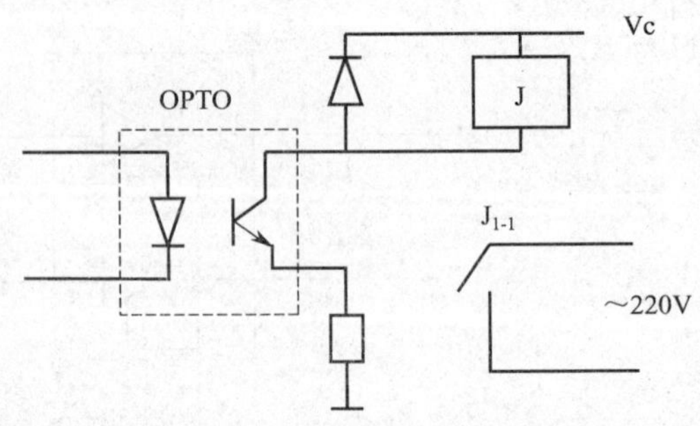

图 13-5　继电器输出接口

十、遥测量的采集与处理

在远动系统中,需要遥测多路模拟量。各模拟量要公用一路 A/D 转换器及一路采样保持器。多路通道开关对各模型进行一个一个的采样,每个采样值分别送采样保持器。数值为固定的采样值经 A/D 转换后变成数字量,然后经过并行接口供 CPU 处理。图 13－6 为模拟量采集框图。

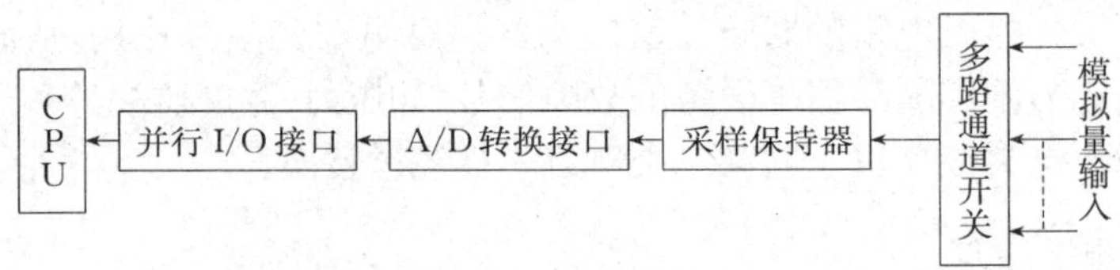

图 13-6　模拟量采集框图

A/D 转换器转换的作用就是将模拟量转换成数字量,其转换需要一定的时间,且多路模拟量公用一个,因此需要将采集到数据在采样保持器中保存直至 A/D 转换结束才能采集下一路模拟量。

RTU 在对变电所的电流、电压、功率等参数进行采集测量时,与二次回路连接的方式可分为直流采样和交流采样。交流采样就是不经过任何设备,直接采集变电所互感器二次送过来的强信号(一般为交流 100 V,5 A)并加以处理,计算出电压、电流的有效值以及有功、无功功率。当然,有些系统的遥测量采集板上加装一定变比的互感器,将强信号转换为弱信号,但还是交流信号。直流采样是通过变送器进行的。变送器的作用是将变电所互感器二次送过来的交流强信号转化为适合计算机和仪表使用的直流弱信号(一般为直流±5V,1 mA)。它可以从瞬时信号获得有效值,并确保输出的直流量与输入的测量量之间满足线性关系,也可以实现输入与输出的隔离(内部有互感器)。图 13-7 为变送器测量原理框图。标量计算的作用是将计算机内存的各种电量的相对值变换为绝对值。

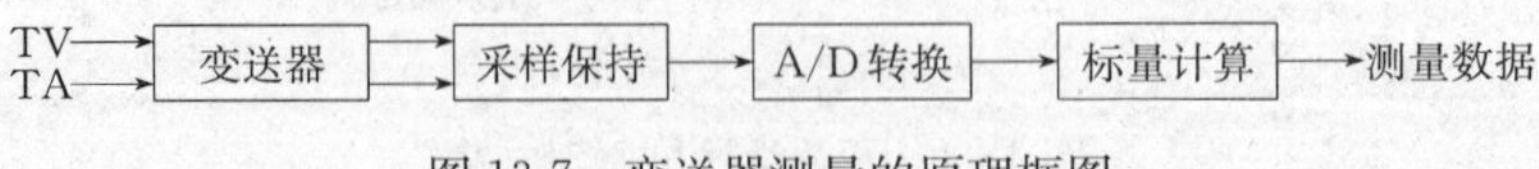

图 13-7　变送器测量的原理框图

十一、通信原理

远动是实现调度所对分布现场的被控站进行远距离的监视和控制。因此,需要一定的通道来实现调度端与被控端的信息交换。

在数据传输中,数字基带信号有其一些传输的特点,但不适用于远距离传输。在传输远动信号时采用调制技术,在发送端将基带信号调制成频带信号后再送至信道,在接收端经过解调再恢复成基带信号。其组成框图如13-8所示。

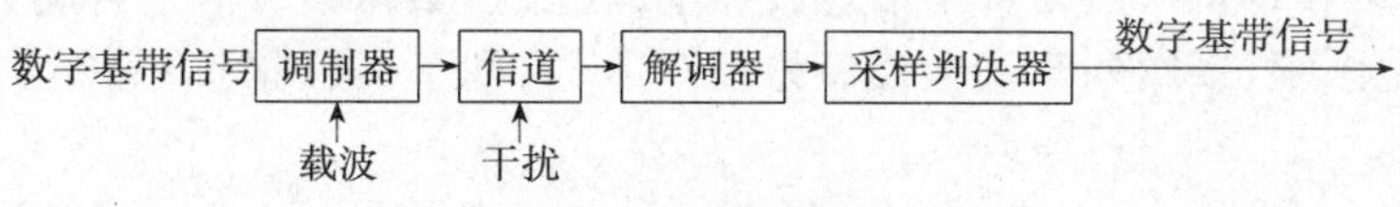

图13-8　频带传输系统方框图

频带传输方式具有传输距离远、抗干扰能力强、多路复用等优点。因此,在远动传输的信号中都有载波信号。远动的通道板上都有调制解调器,利用软件或硬件产生并发出载波信号。因此,在检查通道的好坏时可通过测量载波信号来判断。有些远动设备是接入其他办公网,利用网络通信,这时就不需要自己提供载波信号。远距离传输时需要的载波信号是通信部门的事。

第二节　铁路电力远动现场运用

铁路电力远动(电力远程监控、信号电源监控)系统,是实现供电段调度对行车信号电源(自动闭塞、贯通高低压供电系统)及其他重要负荷供电状态实时监测和控制的计算机网络系统。它由调度端设备(主控站)、执行端设备(被控站)及网络通道设备等组成。

电力远动系统是重要的行车设备。《技规》规定:电力远程监控系统是电力供应设备应具备的技术条件,是快速列车开行区段保证运输安全畅通的技术装备,也是电力设备的一部分。

铁路电力远动系统的基本组成:现场信息转换与控制机构、远动终端RTU、通信信道、调度端。

一、铁路电力远动终端(RTU:Remote Terminal Unit)装置的组成原理及接线图

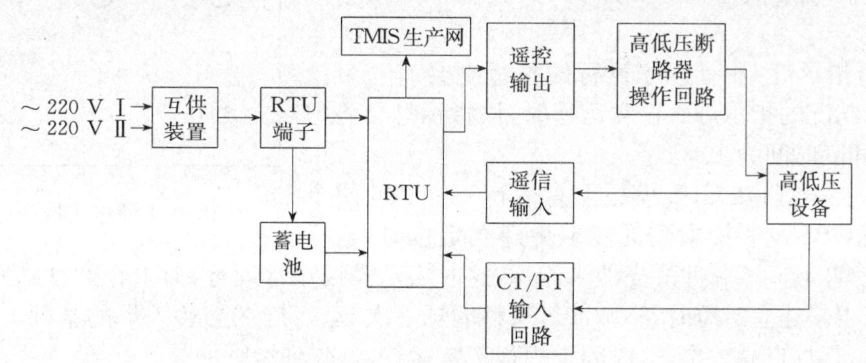

图13-9　RTU电气原理框图

RTU一般都是模块化设计,用不同的模块来实现各个功能。基本的模块包括:电源模块、

通信模块、主控制模块、控制输出模块、遥信量采集模块、遥测量采集模块、GPS 时钟模块以及各个模块之间联系的总线模块，还有一些外围模块(如控制输出的外围中间继电器模块、外围遥信模块等)。设计 RTU 的硬件结构时，将各个模块按照功能的不同划分成不同的单元。下面就常用的各类厂家的 RTU 单元组成分别加以说明。

二、铁路电力远动采用的网络通道名称

运输管理信息系统(TMIS)、调度信息管理系统(DMIS)、办公信息系统(OMIS)、铁路客票发售和预订系统(PMIS)、铁路货车信息技术管理系统(HMIS)、车号自动识别系统(AEI)、5T 安全预警防范系统、接发列车安全控制系统(STC)、列车调度指挥系统(TDCS)、调度集中系统(CTC)等。

三、各种面板指示灯、按钮的含义

在远动装置中有许多指示灯，如果知道这些指示灯的含义和作用，对了解设备状态，处理设备故障都有很大用途。现将常见的指示灯的含义和作用叙述如下：

1. 电源指示灯(POWER 灯)：每个电源模块都有电源显示指示灯，用来指示电源是否接通或正常。电源模块是将进线电源变为装置使用的电源，因此，有些模块会将进线电源和输出的电源都给予指示。比如，一个电源模块将输入的直流 220 V 转变为直流 24 V 和 5 V，会在其面板上显示 3 个指示灯，在这三个指示灯旁分别标有电源(或 POWER)、+24 V、+5 V。电源指示灯正常时常亮，一般为红色。如果指示灯不亮，应测量相应的电压是否正确，再进一步查找相应的电源回路。

2. 通信指示灯：在通道板上一般都有显示通信情况的指示灯。如图 13-10 所示。A、B 或上、下行是两个通道的名称，第一行的两个指示灯是载波灯，表示两个通道的载波建立情况。正常通信时，每个通道的发送端都会向接收端发送一个载波信号，接收端收到一定电平的载波信号后，其相应的载波指示灯会点亮。如果指示灯不亮或闪动，说明通道不良。第二行为接收指示灯，当装置接收到一个远动报文时接收灯会闪一下，闪动的时间长短与接收到的报文长度有关。第三行为发送灯，当装置发送或转发一个远动报文时，发送灯会闪动一下。因此，设备在正常运行时，CD 灯常亮，RD、TD 灯在不停地闪烁。

A或上行	B或下行	
○	○	载波或CD
○	○	接收或RD
○	○	发送或TD

图 13-10　通道板指示灯示意图

3. 遥信指示灯：在遥信外围板上对应的每一条信号采集回路都有一个信号状态指示灯，其亮表示该信号产生。

4. 运行指示灯：在有程序运行的模板上会有一个指示程序运行状况的指示灯。正常运行时，该指示灯会均匀闪烁，一般间隔时间为 1 s。

5. GPS 指示灯：在 GPS 模板上有运行和秒脉冲两个指示灯。当 GPS 没有搜索到同步卫星建立定位时，运行灯会红绿交替闪烁，秒脉冲灯亮但未闪烁，这时表示模板正常运行，但未收到秒脉冲。当 GPS 搜索到同步卫星建立定位时，秒脉冲灯每秒闪烁一次，运行灯在交替闪烁的基础上，当采集到秒脉冲时，运行灯点亮一次，这时表示模板正常运行，且收到秒脉冲。

6. 按钮的种类和含义：在装置的有些模板上会有一些按钮，常用的按钮有复位按钮(RESET)：用来对程序进行复位的，当按下这个按钮时，程序会重新启动，相当于计算机上的软启

动。电源按钮:用来开关电源。当地/远方转换开关:当打在当地位时可在本装置上进行操作;打在远方位时,后台机和调度端才能操作。

四、远动装置的日常维护及注意事项

RTU的日常运行时,应定期对模板进行清扫,保证良好的通风及散热条件。各种接插件应注意保持良好接触,在模板插拔过程中,应确保处于断电状态(有些厂家生产的模板可以带电插拔,使用时应阅读说明书,不能盲目操作),并保证电源在开关操作时没有瞬间高压脉冲,以免对板子造成永久性损坏。禁止在未采取消除静电措施之前,用手触摸模块上的芯片,以免静电损坏芯片。

五、远动装置常见的故障查找和处理

1. 遥信回路故障检查与处理

当某路开关量数据与实际状态不符时,应进行以下检查:

(1)检查遥信外围板上该路开关量对应的指示灯是否正确显示,如不正确,应检查从远动装置的遥信母线(YXM)出线经过的端子排、遥信信号的辅助接点、有关的连接线等是否接触良好,有无松动现象等。测量YXM上是否有正常的电压,电压低于一定值时,信号也会显示不正确。

(2)如果外围接线都良好,则检查相应遥信板回路。

2. 遥控回路的检查与处理

如果某个遥控操作失败时,应进行一下检查:

(1)检查当地/远方转换开关的状态,是否将控制电源传到远动装置的相应回路中。

(2)做开关操作时,测量相应中间继电器的接点是否闭合。

(3)检测其他开关的操作情况,检查判断遥控板是否出现问题。

3. 遥测回路的检查处理

当遥测量显示异常时,应先检测相应端子上互感器二次送过来的电量是否正常,然后检测变送器的输入、输出的电量是否成线性,最后检查遥测板的工作状态。

4. 通道故障的处理

(1)观察通信指示灯显示情况,初步判断通信状态。

(2)测量通道电平或频率,检查通道上是否有载波信号。

(3)用专用测试程序测试发送接收的通信报文是否有误码、乱码现象。

第三节　铁路电力低压远动开关

低压远动开关使用说明图(13-11):

1. charged 黄色表明已储能(可以合闸操作)。

2. discharged 白色表示没有储能(如在合位可执行分闸操作、如在分位不可操作)。

3. 开关显示

(1)白色ON标示合闸。

(2)绿色OFF标示分闸。

4. 按钮表示

(1)黑色I合闸。

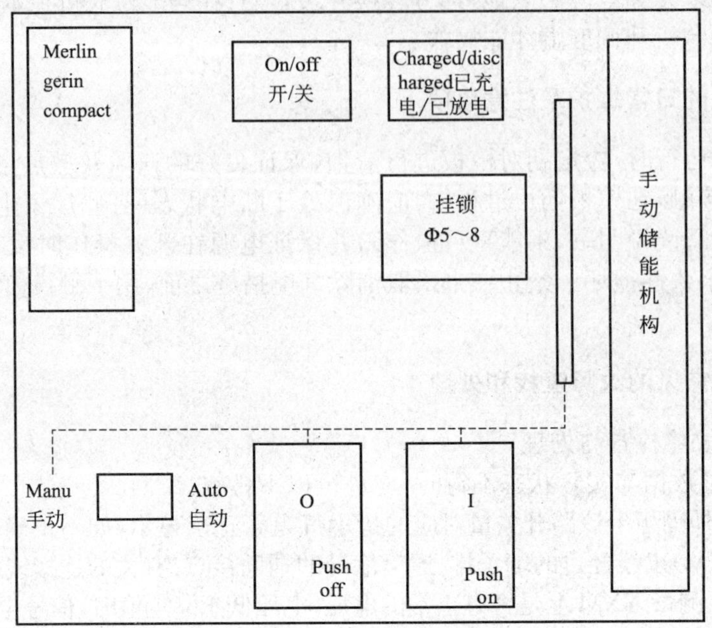

图 13-11　低压远动开关

(2)红色 O 分闸。

挂锁，开关在分的状态下，按下推分键，拔出挂锁键，加锁(锁 6 mm 以下)。

操作：

到现场后听调度命令看开关所在位置。

(1)如在自动操作位需放在手动位。

(2)看储能。(没有储能的需手动储能)手动板储能把数次，至显示已充电。

(3)听调度命令操作。

(4)操作完毕后，恢复到原位置。

注意事项：

开关下端中间位置可动触点，绝不可碰、摸已免造成开关分断。

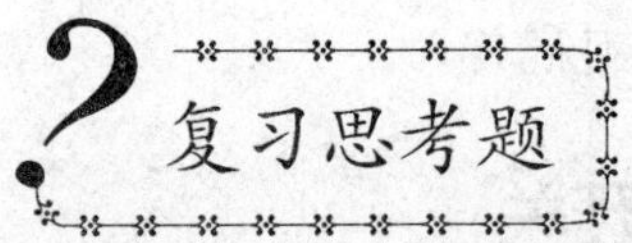

1. 远动能实现的基本功能是什么？
2. 远动系统由哪些部分组成，各部分的功能是什么？
3. 远动终端(RTU)的主要功能有哪些？
4. 远动装置的日常维护及注意事项。

第十四章　10 kV 电缆故障的测寻

第一节　电缆故障性质的确定及故障点位置测试方法的分类

电缆故障一般均无法通过巡视直接发现，必须采用测试电缆故障的仪器进行测量，才能确定故障点的位置。由于电缆故障类型很多，测寻方法也因故障性质不同而异，因而准确地判断电缆故障的性质，对加速故障的测寻工作有很大的意义。

一、电缆故障性质的分类

电缆故障原则上可分为以下五种类型：

1. 接地故障电缆一芯或多芯接地。

2. 短路故障电缆两芯或三芯短路。

3. 断路故障电缆一芯或多芯被故障电流烧断或受外力拉断，形成完全或不完全断线。

4. 闪络性故障这类故障大多数在预防性试验中发生，并多数出现在电缆中间接头和终端头内。当所加电压达到某一值时击穿，电压低至某一值时绝缘又恢复。

5. 综合性故障同时具有两种以上性质的故障。

二、试验故障性质的确定

在试验中发生的击穿故障一般绝缘电阻较高，很难直接通过兆欧表测出，一般均采用加压试验的方法确定。

在试验中发生击穿时，对于分相屏蔽型电缆均为一相接地故障；而对于统包型电缆则有一相接地或两相短路的可能，通常采用加试验电压及拆地线的方法来区别故障性质。例如一条 10 kV 统包型电缆在试验中 A 相击穿，但并不能因此就判断为 A 相接地故障。因为还有 A—B、A—C 相间击穿的可能，因此要分别拆除 B、C 的地线进行加压试验。如拆 B 相地线后，A 相加压仍放电；而在拆除 C 相地线后不放电，则为 A—C 相间有击穿故障，在判断故障性质时应严加注意。

在试验中，当电压升至某一定值时，电缆发生闪络，电压降低后，电缆绝缘恢复，这种故障即为闪络性故障。

三、运行故障性质的确定

电缆在运行中发生故障时，除发生接地、短路故障外，还有发生断线的可能，因此判断较复杂。通常用 1 000 V 或 2 500 V 摇表，有时也借助于万用表测量，测量时应做好记录，其步骤如下：

1. 首先在任意一端用摇表测量 A—地、B—地、C—地的绝缘电阻值，测量时另两相不接地，以判断是否接地故障。

2. 测量各相间 A—B、B—C 及 C—A 相间的绝缘电阻，以判断有无相间短路。

3. 当故障电阻低时,则可直接用万用表测量各相的对地电阻和相间电阻。

4. 因为运行故障有可能将导线烧断,所以还要检查导体的连续性。其检查方法是在一端将A、B、C三相短路(不接地),到另一端用万用表测量各相间是否通路,相间电阻是否一致。如发现A—B,B—C相间不通,而A—C通路,则为B相断线;当发现三相均不通时,则有可能发生三相或两相断线,必要时可利用接地极作回路,测量是否三相断线,当用万用表检查发现三相之间电阻不一致时,则应用电桥测量各相间电阻,检查有无低阻断线。

5. 分相屏蔽型电缆(如交联聚乙烯电缆)一般均为单相接地故障,应分别测量每相对地的绝缘电阻。当发生相间故障时,应按照两个单相接地故障对待,在实际运行中也常发生在不同的两点同时接地"相间"故障。

四、故障点位置测试方法的分类

电缆故障的测试方法很多,原则上可分为"粗测"和"定点"两大类。

1. 粗测

当电缆发生故障后,首先要在电缆的一端或两端用仪器进行测试,测出故障点距测试端的大概范围,这个过程称为"粗测"。目前常用的方法有电桥法、低压脉冲法、闪络法三大类型。

2. 定点

因粗测只能指出故障点距某一端的距离约多少米,但无法指出具体地点,因而还需要通过称为"定点"的测试方法来确定故障点的具体位置。目前常用的方法有声测法和感应法两种。

第二节　用直流单电桥测量电缆故障

直流电桥测量电缆故障,是测试方法中最早的一种,目前仍广泛应用,尤其在短段电缆故障的测试中准确度很高。

一、工作原理

单相接地故障的测量。

用电桥测量电缆故障,必须有一相绝缘良好的线芯,因此在三相电缆中只能测量一相或两相接地或短路故障,一般不能测量三相短路或断线故障。测量前应在电缆的另一端用不小于电缆截面的导线,将电缆故障相和一好相线芯跨接,然后在A端将电桥的M、N两臂和检流计接至电缆的故障相和已接跨接线的好相上进行测量。当调节电桥两臂的电阻、M和N使检流计中没有电流时则称为电桥平衡,测量完毕。

二、测量方法

用电桥测量单相接地故障的方法和电桥的种类均很多,现仅以OFl—A型电缆探伤仪为例详列操作步骤。该仪器是目前应用较广、性能较好又便于操作和计算的电缆故障测试设备,可用于:测量低阻接地、短路故障和高阻断线故障,并能测量电缆的电容值和电阻值。其内部有一个电压为15 V、300 V和600 V的直流电源,因而有时也能对接地电阻近100 kΩ的电缆故障进行测量。

测量故障前首先测量接地电阻,以确定是否适合用电桥测量,然后在电缆另一端封跨接线(把一好线和一坏线用大截面导线短路)。并在首端测量好线和坏线的回路电阻,以检查另一端跨接线是否接好和有无低阻断线。均无问题后再进行故障测量，其方法如下：

1. 将故障相接B接线柱，另一端已接跨接线的好相接A接线柱，接地线接E接线柱；将直流指零仪的两个输入接线柱分别直接接到被测电缆的好线与坏线线心上（不应接在电桥引线上）。

2. 将“测量选择”开关调节至“绝缘损伤”位置，“量程选择”在测量故障时无用，可放在任意位置。

3. 将读数电阻盘 R_K 放在适当位置：B接故障相时放在0.5以下，A接故障相时放在0.5以上位置。

4. 先将直流指零仪开关拨至“放大”，检查指零仪工作是否正常，再将开关拨至“直接”位置，并检查指针是否在零位。

5. 调节“电压调节”开关至15 V旁的空挡上。

6. 接上电源，合上220 V交流电源开关，检查指示红灯发光，说明电源接通，可以开始测量。

7. 测量时先将“电压调节”开关调至15 V以上，调节读数电阻盘 R_K 使指针指零，由于电缆故障电阻大小不一，且在测量过程中仍有可能变化，因此在测试时若发现表头反应不灵敏，则可将电压升高至300 V和600 V。若表头灵敏度仍感不足，则可将“电压调节”开关调至空挡（即将电源停下），将指零仪“灵敏度”开关拨至低灵敏度位置，再将指零仪开关拨至“放大”位置，调整“调节”电位器，使指零仪指针指零。然后再将“电压调节”开关调至适当电压进行测量，调节 R_K 使电桥平衡。此时应注意，每次变换指零仪灵敏度开关时，都应将测试的直流电源断开并重新调整“调节”电位器，使指零仪指针指零。

通过上述方法反复调节使电桥平衡后，即可读取电桥上 R_K 的数值并算出从测量端到故障点的距离。

8. 为了更精确地测出故障点位置和进行核对，可将接于A、B接线柱上的引线对换（即A接故障相，B接好相，称为反接法。前者称正接法）再进行一次测量，在前后两种接线方法的测量中，若两次测量的 R_K 值相加等于1则可说明两次测量的读数正确无误。

9. 测量完毕，应先停下电源开关，拆除电源，再将其余接线拆除，将“电压调节”开关放在空挡位置。此时应注意将直流指零仪电源开关拨回至“直接”位置（即将内部直流电源切断）。

三、注意事项

用电桥法测量电缆故障时应注意以下几点：

1. 电桥法的计算公式是在电桥完全平衡才能成立的，因此测量时必须细心调至指零仪中无电流，电桥完全平衡，否则误差很大。

2. 电桥法的计算公式是在电缆全长的导线截面和电阻系数完全相同的条件下推导出来的，因此当电缆的截面或电阻系数不同时应另行换算。

3. 此法还可用于测量三相电缆中的两相短路故障。即利用两短路相中的一相作为单相接地故障测量中的地线，以接通电桥的电源回路，其测量和计算方法与单相接地完全相同。

第三节　低压脉冲法

一、基本原理

当我们面对高大建筑物或高山大喊一声之后，就可以听到回声，记下从发出声音到听到回声之间的时间,就可以算出人和高山之间的距离。这就是利用声波反射原理测量距离。同样雷达则是利用电磁波反射原理测量距离,低压脉冲法,则是利用脉冲波的反射原理测量电缆故障。测量时由电缆故障探测仪器的脉冲发生器发出一个脉冲,通过导线把脉冲波送到故障电缆的故障相上,脉冲波沿电缆线芯传播,当传播到故障点时,由于故障点电缆波阻发生变化,因而有一脉冲信号波反射回来,用仪器记录下从发射脉冲和反射脉冲间的时间间隔,即可算出测试端到故障点的距离。

为了测量脉冲波在电缆线芯往返一次所需要的时间,荧光屏上有一时间标尺与探测脉冲相对应,在测量时读取从发射脉冲到反射脉冲对应于时间标尺的格数,即可算出到故障点的距离。

二、测量方法

常用的测量仪器有 MST-1A 型脉冲遥测仪、UG-1 型晶体管电缆故障遥测仪和 DGC-2 型电缆故障闪络测试仪(简称闪测仪)。前两种只能测量低阻故障和断线故障,后者能测各种类型的电缆故障,用途较广,下面将只介绍 DGC-2 型闪测仪的使用。

1. 接线测量前应先将电缆与其他设备断开,并进行放电。然后将闪测仪的输出线直接接至故障电缆线芯,将仪器的外皮和接地端子接地。

2. 仪器面板开关旋钮位置的调节

"工作选择"位于"直闪"或"冲闪";

"量程变换"所测电缆长度小于 3 000 m 时位于"1";

脉冲宽度所测电缆长度大于 3 000 m 时位于"2";

所测长度小于 40 m 时位于"0.1"μs;

所测长度为 40~1 500 m 时位于"0.5"μs;

所测长度大于 1 500 m 时位于"2"μs;

"输入振幅"位置选中;

"波形位移"左旋到最小;

"起点定位"左旋到最小。

DGC-2 型闪测仪为电缆故障测试的成套设备,除闪测仪本身外还配有路径仪和定点仪。

3. 测量上述准备工作完成后即可接上电源,合上开关,进行测量。在给电后约 1 min,荧光屏即亮。此时可将"工作选择"开关拨至"脉冲"位置,荧光屏上即出现发射脉冲和时间标尺。调整"辉度"和"聚焦"旋钮,使亮度适中,图形清晰,调整"上下"和"左右"旋钮,使图像在荧光屏中央;调整"起点定位"和"基线间隔"使发射脉冲的前沿与时间标尺大刻度脉冲的前沿对齐;调整"波形扩展"与"波形位移"使屏幕上出现反射脉冲信号,调整"输入振幅"使反射脉冲明显和便于读数;然后读取发射脉冲至第十个反射脉冲间的时间间隔,即可按照公式算出到故障点的距离。

低压脉冲法只适用于测量几百欧姆以下的低阻故障。当遇到电阻较高的接地、短路故障时,就应采用闪络法来测量。

第四节　高压闪络法

当遇到高阻或闪络性故障时,一般仪器必须将电阻烧低以后才能测量。而闪测仪则不必经过此过程,就可直接进行测试,其原理是利用电缆加高电压时,故障点产生放电而形成一突跳电压波，此突跳电压波在电缆内的测试端和故障点间来回反射，用闪测仪测出两次反射之间的时间用公式计算故障点的位置。

一、直流高压闪络法（简称直闪）

这种方法最适于测量闪络性故障。在电缆一端加上一负极性直流高压，当电压升至某一值时，电缆击穿放电，故障点的电压由负极高压瞬间突变到零，产生了一个正的突跳电压波。此突跳电压波在测试端至故障点间来回传播反射，用闪测仪测量出反射波来回传播一次所需的时间，即可算出到故障点的距离。

二、冲击高压闪络法（简称冲闪）

这种方法能用于测量高阻接地故障，由于电缆是高电阻接地或短路故障，如采用“直闪”法，随着测试电压的升高，在故障点只是一个泄漏电流加大的过程，在故障点不会发生放电，无法产生突跳的电压波，也就无法测量故障，因此用高压直流设备向储能电容充电，当充电到一定电压后，间隙击穿放电；向故障电缆加一冲击高压脉冲使故障点放电，此放电所产生的反射波在测量端和故障点之间来回反射，因此在两点间的时间间隔即为反射波在电缆中来回传播一次的时间。由此可算出从测量点到故障点的距离。

第五节　声　测　法

电缆故障测量中的“定点”，百分之九十五以上都是用声测法进行的，因为其测试方法简便，很少发生判断错误，因而应用最广。

一、基本原理

声测法是利用直流高压试验设备，向电容器充电、储能，当电压到达到某一数值时，经过放电间隙向故障线芯放电。由于故障点具有一定的故障电阻，在放电的过程中，电容器中储存的电能通过故障电阻放电，由故障电阻形成的间隙在放电时产生机械振动。在进行声测时，根据粗测时所确定的位置，用定点仪的拾音探头在故障点附近反复听测，找到地面振动最大、声音最大处，即为实际故障点位置。有的故障点(如断线故障)声音很大，可不用定点仪直接听到放电的振动声音。

二、测量方法

1. 按原理接线，接线完后应由二人进行核对。
2. 调整好放电间隙，控制放电电压在 20～25 kV 左右，将调压器调至零位。
3. 将接地线拆除，合开关 K；滑节调压器均升压，当电压升至 20～25 kV 时，G 放电。此时应根据放电电压的高低，适当调整放电间隙的距离，使其在 20～25kV 间放电，放电间隔为 3～4 s。每次停电调整间隙 G 都应封地线，防止静电伤人。
4. 在调整好后，即可按每 3～4 s 放电一次的规律在粗测所得的电缆故障点附近进行听测，在听测过程中，要有人监视试验设备的电阻 R 和电流表 A，防止烧坏设备。
5. 听测到故障点后应立即将调压器退回至零，将电源开关 K 拉开，在电缆芯和电容器上放电封接地线。

三、注意事项

1. 试验设备的接线，要特别注意地线的连接，电容器的接地线必须单独和电缆铅包地线直接相连，不应接试验设备的公用地线。否则在放电瞬间地线电位升高，极易损坏同一地线上的电器设备。

2. 听测设备(定点仪)由拾音探头、信号放大器和耳机组成，当探头屏蔽不好时，不在故障点也能听到放电声。为了区别电磁感应的放电声与机械振动的放电声，可将探头放在手上(离开地面)听测：如仍有放电声，则为电磁感引起；如无放电声，则探头放在地面听到的就是故障点放电的机械振动。

3. 有时由于电缆接地不好或其他原因，可能在电缆护层上和接地体间发生放电现象，或在电缆裸露部分，或在电缆末端发生轻微放电响声，容易造成错误判断，因此不能单凭此轻微声音，还要确实感到电缆有振动，才能确定故障点的位置。

4. 对于极少数的金属性接地或接地电阻极低的大面积受潮故障，由于在故障点不能产生间隙性的放电，不产生振动，也就无法听到声音。

5. 为便于区别声测的放电声和外来的干扰声，可用两套听测设备由两人同时进行，一人用探头定点；一人用感应线圈接收放电的电磁波信号进行核对，(也可采用耳聋助听器听电话的部分进行听测)，当两人多次同时听到放电声时，即可证明所听声音无误。

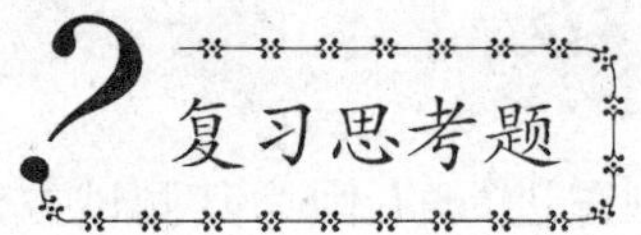

1. 电缆故障性质的分类。
2. 故障点位置测试方法的分类及过程。
3. 直流电桥测量电缆单相接地故障的工作原理及步骤。
4. 用电桥法测量电缆故障时应注意哪些方面？
5. 声测法的测量方法是什么？

第十五章　非正常情况下的应急处理办法

非正常情况下应急处理办法是指电力设备在运行中，突然发生非正常情况，需要进行应急处理，以保证对电力用户的安全供电。

第一节　变压器非正常情况下的应急处理办法

变压器是将高电压(低电压)转换成为低电压(高电压)、传递能量的电气设备。变压器种类繁多，按工作状况可分为单相变压器、三相变压器、调压器；按线圈材质可分为铜线圈和铝线圈两种变压器；按铁芯材质可分为冷轧硅钢片和热轧硅钢片两种。铁路电力系统一般所用变压器为降压变压器。

变压器是铁路电力系统的关键设备之一。在运行中要求变压器音响正常并且无杂音，无严重漏油，油位及油色无异常现象，变压器的油温不超过允许值。变压器高低压套管无放电现象，外壳接地良好等。变压器的故障一般有：电路、磁路、绝缘油、分接开关(有载、无载)等的故障。现对现场常见的变压器故障的现象、原因及应急处理办法叙述如下：

1. 变压器音响不正常

(1)变压器在运行中，发出强烈又不均匀的噪声时，可能有以下方面的原因：

①变压器铁芯夹紧螺栓松动。变压器长期处于(电磁)振动之中，夹紧螺栓为此而可能松动。一旦松动，变压器就会发出强烈而不均匀的噪声。

②变压器端电压超过了允许值，也会使变压器发出强烈而不均匀的噪声。

电力工作人员遇到变压器发出强烈而不均匀的噪声时，应首先确认变压器的声音属于非正常声音，即噪声强烈而又不均匀，然后对变压器端电压(输入电压)高低进行确认，排除因变压器端电压(输入电压)过高而发出的强烈而又不均匀的噪声。若端电压超过了允许值，应采取措施将端电压降到规定值以内。若此时噪声消失，则可认定是端电压超过了允许值而导致的噪声。若端电压正常或降到了正常值以内，噪声仍然没有消失。可将该变压器停止运行后进行检查。检查的重点部位是变压器铁芯的夹紧螺栓。

(2)变压器在运行中内部发出爆裂声，根据运行经验，可能有以下方面的原因：

①铁芯对地间断放电发出的爆烈声。变压器铁芯是接地的，如铁芯接地线断开，铁芯对地就会产生很高的感应电压。由于铁芯对地之间的距离不是很大，铁芯便会对地间断放电而发出爆裂声。

②线圈或引出线对变压器外壳闪络放电发出的爆裂声。线圈或引出线对变压器外壳的电气距离不够时，变压器线圈或引出线便会对变压器外壳闪络放电，爆裂声是闪络放电时发出的。

电力工作人员遇到变压器有爆裂声时，应将变压器停止运行，对变压器引出线、线圈与外壳之间的距离及是否闪络放电、铁芯接地线状态等进行检查，消除隐患。当然，对变压器的这些检查，并非是由电力工(配电值班员)来进行的。但电力工(配电值班员)应熟悉变压器的这种非正常情况，因为是他们在监视设备运行，最先发现、听到变压器的爆烈声，根据爆烈声才将变压器撤除运行的。如果电力工(配电值班员)分不清楚正常声音还是非正常声音，可能会将运行正常的变压器撤除运行，中断对用户的供电，或使非正常运行的变压器继续运行，酿成事故。

2. 变压器严重漏油、缺油

变压器在运行中，要保持正常油位，否则有可能：

(1)增加了油和空气的接触面(油位降到了变压器顶盖以下)，油就会发生氧化和吸收空气中的水分使绝缘强度降低。空气与变压器线圈接触会降低变压器绝缘，在过电压时，可能造成相间或对地击穿放电；当电压分接头板露出油面时，分接头板还可能产生爬弧放电；油面长期降低还会使铁件产生锈蚀。

(2)变压器油不能正常循环对流(油位严重降低，变压器的散热管上口露出油面)，致变压器温度升高，减少变压器使用寿命，甚至烧毁变压器。

变压器严重漏油时，应将变压器停止运行，查清楚漏油部位，进行处理。严重漏油的变压器不得继续运行，防止发生更严重的后果。

变压器缺油时，要及时进行补油。在补油的同时，应查清楚是否因漏油而缺油，若是，应对漏油部位进行处理，防止补油后再次漏油。

3. 变压器着火

变压器着火后，首先应迅速切断电源，然后进行灭火。

4. 变压器引线故障

变压器引线故障的原因有：

(1)引线连接不良。产生引线不良的原因多为制造或施工时的工艺不好导致，如接头线夹上应放置弹簧垫圈而实际忘记放置，或虽然放置了弹簧垫圈但螺栓未拧紧；引线与铜接头处焊得不牢固或焊锡未灌满也是引线连接不良的一个原因。出现上述问题引起的后果为局部发热，烧坏设备。发现上述问题时，应将变压器停止运行及时进行处理。预防此问题的办法是：提高变压器大修、小修质量；对变压器引线连接处进行经常性的检查。

(2)引线对油箱(地)放电。产生的原因是：施工时未考虑好引线对油箱(因为油箱外壳接地，对油箱放电实际是对地放电)之间的安全距离。不刮风时，引线对油箱不会放电。刮风后，引线晃动，引线与油箱之间的安全距离变小，达到放电条件后，引线便与油箱之间放电，烧坏引线，使变压器不能正常工作，构成事故。在巡视中，特别是刮风时，应重点巡视引线与变压器油箱之间是否放电，若放电应尽快将变压器停止运行进行处理，以防酿成引线烧断的事故。

5. 变压器套管故障

引起套管故障的原因较多，如套管装置不适当、套管处漏水、套管受外力而损伤及其他原因(如树枝、鸟、蛇等短路)的影响。变压器套管故障后，应将变压器停止运行后进行处理。

6. 变压器轻瓦斯保护动作的应急处理

瓦斯保护是变压器的主保护，分为轻瓦斯保护和重瓦斯保护两种。轻瓦斯保护动作时只发出信号而不去出口跳闸。轻瓦斯保护动作的原因可能是：加油、滤油过程中使空气进入到变压器中或冷却系统密封不好使空气进入到变压器中；因漏油致油位缓慢降低；变压器发生穿越性短路；保护装置的二次回路故障；变压器本身故障产生少量气体等。在运行中，当轻瓦斯保护动作后，值班人员应立即复归音响信号，对变压器进行外部检查。检查的内容有：油枕中的油位及油色，电压、温度及变压器的声音变化等。经外部检查未发现异常现象时，应用取样瓶在瓦斯继电器的放气门处取样后进行化验，根据气体的颜色和化学成分最后确定变压器内部故障的性质。

7. 变压器重瓦斯保护动作的应急处理

重瓦斯保护动作与轻瓦斯保护动作的主要区别是，重瓦斯保护动作后将会使变压器有关开关跳闸，原因一般有：变压器内部发生严重故障，如匝间短路、相间短路等；油位下降太快；保护装置二次回路有故障误动等。重瓦斯保护动作使变压器开关跳闸后，值班人员应先将备用变压器投入运行，然后做好安全措施，检查故障变压器。检查分外部检查和内部检查两种，一般先进行外部检查。外部检查的内容主要有：对油枕、散热器、法兰盘、防爆门及导油管是否喷油的检查；变压器盖子是否鼓起；变压器各焊接处是否裂开；变压器盖子与外壳间盘根是否因油受热膨胀而损坏等。内部检查主要是依靠分析和化验的方法，以确定变压器内部故障的性质。但应注意，在重瓦斯保护动作进行完外部检查后，虽然没有发现问题，变压器也不能投入运行。只有在对变压器内部气体的分析进行完后，才能根据具体情况，决定不准合闸送电还是可以合闸送电。

在下列情况下可以合闸送电：

(1)变压器装有两种保护：瓦斯保护和差动保护。运行中的变压器开关跳闸只是由于一种保护动作所为，另一种保护没有动作，而变压器本身并没有明显的故障现象，加之变压器的断开已经影响了对用户，特别是重要用户的供电，则允许将变压器再投入一次。

(2)经检查变压器外部正常，内部气体为空气，重瓦斯保护动作的原因已经清楚，变压器可不经内部检查即可投入运行。

(3)若变压器装有瞬时过电流保护或者差动保护时，可将瓦斯保护退出，然后将变压器投入运行。如果变压器没有瞬时过电流保护或差动保护，瓦斯保护也不能用，应将故障原因查明并消除后才允许投入变压器。

变压器有下列情况之一时不准合闸送电：

(1)气体可燃而又未对变压器进行内部检查；

(2)发现一种外部异常现象而又未对变压器进行内部检查。

第二节 断路器非正常时的应急处理办法

断路器是变配电所的重要电气设备。

(1)它可以“接通”或“断开”线路的空载电流和负荷电流；

(2)当线路发生故障时，它和保护装置、自动装置配合，能迅速切断故障。

断路器的类型很多，按照灭弧介质的不同，断路器分为：真空断路器、气体介质断路器（又分为压缩空气断路器和六氟化硫断路器）、液体介质断路器（又分为多油断路器、少油断路器）、磁吹断路器。

断路器的主要参数有：额定电压、额定电流、断开电流、断流容量、热稳定电流、合闸时间、断开时间及极限通过电流。

1. 断路器在运行中发热的应急处理办法

断路器在运行中发热故障的判断：值班人员在巡视中，如果发现断路器油箱外部的颜色变红、油位升高，有焦糊味或声音异常等现象时，可判断为断路器在运行中发热。

断路器发热的原因一般有：断路器过负荷；断路器动、静触头接触电阻过大。当然，断路器动触头插入静触头深度不够、静触头的触指歪斜或压紧弹簧松弛，支持环断裂等也会引起断路器发热。

断路器发热的危害是：导致绝缘油的绝缘强度下降；发热严重会使消弧室的压力增大而引起断路器喷油。

断路器发热时的应急处理办法是：发热严重导致断路器喷油时，应立即将断路器停用进行检修。如果断路器发热是由于断路器的容量不够，则应更换容量适当的断路器，否则，长期过热可能造成断路器突然故障，影响供电。

2. 断路器拒绝跳闸的应急处理办法

断路器拒绝跳闸的危害很大。拒绝跳闸时，可能造成越级跳闸，扩大故障范围，造成大面积停电；还可能烧坏电气设备。

断路器拒绝跳闸的原因一般有：①操作机构故障；②操作回路故障；③直流电源故障；④继电保护故障。

断路器拒绝跳闸的判断：在运行中，值班人员若发现表计全盘摆动，电压表的指示值显著下降，继电器信号掉牌，光字牌亮，则可判断为断路器拒绝跳闸。

断路器拒绝跳闸的应急处理办法是：首先判断清楚断路器确实拒绝跳闸，然后立即手动跳闸。即手动将跳闸线圈内的铁芯顶上，使断路器跳闸。如有备用断路器，应手动跳闸后，立即合上备用断路器，尽可能减少停电时间，若备用断路器合上后，仍有拒绝跳闸的故障现象，则说明线路仍有故障，应立即将备用断路器手动跳闸，此时，说明直流电源有故障。

断路器的故障处理主要是根据原因的不同进行不同的处理。若继电保护故障，则应检查保护整定值是否正确，保护接线有无错误，接线有无松动，电压互感器、电流互感器有无故障等。若直流电源故障，应检查直流电源电压输出是否过低。若操作机构故障，应检查跳闸铁芯是否卡住，断路器的常开辅助接点是否接触不良等。若铁芯卡住或接点接触不良，应用抹布蘸上汽油擦拭干净。若操作回路故障，有两种可能，一是跳闸回路中的熔断器可能熔断；二是跳闸回路可能发生断线或跳闸线圈烧坏故障。

3. 断路器拒绝合闸的应急处理办法

断路器拒绝合闸的危害是：当主供断路器发生故障，需要紧急投入备用断路器时，而备用断路器又因故拒绝合闸，会使中断供电的时间延长，扩大事故。

断路器拒绝合闸的现象为：断路器的操作把手打于合闸位置，绿灯闪光，合闸红灯不亮，仪表无指示，喇叭响，分、合闸指示器仍在分闸位置。

断路器拒绝合闸的原因为：

(1)操作回路 1RD 或 2RD 其中之一个熔断器熔断，或 1RD、2RD 同时熔断，操作回路无电源。在现场，1RD 或 2RD 熔断的可能性较大。

(2)合闸回路 3RD 或 4RD 其中之一个熔断器熔断，或 3RD、4RD 同时熔断，合闸回路无合闸电源。在现场，3RD 或 4RD 其中之一熔断的可能性较大。

(3)可能合闸时间过短。

(4)操作回路内故障。在检查 1RD、2RD、3RD、4RD 均无问题后，合闸时间也不过短，此时可初步判断为操作回路内故障。具体故障部位的判断方法如下：若操作把手置于合闸位置而信号灯的指示不发生变化，可能是控制开关接点或断路器辅助接点或合闸接触器接触不好，也可能是合闸线圈烧坏。若合闸红灯不亮。而同时合闸绿灯又熄灭了，可能是红灯灯泡烧坏。

4. 断路器自动跳闸的应急处理办法

断路器自动跳闸有两种：一是运行中的断路器在线路有故障时保护装置动作的自动跳闸，属于正常跳闸；二是线路无故障而断路器自动跳闸。对于前者本节不做讨论，只讨论断路器在无故障时的自动跳闸，又称误跳闸（下同）。

断路器误跳闸的危害是：中断对用户的供电，影响铁路运输生产或居民生活用电。

断路器误跳闸的原因分析：

（1）人员误操作或保护装置误动作。

（2）跳闸脱扣机构非正常时也可造成自动跳闸；电磁机构的定位螺杆调整不当，造成拐臂三点过高，或弹簧变形、弹力不足，或滚轮损坏等，当受到震动时，断路器可能发生自动跳闸。

（3）操作回路中发生两点接地时也可能造成断路器自动跳闸。原因是发生两点接地，若短接了跳闸线圈，则引起断路器自动跳闸（相当于保护装置动作）。

断路器误跳闸的应急处理：若属于误操作，应立即进行合闸操作；若属于机构或操作回路中问题，则应立即进行处理。处理完后，手动合上断路器或利用重合闸合上断路器，保证对用户的正常供电，需要提出的是：若不属于误操作，在有备用断路器的条件下，应合上备用断路器，将中断供电时间减少到最低程度。

5. 断路器自动合闸的应急处理办法

断路器自动合闸的原因可能有：

（1）直流回路中正、负两点接地，启动了合闸元件，使断路器自动合闸。

（2）重合闸继电器内某元件故障使断路器自动合闸。如时间继电器常开接点误闭合。

（3）其他原因造成的断路器自动合闸。如直流系统瞬间因各种原因发生脉冲，使合闸接触器（启动电压较低）启动自动合闸。

当断路器自动合闸后，值班人员应立即将断路器分开。若自动合闸于短路点或接地的作业线路上，断路器因保护装置动作而跳闸，应对自动合闸后短路电流穿越的设备（包括断路器）进行检查，主要是检查设备有无被短路电流烧坏。

6. 断路器着火的应急处理办法

断路器着火的原因一般有：切断近点短路电流时（因近点短路电流较大），电弧产生的压力太大引起绝缘油着火；断路器切断负荷电流或短路电流速度太慢引起着火；断路器切断负荷电流或短路电流容量不足引起着火；绝缘油老化、受潮引起断路器内部闪络而引燃绝缘油；有时候由于断路器外部套管脏污，遇雾、小雨、雪等恶劣天气时，造成对地闪络或相间闪络。

断路器着火时，首先应立即将断路器与电源脱离，然后用泡沫灭火器灭火。

7. 断路器突然大量漏油的应急处理办法

断路器渗、漏油情况不严重时，将断路器退出运行后进行检查处理。断路器突然大量漏油，使断路器在很短的时间内失去灭弧能力，此时不能利用断路器切断负荷电流；若正好线路有短路时，保护装置使断路器跳闸，因油量不足可能造成断路器爆炸，进而可能引起母线短路，造成其他设备损坏，扩大事故停电范围。当发现断路器大量漏油时，若油位还能看得到，具有灭弧能力，应立即断开断路器进行处理；若油位看不到，应立即切断断路器的操作电源，在手动操作把手上悬挂“禁止合闸”的标示牌，然后对漏油部位进行处理后加油。需要指出的是，若有备用断路器，应尽快投入备用断路器，以减少对用户的停电时间。

8. 断路器事故跳闸的应急处理办法

变配电所电源柜过电流保护动作越级跳闸时，应先将馈出线断路器全部分闸，再重新将电

源柜断路器合闸。此时若备用变配电所电源自动投入成功,主变配电所值班员应分两种情况做如下处理:

(1)自闭线路自身原因引起的断路器事故跳闸。先将自动闭塞柜的馈出线隔离开关断开,再按顺序将馈出线各个断路器合闸。如合闸于某个馈出线断路器时,电源柜断路器再次跳闸,则此馈出线断路器禁止合闸;其他各柜断路器恢复供电,然后对故障开关柜进行处理。

(2)地方电力系统引起的断路器事故跳闸。地方电力系统引起的主变配电所跳闸后,备用变配电所的电源向自动闭塞高压线路供电,并及时与供电局取得联系,问明原因并做好记录。

第三节　隔离开关非正常时的应急处理办法

隔离开关没有专门的灭弧装置,不能用来切断故障电流和短路电流,因此,隔离开关一般不允许带负荷操作。

隔离开关主要用来在电气设备停电检修时,使停电检修设备与带电设备之间有一个明显、可看到的断路点。另外,利用隔离开关可改变运行方式,如将设备或线路用隔离开关从一组母线切换到另一组母线上;可开、合电压互感器或避雷器;可开、合仅有电容电流的母线设备;可开、合电压为 10 kV 及以下、电流在 70 A 以下的环路均衡电流;允许用(户外型三相联动)隔离开关开、合电压为 10 kV 及以下、电流为 15 A 以下的负荷电流;可开、合电容电流不超过 5 A 的无负荷电力线路。

1. 隔离开关自动掉落合闸故障的应急处理办法

隔离开关自动掉落合闸的危害:可能会造成设备事故或人身事故,如线路正在停电作业,而又违章忘记采取加锁等措施时,会将电送至作业区段,严重威胁作业人员的人身安全;线路上有地线,又可能烧坏供电设备。

隔离开关自动掉落合闸的原因:开关本身问题即弹簧销子的弹力减弱,销子行程太短等;外部原因即震动、撞击,导致隔离开关自动掉落合闸。

隔离开关自动掉落合闸的应急处理:遇到此情况后,有关人员应分情况尽快进行处理。当断开的隔离开关一端有电,另一端是停电作业线路,开关自动掉落合闸后,将电送至作业区段,应尽快将隔离开关拉开;但在拉开时,必须在隔离开关所能担当的工作范围内,否则,此时保护未动或有关熔断器未熔断,将会造成带负荷操作隔离开关,扩大事故范围。当隔离开关上方有断路器,且断路器在断开位时,应按照有关安全规定,做好安全措施后及时进行处理。

2. 隔离开关拉不开的应急处理办法

隔离开关拉不开是指开关本身在合闸位置,需要分闸时开关拉不开。原因一般有:传动机构和刀口的转轴处生锈;在冬季,还有可能是冰、雪冻结。

隔离开关拉不开可能会延误倒闸时间或影响作业。根据原因不同,在现场应采取不同的处理办法。但总的要求是,通过轻轻摇动开关把手,找出故障在开关或机构上的确切位置。若故障地点在刀闸的接触部分,应将开关退出运行后进行检修。应注意的是,当开关拉不开的时候,千万不可强行硬拉,以防将隔离开关瓷瓶拉断。

3. 隔离开关合不上的应急处理办法

隔离开关合不上若发生在送电时(如送电时间已到),则影响对用户的供电,特别是对自闭信号的供电,耽误列车。

隔离开关合不上的原因一般有：机械方面原因，有可能发生轴销脱落、铸铁断裂、楔栓退出等机械故障；也可能发生电气回路方面的故障导致隔离开关合不上。

遇到隔离开关合不上的故障时，应用绝缘棒进行操作或用其他工具转动每相隔离开关的转轴。但应注意，用绝缘棒操作时，绝缘棒应经绝缘试验合格。无论是用绝缘棒操作还是利用其他工具转动开关转轴，都应在保证人身安全的条件下进行。

4. 隔离开关在运行中接触处过热的应急处理办法

隔离开关接触处发热的原因：隔离开关接触部分因氧化接触电阻过大；隔离开关过负荷；接触处在拉、合过程中烧伤而接触不良。隔离开关发热的三种判别方法：触头处变色漆颜色的变化；触头处试温片颜色的变化；触头本身颜色的变化，如过热后触头发暗。

隔离开关过热的应急处理，应首先查清楚过热的原因，然后根据具体原因采取不同的处理办法。若因过负荷引起发热，应采取减小负荷临时处理的办法；若长期过负荷发热，应考虑将开关换为较大容量、与负荷相适应的隔离开关；若触头因电弧烧伤接触不好而发热，应将开关退出运行进行打磨处理或更换触头；若因表面氧化接触不好发热，将开关退出运行打磨即可。

但应注意，如发热隔离开关所带用户重要而暂时不能停电时，应采取人工风冷方式降低隔离开关温度，有关人员应对发热开关加强监视。

第四节　电压互感器非正常时的应急处理办法

电压互感器是将高电压转换为低电压的电气设备。转换后的低电压主要供计量和保护用。

电压互感器按相数分为三相电压互感器和单相电压互感器。按绝缘方式分为油浸式和干式两种。电压互感器故障一般有：回路断线故障、二次回路短路故障、单相接地故障等。

(1)电压互感器一、二次侧熔断器连续熔断二次、三次，此时不应再更换熔断器，而应将电压互感器停止运行检查处理；

(2)电压互感器内部有“劈吧”声音或其他非正常的噪声时，应停止运行检查处理；

(3)电压互感器因层间短路或过负荷发热过高，甚至冒烟起火应停止运行检查处理；

(4)电压互感器线圈与外壳之间或引线与外壳之间有火花放电时应停止运行检查处理。

1. 电压互感器一、二次侧熔断器一相熔断故障的应急处理办法

电压互感器一、二次侧熔断器熔断一相的现象为：熔断的一相指示值变小，如A相熔断，则A相的指示值变小，其值为正常相的37.9%～44.2%；B、C相的相电压基本保持不变。仍以A相熔断为例，此时的线电压，与A相有关联的均降低，如AB、CA线电压均降低，BC线电压正常。

电压互感器回路断线、接头松动、电压切换回路接触不良时，相电压、线电压的变化与电压互感器一、二次侧熔断器一相熔断的相电压、线电压的变化相同。

电压互感器一、二次侧熔断器熔断一相(或电压互感器回路断线、接头松动，电压切换回路接触不良时)的应急处理：若一次侧熔断器熔断，应断开电压互感器出口隔离开关，取下一次侧熔断器后更换；若二次侧熔断器熔断时，应立即更换；若更换后又熔断，则不应更换，应在查明原因并进行处理后更换。在更换电压互感器一、二次侧熔断器或处理电压互感器回路断线、接头松动等故障时，应撤掉自动装置，防止继电保护误动作；还应采取措施，防止电压互感器二次侧短路和保证作业人员的人身安全。

2. 电压互感器一次侧熔断器两相熔断故障的应急处理办法

电压互感器一次侧熔断器两相熔断时，熔断的两相电压仅为正常相电压的26%以下，有时候接近于零；未熔断一相的相电压接近于正常时的相电压。仍以A、B相熔断器熔断为例，此时A、B线电压为零，BC、CA线电压为正常线电压的50%左右。

判断电压互感器一、二次熔断器是一相熔断还是两相熔断，根据相、线电压从电压表即可判断清楚，电压互感器一次侧熔断器熔断的原因有：三相电力线路上发生单相间歇电弧接地，此时相电压升高，其值是正常时的相电压的3倍多，电压互感器铁芯饱和，励磁电流大增，约为正常励磁电流的十几倍，导致一次侧熔断器熔断；铁磁共振产生过电压引起励磁电流增加为原励磁电流的十几倍，导致一次熔断器熔断；电压互感器内部相间短路导致一次侧熔断器熔断；互感器单相接地短路电流导致一次侧熔断器熔断；有时候，电压互感器二次侧发生短路，因故二次侧熔断器未熔断，也会导致一次侧熔断器越级熔断。

一次侧熔断器熔断的应急处理：应断开电压互感器出口隔离开关，取下一次侧熔断器后更换。但应采取措施，防止保护、自动装置误动作。

3. 电压互感器二次侧熔断器两相熔断故障的应急处理办法

当电压互感器二次侧两相熔断时，熔断相的相电压降低为正常时的27.9%～44.2%，未断一相的相电压正常。线电压情况比较复杂，在没有接相电压负载时，线电压全部为零；假若A、B两相熔断，由C相引出的各个线路末端均断开，电流流不通，各点间电位相同，所测电压为零。

电压互感器二次侧熔断器两相熔断后，应立即更换，若再熔断，则应在查明原因并处理后更换。在更换熔断器时，应做好安全措施，保证人身安全；并采取措施，撤除自动装置，防止保护装置误动作影响供电。

4. 电压互感器二次回路短路故障应急处理办法

电压互感器二次回路短路故障的判别：互感器内部声音异常，仪表指示不正确或保护误动作，当有上述现象时，即可判定为电压互感器二次回路短路故障。二次回路短路故障严重时会烧坏电压互感器。

电压互感器二次回路短路故障原因分析：因质量不好内部发生金属性短路或互感器二次线圈受潮，绝缘遭受破坏导致。

电压互感器二次发生短路故障后，值班人员应沉着冷静，首先切断自动装置，防止误动作造成供电中断；然后将电压互感器退出运行进行检修，

5. 电压互感器单相接地故障的应急处理办法

为反映接地时的零序电压，将电压互感器二次线圈做成开口三角形。电压互感器发生单相接地故障时，故障相相电压为零，非故障相(二相)相电压升为线电压，电压出现不对称，中性点呈现$\sqrt{3}$倍的相电压，严重影响电压互感器的绝缘。运行超过4 h，绝缘可能被击穿。因此，电压互感器发生单相接地故障时，应立即查找，力争在4 h内将接地点查出并迅速处理；同时，应向段调度汇报电压互感器单相接地故障及处理情况。

第五节　电流互感器非正常时的应急处理办法

电流互感器是将大电流变换为小电流的电气设备。它的一次线圈串联于一次线路中，二次线圈与测量仪表或继电器的电流线圈串联。

电流互感器在运行中相当于短路运行,不允许开路运行。这是因为在正常运行时,一、二次电流产生的磁通相互抵消,铁芯中的磁通密度能维持在较低水平,二次线圈中的感应电势较小。当电流互感器二次开路时,二次侧无电流通过,因此无法产生磁通来抵消一次电流产生的磁通,铁芯中的磁通剧增,达到饱和状态,由于磁通变化很大,在二次侧呈现很高的感应电势,威胁人身安全,也可能烧坏电流互感器;同时,影响表计正确指示及继电保护动作的可靠性。

电流互感器二次侧开路故障的判断:

当电流表发生变化,指示为零值或比正常的电流小;电流互感器发出“嗡嗡”的异常声响,而且比正常时大许多;电流继电器不动作或误动作;在现场,二次开路故障较为多见的是电流互感器接线端子螺栓松动,此时松动处会出现打火现象,有关的电流表也可能随着打火而左右摆动。

当发现电流互感器二次开路故障时,值班人员应根据情况做如下应急处理:

(1)先将负荷减少或将负荷降至零。在处理时如果安全距离不够,人员不能靠近时,应切换电源,停电后进行处理。

(2)若发现电流互感器已经冒烟。有焦味时,说明电流互感器绝缘已遭到破坏,应立即将其停用后处理。

(3)若是电流互感器接线端子松动,应果断、迅速地将其紧固。但在紧固时应特别注意,处理人员必须带绝缘手套、穿绝缘靴或站在绝缘垫上,并使用带有绝缘柄的工具,因为电流互感器二次开路后,端子处会带有很高的电压,危及处理人员的安全。

第六节　直流操作电源非正常时的应急处理办法

直流电源在变、配电所中占有很重要的位置,这是因为在变、配电所中,用直流电作断路器、继电保护和自动装置的操作、控制和信号电源。

直流操作电源分类:

(1)蓄电池;(2)交流经整流变直流;(3)镍铬电池。

目前在变、配电所多采用交流经整流变直流作为操作电源,即采用硅整流装置主供镍铬电池作备用直接向操作、保护和信号回路供电。但采用交流直接整流变直流的缺点是:系统发生故障时,交流电压降低甚至消失,操作回路失去操作电源。为解决这一问题,变、配电所多采用硅整流装置配合电容补偿构成直流系统。

1. 直流系统两点接地故障的应急处理办法

直流系统两点接地故障是直流系统最为常见且危害较大的故障。直流系统中发生两点接地,可能引起继电保护误动作、拒绝动作及直流熔断器熔断。

若发现直流系统接地故障,值班人员应及时进行查找。查找时,应根据当时的运行方式、操作情况、天气好坏等进行判断,馈出线回路拉闸查找;若将某馈出线拉闸后故障消除,则应判断为该回路直流接地,消除时,采用分路处理的方式加以消除。消除的原则为,先信号及照明部分,后操作部分;先室外部分,后室内部分。但应注意,切断各直流回路的时间不得超过 3 s,不论回路接地与否,均应合上组合开关。在查找时,当发现某一直流回路有接地时,应尽快找出具体的接地位置并尽快处理。

2. 快速熔断器熔断时的应急处理办法

快速熔断器熔断,说明回路中有短路点。快速熔断器熔断后,不但断路器拒跳,而且有烧坏继电器接点的可能。快速熔断路器熔断后，应首先检查二次线圈回路有无短路现象，如有短路点，应排除后换上同容量熔断器试送硅整流装置，若不再熔断，说明故障点已经排除。有时候，由于快速熔断器的容量选择不适当，过负荷时也会造成熔断器熔断，应按规定更换合适的熔断器。应注意，在现场有时候找不出熔断原因，可先换上同容量的熔断器试送。若继续熔断，必须查明原因进行处理后试送；不得在原因不明或虽然原因明了但未处理的情况下再次试送。

3. 直流母线电压过低故障的应急处理办法

直流母线电压过低的危害是，造成某些保护灵敏度下降，如正值线路有故障时，断路器将拒绝跳闸，造成越级跳闸，扩大事故范围。直流母线电压过低的原因有：交流电压过低造成直流母线电压过低，因为是直接整流，交流电压的低与高直接影响直流母线电压的低与高；硅整流器交流熔断器一相熔断或一相硅元件损坏及熔断器似接非接，均会造成直流母线电压过低，可低到额定电压的70%左右。硅整流元件在不同相的同一侧有两个整流元件断路，直流电压降低幅度更大，约为额定电压的50%。

当发现直流母线电压过低时，值班人员应先检查交流电压是否过低。若过低可适当调整变压器分接头位置，使其达到规定值。若电压正常而直流母线电压过低，应检查熔断器是否熔断；如熔断器已经熔断，可换上同容量的熔断器试送一次；如继续熔断，应将硅整流器停运后进行处理恢复正常。

第七节　绝缘子非正常时的应急处理办法

绝缘子用于牢固地支持和固定载流导体、将载流导体与大地绝缘并将载流导体之间需要绝缘部位进行绝缘。

绝缘子异常或故障的种类有：绝缘子龟裂、闪络放电（爬电）、电晕、漏油及端子过热等。绝缘子龟裂和闪络放电是绝缘子较为多见的故障。

1. 绝缘子龟裂故障的应急处理办法

绝缘子龟裂的危害：绝缘子龟裂后，其绝缘性能、机械性能均会下降，如果还在运行，情况是相当危险的，因龟裂后可能因为绝缘性能下降而使绝缘子击穿或机械强度不够而发生事故。绝缘子龟裂的原因很多，主要有：制造方面的原因；维修保养方面的原因；施工工艺方面的原因；过电压或污损方面的原因及其他方面的原因导致。制造方面的原因是：磁件内部和表面有微小缺陷，长期承受外力使其受到机械应力过大出现龟裂、裙边断裂等。维修保养方面：绝缘子上不按规定周期重涂硅脂而仍然继续使用，原已经老化的硅脂表面产生漏电流和放电致绝缘子裙边缺损和裂缝。施工工艺方面的原因：在安装绝缘子紧固金具时用力过紧，使磁件的某些部位上受到过大的应力。过电压或污损方面的原因：磁件脏污绝缘子闪络放电或过电压致绝缘子闪络放电，此时绝缘子局部过热而遭到破坏。其他方面的原因：主要是外力打击绝缘子造成。

有关人员在巡视中发现绝缘子龟裂后，必须尽快更换。

2. 绝缘子爬电故障的应急处理办法

当有机绝缘材料表面脏污，遇到雾、雨、雪等潮湿天气时，绝缘子表面就会流过泄漏电流，俗称爬电。绝缘子表面被炭化形成了导电通路，其痕迹称爬电痕迹。爬电痕迹时间长了就会发展，最后因闪络而引起接地故障。遇到潮湿气候时，如果绝缘子放电声音较天气好的时候要大,则说明绝缘子发生爬电。处理办法:停电后及时进行清扫。在日常维护工作中,绝缘子应按规定周期进行清扫;如绝缘子工作在高污染地区,应增加绝缘子的清扫次数,以防爬电导致绝缘子闪络而中断供电。

第八节　备用电源自动投入装置非正常时的应急处理办法

备用电源自动投入装置设置的意义:当主送电变、配电所停电时,备用变、配电所应能迅速自动的向由主送电变、配电所原担当的自闭线路供电,从而保证自闭线路不间断供电。

当备用电源自动投入装置发生故障时,应尽快手动投入,然后对自动投入装置进行检查,尽快恢复其自投功能。

第九节　架空线路非正常时的应急处理办法

架空线路各部件既要承受正常的机械负荷、电力负荷,还要经受自然界灾害的袭击。经常会发生各种各样的事故现将常见故障的应急处理办法介绍如下:

1. 架空线路导线的断股、损伤故障的应急处理办法

导线断股、损伤的原因分析:引线弛度大,风吹摆动,在线夹所夹导线之处,导线反复曲折疲劳,发生由外层到内层的断股。又因断股后截面积减小,过载发热,导致断线事故发生;刮风易造成导线相间碰线或线间放电闪络,烧伤导线;腐蚀气体使导线氧化、生锈变质而减弱机械强度,在刮风时引起断线。

导线断股、损伤应以预防为主,具体为:对于风吹摆动较大的导线,应适时进行调整;松弛的调紧一些,或者采取缩短档距的措施,使导线在风吹时不致摆动很大,基本稳定。在线夹附近的导线上加装防振锤及护线条等,防止导线振动。

在巡视中发现导线断股、损伤时,应进行及时处理,以防发生断线事故。

2. 导线雷害故障的应急处理办法

导线雷害主要是由直击雷和感应雷引起的。线路附近落雷时,在线路上感应的电压数值可达到100 kV左右,对35 kV及以下的架空线路有很大的危险,极易引起绝缘子对地闪络故障。若雷电直击铁塔时,在铁塔上会产生很高的电压,可达几百万伏,从而使导线与铁塔之间的绝缘闪络,同时导线上也感应出很高的电压,数值可达到300～400 kV,也可能引起相邻导线之间的绝缘子闪络。

导线雷害故障应坚持预防为主的方针,采取在架空线路上架设架空地线或采取管形避雷器或利用保护间隙进行防雷。

当线路遭受雷击发生故障后,若检查绝缘子和导线的烧伤并不严重,则可以重新合闸送电;若烧伤严重,则应将线路停电后进行处理。

3. 导线发热故障的应急处理办法

导线发热的主要原因是架空电力线路过负荷运行引起的。若长时间过负荷运行,使导线温度超过允许值,相当于给导线慢性退火,降低导线的机械强度。在线路短路时电动力的作用下,将使导线变形或断裂。为避免导线发热故障,应对导线负荷进行监控并在导线过负荷时降低负荷,保证架空线路的安全运行。

4. 导线弧光短路故障的应急处理办法

导线由于弛度过大，即超过允许值，在遇到系统持续短路时的过电压、龙卷风及高气温时，导线就会发生摆动，造成导线对杆塔之间、相与相之间放电，严重时引起弧光短路。再者，若由于各种原因使导线弛度过小，导线拉力增大，导线的机械强度下降，最严重的情况是将合上送电的三相隔离开关拉开，引起开关触头之间放电，将会造成三相弧光短路故障。

消除弧光短路的办法是：

(1)导线过大时，将导线收紧，使导线的弛度符合有关标准。

(2)导线弛度过小时，将导线放松，使导线的弛度符合有关标准。

第十节　母线非正常时的应急处理

母线是变、配电所的重要设备，一旦发生故障影响很大，严重时会使整个变、配电所停电，甚至发生火灾事故。母线故障的原因分析：

(1)人为原因。主要是由于人员误操作导致设备损坏，造成母线甚至全所停电。

(2)外部原因，老鼠、蛇短路等。母线发生故障时，值班人员应立即进行检查，若因老鼠、蛇等小动物短路原因引起，则应用绝缘杆件将小动物处理掉；如小动物短接支持绝缘子，还应检查支持绝缘子是否因小动物短接而击穿(绝缘子爆炸很直观)，如绝缘子击穿或爆炸，应停电处理后恢复供电；如绝缘子完好，应立即恢复供电。

有时候，线路发生故障继电保护拒绝动作，则应立即将故障线路断路器手动分闸，使故障线路与其他设备分开，从而保证未发生故障的设备能继续运行。

第十一节　电抗器非正常时的应急处理办法

电抗器是一个无导磁材料的空心电感线圈，由导线在同一平面上绕成螺旋线形的饼式线圈叠加在一起构成，其作用是限制短路电流，在发生短路故障时，将短路电流限制在一定的数值范围内，以减轻变、配电设备的负担，电抗器一般容易发生局部发热故障、支持瓷瓶破裂故障及电抗器烧坏故障。

1. 电抗器支持瓷瓶破裂故障的应急处理办法

电抗器是安装于支持瓷瓶上的，而支持瓷瓶安装于水泥支柱上。当巡视人员在巡视中发现支持瓷瓶有裂纹、电抗器线圈凸出、接地或水泥支柱破损时，说明电抗器故障。值班人员应启用备用电抗器，同时，应断开线路断路器将已经故障的电抗器停止运行并进行处理。

2. 电抗器发热故障的应急处理办法

在巡视中，若发现电抗器局部发热，则应减少电抗器的负荷，并采取通风措施，待停电后在进行检查，找出原因，予以处理。

3. 电抗器烧坏故障的应急处理办法

电抗器烧坏故障的判断：值班人员在巡视中，若发现以下现象，则说明电抗器烧坏：(1)支持电抗器的水泥支柱被烧断裂；(2)支持电抗器的支持瓷瓶被烧断裂；(3)电抗器的部分线圈烧坏。

发现上述现象时，值班人员应清楚认识到电抗器烧坏。应先检查继电保护装置是否动作，将电抗器从电网中切除。如果继电保护没有动作，应立即手动将故障电抗器从电网中切除。同时，投入备用电抗器，如无备用电抗器，则应将故障电抗器抢修好后再行投入。

第十二节　单相接地故障的应急处理办法

铁路变、配电所属于中性点不接地系统。发生(完全)单相接地时,接地相电压为零或接近为零,非接地相电压升高。若此时电压升高的任何一相绝缘被击穿或电压升高的任一相再行接地,单相接地故障便发展为二相短路故障,造成电压互感器烧损,还可能引起继电保护越级跳闸,扩大停电范围。接地故障的原因一般有:电力线路开路形成接地;树木触碰高压线形成接地;电力线路绝缘子损坏形成接地;人为因素形成接地;鸟害、其他自然灾害形成接地。

单相接地故障现象为:警铃响、接地光字牌亮;电压发生变化。完全接地故障时,接地相电压为零或接近于零,非接地相电压升高到相电压的$\sqrt{3}$倍,且电压不发生变化。如为非金属性接地,则接地相的电压降低很多,而未接地两相的电压升高。间歇接地故障时,接地相电压时减、时增;非接地相电压随着接地相电压的减、增而增、减,有时候电压显示正常。

单相接地故障的判断:电压互感器高、低压熔断器是否熔断;隔离开关、断路器及其辅助接点是否接触不良,三相同期性中是否有一相断开;是否有一相断线或检修作业时分相搭拆部分线路,导致三相参数不对称;空投母线时电压互感器是否引起铁磁共振。

单相接地故障的应急查找与处理:单相接地故障查找的方法较多。在现场一般采用馈出线瞬时断开法查找故障点,优选法查找接地故障点、利用电力线路故障仪查找接地故障点,对于自动闭塞线路,可利用隔离开关作短时的断、合试验查找故障点。

1. 馈出线瞬时断开法查找故障点

瞬时断开法是利用重合闸装置进行馈出线断路器的短时分、合闸试验。顺序为,依次将馈出线的断路器分闸,利用重合闸装置又将断路器合上。此时应注意,若将某台断路器断开后,单相接地故障消除(绝缘监视与仪表恢复正常),则说明单相接地故障点在该台断路器所带的线路上;否则,说明单相接地故障不在该台断路器所带的电力线路上。

2. 利用优选法查找故障点

利用优选法查找故障点,也可以称分段送电查找故障点。若两相邻变、配电所名称分别为甲、乙。甲、乙两变、配电所之间共有 4 个信号点,10 台隔离开关,优选法查找故障的原理为:断开自闭线路两变、配电所之间的 5 号隔离开关(在段分界点时应断开分界点隔离开关),使备用变、配电所自动投入,两变、配电所分段向自闭线路供电,然后断开 5 号隔离开关任一侧相邻的隔离开关,如 4 号或 6 号隔离开关,若断开 4 号隔离开关,则应合上 5 号隔离开关,依次逐路选切。利用隔离开关的断、合,看故障点是否消除。故障点假设在 A 点,具体查找的步骤如下:

(1)断开 5 号隔离开关,使备用变、配电所备用电源自动投入,此时,甲变、配电所故障消失,乙变、配电所出现接地故障。

(2)断开 6 号隔离开关,合上 5 号隔离开关,乙变、配电所故障未消失。

(3)断开 7 号隔离开关,合上 6 号隔离开关,乙变、配电所故障未消失。

(4)断开 8 号隔离开关,合上 7 号隔离开关,甲变配、电所出现接地故障,乙变、配电所故障消失,从而查找出故障点在 7 号与 8 号隔离开关之间。

3. 利用电力线路故障仪查找故障

发生单相接地短路后,值班人员应首先判明故障相,然后将电力线路故障探测仪投入,利用真空开关使某一正常相瞬时接地,人为制造两相短路,从而得出故障点(如 A 相 K 点短路)

B、C两相电压：

第十三节　二次回路故障查找及处理

1. 查找故障的一般步骤

发生故障后，值班人员应保持沉着冷静，根据图纸，按照经验及事故演练时的做法，使设备保持原状，先进行设备的外部检查，其目的是防止无意中消除故障，使故障原因查找困难或最后因现象消失找不出故障原因如保护装置拒绝动作，尽量先不要用开关操作试验断路器是否拒绝跳闸，检查继电器状态后，再模拟出现的拒绝动作现象，根据现象进行认真的分析和处理。一般的，应根据设备的实际情况和事故处理经验，先检查容易发生故障的设备，并逐步缩小范围，直到查找出故障设备。

2. 查找故障的一般方法

二次回路故障主要是短路、断路和参数变值。对于二次回路故障查找，应首先根据故障现象，如熔断器熔体熔断，新换上的熔断器熔体也很快熔断，还有接点烧坏、短路点冒烟等现象判断，二次回路可能是短路故障；回路参数变值的现象为，被控元件动作力量不足、过热等，可能是回路参数变值故障；若既不是短路故障，又不是回路参数变值故障，二次回路故障的原因便为回路断路故障。

(1)二次回路断路故障的查找

可利用“导通法”或“电压降法”进行。

①电压降法查找：接入操作电源，将断路器合上，此时辅助接点 DL1 接通，然后将万用表(电压挡)的负极固定在电源负极(02 端子)上，用万用表正极触及电源的正极(01 端子)，若为正常电压，说明电源没有开路。随之将万用表正极触及 07 处将保护出口继电器(BCJ)接点接通，电压表若为全电压，说明 01、07 处没有开路；此时万用表的负极不动仍接在电源负极上，而将万用表正极依次按图在 09、33、37、39 等处，触及哪点时，如发现电压值过小或无电压，则表明故障在此回路内，即可进行处理。如图 15-1 所示。

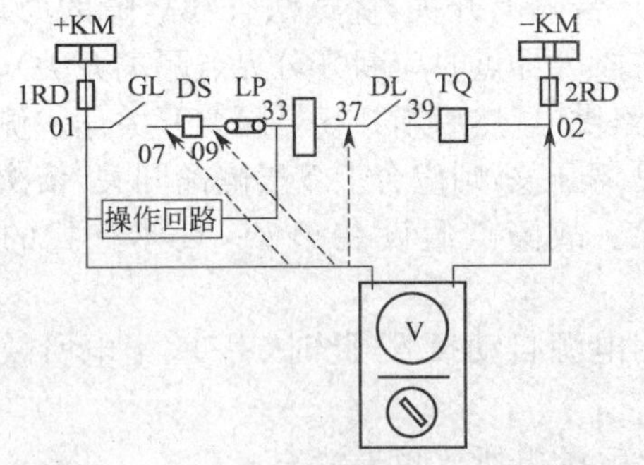

图 15-1　电压降查找故障示意图

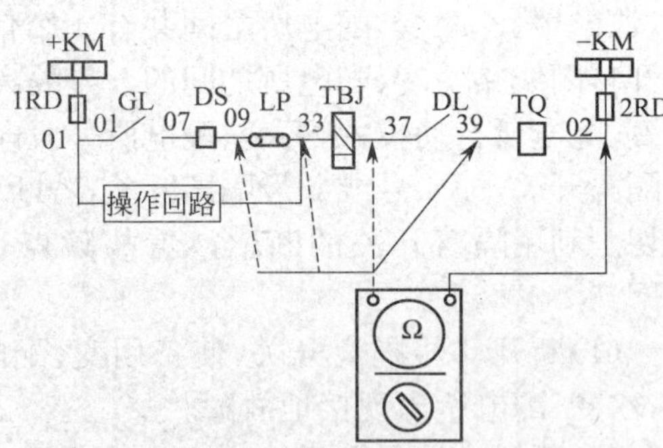

图 15-2　导通法查找故障示意图

②导通法查找：首先必须断开操作电源，再使用万用表进行检查。如图 15-2 所示，万用表打在欧姆挡。查找时，先将断路器合上，使断路器的辅助接点 DL1 接通，将万用表的负极固定在负极 02 端子处，用万用表的正极依次触及 39、37、33 等，当发现回路不通或数值与正常值误差过大时，则说明故障就在该段范围内，即可进行处理。

(2)回路参数变值的查找:若保护装置动作,保护出口继电器接点接通,但断路器没有跳闸,现象为被控元件的动作力量不足,或者有过热现象,即为"回路参数变值故障"。仍可使用压降法或导通法查找。压降法查找的具体方法为:接通保护出口继电器(BCJ)接点,让回路有电流通过,并同时测量跳闸线圈(TQ)两端的电压,有两种可能:若所测量的电压不小于额定电压的80%时,说明回路正常,操作机构问题较大;若跳闸线圈两端电压很低或回路中其他元件参数变值,则可能是操作电源容量过小。导通法查找的具体方法为:利用一块万用表和一些元件的原始电阻资料测量和分析。首先测量跳闸线圈两端的电阻,并与原始资料相比,看看电阻是否减小很多。若电阻减小很少或没有减少,说明跳闸线圈参数没有变化。再测量07与02回路的电阻并与原始电阻值比较,若减少很多,即相差很大,说明该元件已经变值,应进行处理。若测量电阻与原始电阻值接近,则说明该回路参数没有变值,应继续进行查找。此时,可投入操作电源使保护出口继电器接点闭合,测量01与02间、即正、负电源间电压,若测得的数值过小,说明可能是操作电源问题,可再对电源侧进行检查,直到找出症结,予以处理。

3. 二次回路故障处理应注意的几个问题

二次回路发生故障后,值班人员要及时对二次回路故障进行应急处理。在处理时,除必须严格遵守《铁路电力安全工作规程》外还必须注意:

(1)人员分工明确,工作方法正确、明确;处理时至少由2人进行。

(2)处理的技术依据是该二次回路的图纸。

(3)在处理中需要测量运行回路中电流时,引接线须连接良好,试验端子与测量仪表应用螺栓连接,严禁缠绕连接。测量二次回路电压时,须使用高内阻电压表,严禁用灯泡代替仪表。

(4)停用电源设备前,应考虑电源设备停用后是否会造成继电保护误动或拒动。

(5)切断直流回路熔断器时,应正、负极同时拉开,或先拉正电源,后拉负电源。恢复时顺序则须相反。

(6)带电在二次回路处理故障时,应认真确认电源已经断开,对可能碰及之处用绝缘物隔离或包扎。

(7)整组试验时,应事先查明是否与投入运行的电力设备有关,应将压板打到试验位置后进行。

(8)对继电器拆盖进行内部检查时,不允许随意调整继电器的机械部分。

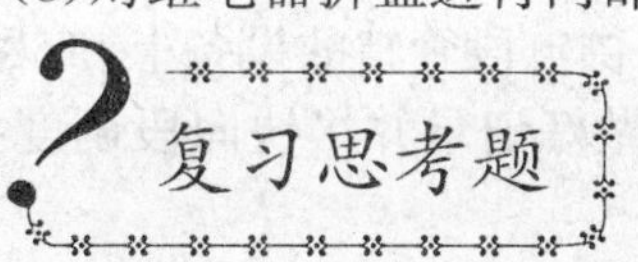

1. 现场常见的变压器故障的现象有哪些?
2. 断路器有哪些种类,及断路器的主要参数有哪些?
3. 隔离开关拉不开的应急处理办法。
4. 当发现电流互感器二次开路故障时,值班人员应做怎么样的应急处理?
5. 导线弧光短路故障的应急处理办法。
6. 查找故障的一般步骤。
7. 变压器的保护有几种?

第十六章　自动闭塞(贯通)电力事故抢修

一、电力事故的抢修

自动闭塞和车站电气集中电力供应的可靠性直接影响正常的运输秩序和行车安全，一旦发生事故中断供电，将造成信号关闭、电动转辙设备停止运转，严重影响铁路的运输生产。

1. 电力事故处理原则

电力事故发生后，首先需查找故障点并将故障点切除，恢复信号供电，维持正常运输秩序，然后进行修复。

2. 电力工区值班

电力工区应日夜 24 h 值班，节假日按规定设置值班人员；值班人员以不少于 2 人为宜。

3. 事故抢修备品备件配备

配置事故抢修备品备件原则：应能满足事故抢修时的需要，如照明、通信、交通工具和生活用品。对备品备件应定期进行检查，保持备品备件的状态良好。

4. 电力工人在事故抢修时必须携带的备品备件

(1)令克棒；(2)脚爬；(3)腰带；(4)万用表；(5)通信工具；(6)其他必要的工具材料。

二、故障处理

1. 发生在邻段或邻局之间的线路上的故障的处理

故障发生在邻段或邻局之间的线路上时，应通过上一级电力调度下达命令，首先拉开分界处开关或电力工区所在地就近开关，分别试送电以判明故障点。

2. 区间信号点和车站信号灭灯故障的处理

区间信号点和车站信号灭灯时，电力工接到通知后，应迅速赶到现场，在(供电段与电务段)分界点测试有无电压，如分界点无电压，则说明故障发生在供电段管辖的设备上，应尽快查找处理。如分界点电压正常，抢修人员不得乱动电力设备，应做好记录并尽快向段调度报告；如此时电务人员在场，可将测试结果向电务人员出示。

3. 配电所馈出柜开关跳闸自投不成功故障的处理

配电所馈出柜开关跳闸后，值班人员应首先判明跳闸类别(过流、速断、失压)，在确认配电所内无故障且对方所自投、本所重合均不成功时，应立即向上级(领工区或车间、段调度)报告。

4. 配电所自闭(贯通)柜故障的处理

当判明自闭(贯通)母线有电，而配电所自闭(贯通)柜发生故障的情况下，应立即向上级(领工区或车间、段调度)报告，尽快进行检修。

5. 一路电源失压母联拒动的故障处理

配电所两路电源分段运行，当一路电源失压母联拒动时，应立即向上级(领工区或车间、段调度)报告，尽快进行处理。

6. 关于故障设备处理时间的规定

配电所自闭(贯通)调压器故障退出运行进行检修时,应在故障发生后 48 h 内更换好。自闭(贯通)线路不允许长期开口运行,架空电力线路发生故障一般应在 48 h 内处理完毕,恢复正常运行方式;电缆电力线路发生故障一般应在 72 h 内处理完毕恢复正常运行方式;实施越区供电后一般应在 24 h 内恢复正常运行方式。

7. 故障查找程序

(1)配电所自闭馈出开关跳闸,对方自投、本所重合均不成功时,应按如下程序进行处理:

在两所中间(局或分局分界处)拉开线路开关,两端试送电,一端首先试送电成功,另一端再拉开线路隔离开关试送,最后确定故障区段,找出故障区段后,进行处理。

(2)自闭(贯通)线路发生接地故障时,按下列程序进行处理(安装接地故障自动检测设备的区段除外):

①判断接地性质;

②拉开中间隔离开关判定接地侧;

③接地侧逐段倒闸判定;

④在判定的接地区段查找到故障点并及时进行处理。

(3)信号点故障时,应按下列程序进行处理:

①测量分界点(杆上电缆盒)中有无交流电压;

②如电压正常,不准动电力设备,做好记录,尽快通知电务人员;

③分界点无交流电压,检查低压互供箱、信号变压器等设备,迅速恢复供电。

(4)车站信号故障时．应按下列程序进行处理:

①测量分界点两路电压是否正常;

②若有一路电压正常,通知电务开通电气集中;

③两路均无电时,应检查变压器、接触器等设备;

④因检修或事故处理,当更换或改接引线时,应确认引入信号设备二路电源相位应一致。

8. 信息处理

(1)信息处理的基本要求:电力设备抢修时,信息反馈必须及时、准确,尽快将故障跳闸时间、信号点灭灯通知时间、抢修人员出动和到达时间、故障点找到的时间、故障原因、恢复供电时间等信息内容向电力调度逐级上报。

(2)配电所值班人员、电力工区巡检人员发现故障时,应立即向上级(领工区或车间负责人、段调度)汇报,同时尽快处理。

(3)电力工区接到车务、电务部门直接通知时,应问明故障情况,立即向上级(领工区或车间负责人、段调度)报告,并迅速到现场检查处理。处理时应将处理情况及时向上级(领工区或车间负责人、段调度)报告。

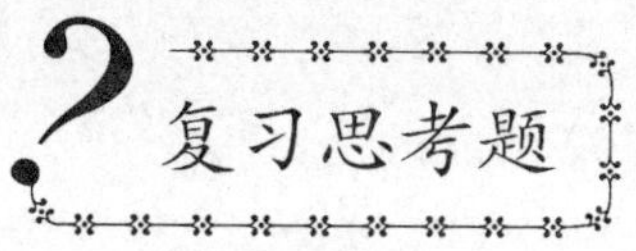

1. 自闭(贯通)线路发生接地故障时,按怎样的程序进行处理。

职业技能

第十七章　初　级　工

一、开挖一般土质 10 m 直线杆杆坑

(一)作业(操作)方法、步骤

1. 计算杆坑坑口、坑底宽度。

2. 在被复测的坑位标标尺及其前后相邻的两个坑位标桩中心点上各立直 1 根标杆，用“三点一线”法测定坑位中心位置，划出线路中心线，并在坑位中心位置前后沿线路中心线各钉一个辅助标桩。

3. 在坑位中心位置上，用大直角尺找出线路中心线的垂直线并划出，在此垂直线上于坑位中心位置的左右两侧各钉一个辅助标桩，用于检验杆坑挖掘位置是否正确。

4. 在坑位中心位置的左右两侧沿线路中心线的垂直线各量出坑口宽度的一半，钉上两个小木桩，用皮尺量出坑口周长的一半，折成半个坑口的形状，将皮尺的两端放在坑宽的两个小木桩上，拉紧两个折点使两折点与小木桩的连线平行于线之间的连线即为半个坑口的开挖线，依此划线后，将皮尺翻过来按上述方法划出另外半个坑口的开挖线。

5. 挖坑中心线必须与辅助桩中心对正方可进行开挖。

6. 杆坑挖好后清理现场。

(二)质量标准

1. 深度允许偏差为：深 100 mm，浅 50 mm。

2. 顺线路方向的位移不超过设计档距的 3%，垂直线路方向位移不超过 50 mm。

(三)应急处理技能

1. 土质松软处应设防塌板；

2. 坑深超过 1.5 m 时，坑内工作人员必须戴安全帽；

3. 严禁采用掏洞方法挖坑，并不得在坑内休息；

4. 开挖所用工具必须坚固并经常进行检查，确保状态良好；

5. 弃土在坑边 0.4 m 外且高度不应大于 1.5 m；

6. 杆抗挖好，如不立即立杆还应设置防护物和红色提示灯。

二、登杆及清扫杆塔绝缘子

(一)作业(操作)方法、步骤

1. 劳保用品穿戴齐全。

2. 检查材料工具。

3. 确认安全措施和作业范围。

4. 检查杆身、杆基。

5. 正确登杆。

6. 正确选择作业站位。

7. 正确使用安全带。

8. 将绳索系在电杆或牢固的框架上。

9. 清扫绝缘子。

10. 工作结束,清理现场。

(二)质量标准

1. 根据电杆的粗细,选择大小合适的脚扣,使脚扣可以牢靠地扣住电杆,防止从高空滑下。

2. 穿脚扣时,脚扣带的松紧要适当,防止脚扣在脚上转动或脱落。

3. 登杆前必须检查脚扣、安全带是否良好,并在试验期内。

4. 挂安全带环时,一手稳妥地抱住电杆,一手挂环,并闭锁安全锁扣。

5. 登杆时,应用手单抱电杆,上身挺直,臀部要向下坐,先抬一只脚,将脚扣扣住电杆后用力往下蹬,使脚扣与电杆扣牢,然后再抬另一只脚,两只脚依次交替上升,步子不宜太大,下杆时相同。

6. 作业结束清理杆上杆下现场无遗留物。

(三)应急处理技能

1. 作业人员符合作业资格。

2. 杆身不得有纵向裂缝、横向裂缝宽度不应超过 0.1 mm,长度不超过 1/3 周长,杆身弯曲不超过 2‰,表面不应有蜂窝、露盘等缺陷。

3. 杆上作业应背工具包,轻便、重要的工具仪表、材料应放在包内。

4. 严禁从电杆受力侧上下。

5. 登杆接近杆顶时,要防止横担碰头。

6. 严禁上下抛扔工具、材料。

7. 用绳索上下工具、材料时,严禁撞击杆身、地面。

8. 当改变作业位置或转身时,应注意使受力腿站稳。

三、带电砍伐接近导线的树木

(一)作业(操作)方法、步骤

1. 油锯(木锯、斧、砍刀)外观检查。

2. 松开调节帽。

3. 安装锯条。

4. 调紧锯条。

5. 核查汽油机油并勾兑。

6. 观察要锯树木对导线的距离。

7. 观察好树木倒落方向有无障碍,必要时用绳索。

8. 选好站位。

9. 选择好树木下锯的位置。

10. 检查下锯位置是否有石块、铁钉等异物。

11. 检查备砍树木及周围树木有无马蜂窝。
12. 油锯平放地面。
13. 用手按住油锯提扼。
14. 用手拉动发动机绳启动。
15. 用手提油锯并拿锯扼，大拇指按在开关上。
16. 油锯对着树木下锯位置。
17. 先对倒落方向平进一锯，树木直径 1/3 处停锯。
18. 再在平进锯上斜进一锯(与平进锯重合)。
19. 再在树木反面下锯(保持与倒落方向锯一致)。
20. 树木倒落后停锯关机。
21. 工作结束，清理现场。

(二)质量标准

1. 检查工具和准备工作要符合要求。
2. 操作动作熟练，流畅。
3. 文明生产，按要求按时完成。

(三)应急处理技能

1. 树木倒侧方严禁有人。
2. 如树木误倒在线路上，应先确认该线路上已无电，并无突然来电可能方可将树木拖离线路。

四、在 10 kV 架空线路直线杆绝缘子上绑扎导线

(一)作业(操作)方法、步骤

1. 选择所需材料工器具。
2. 规范着装。
3. 对导线铝包带绑扎进行外观检查。
4. 登杆工具及安全工具试验。
5. 登杆。
6. 在 10 kV 架空线路直线杆绝缘子上绑扎导线。
7. 制作安装拉线。
8. 工作结束。

(二)质量标准

1. 选择所需材料工器具符合工作需要。
2. 按规定穿戴安全帽、工作服等。
3. 登杆前对登高工具和安全用具进行冲击试验。
4. 检查杆根，登杆动作熟练。
5. 杆上操作位置选择适当，安全带系在牢固构件。
6. 导线缠绕铝包带长度应符合标准。
7. 缠绕方向与导线绞制方向一致。
8. 导线固定在针式绝缘子的位置正确。

9. 工艺应美观，绑扎缠绕股数不少于 3 股。

10. 工器具摆放整齐，场地清洁，杆上无遗留物。

五、更换低压空气开关

(一)作业(操作)方法、步骤

1. 制定安全措施。
2. 准备。
3. 更换操作。
4. 工作结束。

(二)质量标准

1. 明确监护人，制定完善的安全措施，停电、验电。
2. 检查绝缘手套、螺丝刀、验电笔及工作人员个人安全防护用品是否合格、齐全。
3. 更换低压空气开关操作顺序正确，动作熟练规范。
4. 工器具选择正确，使用、操作正确。
5. 空气开关固定牢固，接线牢固。
6. 严格遵守安全操作规程，保持现场清洁，清理现场。
7. 工器具摆放整齐，场地清洁，无遗留物。

六、10 kV 直线杆杆顶支架及绝缘子安装

(一)作业(操作)方法、步骤

1. 劳保用品穿戴齐全。
2. 检查材料工具。
3. 确认安全措施和作业范围。
4. 检查杆身、杆基。
5. 正确登杆。
6. 正确选择作业站位。
7. 正确使用安全带。
8. 将绳索系在电杆或牢固的框架上。
9. 吊上横担和 U 形包箍并安装。
10. 吊上杆顶去架并安装，动作熟练。
11. 针式绝缘子安装。
12. 工作竣工清理现场。

(二)质量标准

1. 工器具、材料完备，检查杆根。
2. 检查工器具及材料。
3. 登杆前对登杆工具、安全带进行冲击试验。
4. 登杆前检查杆根，登杆动作规范、熟练。
5. 横担与线路方向垂直，横担距杆顶距离符合要求，横担两端处于水平位置，U 形包箍螺

栓螺丝紧固,并用双螺母紧固并紧。

6. 安装正确,螺栓紧固。

7. 绝缘子与横担垂直,且螺栓紧固。

8. 工器具材料摆放有序,工器具、设备无损伤,杆上无遗留物及跌落物等;清理现场,交还工器具及剩余材料。

(三)应急处理技能

1. 作业人员符合作业资格。

2. 杆身不得有纵向裂缝、横向裂缝宽度不应超过 0.1 mm,长度不超过 1/3 周长,杆身弯曲不超过 2‰,表面不应有蜂窝、露盘等缺陷。

3. 杆上作业应背工具包,轻便、重要的工具仪表、材料应放在包内。

4. 严禁从电杆受力侧上下。

5. 登杆接近杆顶时,要防止横担碰头。

6. 严禁上下抛扔工具、材料。

7. 用绳索上下工具、材料时,严禁撞击杆身、地面。

8. 当改变作业位置或转身时,应注意使受力腿站稳。

七、更换导线防振锤

(一)作业(操作)方法、步骤

1. 脚扣、安全带外观检查。

2. 脚扣、安全带进行外力冲击试验。

3. 检查材料。

4. 正确选择站位,正确登杆。

5. 正确使用安全带。

6. 将绳子系在电杆或牢固构架上。

7. 拆除旧防振锤。

8. 量出安装尺寸,作好印记。

9. 吊防振锤。

10. 安装防振锤。

11. 按规定拧紧螺栓。

12. 返回地面,清理现场。

(二)质量标准

1. 螺栓方向符合要求。

2. 防振锤应与地面垂直。

(三)应急处理技能

1. 作业人员符合作业资格。

2. 杆身不得有纵向裂缝、横向裂缝宽度不应超过 0.1 mm,长度不超过 1/3 周长,杆身弯曲不超过 2‰,表面不应有蜂窝、露盘等缺陷。

3. 杆上作业应背工具包,轻便、重要的工具仪表、材料应放在包内。

4. 严禁从电杆受力侧上下。

5. 登杆接近杆顶时，要防止横担碰头。

6. 严禁上下抛扔工具、材料。

7. 用绳索上下工具、材料时，严禁撞击杆身、地面。

8. 当改变作业位置或转身时，应注意使受力腿站稳。

八、安装 10 kV 架空线直线杆铁横担

(一)作业(操作)方法、步骤

1. 劳保用品穿戴齐全。

2. 检查材料工具。

3. 确认安全措施和作业范围。

4. 检查杆身、杆基。

5. 正确登杆。

6. 正确选择作业站位。

7. 正确使用安全带。

8. 将绳索系在电杆或牢固的框架上。

9. 安装杆顶支支座。

10. 安装横担。

11. 安装瓷瓶。

12. 工作竣工清理现场。

(二)质量标准

1. 金具表面应光洁，无裂纹、毛刺、飞边、砂眼、气泡等缺陷；镀锌良好，无锌皮剥落、锈蚀等。

2. 绝缘子瓷件与铁件组合结合紧密，无歪斜，铁件镀锌良好；瓷釉光滑，无裂纹、缺釉、斑点、烧痕、气泡或瓷釉烧坏等缺陷。

3. 杆顶支座安装在距杆顶 150 mm 处，杆顶支座螺栓由送电侧穿入，安装牢固，无倾斜。

4. 横担装在受电侧距杆顶 800 mm 处，横担安装应平直，端部上下歪斜、左右扭斜不大于 20 mm。

5. 安装瓷瓶前清除瓷瓶表面污垢，附着物及不应有的涂料等，瓷瓶无倾斜，固定牢固。

(三)应急处理技能

1. 作业人员符合作业资格。

2. 杆身不得有纵向裂缝、横向裂缝宽度不应超过 0.1 mm，长度不超过 1/3 周长，杆身弯曲不超过 2‰，表面不应有蜂窝、露盘等缺陷。

3. 杆上作业应背工具包，轻便、重要的工具仪表、材料应放在包内。

4. 严禁从电杆受力侧上下。

5. 登杆接近杆顶时，要防止横担碰头。

6. 严禁上下抛扔工具、材料。

7. 用绳索上下工具、材料时，严禁撞击杆身、地面。

8. 当改变作业位置或转身时，应注意使受力腿站稳。

九、安装 10 kV 跌落式熔断器

(一)作业(操作)方法、步骤

1. 劳保用品穿戴齐全。
2. 检查材料工具。
3. 确认安全措施和作业范围。
4. 检查杆身、杆基。
5. 正确登杆。
6. 正确选择作业站位。
7. 正确使用安全带。
8. 将绳索系在电杆或牢固的框架上。
9. 跌落式熔断器安装。
10. 引线连接。
11. 杆上拉合试验。
12. 工作竣工清理现场。

(二)质量标准

1. 登杆前检查杆根,对登杆工具及安全带进行冲击试验。
2. 登杆动作熟练、规范。
3. 站位合适,安全带(绳)应系在牢固的构件上,无落物。
4. 操作熟练、工具使用正确,跌落式熔断器安装倾角符合有关规定(倾角 15°～30°)。
5. 穿向正确、紧固,吊起、放下工具材料不准碰杆。
6. 上下引线应压紧、与线路导线的连接应紧密可靠。
7. 对安装后的跌落保险进行拉合试验。
8. 工器具材料摆放有序,杆上无遗留,清理现场。

(三)应急处理技能

1. 作业人员符合作业资格。
2. 杆身不得有纵向裂缝、横向裂缝宽度不应超过 0.1 mm,长度不超过 1/3 周长,杆身弯曲不超过 2‰,表面不应有蜂窝、露盘等缺陷。
3. 杆上作业应背工具包,轻便、重要的工具仪表、材料应放在包内。
4. 严禁从电杆受力侧上下。
5. 登杆接近杆顶时,要防止横担碰头。
6. 严禁上下抛扔工具、材料。
7. 用绳索上下工具、材料时,严禁撞击杆身、地面。
8. 当改变作业位置或转身时,应注意使受力腿站稳。

十、单相电度表安装、配线

(一)作业(操作)方法、步骤

1. 领取工具、材料,并检查状态。

2. 元器件安装位置划线。

3. 安装熔断器、电度表、闸刀。

(二)质量标准

1. 选择工作需要的工器具及材料。

2. 元器件布置整齐,各元件间的最小净距不小于安全规定。

3. 安装熔断器、电度表、闸刀。

4. 使用工具符合要求。

5. 清理现场,场地整洁,无遗留工具材料。

十一、安装避雷器

(一)作业(操作)方法、步骤

1. 劳保用品穿戴齐全。

2. 检查材料工具。

3. 确认安全措施和作业范围。

4. 检查杆身、杆基。

5. 正确登杆。

6. 正确选择作业站位。

7. 正确使用安全带。

8. 将绳索系在电杆或牢固的框架上。

9. 安装避雷器。

10. 引线连接。

11. 工作竣工,清理现场。

(二)质量标准

1. 材料工具符合工作需要。

2. 避雷器外部检查、清洁并进行遥测。

3. 登杆前登高工具和安全用具符合冲击试验要求。

4. 检查杆根、登杆动作熟练。

5. 杆上操作位置选择适当,安全带系在牢固构件上。

6. 避雷器安装符合有关规定、避雷器与横担连接牢固,吊起放下工具材料不准碰杆。

(1)避雷器应垂直安装、偏差不应大于高度的1.5%,并应固定牢固,固定位置要便于检查,装卸方便瓷套与固定抱箍之间应加垫层。

(2)每个铭牌均面向便于监视的方向。

(3)连接避雷器的全部导线应尽量短而直,不得松动,严禁构成环状或锐角。连接线不得使避雷器受额外的应力。

(4)金属氧化物避雷的排气通道应通畅,排出的气体不致引起相间短路或对地闪络,并不得喷及其他电气设备。

(三)应急处理技能

1. 作业人员符合作业资格。

2. 杆身不得有纵向裂缝、横向裂缝宽度不应超过 0.1 mm，长度不超过 1/3 周长，杆身弯曲不超过 2‰，表面不应有蜂窝、露盘等缺陷。

3. 杆上作业应背工具包，轻便、重要的工具仪表、材料应放在包内。

4. 严禁从电杆受力侧上下。

5. 登杆接近杆顶时，要防止横担碰头。

6. 严禁上下抛扔工具、材料。

7. 用绳索上下工具、材料时，严禁撞击杆身、地面。

8. 当改变作业位置或转身时，应注意使受力腿站稳。

十二、更换 10 kV 直线杆一相针式绝缘子

(一)作业(操作)方法、步骤

1. 劳保用品穿戴齐全。
2. 检查材料工具。
3. 确认安全措施和作业范围。
4. 检查杆身、杆基。
5. 正确登杆。
6. 正确选择作业站位。
7. 正确使用安全带。
8. 将绳索系在电杆或牢固的框架上。
9. 将直线杆旧绝缘子上的导线松开。
10. 拆下旧绝缘子，并用吊绳放下，将新绝缘子吊上。
11. 将新绝缘子横担上固定好。
12. 将导线绑扎好。
13. 工作竣工清理现场。

(二)质量标准

1. 工器具、材料完备，检查杆根。
2. 检查工器具及材料。
3. 登杆前对登杆工具、安全带进行冲击试验。
4. 登杆前检查杆根，登杆动作规范、熟练。
5. 操作顺序正确，吊起、放下工具材料不准碰杆。
6. 新绝缘子固定符合要求。
7. 导线绑扎符合要求。
8. 清理现场，杆上无遗留物。

(三)应急处理技能

1. 作业人员符合作业资格。

2. 杆身不得有纵向裂缝、横向裂缝宽度不应超过 0.1 mm，长度不超过 1/3 周长，杆身弯曲不超过 2‰，表面不应有蜂窝、露盘等缺陷。

3. 杆上作业应背工具包，轻便、重要的工具仪表、材料应放在包内。

4. 严禁从电杆受力侧上下。

5. 登杆接近杆顶时，要防止横担碰头。

6. 严禁上下抛扔工具、材料。

7. 用绳索上下工具、材料时，严禁撞击杆身、地面。

8. 当改变作业位置或转身时，应注意使受力腿站稳。

十三、接地电阻测量

(一)作业(操作)方法、步骤

1. 检查仪表工具、材料。

2. 接地电阻测试仪的外观、性能检查。

3. 检查接地电阻测试仪是否在有效期内。

4. 测量。

5. 判断接地电阻是否合格。

(二)质量标准

1. 仪表、工具、材料符合要求。

2. 接地电阻测试仪外观、性能符合要求。

3. 接地电阻测试仪在有效期内。

4. "E"端接地极、"C"、"P"端直线方式插入地下，挡位从大到小调整。缓慢摇动地阻表手柄并同时转动测量标度盘，使检流计指针处于中心位置，转速达到 120 r/min 时读取数据。

5. 变压器容量在 100 kV · A 以上接地电阻不大于 4 Ω；

变压器容量在 100 kV · A 及以下接地电阻不大于 10 Ω；

零线重复接地不大于 10 Ω。

十四、简单回路低压配电屏停、送电操作

(一)作业(操作)方法、步骤

1. 填写倒闸票。

2. 操作人员(含监护人)必须戴绝缘手套，穿绝缘靴。

3. 操作时复诵倒闸票，监护人唱票，操作人员复诵。

4. 停电顺序：先负荷侧，后电源侧(先空气开关，后刀闸开关)。

5. 送电顺序与停电顺序相反。

6. 确认开关到位。

7. 按规定验电，验电前测试验电笔。

8. 安装接地封线时先接接地装置，后接已确认无电的设备，拆除时顺序相反。

9. 工作结束，清理现场。

(二)质量标准

每次操作开关要到位，如果三级要符合同期要求。

(三)应急处理技能

错分错合应按规定执行。

十五、挂设一组 10 kV 线路接地封线

(一)作业(操作)方法、步骤

1. 劳保用品穿戴齐全。
2. 检查材料工具。
3. 确认安全措施和作业范围。
4. 检查杆身、杆基。
5. 正确登杆。
6. 正确选择作业站位。
7. 正确使用安全带。
8. 将绳索系在电杆或牢固的框架上。
9. 正确使用绝缘手套及验电器。
10. 操作熟练,逐项挂设。
11. 清理现场,工器具材料摆放有序,杆上无遗留物。

(二)质量标准

1. 先接接地端后接导体端,接地线与导线连接可靠。
2. 没有缠绕现象。
3. 操作中人身不碰触接地线。
4. 接地棒在地下深度不小于 600 mm。

(三)应急处理技能

1. 作业人员符合作业资格。
2. 杆身不得有纵向裂缝、横向裂缝宽度不应超过 0.1 mm,长度不超过 1/3 周长,杆身弯曲不超过 2‰,表面不应有蜂窝、露盘等缺陷。
3. 杆上作业应背工具包,轻便、重要的工具仪表、材料应放在包内。
4. 严禁从电杆受力侧上下。
5. 登杆接近杆顶时,要防止横担碰头。
6. 严禁上下抛扔工具、材料。
7. 用绳索上下工具、材料时,严禁撞击杆身、地面。
8. 当改变作业位置或转身时,应注意使受力腿站稳。

十六、万用表测量用户端电压

(一)作业(操作)方法、步骤

1. 检查万用表是否在有效期并机械调零。
2. 工作人员个人安全防护用品是否合格、齐全。
3. 万用表测量挡位是否打在电压挡,测量位置是否适当。
4. 电压挡内所选量程是否正确,测量人员是否能够正确读取数值。
5. 测量数值是否正确。
6. 严格遵守安全操作规程,保持现场清洁,工器具摆放整齐,场地清洁,仪表完好。

7. 一切工作完成,清点工器具及各设备材料。

(二)质量标准

1. 测量电压数值应超过本量程的 2/3。
2. 测量时表面应于测量者的眼睛保持垂直。

(三)应急处理技能

1. 明确监护人,制定完善的安全措施。
2. 应戴线手套。

十七、测量配电变压器负荷

(一)作业(操作)方法、步骤

1. 着装规范。
2. 检查仪器。
3. 站在被测配电变压器低压侧。
4. 打开测量仪器的电源。
5. 手持仪器绝缘部位。
6. 准确的卡在被测导线上。
7. 正确读数。
8. 读数记录。
9. 工作结束。

(二)质量标准

1. 工作服、安全帽、安全带、工作鞋等穿戴规范。
2. 检查仪器操作步骤正确。
3. 站位正确。
4. 操作正确。
5. 卡线时不得与其他邻近导线相触碰。
6. 仪器读数,应在导线上停留 10 s 左右,等数值稳定。
7. 读数正确。
8. 工作结束将仪器调至最大挡位,关掉仪器电源。
9. 检查是否有遗留物、收工汇报、人员撤离。

十八、拉合隔离开关

(一)作业(操作)方法、步骤

1. 检查绝缘手套良好及是否在有效期内。
2. 检查所拉、合隔离开关与命令相符。
3. 拉、合隔离开关。
4. 检查是否到位,并加锁。
5. 检电、接地封线。
6. 工作终结清理现场。

（二）质量标准

1. 拉闸时：

（1）开始慢而谨慎，当闸刀将要离开触头时应迅速拉开，特别是当切断变压器空载电流，架空线路或电缆充电电流，架空线路小负荷电流及切断环路电流时，均应迅速果断以利消弧。

（2）拉闸完毕后，应检查各相是否已经断开，对于 10 kV 的隔离开关，动触头、静触头的断开距离是 180×（1±5%） mm 以内。

2. 合闸时：

（1）不论是用传动机构或用绝缘杆操作，都应迅速果断，但在合闸终了时，不可用力过猛，以免发生冲击损坏绝缘子。

（2）操作完毕后，应检查各部接触状态，闸刀是否完全进入固定头内，接触是否严密。

（三）应急处理技能

1. 拉合隔离开关前确定回路中应不带负荷。

2. 如回路中无断路器时，允许使用隔离开关进行下列操作：

（1）开、合电压互感器和避雷器

（2）开、合仅有电容电流的母线设备

（3）电容电流不超过 5 A 的无负荷线路

（4）用户外型三相联动隔离开关，允许开合电压为 10 kV 及以下，电流为 15 A 以下的负荷

（5）开、合电压为 10 kV 及以下，电流在 70 A 以下的环路均衡电流。

十九、更换低压直线横担

（一）作业（操作）方法、步骤

1. 劳保用品穿戴齐全。
2. 检查材料工具。
3. 确认安全措施和作业范围。
4. 检查杆身、杆基。
5. 正确登杆。
6. 正确选择作业站位。
7. 正确使用安全带。
8. 将绳索系在电杆或牢固的框架上。
9. 拆除旧导线的绑轧线和旧瓷瓶。
10. 安装新瓷瓶并固定导线。
11. 杆上操作。
12. 工作结束，清理现场。

（二）质量标准

1. 办理工作票，制定完善的作业指导书，明确监护人，停电、验电、挂接地线、设围栏。
2. 检查登杆工具、安全帽，脚扣、安全带，同时对脚扣、安全带做冲击试验。
3. 工作人员个人安全防护用品是否合格、齐全。
4. 登杆动作熟练规范，杆上工作位置适当。
5. 安全带及吊绳系绑正确规范，工器具选择正确。

6. 工器具使用、操作正确,绳扣吊物正确牢固。

7. 更换低压直线横担执行规程规范,无物品跌落等失误。

8. 横担安装水平,方向、位置正确,各部件螺丝拧紧牢固。

9. 严格遵守安全操作规程,保持现场清洁,清理现场。

10. 工器具摆放整齐,场地清洁,杆上无遗留物。

(三)应急处理技能

1. 作业人员符合作业资格。

2. 杆身不得有纵向裂缝、横向裂缝宽度不应超过 0.1 mm,长度不超过 1/3 周长,杆身弯曲不超过 2‰,表面不应有蜂窝、露盘等缺陷。

3. 杆上作业应背工具包,轻便、重要的工具仪表、材料应放在包内。

4. 严禁从电杆受力侧上下。

5. 登杆接近杆顶时,要防止横担碰头。

6. 严禁上下抛扔工具、材料。

7. 用绳索上下工具、材料时,严禁撞击杆身、地面。

8. 当改变作业位置或转身时,应注意使受力腿站稳。

二十、拉合跌落式熔断器的操作

(一)作业(操作)方法、步骤

1. 劳保用品穿戴齐全。

2. 检查材料工具。

3. 确认安全措施和作业范围。

4. 检查杆身、杆基。

5. 正确登杆。

6. 正确选择作业站位。

7. 正确使用安全带。

8. 将绳索系在电杆或牢固的框架上。

9. 拉开跌落式熔断器。

10. 合上跌落式熔断器。

11. 工作竣工清理现场。

(二)质量标准

1. 安全帽、绝缘手套、绝缘鞋及护目镜齐全。

2. 登杆前检查杆根,对登杆工具及安全带进行冲击试验,并检查均在试验周期内。

3. 登杆动作灵活熟练。

4. 拉开时,先拉中相,后拉两边相,每相操作均应一次成功到位。

5. 合上时,先合两边相,后合中相,每相操作均应一次成功到位。

6. 操作熟练、规范。

7. 清理现场,工器具材料摆放有序,杆上无遗留物。

(三)应急处理技能

1. 作业人员符合作业资格。

2. 杆身不得有纵向裂缝、横向裂缝宽度不应超过 0.1 mm，长度不超过 1/3 周长，杆身弯曲不超过 2‰，表面不应有蜂窝、露盘等缺陷。

3. 杆上作业应背工具包，轻便、重要的工具仪表、材料应放在包内。

4. 严禁从电杆受力侧上下。

5. 登杆接近杆顶时，要防止横担碰头。

6. 严禁上下抛扔工具、材料。

7. 用绳索上下工具、材料时，严禁撞击杆身、地面。

8. 当改变作业位置或转身时，应注意使受力腿站稳。

二十一、交流配电板线、相电压测量

(一)作业(操作)方法、步骤

1. 万用表外观检查。

2. 万用表性能检查。

3. 万用表计量检定合格证检查。

4. 万用表机械调零。

5. 电阻测量时选择相应挡位。

6. 进行电气调零。

7. 测量线电压。

8. 测量相电压。

9. 测量后将测量对象开关和量程开关切换至空挡。

(二)质量标准

1. 万用表应无破损、受潮、锈蚀等。

2. 将万用表测量对象挡位切换在电阻挡，量程挡位切换在 $R\times100$ 挡，将两只表笔接触后迅速分开，在相碰瞬间观察指针应向零位方向偏转。

3. 计量检定合格证是否有证，是否在周期内。

4. 调整零位调整器使指针指零。

5. 量程应选在测量时使指针停留在满刻度的 2/3 附近处。

6. 短接两测试棒，迅速调节调整旋钮，使指针在“Ω”标度尺零位，每换一次挡位都要调一次零，当指针不能调到零位时应更换表内电池。

7. 选择交流 600 V 挡测电压，万用表与被测电路并联。

8. 选择交流 300 V 挡(不得带电切换量程开关)。

9. 换至空挡时，无空挡时切换至交流电压量程最大挡。

二十二、标准电阻阻值测量

(一)作业(操作)方法、步骤

1. 万用表外观检查。

2. 万用表性能检查。

3. 万用表计量检定合格证检查。

4. 万用表机械调零。

5. 电阻测量时选择相应挡位。

6. 进行电气调零。

7. 电阻测量。

(二)质量标准

1. 万用表应无破损、受潮、锈蚀等。

2. 将万用表测量对象挡位切换在电阻挡,量程挡位切换在 $R\times100$ 挡,将两只表笔接触后迅速分开,在相碰瞬间观察指针应向零位方向偏转。

3. 计量检定合格证是否有证,是否在周期内。

4. 调整零位调整器使指针指零。

5. 量程应选在测量时使指针停留在满刻度的 2/3 附近处。

6. 短接两测试棒,迅速调节调整旋钮,使指针在"Ω"标度尺零位,每换一次挡位都要调一次零,当指针不能调到零位时应更换表内电池。

7. 在测量时应将万用表放平,在相应的标度尺上读数据;读数时应使视线与指针所在板面相垂直。

二十三、描述电力远动被控站的监控装置和网络通道设备的故障情况

(一)作业(操作)方法、步骤

1. 电力远动被控站的监控装置:

(1)对电力远动被控站的监控装置的指示灯状态进行准确描述。

(2)检查监控装置的交流、直流电源,对实际电压情况进行准确测量、描述。

(3)检查监控装置是否存在明显的异常(如烧损、断线等)。

(4)将有关结果准确汇报。

2. 网络通道设备:

(1)对网络通道设备的指示灯状态进行准确描述。

(2)检查网络线的接头是否有明显的异常(如被拔出等)。

(3)检查网络线路径是否存在明显的异常(如断线、烧损等)。

(4)询问其他单位网络运行情况。

(5)将有关结果准确汇报。

(二)质量标准

1. 巡视、检查、测量完备、准确。

2. 识别监控装置、网络通道设备、网络线等准确。

3. 汇报准确、清晰,并能在有关技术人员的指导下进行更深入的检查、测量。

(三)应急处理技能

1. 根据电力远动被控站的监控装置的指示灯,网络通道设备的指示灯,给予其他人员判断故障的依据。

2. 通过了解网络故障影响范围以便于解决简单网络故障。

二十四、重新启动电力远动被控站的监控装置

(一)作业(操作)方法、步骤

1. 确认监控装置的交流、直流电源控制开关。
2. 关闭电力远动被控站的监控装置的直流、交流电源。
3. 确认监控装置停止工作。
4. 间隔 10 s 后,给监控装置送上交流、直流电源。
5. 确认监控装置开始运行。
6. 向调度汇报,确认监控装置的运行状态。

(二)质量标准

1. 操作电力远动被控站的监控装置直流、交流电源开关正确。
2. 断电至通电时间间隔至少 10 s。

(三)应急处理技能

1. 检查电力远动被控站的监控装置的直流、交流电源是否正常。
2. 按正常顺序对监控装置进行断、通电操作。
3. 确认监控装置是否恢复工作。
4. 向调度端人员汇报,确认监控装置是否恢复正常。

二十五、重新启动电力远动被控站的网络通道设备

(一)作业(操作)方法、步骤

1. 若网络通道设备为与其他单位公用的设备,与设备的所有单位联系并经允许后方能进行重启操作。
2. 将网络通道设备的交流或直流电源断电。
3. 间隔 10 s 后,给网络通道设备送上交流或直流电源。
4. 确认电力远动被控站的网络通道设备处于正常状态。

(二)质量标准

1. 操作网络通道设备直流、交流电源开关正确。
2. 断电至通电时间间隔至少 10 s。

(三)应急处理技能

1. 检查网络通道设备的直流、交流电源是否正常。
2. 按正常顺序对网络通道设备进行断、通电操作。
3. 确认网络通道设备是否恢复工作。
4. 向调度端人员汇报,确认网络通道设备是否恢复正常。

二十六、电力远动被控站的电动操作

(一)作业(操作)方法、步骤

1. 将“远方/就地”转换开关打到“就地”位。

2. 操作分闸(合闸)按钮。
3. 确认断路器动作到位,指示正常。
4. 将“远方/就地”转换开关打到“远方”位。

(二)质量标准

1. 操作准确。
2. 对设备动作后的状态确认准确。

(三)应急处理技能

1. 若没有电动操作电源,进行处理或汇报。
2. 若操作分闸(合闸)按钮后设备拒动,进行以下检查:

(1)如果拒“合”,检查机构是否在“储能”位置。

(2)确认“远方/就地”转换开关在“就地”位。

(3)确认分闸(合闸)按钮和“远方/就地”转换开关正常。

(4)检查开关本身的“自动/手动”设置在“自动”位置。

二十七、识别电力远动被控站的监控装置和网络通道设备

(一)作业(操作)方法、步骤

1. 识别电力远动被控站的监控装置和网络通道设备。
2. 在电力远动被控站进行现场熟悉与确认。
3. 对于公用的网络通道设备,应明确自己的设备。

(二)质量标准

1. 识别清楚。
2. 掌握常用的描述术语。

第十八章 中 级 工

一、巡视电力远动设备，检查各回路电压电流

(一)作业(操作)方法、步骤

1. 检查电力远动监控装置工作状态，通道及通道设备工作状态。

2. 巡视网络通道线路径。

3. 检查有关开关(包括电源开关)，位置正常，指示正常。

4. 对双电源进行切换试验。

5. 测量各回路的电压、电流值。如果调度端监测值异常，应做重点测量，并与调度端数据比较。

(二)质量标准

1. 巡视远动装置、通道及通道设备准确、到位。

2. 掌握有关开关的正常运行位置和正常指示。

3. 双电源切换试验准确，严禁发生误操作的情况。

4. 测量电压、电流准确。

(三)应急处理技能

1. 根据需要，能按照正确的步骤重新启动电力远动装置、通道设备。

2. 发现有关开关(除馈出回路以外)位置不正常，应询问处在不正常状态的原因并确认是否进行恢复。

3. 发现有关指示不正常，应查明原因，并进行更换等处理。

4. 发现电力远动监控装置上的电压、电流不正常，应查明原因，确认电压、电流提供给监控装置的输入部分是否正常。若正常，汇报调度；若不正常，应查找原因进行处理或汇报调度。

二、10 kV 变压器绝缘油取样

(一)作业(操作)方法、步骤

1. 选择工作需要的工器具及材料。

2. 检查工器具及材料。

3. 着装规范。

4. 油样瓶清洁、干燥处理。

5. 将放油阀外部擦干净。

6. 放出 1～2 kg 变压器油冲洗放油阀油道。

7. 用放出的变压器油清洗油样瓶两次。

8. 取油样。

9. 填写并粘贴标签。

(二)质量标准

1. 工器具、材料完备。

2. 取样前用洗涤剂进行清洗,然后用清水冲洗干净,最后放入105 ℃的干燥箱内烘干,取出时应立即将瓶口盖好。

3. 取油样过程中,油样瓶不得接触放油阀。

4. 油样数量必须满足试验的需要,一般做简化分析试验需要1 000 mL,全分析试验需2 000 mL,耐压试验不少于500 mL。

5. 在户外取油样时,应选择晴天和无风沙时进行,相对湿度不应大于75%。

6. 粘贴标签内容应包括:油样名称、来源、取样日期、天气、操作人员。

三、电缆接线端子的压接制作

(一)作业(操作)方法、步骤

1. 着装规范。

2. 工具、材料的准备。

3. 剖削外塑料,去填充物。

4. 剥削绝缘层。

5. 压模选择。

6. 接线端子选择。

7. 压接方法。

8. 工作终结验收;安全文明生产。

(二)质量标准

1. 根据需要剖削外塑料层,电工刀(剥线器)使用熟练,不准伤及导体。

2. 电缆填充物去除干净。

3. 量好引线长度,剥去丝芯端子绝缘层,长度比线鼻子内孔深度大5 mm。

4. 选用液压钳的压模应与电缆型号相匹配。

5. 双手匀速使用液压钳。

6. 清理场地,工具材料摆放有序。

四、低压电缆头制作及绝缘测试

(一)作业(操作)方法、步骤

1. 制定安全措施。

2. 规范着装。

3. 工器具、材料检查。

4. 制做的电缆头。

5. 正确使用兆欧表进行绝缘测试。

6. 文明生产,工作结束。

(二)质量标准

1. 制定完善的安全措施并落实到位。

2. 着装规范,安全帽佩戴正确。

3. 工具、材料齐全。

4. 制作的电缆头符合标准。

5. 电缆头绝缘测试合格。

五、10 kV 耐张杆过引线连接

(一)作业(操作)方法、步骤

1. 领取工具、材料,并检查状态。

2. 上、下杆动作熟练。

3. 安装杆顶针式瓷瓶。

4. 连接过引线。

(二)质量标准

1. 选择工作需要的工器具及材料。

2. 检查并沟线夹连接面应平整、光滑。

3. 安装杆顶针式瓷瓶应牢固,无倾斜。

4. 并沟线夹、导线连接面清除氧化膜,涂电力复合脂,导线连接面缠绕铝包带,缠绕长度超过接触部分 30 mm,方向与外层线股绞制方向一致;并沟线夹连接螺栓齐全并逐个均匀拧紧,过引线对相邻导线的距离不小于 300 mm。

5. 清理现场,场地整洁,无遗留工具材料。

六、用钳压接线管连接 35 mm² 钢芯铝绞线

(一)作业(操作)方法、步骤

1. 着装规范。

2. 工具、材料的准备。

3. 检查接续管规格。

4. 将导线端头锯平进行绑扎。

5. 合缝处及外露部分涂电力复合脂。

(二)质量标准

1. 接续管规格正确。

2. 将导线端头锯平进行绑扎应平整。

3. 压口尺寸正确。

4. 导线端头露出不小于 20 mm。

5. 接线管弯曲率不大于 2%。

6. 接线管压接后无裂纹。

7. 接线管附近的导线无灯笼抽筋现象。

8. 人员无损伤,材料无损伤。

七、线路定期巡视

(一)作业(操作)方法、步骤

1. 选择的安全用具、材料工具应完好并检查。

2. 工作服、安全帽、安全带穿戴规范。

3. 巡视线路防护区。

4. 巡视杆塔基础。

5. 巡视接地装置。

6. 巡视杆塔及拉线本体。

7. 巡视绝缘子及金具。

8. 巡视导、地线。

9. 巡视附件及附属设施。

10. 向沿线群众了解情况。

11. 作好巡视记录。

(二)质量标准

1. 检查树枝是否接近导线,施工中的建筑物和其他设备是否侵入线路限界,电杆附件有否堆积柴草,杆塔基础是否被水冲刷,杆顶有无鸟巢,导线是否挂有其他物件等。

2. 检查电杆是否歪斜、扭转,基础下沉、杆身损伤,螺栓是否松扣、脱落,横担撑角是否弯曲、倾斜,拉线是否断股、松弛、地锚浮出等。

3. 检查导线、避雷线及接地线是否断线、断股,导线、避雷器是否松弛、过大、不均。

4. 绝缘子有无大量污垢和严重破损,绑线是否松弛,悬式绝缘子开口销是否脱出等。

5. 变压器台及栅栏有无倾斜、避雷器是否破损,变压器油漫和油面是否超限,套管有无脏污、裂纹、损坏和闪络痕迹,外壳有无漏渗油,开关接触是否良好,熔丝是否氧化发热,开关箱和操作机构有无破损等。

6. 投光灯塔是否倾斜,升降机构是否灵活、可靠,灯塔(桥)栅栏是否完整,开关箱有无破损,照明灯具是否完整。

7. 检查低压联络箱各部。

8. 测量各车站、信号楼、联络箱等分界处电流、电压。

9. 防护区内是否有违章建筑、栽植树木、土石方爆破、堆放易燃、易爆物或向线路设施射击等不安全现象。

10. 附件及附属设施:各类标示牌、告示牌是否齐全、规范,有无损坏。

11. 向沿线群众居民了解是否听到异常声音,了解晚上是否看到异常发红或发光。

12. 巡视记录清楚明了。

八、三相交流电动机首尾判定

(一)作业(操作)方法、步骤

1. 万用表外观检查。

2. 万用表性能检查。

3. 万用表计量检定合格证检查。

4. 万用表机械调零。

5. 用万用表测量绕组，将万用表拨至毫安挡，表笔正负极分别接在电动机一组绕组的两端，电池的负极接电动机另一绕组的一端，绕组另一端接电池正极。

6. 判断每相绕组的首尾端。

(二)质量标准

1. 万用表应无破损、受潮、锈蚀等。

2. 将万用表测量对象挡位切换在电阻挡，量程挡位切换在 $R\times100$ 挡，将两只表笔接触后迅速分开，在相碰瞬间观察指针应向零位方向偏转。

3. 计量检定合格证是否有证，是否在周期内。

4. 调整零位调整器使指针指零。

5. 量程应选在测量时使指针停留在满刻度的 2/3 附近处。

6. 短接两测试棒，迅速调节调整旋钮，使指针在"Ω"标度尺零位，每换一次挡位都要调一次零，当指针不能调到零位时应更换表内电池。

7. 在测量时应将万用表放平，在相应的标度尺上读数据；读数时应使视线与指针所在板面相垂直。

九、导线弛度调整

(一)作业(操作)方法、步骤

1. 劳保用品穿戴齐全。

2. 检查材料工具。

3. 确认安全措施和作业范围。

4. 检查杆身、杆基。

5. 正确登杆。

6. 正确选择作业站位。

7. 正确使用安全带。

8. 将绳索系在电杆或牢固的框架上。

9. 调整边相导线弛度。

10. 工作结束，清理现场。

(二)质量标准

1. 选择所需材料工器具符合工作需要。

2. 登杆前对登高工具和安全用具进行冲击试验。

3. 检查杆根，登杆动作熟练。

4. 杆上操作位置选择适当，安全带系在牢固构件。

5. 将紧线器在横担适当位置固定好，便于收紧或放松导线。

6. 根据边导线与中相导线弛度相差情况，选择适当位置用卡线器将边相导线夹紧，导线被夹处应缠包铝扎皮。

7. 将卡线器与紧线器边接好。

8. 如果需要将边导线弛度调小，则用紧线器将导线均匀收紧，使导线弛度比需要的稍小些，完全松开耐张线夹，使导线适当位置处重新安装好耐张线夹，然后放松导线，观察是否达到要求。

9. 如果需要将边导线弛度调大，则适当松开耐张线夹U形螺栓，用扳手轻敲线夹，将导线缓慢松出，使导线弛度达到要求，拧紧耐张线夹U形螺栓，然后放松导线，观察是否达到要求。

10. 安装耐张线夹时，应将导线与线夹接触部分用铝包带缠好，缠绕长度应超过线夹两端各20 mm，缠绕方向应与导线外层线股缠绕方向一致；导线缠绕部分应紧贴线槽；拧紧U形螺栓时，应注意顺序正确，压板不得偏斜和卡碰，应使其受力均衡；所有螺栓紧固一次后，应进行全面检查是否符合要求，并再拧紧一次，使其固定牢靠，防止导线滑动或松出。

11. 检查杆上有无遗留的材料。

12. 工器具摆放整齐，场地清洁，杆上无遗留物。

(三)应急处理技能

1. 作业人员符合作业资格。

2. 杆身不得有纵向裂缝、横向裂缝宽度不应超过0.1 mm，长度不超过1/3周长，杆身弯曲不超过2‰，表面不应有蜂窝、露盘等缺陷。

3. 杆上作业应背工具包，轻便、重要的工具仪表、材料应放在包内。

4. 严禁从电杆受力侧上下。

5. 登杆接近杆顶时，要防止横担碰头。

6. 严禁上下抛扔工具、材料。

7. 用绳索上下工具、材料时，严禁撞击杆身、地面。

8. 当改变作业位置或转身时，应注意使受力腿站稳。

十、更换避雷器

(一)作业(操作)方法、步骤

1. 劳保用品穿戴齐全。

2. 检查材料工具。

3. 确认安全措施和作业范围。

4. 检查杆身、杆基。

5. 正确登杆。

6. 正确选择作业站位。

7. 正确使用安全带。

8. 将绳索系在电杆或牢固的框架上。

9. 避雷器安装。

10. 引线连接。

11. 工作结束，清理现场。

(二)质量标准

1. 选择所需材料工器具符合工作需要。

2. 对避雷器进行外部检查、清洁。

3. 按规定穿戴安全帽、工作服等。

4. 登杆前对登杆工具和安全用具进行冲击试验。

5. 工具使用正确，无落物。

6. 避雷器与各部件引线安装美观，牢靠，不受力。

7. 工器具摆放整齐，场地清洁，杆上无遗留物。

(三)应急处理技能

1. 作业人员符合作业资格。

2. 杆身不得有纵向裂缝、横向裂缝宽度不应超过 0.1 mm，长度不超过 1/3 周长，杆身弯曲不超过 2‰，表面不应有蜂窝、露盘等缺陷。

3. 杆上作业应背工具包，轻便、重要的工具仪表、材料应放在包内。

4. 严禁从电杆受力侧上下。

5. 登杆接近杆顶时，要防止横担碰头。

6. 严禁上下抛扔工具、材料。

7. 用绳索上下工具、材料时，严禁撞击杆身、地面。

8. 当改变作业位置或转身时，应注意使受力腿站稳。

9. 检查杆根，登杆动作熟练。

10. 避雷器安装符合有关规定，避雷器与横担连接牢固，吊起放下工具材料不准碰杆。

十一、安装 10 kV 跌落式熔断器的操作

(一)作业(操作)方法、步骤

1. 选择所需材料工器具。

2. 规范着装。

3. 熔丝安装选择。

4. 登杆工具及安全工具试验。

5. 登杆。

6. 杆上工作位置合适。

7. 跌落式熔断器安装。

8. 螺栓穿向。

9. 引线的连接。

10. 杆上拉合试验。

11. 工作竣工验收，安全文明生产。

(二)质量标准

1. 工作服、安全帽、安全带等穿戴规范。

2. 工器具满足工作需要，工器具完好。

3. 熔丝安装规格匹配，松紧适当。

4. 登杆前对登杆工具和安全用具进行冲击试验。

5. 检查杆根，登杆动作熟练。

6. 杆上操作位置选择适当，安全带系在牢固构件，无落物。

7. 操作熟练、工具使用正确，跌落式熔断器安装倾角符合有关规定(倾角 15°～30°)。

8. 螺栓穿向正确、紧固，吊起、放下工具材料不准碰杆。

9. 对安装后的跌落保险进行拉合试验。

10. 工器具摆放整齐，场地清洁，杆上无遗留物。

十二、利用万用表、钳形电流表等仪器仪表判断电力远动被控站监控装置的遥测量是否正常

(一)作业(操作)方法、步骤

1. 检查万用表、钳形电流表，状态正常。

2. 根据设备现状，选择交流或直流的对应挡位。

3. 将万用表设在相应的量程，在电压遥测量的输入端子上，分别测量监控装置监测回路的相电压，是三相电源的还要测量线电压。

4. 准确读数，并与监控装置进行对比。

5. 根据设备现状，选择交流或直流的对应挡位。

6. 将钳形电流表设在相应的量程，在电流遥测量的输入线上，分别测量监控装置监测回路的电流值。

7. 准确读数，并与监控装置进行对比。

8. 对于二次电流值过小的回路，可以在电流互感器的一次侧进行测量。

(二)质量标准

1. 使用万用表、钳形电流表准确无误。

2. 选择测量量程准确无误。

3. 测量过程中，不对设备造成不良影响。

4. 读数准确，在允许误差范围内。

(三)应急处理技能

1. 监控装置的遥测值为“零”，应在监控装置相应的进线端子处进行测量。如果进线处不正常，应进行相应的查找、处理或汇报。

2. 如果进线处正常，则可以重新启动监控装置后再进行监测。如果还不能恢复，汇报调度进行处理。

3. 对于电流测量回路，还应检查电流互感器是否正常，是否存在开路的情况。

十三、观测电力远动被控站的指示信号

(一)作业(操作)方法、步骤

1. 检查监控装置上的指示信号的状况，确认监控装置运行是否正常；监控装置的通信部分是否正常。

2. 对监控装置的有关故障指示信号进行确认、恢复。

3. 检查网络通道设备的指示信号的状况，确认网络通道设备运行是否正常，与调度端的通信是否正常。

(二)质量标准

1. 清楚监控装置和网络通道设备有关指示信号的含义和正常工作指示状态。能发现指示异常情况。

2. 清楚通道线缆路径。

3. 若是公用的网络通道设备，清楚网络接入点，并巡视设备运行是否正常。

（三）应急处理技能

1. 如发现监控装置和网络通道设备有关指示信号异常，判断故障原因，并按照步骤进行处理或汇报。

2. 如果采用的是公用的网络通道设备，应在网络接入点进行仔细检查，发现异常进行恢复处理或汇报。

十四、清扫电力远动被控站的监控装置、网络通道设备

（一）作业（操作）方法、步骤

1. 用毛刷对监控装置、网络通道设备的线缆（包括电源线）进行清扫。

2. 用干抹布等工具对监控装置、网络通道的外壳进行清扫。

3. 对于不能处理的，应用潮湿抹布等工具进行处理。

4. 清扫完毕后，确认监控装置、网络通道设备运行正常。

（二）质量标准

1. 监控装置、网络通道设备线缆（包括电源线）干净。

2. 监控装置、网络通道的外壳干净。

3. 监控装置、网络通道的外壳没有明显的难去除的污迹。

4. 不能将水、去污剂等液体残留到外壳表面，更不允许液体流入到监控装置、网络通道设备内部。

（三）应急处理技能

若发现有液体流入到监控装置内部、网络通道设备内部，应立即将其停止运行并进行处理和汇报。

十五、利用万用表等仪器仪表判断电力远动被控站网络通道设备是否正常

（一）作业（操作）方法、步骤

采用模拟通道作为电力远动网络通道时，可以利用万用表等仪器仪表判断电力远动被控站网络通道设备是否正常。

1. 在通道线的接线盒处，测量线路上的电压值。测量时，应根据设备实际情况，分清交流或直流。

2. 在长时间的测量过程中，观测数值是否变化。

3. 用电平表可以对线路上的电平值进行测量。

4. 用频率表可以对线路上的频率进行测量。

（二）质量标准

1. 使用万用表、钳形电流表准确无误。

2. 选择测量量程准确无误。

3. 测量过程中，不对设备造成不良影响。

4. 读数准确，在允许误差范围内。

(三)应急处理技能

1. 发现测量值异常时,可以重新启动网络通道设备和监控装置。

2. 若重启后还不能恢复时,应通知通道的提供单位进行处理。

十六、拉线制作

(一)作业(操作)方法、步骤

1. 劳保用品穿戴齐全。

2. 检查材料工具。

3. 确认安全措施和作业范围。

4. 检查杆身、杆基。

5. 正确登杆。

6. 正确选择作业站位。

7. 正确使用安全带。

8. 将绳索系在电杆或牢固的框架上。

9. 安装拉线抱箍。

10. 制作安装拉线。

11. 工作结束,清理现场。

(二)质量标准

1. 选择所需材料工器具符合工作需要。

2. 按规定穿戴安全帽、工作服等。

3. 登杆前对登杆工具和安全用具进行冲击试验。

4. 检查杆根,登杆动作熟练。

5. 杆上操作位置选择适当,安全带系在牢固构件。

6. 安装拉线抱箍时导线为三角形排列时,拉线抱箍安装在横担上方距离横担中心150～300 mm;导线为水平排列时,拉线抱箍安装在横担下方距离横担中心150～300 mm处。

7. 计算拉线所用钢绞线长度,截取钢绞线。

8. 在地面上制作拉线上把,其缠绕长度不小于200 mm。

9. 在拉线抱箍上挂上拉线上把。

10. 制作拉线下把,下把的上端、花缠和下端的缠绕长度分别不得小于80、250和150 mm。

11. 安装前线夹丝扣上应涂润滑剂。

12. 线夹舌头与拉线接触紧密,受力后无滑动现象。

13. 拉线弯曲部分不得有明显散股现象。

14. 线夹处露出尾线长度不得超过400 mm,尾线回头后应与本线扎牢。

15. UT形线夹应有不小于1/2的螺栓丝扣调整余量,并且双螺母应拧紧。

16. 拉线松紧适度,制作美观。

17. 工器具摆放整齐,场地清洁,杆上无遗留物。

(三)应急处理技能

1. 作业人员符合作业资格。

2. 杆身不得有纵向裂缝、横向裂缝宽度不应超过 0.1 mm，长度不超过 1/3 周长，杆身弯曲不超过 2‰，表面不应有蜂窝、露盘等缺陷。

3. 杆上作业应背工具包，轻便、重要的工具仪表、材料应放在包内。

4. 严禁从电杆受力侧上下。

5. 登杆接近杆顶时，要防止横担碰头。

6. 严禁上下抛扔工具、材料。

7. 用绳索上下工具、材料时，严禁撞击杆身、地面。

8. 当改变作业位置或转身时，应注意使受力腿站稳。

十七、巡视电力远动被控站，并填写有关巡视记录

(一)作业(操作)方法、步骤

1. 按照相关规定，对高低压柜、变压器、断路器、开关等设备进行巡视检查，并做好相应的记录。

2. 对所有指示状态进行检查，并做好相应的记录。

3. 对需要试验、切换的设备进行相应的操作，并做好相应的记录。

4. 对电力远动监控装置进行检查，并做好相应的记录。

5. 对远动通道进行检查，并做好相应的记录。

6. 其他部分按照相应的标准进行检查，并做好相应的记录。

(二)质量标准

1. 检查设备认真、到位。

2. 进行试验、切换设备时，操作准备无误。

3. 填写记录准确。

(三)应急处理技能

1. 发现高低压柜、变压器、断路器、开关等设备有异常，应按照规定进行汇报。处理前，要做好安全防护工作。

2. 发现指示灯、带电装置等不正常时，应根据情况，进行更换处理。

3. 发现电力远动监控装置有异常，应按照规定进行处理、汇报。

十八、观察电力远动被控站监控装置的遥信、遥测等信息

对于具备当地观测监控装置工作状态的，可以通过装置本身对其工作状态进行确认。

(一)作业(操作)方法、步骤

1. 明确被监控装置监测的遥信量本身的“断、合”状态。

2. 通过操作监控装置本身的选择按钮等，确认采集的遥信量的状态和实际是否相同。

3. 测量被监控装置监测的遥测量(主要是电压、电流等信息)的实际值。

4. 通过操作监控装置本身的选择按钮等，确认采集的遥信量的数值和实际是否相同。

(二)质量标准

1. 使用万用表、钳形电流表准确无误。

2. 选择测量量程准确无误。

3. 测量过程中，不对设备造成不良影响。

4. 读数准确，在允许误差范围内。

5. 操作监控装置准确。

（三）应急处理技能

1. 如果监控装置的遥信、遥测等信息不准确，按照相关步骤进行检查处理，以确认是监控装置的故障还是设备故障。

2. 对遥信量，在条件许可的情况下，可以进行实际状态的切换来判断是监控装置的故障还是设备故障。

十九、识读电力远动被控站的一次主接线图

（一）作业（操作）方法、步骤

1. 按照常规，对一次主接线图进行识读。

2. 能够根据一次主接线图和工作票，明确检修和故障处理时应采取的安全措施。

（二）质量标准

1. 识读准确，明确高、低压供电方式。

2. 明确各馈出回路的供电范围。

二十、电力远动被控站的手动操作

（一）作业（操作）方法、步骤

1. 经调度同意，将"远方/就地"开关打到"就地"位。

2. 如果高低压开关本身有"自动/手动"设置，则将其打到"手动"位。

3. 操作高低压开关本身的分闸（合闸）按钮。

4. 确认高低压开关动作到位，指示正常。

5. 当设备需要储能时，应按照操作规定进行手动储能。储能后，确认指示正常。

6. 将高低压开关本身的"自动/手动"选择开关，打到"自动"位。

7. 将"远方/就地"打到"远方"位。

8. 向调度汇报，操作完毕。

（二）质量标准

1. 操作准确。

2. 对设备动作后的状态确认。

（三）应急处理技能

1. 如果拒"合"，检查机构是否在"储能"位置，否则进行手动储能。

2. 如果开关本身还有"自动/手动"设置，将其设在"手动"位。

3. 若开关机构本身存在问题，采取安全措施，使用安全用具，在有人监护下查找故障点，进行处理。或向调度汇报，由相关人员到现场处理。

4. 如果远动系统运行正常，可以将远动设备恢复到"远方"位，由调度端进行操作，根据设备动作情况来确认故障点。

第十九章 高 级 工

一、缠绕法修补损伤导线

(一)作业(操作)方法、步骤

1. 选择缠绕点。
2. 准备材料。
3. 铝单丝绕成直径为 15 cm 的线圈。
4. 顺导线方向平压一段铝丝。
5. 进行缠绕。
6. 铝单丝线圈位置。
7. 线头处理。
8. 绞紧的线头位置。
9. 技术符合要求。
10. 工作竣工验收,安全文明生产。

(二)质量标准

1. 缠绕点选择正确。
2. 准备材料正确。
3. 铝单丝绕线圈时保持平滑弧度。
4. 铝单丝缠绕时要压紧。
5. 缠绕方向与导线外层铝股绞制方向一致。
6. 铝单丝要紧压导线。
7. 线头应与先压紧线路绞紧。
8. 压平、紧靠导线。
9. 缠绕中心应位于损伤最严重处。
10. 缠绕位置应将损伤处全部覆盖。
11. 缠绕长度最短矩损伤部位边缘单边不小于 50 mm。

二、箱变的保养

(一)作业(操作)方法、步骤

1. 制定安全措施。
2. 规范着装。
3. 工器具、材料检查。
4. 检查各低压配出相电压是否正常。

5. 检查 RTU 工作是否正常。
6. 检查试验低压互供电源互投是否正常。
7. 检查各高压开关、隔离开关位置及位置指示是否正确。
8. 检查变压器运行情况，包括声音、温度等，还应检查温控器是否按规定设置。
9. 检查指示仪表、灯具是否良好。
10. 检查试验有电显示指示是否正常。
11. 检查各控制、转换开关是否在正常位置。
12. 检查高压柜储能指示灯是否亮，储能标志是否到位。
13. 检查各回路负荷电流情况。
14. 检查电气接续部分是否良好，有无发热现象。
15. 检查排风扇是否正常。
16. 检查通道线及连接设备。
17. 各种标识是否齐全完好。
18. 备品备件是否齐全良好。
19. 其他检查项目，按变、配电装置巡视检查项目严格检查。

(二)质量标准

1. 制定完善的安全措施并落实到位。
2. 着装规范，安全帽佩戴正确。
3. 工具、材料齐全。
4. 箱变检查项目无遗漏。
5. 严格按有关规程执行安全生产，现场清洁。
6. 工器具摆放整齐，检查现场，作业结束。

三、调整导线弛度

(一)作业(操作)方法、步骤

1. 劳保用品穿戴齐全。
2. 检查材料工具。
3. 确认安全措施和作业范围。
4. 检查杆身、杆基。
5. 正确登杆。
6. 正确选择作业站位。
7. 正确使用安全带。
8. 将绳索系在电杆或牢固的框架上。
9. 紧线器、卡线器安装。
10. 弧垂调整。
11. 耐张线夹安装。
12. 撤离工器具。
13. 工作结束，清理现场。

(二)质量标准

1. 工作服、安全帽、安全带等穿戴规范。

2. 工器具满足工作需要,工器具完好,检查工具是否灵活、适用。

3. 电杆根部无损坏,电杆无横向、纵向裂纹。

4. 登杆前对登高工具和安全用具进行冲击试验。

5. 检查杆根,登杆动作熟练。

6. 杆上操作位置选择适当,安全带系在牢固构件,吊起、放下工具不准碰杆、无落物。

7. 紧线器安装正确,不滑落。

8. 方法正确,按弧垂值调整。

9. 安装应牢固正确,包铝包带。

10. 操作正确,先撤卡线器,后撤紧线器,工作过程无落物。

11. 工器具摆放整齐,场地清洁,杆上无遗留物。

(三)应急处理技能

1. 作业人员符合作业资格。

2. 杆身不得有纵向裂缝、横向裂缝宽度不应超过 0.1 mm,长度不超过 1/3 周长,杆身弯曲不超过 2‰,表面不应有蜂窝、露盘等缺陷。

3. 杆上作业应背工具包,轻便、重要的工具仪表、材料应放在包内。

4. 严禁从电杆受力侧上下。

5. 登杆接近杆顶时,要防止横担碰头。

6. 严禁上下抛扔工具、材料。

7. 用绳索上下工具、材料时,严禁撞击杆身、地面。

8. 当改变作业位置或转身时,应注意使受力腿站稳。

四、线路故障巡视

(一)作业(操作)方法、步骤

1. 选择的安全用具、材料工具应完好并检查。

2. 工作服、安全帽、安全带穿戴规范。

3. 组织寻查力量,布置现场安全措施,开班前会,与电力调度联系。

4. 对沿线装有线路故障指示器的 10 kV 架空线路进行查寻。

5. 对沿线未装有线路故障指示器的 10 kV 架空线路进行查寻。

6. 对公配支线,需申请配电调度拉开支线开关或跌落式熔断器。

7. 查寻到故障点及汇报。

(二)质量标准

1. 工具、材料齐全。

2. 着装合理、安全帽佩戴正确。

3. 寻查时以目视或借助望远镜察看为主,同时辅以线路故障指示器或询问线路附近人员有无异常光亮、声响等,作为故障判断的参考依据。

4. 查寻重点是过弓线、树障、绝缘子、“T”接支线等。

5. 对客户两相跌落熔断器或支线开关跳闸,必须断开客户电源,经有关部门确认无故障后方可送电。

6. 故障现象内容交代完整、清楚。

五、喷灯的组装操作

(一)作业(操作)方法、步骤

1. 选择所需材料工器具。
2. 规范着装。
3. 工器具检查。
4. 认识喷灯零部件。
5. 了解使用常识。
6. 熟悉装配过程。
7. 熟练组装。
8. 工作结束验收,安全文明生产。

(二)质量标准

1. 制定完善的安全措施并落实到位。
2. 着装规范,安全帽佩戴正确。
3. 工具、材料齐全。
4. 装配过程操作正确。
5. 组装时间符合要求。
6. 工器具摆放整齐,场地清洁,杆上无遗留物。

六、10 kV 电缆相序识别

(一)作业(操作)方法、步骤

1. 制定安全措施。
2. 规范着装。
3. 准备工具、材料。
4. 执行工作票制度。
5. 严格执行监护制度。
6. 检查核相仪的指示正确性。
7. 挂相。
8. 记录。
9. 文明生产,工作结束。

(二)质量标准

1. 制定完善的安全措施并落实。
2. 着装规范,安全佩戴正确。
3. 工具、材料齐全。
4. 带电作业需开第二种工作票。
5. 无监护人不得自行操作,所站位置应事先选择。
6. 操作人员操作时应戴绝缘手套,手应握在绝缘杆上。
7. 测量时应先挂一相线路,再挂另一相线路。

8. 测量时相位应画图并作记录。

9. 工器具摆放整齐，场地清洁，作业结束。

七、10 kV 交联电缆热缩中间头制作

(一)作业(操作)方法、步骤

1. 制定安全措施。
2. 规范着装。
3. 工器具检查。
4. 支撑、校直，外护套擦拭。
5. 将电缆断切面锯平。
6. 剥除电缆外护层、钢铠、内护层，焊接接地线。
7. 校正线芯，剥除铜带、半导体层，清洁电缆。
8. 安装热缩应力管、绝缘管、半导体管、金属屏蔽网。
9. 安装连接管。
10. 安装热缩半导体管、应力管、绝缘管、金属屏蔽层、内护层、外护层。
11. 文明生产，工作结束。

(二)质量标准

1. 制定完善的安全措施并落实到位。
2. 着装规范，安全帽佩戴正确。
3. 工具、材料齐全。
4. 正确选用工具。
5. 为了便于操作，选好位置，将要进行施工的部分支架好，同时校直，擦去外护套上的污渍。
6. 如果电缆三相线芯锯口不在同一平面上或导体切面凹凸不平，应锯平。
7. 按附件说明书要求剥除外护层、钢铠、内护层；焊接接地线时，不得损伤内护层。
8. 校正线芯，将多余部分锯除。按产品尺寸剥除铜带、半导体层，剥除半导体层时不得损伤绝缘；半导体层剥除后，清洁绝缘层，均匀涂抹硅脂。
9. 将应力管、绝缘管、半导体管套至尺寸较长端，将金属屏蔽网套至尺寸较短端。
10. 按连接管孔深两端各加 5 mm，剥除端部绝缘，压接连接管并用砂纸打磨其不平处。

八、10 kV 交联电缆热缩终端制作

(一)作业(操作)方法、步骤

1. 制定安全措施。
2. 规范着装。
3. 工器具检查。
4. 剥除电缆护层、金属铠装，焊接接地线。
5. 剥除内护层，安装三指护套。
6. 剥除铜带、半导体层，清洁电缆。

7. 安装冷缩应力管。

8. 安装接线端子。

9. 安装密封管或包绕密封胶带。

10. 工作竣工验收,安全文明生产。

(二)质量标准

1. 制定完善的安全措施并落实到位。

2. 着装规范,安全帽佩戴正确。

3. 工具、材料齐全。

4. 按产品尺寸剥除外护层、钢铠,不得损伤内护层;焊接接地线时,不得损伤内护层。

5. 按产品尺寸剥除内护层,不得损伤铜带,焊接接地线时,不得损伤铜带层;用电缆填充料填充三芯分支处;安装三指护套前,用 PVC 带将三相电缆铜带绑扎紧,防止松散。

6. 按产品尺寸剥除铜带、半导体层,剥除半导体层,剥除半导体层时不得损伤绝缘;半导体层剥除后,用清洁剂擦净绝缘层。

7. 安装冷缩应力管前,应在绝缘层表面涂抹均匀硅脂,注意与应力锥搭接的半导体层不得有硅脂。

8. 按端子孔深加 5 mm,剥除端部绝缘,压接端子并用砂纸打磨其不平处。

9. 清洁绝缘管和接线端子,安装密封管或包绕密封胶带。

10. 工器具摆放整齐,场地清洁,杆上无遗留物。

九、电缆阻抗的测量

(一)作业(操作)方法、步骤

1. 制定安全措施。

2. 规范着装。

3. 工器具、材料检查。

4. 接电源。

5. 容量选择。

6. 确定跨线。

7. 跨线接触。

8. 表计量程选择。

9. 极性。

10. 试验接线。

11. 安全措施。

12. 计算。

13. 文明生产,工作结束。

(二)质量标准

1. 制定完善的安全措施并落实到位。

2. 着装规范,安全帽佩戴正确。

3. 工具、材料齐全。

4. 380 V 电源,因所需电源容量较大,故接线所用导线截面不能太小。

5. 变压器容量根据电缆长短而定(一般 5 kV·A 以上)。

6. 确定跨线另一端跨接要短而粗。

7. 跨线接触良好。

8. 表计量程选择准确。

9. 与电流互感器一、二次极性并与功率表极性符合。

10. 试验接线正确。

11. 操作应熟练,同时电流控制在 70～80 A 较合适。

12. 计算正序阻抗和交流电阻。

13. 严格按有关规程执行安全生产,现场清洁。

14. 工器具摆放整齐,检查现场,作业结束。

十、GW4 型隔离开关调试

(一)作业(操作)方法、步骤

1. 劳保用品穿戴齐全。

2. 检查材料工具。

3. 确认安全措施和作业范围。

4. 检查杆身、杆基。

5. 正确登杆。

6. 正确选择作业站位。

7. 正确使用安全带。

8. 将绳索系在电杆或牢固的框架上。

9. 安装开关、操作机构,安装牢固。

10. 调试开关。

11. 分闸角度测量及调整。

12. 摇测开关绝缘。

13. 螺栓连接处、转动部分涂抹黄油。

(二)质量标准

1. 工器具、材料完备,检查杆根。

2. 检查工器具及材料。

3. 登杆前对登杆工具、安全带进行冲击试验。

4. 登杆前检查杆根,登杆动作规范、熟练。

5. 安装开关、操作机构、安装牢固,接触良好,动作平稳,无卡阻、冲击现象。垂直、水平及尺寸符合要求。

6. 合闸角度测量用尺量两刀闸根部,看直尺与刀闸中心线(或边缘)应平行;在合闸位置松开交叉连杆两头螺母及合闸止钉,使刀闸成一直线,调整交叉连杆长度,调好后紧固两头螺母,调整合闸止钉间隙为 1～3 mm;如合成一条直线后,略一动即改变合闸角度则应设法限制孔的大小或转动关节活动范围。

7. 测量分闸角度,隔离开关在分闸位置,用卷尺测量两刀闸根部和距根部 230 mm 或 300 mm 处的距离,距根部 230 mm 处两刀闸间的距离不得大于根部两刀闸距离 8 mm。距根部 300 mm

处的距离不得大于根部两刀闸间距离的10.5 mm。如未达标则应调整。

8. 在分闸位置松开分闸止钉及交叉连杆两头螺帽，调整交叉连杆长度，先调刀母侧，后调刀闸侧，调好后紧固两头螺帽，调整分闸止钉间隙为1～3 mm。反复调整后，分合闸角度中总有一项不合格，则就改变传动杆的定位销孔。

9. 10 kV隔离开关绝缘电阻不小于300 MΩ，35 kV以上的隔离开关不小于1 000 MΩ。

(三)应急处理技能

1. 作业人员符合作业资格。

2. 杆身不得有纵向裂缝、横向裂缝宽度不应超过0.1 mm，长度不超过1/3周长，杆身弯曲不超过2‰，表面不应有蜂窝、露盘等缺陷。

3. 杆上作业应背工具包，轻便、重要的工具仪表、材料应放在包内。

4. 严禁从电杆受力侧上下。

5. 登杆接近杆顶时，要防止横担碰头。

6. 严禁上下抛扔工具、材料。

7. 用绳索上下工具、材料时，严禁撞击杆身、地面。

8. 当改变作业位置或转身时，应注意使受力腿站稳。

十一、配电变压器停、送电的方法

(一)作业(操作)方法、步骤

1. 选择及检查工作需要的工器具及材料。

2. 登杆工具及安全用具的检查。

3. 登杆。

4. 停电操作。

5. 送电操作。

6. 操作熟练。

7. 安全文明生产。

(二)质量标准：

1. 安全帽、绝缘手套及绝缘鞋穿戴规范。

2. 登杆前检查杆根、对登杆工具及安全用具进行冲击试验。

3. 登杆动作规范、熟练。

4. 拉开低压负荷开关。

5. 拉开高压熔断器。

6. 停电操作先拉开中相，再拉开边相，合上时则顺序相反。

7. 送电操作先合上高压熔断器，后合上低压负荷开关。

8. 清理现场，工器具材料摆放有序。

十二、铝母排连接制作

(一)作业(操作)方法、步骤

1. 着装规范。

2. 工具、材料的准备。

3. 铝母排切割。

4. 用橡皮锤整平铝母排。

5. 连接铝母排。

6. 搣弯。

(二)质量标准

1. 用钢锯进行铝母排切割。

2. 用平锉将母排断面打磨光滑。

3. 母排矫正应用木锤或橡皮锤敲打,不得用铁锤直接搞打铝母排。

4. 敲打时用力适当,不能过猛,防止母排变形。

5. 划线位置正确(孔眼中心距边缘 1/4 母排宽)。

6. 打眼在孔位置中心上,误差不得超过 2 mm。

7. 孔径应大于螺栓直径 1 mm。

8. 孔内无毛刺。

9. 铝母排连接外形平直,角度正确,松紧合适,螺栓受力均匀。

10. 母排连接前应在连接处涂抹凡士林。

11. 硬铝母线应进行冷弯,不得进行热弯。

12. 母排弯曲处不应有裂纹和明显的皱纹。

13. 母排弯曲半径不应小 12 mm。

14. 弯折处距搭接部分应大于 50 mm。

十三、低压电流互感器的一,二次侧接线

(一)作业(操作)方法、步骤

1. 着装规范。

2. 工具、材料的准备。

3. 电流互感器安装在 A,C 相,左右分布。

(二)质量标准

1. 一次侧配线按电流互感器的电流比绕圈。

2. 一次侧首端和末端应标注极性。

3. 二次侧极性与电流表连接正确。

4. 人员无损伤,材料无损伤。

十四、10 kV 电缆头杆上安装

(一)作业(操作)方法、步骤

1. 选配并领取材料、工具。

2. 材料外观质量检查。

3. 上、下杆动作规范熟练。

4. 电缆头安装。

(二)质量标准

1. 根据现场情况选择适当的电缆抱箍。

2. 金具无毛刺,无锌皮剥落、锈蚀现象。

3. 电缆头安装位置为距离最下排横担 1 200 mm 处。

4. 电缆头、电缆、保护管安装牢固,排列整齐、美观。

5. 固定抱箍间距不大于 500 mm;保护管抱箍间距为 1 500 mm。

6. 螺栓均匀拧紧并按规定涂油。

十五、更换主、备用网络通道线

(一)作业(操作)方法、步骤

1. 在网络接入点处(一般为交换机、集线器、带交换机功能的网桥等设备)找到主用通道线和备用通道线。

2. 将主用通道线从网络设备上拔出,将备用通道线插入网络设备。

3. 在远动终端处找到主用通道线和备用通道线。

4. 将主用通道线从远动终端上拔出,将备用通道线插入远动终端。

(二)质量标准

1. 识别主、备用网络通道线准确,没有错误操作的情况。不误拔其他网络通道线。

2. 对网络通道线轻插轻拔,不损坏通道线的接头和网络设备。

(三)应急处理技能

1. 更换时无法确认在网络接入点处和远动终端处是否使用的为同一根网络通道线时,可以用工具或其他直观观察的方法进行确认,保证使用的是同一根网络通道线。

2. 对网络通道线的插头进行外观检查,看是否存在明显的缺陷。

3. 可以在网络接入点处更换接入口的方法排除接口本身故障。

十六、电力远动被控站监控装置和网络通道设备的故障判断

(一)作业(操作)方法、步骤

1. 对监控装置和网络通道设备的交直流电源进行检查,保证其工作电源正常。

2. 按照正常顺序,对监控装置和网络通道设备进行重新启动操作,以解决设备“宕机”故障。

3. 按照正常顺序,对监控装置和网络通道设备的网络通道线进行重启插拔,以解决网络通道线接触不良故障。

4. 对监控装置的遥控、遥测、遥信等接线端子或有关连线进行测量、检查,确认监控装置本身是否有故障。

5. 如果有主、备用网络通道线,可以进行更换,以解决通道线本身存在的故障。

6. 对监控装置的有关连线进行检查,发现有虚接、断线时进行处理、恢复。

(二)质量标准

1. 查找和处理故障时,方法得当,不扩大故障范围,不造成设备误动作。

2. 进行有关操作时,符合相关的操作规定。

（三）应急处理技能

1．发现监控装置和网络通道设备处于停电状态时，对有关交直流电源进行恢复。

2．可以按程序对监控装置和网络通道设备进行重新启动操作。

3．对网络通道设备和网络通道线，可以采用更换法进行判断。

十七、安装电力远动被控站的低压远动开关

（一）作业（操作）方法、步骤

1．检查远动开关的型号、规格和设计安装图纸相符，低压远动开关完好。

2．在带电情况下，应采取安全措施，使用安全用具，在有人监护下进行安装。

3．对低压远动开关进行安装、固定。

4．对进、出线进行安装。

5．对其他有关线缆（电操电源线、遥控线、遥信线等）进行安装。

6．在低压远动开关不带电的情况下，进行“就地”手动分合，并按照测试项目进行初步调试。

7．将低压远动开关带电，通过分合闸按钮进行“就地”电动操作，并按照测试项目进行调试。

8．于调度端连接，进行“远方”遥控操作，并按照测试项目进行调试。

（二）质量标准

1．安装后的低压远动开关应与设计图纸相一致。

2．安全距离符合要求。

3．各连接部分应紧固接触良好，无松动现象。

4．调试项目齐全，无漏相。

5．有关记录完备。

（三）应急处理技能

1．在“就地”位电动操作，低压远动开关拒动，应采用“手动”的方式进行控制，以确认低压远动开关本身是否存在问题。

2．“手动”操作方式正常，但“就地”位电动操作（操作分闸、合闸按钮），低压远动开关拒动，应检查电动操作电源是否正常，遥控接线是否正常。

3．“就地”位电动操作正常，“远方”位低压远动开关拒动，应重点检查监控装置、从监控装置到低压远动开关的遥控线缆以及“远方/就地”转换开关的相应节点是否正常。

第二十章　技　　师

一、10 kV 电缆线路基建安装现场勘察

(一)作业(操作)方法、步骤

1. 制定安全措施。
2. 规范着装。
3. 工器具、材料检查。
4. 根据工程设计书内容,进入现场,勘察。
5. 考虑未来路面的标高。
6. 与测绘部门到现场确定电缆线路的标高和具体的敷设路径。
7. 电缆截面的大小,分盘电缆长度,路径曲折。
8. 穿越地下管道及障碍物的多少。
9. 确定施放电缆的方式。
10. 现场勘察后,制定施工计划、制订预算书。
11. 清理现场,工作结束。

(二)质量标准

1. 制定完善的安全措施并落实到位。
2. 着装规范,安全帽佩戴正确。
3. 工具、材料齐全。
4. 现场勘察符合规定。

二、10 kV 电力电缆的验收

(一)作业(操作)方法、步骤

1. 制定安全措施。
2. 规范着装。
3. 工器具、材料检查。
4. 10 kV 电力电缆验收大纲。
5. 审核施工方移交的所有图纸、资料。
6. 带好竣工电气及土建图纸,验收大纲前往施工现场。
7. 电缆附件规格应与电缆一致,零部件应齐全无损、合乎逻辑;电缆头密封良好,结构尺寸符合要求。
8. 电缆终端头、中间头、拐弯处、隧道及竖井的两端等地方,电缆上应装设标志牌。
9. 电缆排列整齐,无机械损伤;单芯电力电缆相序排列应符合要求;电缆弯曲半径≥$20D$。

10. 电缆的屏蔽层一端直接接地，另一端通过护层保护器接地并且良好；回流线两端接地应良好。

11. 电缆终端的相色应正确，支架等的金属部件防腐应完好；固定的电缆的夹具不可使用铁件作单芯电缆的固定夹具。

12. 电缆沟、井内应无杂物，盖板齐全，排水等设施应符合设计。

13. 验收结果经双方确认后，双方负责人签字。

14. 工作结束，清理现场。

(二)质量标准

1. 制定完善的安全措施并落实到位。

2. 着装规范，安全帽佩戴正确。

3. 工具、材料齐全。

4. 根据验收规范，制定验收大纲。

5. 资料齐备。

6. 按验收规范逐项验收。

7. 工器具摆放整齐，场地清洁，杆上无遗留物。

三、10 kV 电力电缆敷设

(一)作业(操作)方法、步骤

1. 制定安全措施。

2. 规范着装。

3. 工器具、材料检查。

4. 将电缆盘放置预定位置，用千斤顶将电缆盘升高 50～100 mm，并使钢轴保持水平。

5. 清除电缆沟内的杂物，并放置滑轮，一般 3～5 m 放置 1 个，使电缆下垂不触及地面。

6. 套好钢丝网套，放好钢丝绳。

7. 做好牵引工作，电缆头应从电缆盘上端引出。

8. 监护电缆盘，随时准备刹住电缆盘，防止电缆盘拉倒或其他原因损坏电缆。

9. 统一指挥。

10. 电缆施放完毕后，将电缆逐段提起拿出滑轮，并对电缆外观进行检查，将电缆的锯断口密封。

11. 清理现场，工作结束。

(二)质量标准

1. 制定完善的安全措施并落实到位。

2. 着装规范，安全帽佩戴正确。

3. 工具、材料齐全。

4. 电缆敷设符合标准。

四、10 kV 架空配电线路工程验收

(一)作业(操作)方法、步骤

1. 隐蔽工程验收。

2. 静态验收。

3. 资料移交。

(二)质量标准

1. 隐蔽工程主要是地下工程和设备解体组装前元器件的检查。

2. 检查是否有遗漏项目。

3. 校验各带电部分相间,对地间和对通道的净距。

4. 检查导电接头连接,要求连接紧密,接触良好。

5. 检查油漆和着色状况。

6. 检查屏、台安装,水平、垂直的状况是否符合有关规定。

7. 检查设备外部状况,要求无破损、裂纹和泄漏。

8. 检查各处标志、开关位置是否正常。

9. 检查注油设备的油位是否正常。

10. 检查各转动部分是否灵活,有无卡滞现象。

11. 检查设备的接线端部是否受力过大。

12. 检查电缆沟盖板、照明设施是否符合安全规程要求。

13. 检查接地装置接地是否良好。

14. 检查储油坑卵石和事故排油坑是否符合有关规定。

15. 检查各类电缆是否已挂牌。

16. 检查消防设施是否符合有关规定。

(三)应急处理技能

1. 作业人员符合作业资格。

2. 在验收中发现的问题,如属于安装质量问题,由安装单位负责解决;如属于设计不周或产品质量问题,需另追加工时和安装费用,由双方协商解决。

五、10 kV 馈线控制保护屏的安装

(一)作业(操作)方法、步骤

1. 劳保用品穿戴齐全。

2. 检查材料工具。

3. 确认安全措施和作业范围。

4. 配线工作前期准备(审阅图纸、备料、接线工具等)。

5. 根据屏面布置图核对电气元件是否配齐、型号规格是否相等、所有电气元件是否均有合格证后方能进行安装。

6. 根据安装接线图书写号码管,书写的顺序与接线顺序相同,并一对一地书写。

7. 放线。

8. 排线。

9. 接线。

(二)质量标准

1. 设备规格应符合设计要求。

2. 各电器应能单独拆装更换,而不影响其他电器和导线束的固定。

3. 电流试验柱和切换压板装置应接触良好，相邻压板间应有足够距离，切换时不应碰及相邻的压板。

4. 信号装置回路的信号灯、光字牌、电铃、事故电钟等应显示准确、工作可靠。

5. 柜、盘(屏)的立面和背面各电气元件、端子排等应标明编号、名称、用途及操作位置。

6. 二次回路的连接件均应采用铜质制品。柜、屏(盘)上的小母线应采用直径不小于 6 mm 的铜棒或铜管，小母线两侧应有标明其代号或名称的标志牌，字迹清晰而不易脱色。

7. 端子板的安装应无损坏、固定牢靠、绝缘良好。其安装位置应便于更换且接线方便，超过 400 V 者端子板应具有足够的绝缘，并且涂有红色标志。

8. 二次回路的带电体之间或对地之间其电气间隙不小于 4 mm，漏电距离不应小于 6 mm。

(三)应急处理技能

作业人员符合作业资格。

六、导线不落地更换 10 kV 耐张绝缘子串

(一)作业(操作)方法、步骤

1. 劳保用品穿戴齐全。
2. 检查材料工具。
3. 确认安全措施和作业范围。
4. 检查杆身、杆基。
5. 正确登杆。
6. 正确选择作业站位。
7. 正确使用安全带。
8. 将绳索系在电杆或牢固的框架上。
9. 用夹线器将中相导线夹紧。
10. 使用紧线器将导线收紧，取下旧绝缘子串。
11. 安装新绝缘子串，将导线放松、调整至原状态，取下铝扎皮。
12. 工作竣工清理现场。

(二)质量标准

1. 工器具、材料完备，检查杆根。
2. 检查工器具及材料。
3. 登杆前对登杆工具、安全带进行冲击试验。
4. 登杆前检查杆根，登杆动作规范、熟练。
5. 操作顺序正确，吊起、放下工具材料不准碰杆。
6. 新绝缘子固定符合要求。
7. 清理现场，杆上无遗留物。

(三)应急处理技能

1. 作业人员符合作业资格。

2. 杆身不得有纵向裂缝、横向裂缝宽度不应超过 0.1 mm，长度不超过 1/3 周长，杆身弯曲不超过 2‰，表面不应有蜂窝、露盘等缺陷。

3. 杆上作业应背工具包，轻便、重要的工具仪表、材料应放在包内。

4. 严禁从电杆受力侧上下。

5. 登杆接近杆顶时，要防止横担碰头。

6. 严禁上下抛扔工具、材料。

7. 用绳索上下工具、材料时，严禁撞击杆身、地面。

8. 当改变作业位置或转身时，应注意使受力腿站稳。

七、更换 10 kV 配电架空线路的转角杆

(一)作业(操作)方法、步骤

1. 劳保用品穿戴齐全。

2. 检查材料工具。

3. 确认安全措施和作业范围。

4. 检查杆身、杆基。

5. 锚线。

6. 落线。

7. 拆除故障电杆。

8. 立新杆。

9. 导地线恢复。

10. 工作结束，清理现场。

(二)质量标准

1. 根据架空导地线张力的大小用一线一锚、二线一锚或三线一锚方法进行锚线，锚线时，要采用与导地线规格、材质相同的卡线器，卡线器与钢丝绳连接采用卸扣或U形挂环。

2. 在相邻两侧直线直导地线锚线工作完成后，工作人员上转角杆进行落线。

3. 拆除故障电杆后，要拆除电杆上的金具零件，清理杆基，然后组立新杆、回填土夯实、安装拉线。

4. 导地线恢复按工艺要求，注意复测弧垂。

5. 作业结束清理杆上杆下现场无遗留物。

(三)应急处理技能

1. 作业人员符合作业资格。

2. 杆身不得有纵向裂缝、横向裂缝宽度不应超过 0.1 mm，长度不超过 1/3 周长，杆身弯曲不超过 2‰，表面不应有蜂窝、露盘等缺陷。

3. 用绳索上下工具、材料时，严禁撞击杆身、地面。

八、处理电力远动控制终端开关、电缆故障

(一)作业(操作)方法、步骤

1. 采取安全措施，使用安全用具，在有人监护下查找故障点，进行处理。

2. 对于开关、电缆的处理步骤按照相关规定进行。

3. 处理完毕后，按照测试项目进行试验。

4. 做好试验记录。

(二)质量标准

1. 查找和处理故障时,方法得当,不扩大故障范围,不造成设备误动作。

2. 进行有关操作时,符合相关的操作规定。

3. 使用万用表、钳形电流表准确无误。选择测量量程准确无误。测量过程中,不对设备造成不良影响。

4. 试验记录完备。

九、检查电力远动控制终端高低压设备

(一)作业(操作)方法、步骤

1. 检查监控装置工作是否正常。

2. 检查通道设备工作是否正常。

3. 检查低压柜的设备、仪表、指示灯、开关等工作是否正常。

4. 检查高压柜的设备、仪表、指示灯、开关等工作是否正常。

5. 检查其他附属设备(如排气扇、空调、室内照明等)压柜的仪表、指示灯、开关等工作是否正常。

6. 填写有关记录。

(二)质量标准

1. 检查仔细,不漏项。

2. 试验准确,无误操作现象。

3. 填写记录完备。

(三)应急处理技能

发现监控装置、通道设备、低压柜、高压柜、附属设备故障,按照有关程序进行检查、处理。

十、真空断路器的组装调试

(一)作业(操作)方法、步骤

1. 组装一相真空灭弧室。

2. 行程调整。

3. 同时性测量、调整。

4. 分闸、合闸平均速度、时间测量调整。

5. 基础型钢与配电所接地网相连。

6. 安装调整电气闭锁及辅助接点,连接二次回路导线。

(二)质量标准

1. 真空灭弧室动导电杆拧入接头深度应保证规定的合闸时间间隙。

2. 总行程未达(15±1) mm、超行程应在 3～4 mm 。

3. 三相间行程差值符合要求。

4. 平均分闸速度要符合要求。

十一、组织 10 kV 架空配电线路施工

(一)作业(操作)方法、步骤

1. 劳保用品穿戴齐全。

2. 检查材料工具。

3. 确认安全措施和作业范围。

4. 测位、分坑、挖坑、运杆。

5. 电杆组装。

6. 立杆。

7. 放紧线及弧垂调整。

8. 工作结束,清理现场。

(二)质量标准

1. 测位正确。

2. 分坑达标。

3. 洞深、上下洞口达标。

4. 横担安装位置正确。

5. 横担安装方向正确。

6. 螺栓穿向正确。

7. 针式绝缘子安装。

8. 杆上作业符合高空作业要求。

9. 三相弧垂符合要求。

10. 导线无损伤、扭曲。

(三)应急处理技能

1. 作业人员符合作业资格。

2. 杆身不得有纵向裂缝、横向裂缝宽度不应超过 0.1 mm,长度不超过 1/3 周长,杆身弯曲不超过 2‰,表面不应有蜂窝、露盘等缺陷。

3. 杆上作业应背工具包,轻便、重要的工具仪表、材料应放在包内。

4. 严禁从电杆受力侧上下。

5. 登杆接近杆顶时,要防止横担碰头。

6. 严禁上下抛扔工具、材料。

7. 用绳索上下工具、材料时,严禁撞击杆身、地面。

8. 当改变作业位置或转身时,应注意使受力腿站稳。

十二、组织一般故障抢修

(一)作业(操作)方法、步骤

1. 选择的安全用具、材料工具应完好并检查。

2. 工作服、安全帽、安全带穿戴规范。

3. 勘察现场。

4. 现场开工前布置工作任务,交代安全措施,进行人员分工。

5. 介绍施工程序、质量要求。

6. 明确现场施工中各项安全注意事项。

7. 工作终结验收,安全文明生产。

(二)质量标准

1. 组织有关人员及时前往故障现场。

2. 根据现场实际情况制订有效方案。

3. 安全措施完备,工作班成员职责明确,任务清楚,分工合理。

4. 程序正确,质量要求符合规定。

5. 保证整个施工过程的安全。

6. 完工后检查是否合乎质量要求,杆上有无人员及遗留物,收工汇报,所有安全措施拆除,人员撤离,工作小结。

十三、电力远动被控站监控设备的安装及部件的更换

(一)作业(操作)方法、步骤

1. 检查监控装备及有关零部件的型号、规格和设计安装图纸相符,设备状态经测试完好。

2. 将监控装置在相应的位置上固定良好。

3. 进行相关的导线安装。

4. 就地对监控装置的功能,按照测试项目进行初步调试。

5. 与调度端连接,按照测试项目进行调试。

6. 对部件进行更换时,应在停电的条件下进行。

(二)质量标准

1. 监控装置安装完好。

2. 功能测试完备。

3. 不对设备造成损坏。

(三)应急处理技能

1. 应避免造成设备(主要时遥控的开关)的误动作。

2. 应避免运行的带电设备(如互感器等)对人身造成危害。

十四、处理电力远动被控站的开关、电缆等故障

(一)作业(操作)方法、步骤

1. 采取安全措施,使用安全用具,在有人监护下查找故障点,进行处理。

2. 对于开关、电缆的处理步骤按照相关规定进行。

3. 处理完毕后,按照测试项目进行试验。

4. 做好试验记录。

(二)质量标准

1. 查找和处理故障时,方法得当,不扩大故障范围,不造成设备误动作。

2. 进行有关操作时,符合相关的操作规定。

3. 使用万用表、钳形电流表准确无误。选择测量量程准确无误。测量过程中，不对设备造成不良影响。

4. 试验记录完备。

十五、处理电力远动被控站的网络通道故障

(一)作业(操作)方法、步骤

1. 通过更换通道线、网络设备、现场用计算机测试等方法判断出故障原因是通道线、网络设备、监控设备。

2. 通道线故障时，更换后，应保证有关线头符合标准。

3. 对于更换过的网络设备应进行相关的设置。

4. 对于更换过的监控装置，应进行相关的设置。影响到设备参数(如CT、PT变比等)时，应进行相应的修改。

5. 与调度端连接，确认故障排除。必要时，要进行有关的试验。

(二)质量标准

1. 查找和处理故障时，方法得当，不扩大故障范围。

2. 进行有关设置时，符合相关的要求。

3. 更换网络设备、监控装置时，应在停电的情况下进行。

(三)应急处理技能

采用“替换法”进行故障的查找和排除。

十六、处理电力远动被控站的拒动、误动

(一)作业(操作)方法、步骤

1. 拒动

(1)从监控装置到开关机构，检查相应的遥控控制电缆，是否存在明显的虚接、断线情况。若存在，则恢复后再次远动操作试验。

(2)如线缆正常，则具备条件时，将“远方/就地”转换开关打到“就地”位，操作相应的开关或按钮进行电动操作，以简单判断是远动监控装置故障还是远动开关故障。

(3)如果“就地”电动操作不成功，可以采用“就地”手动操作的方式进行试验。如果也不成功，则说明开关机构本身存在问题，采取安全措施，使用安全用具，在有人监护下查找故障点，进行处理。

(4)如果“就地”电动操作不成功但“就地”手动操作成功，则检查电动操作电源部分、分合闸按钮(或开关)部分、按钮与开关机构的连线部分。

(5)如果“就地”电动操作成功，则可以在调度端发“分合闸”命令时测量监控装置对应的遥控出口，以确认该远动命令是否下发正常。如不正常，则重点检查监控装置和远动通道等部分，必要时，采用相关接受软件，对监控装置收到的报文进行分析。

2. 误动

(1)在调度端检查相关历史数据与报文，以确认是否存在节点链接错误、误操作等情况。

(2)在被控端检查相关的遥控控制电缆，以确认是否存在接线错误、电缆短路等情况。

(二)质量标准

1. 查找和处理故障时,方法得当,不扩大故障范围,不造成设备误动作。

2. 进行有关操作时,符合相关的操作规定。

(三)应急处理技能

1. 设备误动时,应先查有关线缆是否存在明显的错接。

2. 进行带设备试验时,应做好预案,以避免对其他设备造成不良影响。

十七、处理电力远动被控站的遥测、遥信故障

(一)作业(操作)方法、步骤

1. 在调度端确认监控装置和远动通道运行正常。

2. 确认控装置的有关参数正常(如 PT、CT、常开常闭等)。

3. 在监控装置的对应端子上(或连线上)测量遥测、遥信是否正常。正常,则检查监控装置本身;不正常,检查相应的设备。

4. 对于遥信量,可以采用转换开关位置的方式进行那个测试,如对“远方/就地”转换开关进行状态转换来试验。

5. 对于监控装置的故障,可以采用重新启动的方式进行简单的处理。不能恢复时,进行进一步的处理或汇报。

6. 对于设备的故障,应检查有关线缆是否存在虚接、脱线情况。还应检查互感器等设备是否正常。

(二)质量标准

1. 查找和处理故障时,方法得当,不扩大故障范围,不造成设备误动作。

2. 进行有关操作时,符合相关的操作规定。

3. 使用万用表、钳形电流表准确无误。选择测量量程准确无误。测量过程中,不对设备造成不良影响。

(三)应急处理技能

1. 首先应确认出是远动系统故障还是电力设备故障。

2. 对于电力设备故障,应按照常规对线缆、有关设备进行检查,必要时,应进行停电后处理。

3. 充分利用监控装置本身的现场观测功能来进行故障判断。

第二十一章 高级技师

一、进行35 kV及以下变配电所设备安装

(一)作业(操作)方法、步骤

1. 查阅变配电设计图纸和设备安装平面图。

2. 根据设计图纸和设备安装图实地分析测量设备安装处所。

3. 根据施工计划和施工要求进行总体分工组织。

4. 安装设备和搬运配料及相关图纸的查阅。

5. 安装开关柜、低压配电(盘)屏和附属配件。

6. 安装固定控制(低压控制盘)屏并调整

7. 按设计要求进行设备安装固定并调整。

8. 按要求铺设电缆。

9. 按要求进行连线(拆线)。

10. 总体进行调试试验。

(二)质量标准

1. 变配电所设备安装位置正确,与设计图纸相符。

2. 开关柜、低压配电(盘)屏安装符合相关标准。

3. 电气设备连接正确,外观无破损,色相标记正确。

4. 二次配线工艺符合要求,接线正确。

5. 电气设备试验良好符合要求。

二、组织电力远动设备的安装调试施工

(一)作业(操作)方法、步骤

1. 按设计安装图纸,正确选择远动设备及各种零件,并检查远动设备及各种零件是否完好。

2. 检查远动设备所安装处所及设备是否符合设计要求。

3. 远动设备按设计进行安装

(1)需停电作业或带电作业时,应安装有关规定采取安全措施后方可进行。

(2)固定远动设备。

(3)进行相关的导线安装。

(4)检查远动设备。

4. 将远动设备带电,按照测试项目进行初步调试。

5. 将高、低压相关设备带电,按照测试项目进行调试。

6. 与调度端连接，按照测试项目进行调试。

(二)质量标准

1. 安装后的远动设备应与设计图纸、方向标志相一致。

2. 安全距离符合要求。

3. 各连接部分应紧固接触良好，无松动现象。

4. 远动设备接地良好。

5. 调试项目齐全，无漏相。

(三)应急处理技能

1. 远动系统出现故障时，应将远动设备和其他设备分别测试，以确认故障原因。

2. 远动设备的测试可以简单的采用测节点的方式进行。

3. 必要时，使用试验仪器进行进一步的测试。

4. 被控制的远动设备的故障排除按照相关的办法执行。

三、绘制电力远动被控站的网络通道拓扑图

(一)作业(操作)方法、步骤

1. 对网络通道进行现场巡视、检查，并对有关参数进行测量。

2. 对网络通道上设备的品名、型号、规格等信息进行收集。

3. 对于公用的网络设备，应将各自的用户信息收集。

4. 按照层次，从网络接入点开始，直到监控装置，绘制拓扑图。

5. 在拓扑图上应明示相关设备的地址信息、参数信息、路径的示意等信息。

(二)质量标准

1. 层次分明。

2. 能够通过拓扑图，明白网络通道的路径、连接方式、主要的通信参数等信息。

3. 在公用的网络设备上，能查明其他连接设备的有关信息。

四、电力远动被控站监控设备的设置

(一)作业(操作)方法、步骤

1. 确认需要设置的参数正确。若需要用计算机等设备在现场对监控装置进行设置时，应检查计算机系统、有关端口和设置程序等工作正常。

2. 对监控装置的既有设置参数进行查看、记录。

3. 需要用计算机等设备在现场对监控装置进行设置时，应在连接计算机前，将计算机和监控装置均断电后，再用连接线将计算机和监控装置的相应端口进行连接。

4. 按照要求，对监控设备进行相应的设置。

5. 设置完毕后，应重新启动监控装置，检查设置无误。

6. 有条件时，还应进行相应的测试。

7. 将监控装置恢复到正常工作状态，通知调度对装置进行检查、确认。

8. 将有关事件做好记录。

(二)质量标准

1. 步骤正确,参数设置正确、完备,不漏项。

2. 按照程序对计算机、监控装置进行操作,不对计算机、监控装置及其他设备造成损坏。

3. 有关记录准确。

(三)应急处理技能

当发现监控装置异常时,应能按步骤检查有关参数的设置。

五、指挥电力远动设备的故障处理

(一)作业(操作)方法、步骤

1. 当出现不能监测监控装置工作状态时,首先应排除通道故障、网络通信设备故障和监控装置本身的故障。如以上设备存在问题,按照程序和步骤进行相应的处理和恢复。待正常后,确认原有故障是否已经排除。

2. 当远动设备遥控拒动时,一般可以在就地进行控制,以确认时远动设备本身故障还是远动故障,并根据具体情况进行处理和恢复。待正常后,确认原有故障是否已经排除。

3. 当遥测信息不对时,应在监控装置的接线端子上进行现场测量,以确认时设备故障还是监控装置故障,并根据具体情况进行处理和恢复。待正常后,确认原有故障是否已经排除。

4. 当遥信信息不对时,具备条件的,可以转换设备分合状态;不具备条件的,可以采用"封节点"等方式,以确认时设备故障还是监控装置故障,并根据具体情况进行处理和恢复。待正常后,确认原有故障是否已经排除。

5. 当遥调功能有故障时,具备条件的,进行重新设置并现场确认;不具备条件的,可以采用"功能退出"等方式,以确认时设备故障还是监控装置故障,并根据具体情况进行处理和恢复。待正常后,确认原有故障是否已经排除。

6. 待故障排除后,进行相应的记录。

(二)质量标准

1. 处理故障步骤清晰,目的清楚,命令准确。

2. 进行停电或带电工作时,按照有关要求采取安全措施。

3. 不将故障范围扩大,不引起新的故障。

4. 缩短故障处理时间,减小故障影响范围。

5. 出动人员少,涉及部门少。

6. 故障记录准确、完备。

(三)应急处理技能

1. 判断故障原因、性质、影响范围准确。

2. 根据有关规定,通知有关部门、人员进行配合、处理。

3. 故障排除后,应进行试验确认。

六、35 kV 变配电所硬母线安装

(一)作业(操作)方法、步骤

1. 按设计安装图纸,正确选择硬母线及各种零件,并检查各种零件是否完好。

2. 检查硬母线所安装处所及设备是否符合设计要求。

3. 硬母线按设计进行加工。

(1)表面平整洁净,不出现裂纹、折皱、变形、扭曲;

(2)切割母线,应用机械方法,不准用电焊、气焊切割;

(3)用木锤或皮锤矫正母线;

(4)硬母线应冷弯,不得进行热弯。

4. 硬母线搭接连接。

5. 硬母线的固定。

6. 硬母线的油漆。

(二)质量标准

1. 安装后的硬母线应与设计图纸、相序、编号、方向标志相一致。

2. 安全距离符合要求。

3. 硬母线连接处应接触良好、无棱角和毛刺。

4. 母线固定装置应无棱角和毛刺。

5. 母线在绝缘子上的固定应符合技术要求。

6. 安装后的硬母线应平整洁净、无变形和扭曲现象。

7. 伸缩节应符合要求。

8. 各连接部分应紧固接触良好,无松动现象。

七、35 kV 变配电所开关柜的安装

(一)作业(操作)方法、步骤

1. 按设计图纸正确选择所需安装的开关柜,并检查开关柜内的各种电器设备是否齐全、良好。

2. 按安装图纸检查基础。

3. 基础型钢与配电所接地网相连。

4. 搬运和检查开关柜。

5. 按图纸将开关柜编号,防止开关柜倾倒。

6. 调整开关柜水平位置和垂直位置。

7. 固定开关柜。

8. 检查开关柜。

9. 安装调整电气闭锁及辅助接点,连接二次回路导线。

(二)质量标准

1. 开关柜应安装牢固、连接紧密、排列整齐。

2. 油漆完好、内外清洁和地面的垂直误差不得大于柜高的 1.5/10 000。

3. 配电柜两侧及顶部的隔板完整无缺,门锁应灵活、齐全。

4. 安装好的配电柜、回路名称及部件标号应清晰醒目、齐全完整,相对排列的开关柜、母线的联接和相位要正确一致。

5. 开关柜的接地良好,装有电器的可开启的屏、柜门,应以软导线与接地的金属构架可靠连接。

6. 离墙安装的高压柜和母线桥应装有安全保护网和隔离板。

7. 闭锁功能齐全，且动作安全可靠。

(三)应急处理技能

1. 高压系统故障处理

(1)根据配电所内信号显示，判断故障性质。

(2)采取安全措施，使用安全用具，在有人监护下查找故障点。

(3)首先检验所内设备，重点是瓷绝缘、电缆头，有无损坏、渗漏油、闪络放电及小动物等；

(4)如接地故障发生在电缆线路，可用直流冲击法查找接地故障点；如接地故障发生在架空线路时，应迅速检查架空线路找出接地故障点。

2. 断路器合不上的原因及处理

(1)操作电压低，调整电压。

(2)合闸熔断器熔断，更换熔断器。

(3)二次控制回路断线或接触不良，用万用表测量检查，恢复处理。

(4)合闸线圈烧损，进行更换。

(5)断路器辅助接点转换不到位，进行调整。

(6)断路器行程不到位，按要求进行调整。

(7)机构部分故障，按要求进行调整。

3. 断路器拒分的原因及处理

(1)操作电压低，调整电压；

(2)二次控制回路断线或接触不良，用万用表测量检查，恢复处理。

(3)分闸线圈烧损，进行更换。

(4)断路器辅助接点转换不到位，进行调整。

(5)操作机构卡死，按要求进行调整。

(6)机构部分故障，按要求进行调整。

八、电力远动被控站网络通道设备的设置

(一)作业(操作)方法、步骤

(1)检查调制解调器外观不存在明显的缺陷。

(2)将调制解调器上电，检查其工作正常。

(3)确认通道线正常。

(4)按照要求，对调制解调器的主要参数进行设置，主要有线制(两线或四线)、方式(呼叫或应答)、速率(即传输的波特率)、信噪比等。

(5)将设置好的参数进行固化，并重新启动依次检查设置正确、有效。

(6)当确认设置完毕后，与调度端通道设备进行连接，确认通道正常。

(7)将监控装置和调制解调器断电，把调制解调器与监控装置对应的端口进行连接。随后，将监控装置和调制解调器上电。

(8)与调度端联系，确认通道正常，监控装置工作正常。

对网络设备的设置：

(1)检查网络设备的外观不存在明显的缺陷。

(2)将网络设备上电，检查其工作正常。

(3)确认网线制作良好。

(4)按照要求，对网络设备进行设置。主要包括：IP 地址、子网掩码、网关、名称、协议、服务器设置、端口等。

(5)将设置好的参数进行固化，并重新启动依次检查。

(6)当确认设置正确后，将监控装置、网络设备和网线进行连接，再与调度端确认通道正常。

(二)质量标准

1. 设置准确、完备，不漏项。

2. 不带电插拔不允许带电插拔的设备，保证设备安全。

3. 将设置的参数进行记录、保存。

(三)应急处理技能

1. 当发现网络通道设备工作不正常时，应采用“替换法”进行鉴定，是设备故障还是通道故障。

2. 当确认设备正常后，应检查通道线缆等是否存在明显的缺陷。若有，通知有关单位进行处理。

3. 通信异常时，还应检查网络通道设备的有关参数设置是否正常，必要时应重新设置。

4. 可以将网络通道设备和通道线缆、网络设备和监控装置的接口进行重新连接。

九、35 kV 变配电所控制屏的安装

(一)作业(操作)方法、步骤

1. 安装控制屏内的母线及继电器、仪表。

2. 连接盘内电气设备。

3. 按设计图纸正确选择所需安装的开关柜，并检查开关柜内的各种电器设备是否齐全、良好。

4. 按安装图纸检查基础。

5. 基础型钢与配电所接地网相连。

6. 搬运和检查开关柜。

7. 按图纸将开关柜编号，防止开关柜倾倒。

8. 调整开关柜水平位置和垂直位置。

9. 固定开关柜。

10. 检查开关柜。

11. 安装调整电气闭锁及辅助接点，连接二次回路导线。

(二)质量标准

1. 开关操作灵活、可靠，电气设备正确动作。

2. 二次配线应准确、连接可靠、标志齐全、清晰，绝缘符合要求。

3. 柜内电器齐全。

4. 指示及联动试验应动作可靠，符合设计要求。

5. 柜内电缆管道安装后，应做好封堵。

十、35 kV变配电所负荷开关的安装

(一)作业(操作)方法、步骤

1. 用人力或滑轮吊装。把开关本体放于安装位置,使开关的底座上孔眼套入基础螺栓,稍拧紧螺帽,用水平尺和线锤进行找正找平。找正位置后拧紧基础螺帽。

2. 安装操作结构。将操作结构固定的事先埋好的支架上,并使其扇形板与隔离开关上的传动转杆在同一垂直平面上。

3. 连接操作拉杆。拉杆连接前应将弯联接头连接在开关的传动转杆上,直联接头连接在扇形板的舌头上,然后把调节元件拧入直联接头。操作拉杆应在开关和操作结构处于合闸位置时装配,测好操作拉杆的长度,然后下料。拉杆一般用直径为 20 mm 的黑铁管。拉杆加工好后将其一端弯联接头焊接,另一端与调节元件焊接,如用销钉连接,则需在操作拉杆、弯联接头及调节元件上钻孔,然后再组装。

4. 隔离开关的底座和操作结构的外壳一般都有接地螺栓。安装时应将接地线一端接在接地螺栓上,另一端与接地网接通,使其妥善接地。

(二)质量标准

1. 检查绝缘子状态,应完整无裂痕,无电晕和放电现象。

2. 检查操作连杆及机械各部,应无损伤,不锈蚀,各机件应紧固,无歪斜、松动、脱落等不正常现象。

3. 检查联锁装置。在隔离开关拉开后,应检查电磁联锁或机械闭锁的销子确以销牢,隔离开关的辅助接点位置应正确,接触良好。

4. 刀片和刀嘴的消弧角应无烧伤、变形、锈蚀、不倾斜。在触头接触不良的情况下,会有较大的电流通过消弧角,引起两个消弧角发热、发红。在夜间巡视检查时,在远处即看到似一个小红球的消弧角,严重时会熔接在一起,使隔离开关无法拉开。

5. 刀片和刀嘴应无脏污及烧伤痕迹,弹簧片、弹簧及铜辫子应无断股、折断现象。

6. 检查隔离开关的触头。在运行中刀片和刀嘴的弹簧片会锈蚀或过热,使弹力降低。隔离开关断开后,刀子及刀嘴暴露在空气中,容易发生氧化和脏污。隔离开关在操作过程中电弧会烧伤动、静触头的接触面;各连动机件发生磨损或变形,影响接触面的接触。同时在操作过程中,若用力不当,还会使接触位置不正,触头压力不足及产生机械磨损。上述这些情况,均会导致隔离开关动、静触头的接触不良,所以配电值班员应加强检查和维护,注意隔离开关的操作,及时消除设备缺陷,保证隔离开关的安全运行。

(三)应急处理技能

1. 负荷开关的主闸刀和辅助触头的动作顺序应该是:合闸时,辅助触头先闭合,主闸刀后闭合;分闸时,主闸刀先断开,辅助触头后断开。

2. 开关合闸时,三相刀闸的同期不得大于 5 mm。开关分闸后,应注意刀闸张开的距离。调整方法是改变操作拉杆在扇形板上的位置和改变操作拉杆的长度。

3. 对 FN_2 和 FN_3 系列产品;在主刀闸上有一小塞子,合闸时小塞子应正好插入灭弧装置的喷嘴内,不应剧烈地碰撞喷嘴。

4. 带有 RN_1 型熔断器的负荷开关,安装前应检查熔断器的额定电流是否与设计相符。熔断器的两端罩应封焊牢固,如松动应更换。安装熔断管时要小心,防止碰坏,熔断管应紧密

地插入钳口。

十一、35 kV 变配电所室内隔离开关的安装

（一）作业（操作）方法、步骤

1. 用人力或滑轮吊装。把开关本体放于安装位置，使开关的底座上孔眼套入基础螺栓，稍拧紧螺帽，用水平尺和线锤进行找正找平。找正位置后拧紧基础螺帽。

2. 安装操作结构。将操作结构固定的事先埋好的支架上，并使其扇形板与隔离开关上的传动转杆在同一垂直平面上。

3. 连接操作拉杆。拉杆连接前应将弯联接头连接在开关的传动转杆上，直联接头连接在扇形板的舌头上，然后把调节元件拧入直联接头。操作拉杆应在开关和操作结构处于合闸位置时装配，测好操作拉杆的长度，然后下料。拉杆一般用直径为 20 mm 的黑铁管。拉杆加工好后将其一端弯联接头焊接，另一端与调节元件焊接，如用销钉连接，则需在操作拉杆、弯联接头及调节元件上钻孔，然后再组装。

4. 隔离开关的底座和操作结构的外壳一般都有接地螺栓。安装时应将接地线一端接在接地螺栓上，另一端与接地网接通，使其妥善接地。

（二）质量标准

1. 绝缘子状态，应完整无裂痕。

2. 操作连杆及机械各部，应无损伤，不锈蚀，各机件应紧固，无歪斜、松动、脱落等不正常现象。

3. 联锁装置正确可靠。在隔离开关拉开后，应检查电磁联锁或机械闭锁的销子确以销牢，隔离开关的辅助接点位置应正确，接触良好。

4. 刀片和刀嘴无变形、锈蚀、不倾斜。

5. 弹簧片、弹簧及铜辫子应无断股、折断现象。

6. 隔离开关的触头。在合闸后的相对位和分闸后的净距应符合规定要求。

（三）应急处理技能

1. 触头过热：触头过热的原因较多，主要是压紧弹簧的弹性减弱或压紧弹簧的螺栓松动，其次是触头表面氧化，造成动、静触头接触面减小，使接触电阻增大，在拉合过程中，会引起电弧烧伤触头。检修时打开接点，在接触面烧蚀处打光（不要去掉触头的镀层），将松动处拧紧。如果触头烧损严重则应该予以更换。

2. 绝缘支柱损坏：操动隔离开关时用力过猛或隔离开关与母线连接得不好造成绝缘支柱的损坏，应立即更换。

3. 隔离开关分合不灵活：隔离开关的操动机构或开关本身的转动部分生锈，而引起分合不灵。在转动部分加润滑油脂，试动几次，再擦净油脂，即可排除故障。

十二、35 kV 变配电所高压熔断器的安装

（一）作业（操作）方法、步骤

1. 按设计图纸选择符合安装要求的高压熔断器型号。

2. 检查安装熔断器的位置。

3. 安装高压熔断器的底座（按安装图纸）。

4. 安装绝缘子,调整高压熔断器的钳口,并安装熔断器的熔丝管。

5. 调整熔断器与其配合的电器设备。

(二)质量标准

1. 安装后的高压熔断器牢固、可靠,符合设计要求。

2. 底座、支持绝缘子无变形、裂纹。

3. 熔丝管与钳口接触良好。

4. 熔丝应符合要求,无弯折、损坏、熔丝与熔丝管压接紧密牢固。

5. 高压熔断器与其配合的电器符合要求。

6. 高压熔断器安全距离符合要求。

(三)应急处理技能

1. 熔丝熔断,采取安全措施,进行更换。

2. 绝缘子损坏,对地闪络放电,采取安全措施,进行更换。

3. 熔丝管与钳口接触不良,按规定进行调整处理。

十三、35 kV 变配电所避雷器的安装

(一)作业(操作)方法、步骤

1. 按设计图纸选择型号符合要求的避雷器。

2. 检查避雷器外观及配件。

3. 试验避雷器。

4. 检查避雷器安装处所是否符合要求。

5. 安装固定避雷器,调整避雷器。

6. 引下线并连接(与电气部分连接)。

7. 引下线、接地线、接地电阻符合规定。

(二)质量标准

1. 瓷件良好、瓷套与固定点之间加垫片。

2. 排列整齐、高低一致,安装牢固,相间距离符合要求。

3. 引下线符合要求。

4. 与电气部分连接不应使避雷器产生外力。

5. 接地可靠,阻值符合规定。

(三)应急处理技能

1. 瓷瓶、套管破裂或轧炸,采取安全措施更换。

2. 雷击放电后,连线烧损、熔断,切断故障前,应检查有无接地现象,采取安全措施进行更换。

3. 直接连接于母线的 BL,发生故障不应停电处理。

十四、35 kV 变配电所支持绝缘子的安装

(一)作业(操作)方法、步骤

1. 按要求选取型号符合规定的支持绝缘子。

2. 遥测绝缘子。

3. 检查绝缘子的安全处所。

4. 安装支持绝缘子。

5. 调整绝缘子。

(二)质量标准

1. 支持绝缘子安装牢固可靠,无松动。

2. 绝缘子无损伤。

3. 安装在同一平面或垂直面上的支持绝缘子,应符合技术标准(中心位移不应大于 5 mm)。

4. 支持绝缘子安装时其底座不得埋入混凝土。

5. 与金属接触面间应垫以厚度不小于 1.5 mm 的橡胶或石棉纱。

(三)应急处理技能

1. 放电、破损,停电更换。

2. 松动、变形,停电处理。

十五、35 kV 变配电所的二次配线

(一)作业(操作)方法、步骤

1. 根据设备安装接线图,确定电缆的敷设和二次的走向位置。

2. 根据设备编号及设备端子排的位置。测量放线,并做好标记。

3. 制作电缆头,按要求对二次导线进行整理拉直。

4. 对电缆二次线进行调整固定。

5. 二次配线校线,穿线号。

6. 按安装接线图和施工工艺进行施工接线。

7. 二次配电的检查校线。

(二)质量标准

1. 电缆导线排列正确,线径选择符合设计要求。

2. 二次配线工艺美观。

3. 二次接线正确,线号正确清晰。

4. 二次配线连接牢固。

十六、组织 35 kV 变配电所电容器设备的安装

(一)作业(操作)方法、步骤

1. 安装前检查。电容器在安装前应进行外观检查。

2. 加工电容器安装架构,电容器的固定安装。

3. 制做电容器连接导线,电容器之间导线连接。

4. 接地线的安装。

5. 电容器的试验。

(二)质量标准

1. 电容器要放平正,外壳和构架均安装牢固,接地良好。
2. 电容器油箱无膨胀和凹陷,瓷瓶无裂纹或缺口,无漏油现象。
3. 引出线端连接用的垫圈及防松螺帽齐全,接线正确。
4. 安装后的电容器编号正确。
5. 接地线截面应按规定选择。
6. 高压电容器试验接线正确,试验合格。

(三)应急处理技能

1. 常见故障:

(1)电力电容器发生爆炸,有爆炸声音、异味。

(2)接头严重过热或熔化,有异味。

(3)电容器喷油或起火。

(4)外壳鼓肚严重,三相电流不平衡超过50%以上。

(5)故障电容器回路电流值较小,端电压较高引起电容柜故障跳闸。

2. 处理:

当运行中的电容器出现上述情况之一时,应立即停止电容器的运行。

十七、查找、排除配电装置控制、保护、测量回路故障

(一)作业(操作)方法、步骤

1. 根据故障现象、信号显示及保护动作情况分析判断故障性质。
2. 根据动作音响和仪表指示分析判断故障性质,确定配电装置的故障范围。
3. 采取安全措施,分析故障回路图纸,对故障回路进行查找。
4. 对所用仪表安全工具进行校验。
5. 按故障处理程序用仪表进行测量分析判断故障点。
6. 查找故障点并恢复处理。

(二)质量标准

1. 根据故障现象正确判断故障范围。
2. 安全措施采取正确,无违章简化操作。
3. 正确使用安全工具和仪表。
4. 故障查找程序正确。
5. 找到故障点后能进行恢复处理。
6. 试验良好。

(三)应急处理技能

1. 控制回路故障。
2. 保护回路故障。
3. 测量回路故障。

第二十二章 通用部分

一、电力工作安全注意事项

(一)电力工作的基本要求

1. 运行中的供电设备的概念

运行中的供电设备是指:(1)全部带有电压的设备;(2)部分带有电压的设备;(3)一经操作即可带有电压的设备。

2. 高压和低压的概念

铁路供电设备一般可分为高压和低压两种:

(1)高压:指设备对地电压在 250 V 以上者。(2)低压:指设备对地电压在 250 V 及以下者。

3. 电力工作人员技术安全考试规定

根据部令的规定,对电力工作人员必须进行技术安全考试。

(1)定期考试:每年一次,对考试合格者发给“电力安全合格证”。

(2)临时考试:又分为三种情况,新参加工作已满 6 个月者、工作连续中断 3 个月以上又重新工作者、工种或职务改变者。

4. 新参加电力工作及有关人员规定

(1)新参加电力工作的人员、实习人虽和临时参加劳动的人员(干部、临时工等),必须经过安全知识教育后,方可随同参加指定的工作,但不得单独工作。

(2)外单位支援、学习人员参加工作时,应由工作执行人介绍设备情况和有关安全措施。

5. 电力安全合格证

电力工作人员每年进行一次技术安全考试,对考试合格者发给证书。内容有:段(厂、队)、姓名、职称、合格证号、发证日期、发证单位(盖章)、日期、职名、考试成绩、单位负责人等。并有电力工作人员须知,内容为:

(1)铁路电力工作人员必须尽职尽责,做好本职工作。

(2)铁路电力工作人员必须严格遵守《铁路电力安全工作规程》。

(3)凡从事电力作业必须经过技术安全考试合格,并持有《电力安全合格证》。

(4)电力安全合格证不准转让,不准涂改。

(二)电力工作安全用具

电力工作安全用具是指保证电力工作安全所用的工具,在电气设备上进行检修工作或倒闸操作时,为了避免人身触电、烧伤等事故的发生,工作人员必须使用安全用具。

1. 安全用具分类

安全用具分为两种:基本安全用具和辅助安全用具。

(1)基本安全用具

绝缘部分的绝缘强度在长期接触带电部分的情况下，能承受得住设备的工作电压，这些安全用具称基本安全用具。主要的基本安全用具有：高压绝缘拉杆（绝缘棒）、绝缘夹钳、高压验电笔、低压验电笔及低压绝缘手套等。

(2)辅助安全用具

本身并不能保障安全，但能够加强基本安全用具保安作用的用具称辅助安全用具。有绝缘站台、高压绝缘垫、高压绝缘手套、低压绝缘靴、低压绝缘鞋和绝缘毯等。

安全用具必须是按《电力设备试验标准》进行试验合格的用具。

2. 安全用具介绍

(1)高压绝缘拉杆

电力作业基本安全用具之一，也叫绝缘棒。主要用来闭合或拉开高压隔离开关，在安装接地线以及进行测量和和试验时也使用的基本安全用具。

高压绝缘拉杆由工作部分、绝缘部分和握手部分三部分组成。工作部分为金属部分，用金属制成锁子或钩子。绝缘部分和握手部分的材料一般用电木、硬橡胶或在亚麻仁油里煮过的木材制成。

高压绝缘拉杆应每年进行 1 次交流绝缘耐压试验。试验分两种电压等级：工作电压为 35 kV时，新绝缘拉杆施加电压为 125 kV，试验持续时间为 5 min，运行中的绝缘拉杆施加电压为 100 kV，试验持续时间为 5 min；10 kV 及以下时，新绝缘拉杆施加电压为 60 kV，试验持续时间为 5 min。未按规定进行绝缘试验或试验不合格的绝缘拉杆禁止使用。

(2)绝缘夹钳

电力作业基本安全用具之一，用来装卸管形熔断器的基本安全用具。分为工作部分、绝缘部分和握手部分。工作部分是钳口，必须保证能夹紧熔断器。绝缘部分和握手部分用电木、硬橡胶或在亚麻仁油里煮过的木材制成。夹钳只允许在 35 kV 及以下的设备使用。

绝缘夹钳应每年进行 1 次交流绝缘耐压试验。试验分两种电压等级：工作电压为 35 kV 时，新绝缘夹钳施加电压为 125 kV，试验持续时间为 5 min，运行中的绝缘夹钳施加电压为 100 kV，试验持续时间为 5 min；工作电压为 10 kV 及以下时，新绝缘夹钳施加电压为 60 kV，试验持续时间为 5 min。未按规定进行绝缘耐压试验或试验不合格的绝缘夹钳禁止使用。

(3)高压验电器

电力作业基本安全用具之一，又称高压检电器。用来检查设备是否带电的用具。当电力设备在断开电源后进行工作之前，须用高压验电器检验高压设备是否已经真正停电。

高压验电器在使用前，先要在确带电的设备上检验验电器是否完好。验电时只能适当靠近带电部分直至其上的灯亮为止，不要直接接触带电设备。使用高压验电器时还得注意与辅助安全用具配合，在室内验电应戴绝缘手套，在室外验电时应穿绝缘靴并戴绝缘手套。

高压验电器应半年进行一次交流绝缘耐压试验，发光电压不超过额定电压的 25%。高压验电器部分绝缘支持物试验时，分两种电压等级：工作电压为 3～10 kV 时，新高压验电器与运行中的高压验电器施加电压一样，均为 25 kV，试验持续时间均为 1 min；工作电压为 35 kV 时，新高压验电器与运行中的高压验电器一样，施加电压均为 40 kV，试验持续时间均为 5 min。

未按规定进行绝缘耐压试验或试验不合格的高压验电器禁止使用。

(4)低压检电器

电力作业基本安全用具之一，俗称低压验电笔，用来检查低压设备上是否带电的安全用具。主要由金属笔卡、氖气灯、金属笔尖等组成。使用时,用手拿住金属笔卡,再将笔尖和被检查的设备相接触,若氖气灯发亮,证明被检测的设备带有电压;若氖气灯不亮,证明被检测的设备不带电压。

(5)绝缘手套

用绝缘材料做成,电力作业安全用具之一。分为高压绝缘手套和低压绝缘手套两种。低压绝缘手套为基本安全用具,高压绝缘手套为辅助安全用具。在检电、接地封线、倒闸作业、运行的电压互感器二次回路检查及测量工作中按规定戴绝缘手套。作用是:使人与带电部分绝缘,从而保证电力工作人员的人身安全。在现场抢救触电者时,也可戴绝缘手套用手解脱触电者,使其迅速脱离电源。

绝缘手套应半年进行1次交流绝缘耐压试验。分低压绝缘手套和高压绝缘手套两种试验:①低压绝缘手套:工作电压为1 kV,新低压绝缘手套施加电压为3 kV,试验持续时间为1 min,泄漏电流小于3 mA;使用中的低压绝缘手套施加电压为2.5 kV,试验持续时间为1 min,泄漏电流小于2.5 mA。②高压绝缘手套:工作电压为3 kV以上时,新绝缘手套施加电压为12 kV,试验持续时间为1 min,泄漏电流小于12 mA,使用中的高压绝缘手套施加电压为8 kV,试验持续时间为1 min,泄漏电流小于9 mA。

(6)高压绝缘靴

用绝缘材料做成的,使人和地面绝缘的辅助安全用具。在变配电室(所)使用较多,如在室内高压设备上检电、雷雨巡视室外高压设备、高压设备接地故障时有关人员需进入故障点(室内4 m、室外8 m范围内)操作开关、低压带电作业及高压设备试验时需穿绝缘靴。

高压绝缘靴应半年进行1次交流绝缘耐压试验。工作电压为3～10 kV,新绝缘靴施加电压为12 kV,试验持续时间为1 min,泄漏电流小于10 mA;使用中的绝缘靴施加电压为15 kV,持续时间为1 min,泄漏电流小于7.5 mA。未按规定进行绝缘耐压试验或试验不合格的高压绝缘靴禁止使用。

(7)绝缘鞋

用绝缘材料做成的,使人与地面绝缘的辅助安全用具。绝缘鞋应按照(电力设备试验标准)进行试验合格,试验不合格的鞋不得使用。

绝缘鞋应1年进行1次交流绝缘耐压试验。工作电压为1 kV以下,新绝缘鞋施加电压为5 kV,试验持续时间为1 min,泄漏电流小于7 mA;使用中的绝缘鞋施加电压为3.5 kV,持续时间为1 min,泄漏电流小于5 mA。

未按规定进行绝缘耐压试验或试验不合格的绝缘鞋禁止使用。

(8)绝缘台

用绝缘材料做成的,使人与地面绝缘的辅助安全用具。绝缘台使用时,人站于绝缘台上工作,将人与地面绝缘,保证了工作人员的人身安全。绝缘台应3年进行1次交流绝缘耐压试验。工作电压为3～10 kV,新绝缘台与使用中的绝缘台施加的电压相同,均为40 kV,试验持续时间均为1 min。

未按规定进行绝缘耐压试验或试验不合格的绝缘台禁止使用。

(9)高压绝缘垫

用绝缘材料做成的,使人与地面绝缘的辅助安全用具。使用时,人站于绝缘垫上,将人与地面绝缘,保证了工作人员的人身安全。

绝缘垫应在交接时进行交流绝缘耐压试验。工作电压为 3 kV 以上，绝缘垫施加电压为 20 kV，试验持续时间为 2～3 min，泄漏电流小于 20 mA；使用中的绝缘垫施加电压为 15 kV，试验持续时间为 2～3 min，泄漏电流小于 15 mA；工作电压为 1 kV 以下，新绝缘垫施加电压为 8 kV，试验持续时间为 2～3 min，泄漏电流小于 7.5 mA；使用中的绝缘垫施加电压为 5 kV，泄漏电流小于 5 mA。

未按规定进行绝缘耐压试验或试验不合格的高压绝缘垫不得使用。

3. 安全用具的使用和保管

安全用具不许作其他工具使用，并应定期进行电气性能试验。每次使用前，应进行外观检查，其表面应无裂纹、孔洞、断裂和毛刺等外伤，表面应清洁干净。安全用具保管时，无论是基本安全用具，还是辅助安全用具，均需放在干燥、清洁、通风良好的处所。

绝缘杆应悬挂或置于工具架上，防止与墙面、地面接触。

绝缘橡胶类安全用具，如绝缘手套、绝缘靴等应避开高温处所，不得挤压放置，不得接触汽油、机油、变压器油、油漆、硫酸等有机溶剂或挥发性气体。使用中也要注意勿接触上述物品。

在现场，遇到绝缘手套、绝缘靴表面有污垢时，可用肥皂水洗去污垢并用清洁水冲洗干净。

禁止用绝缘靴代替雨靴穿用。禁止用有机溶剂擦洗绝缘手套和绝缘靴。

(三)接地封线与标示牌

1. 接地封线

将检修设备三相短路并接地称接地封线。作用是：

(1)当工作地点突然来电时，接地封线可有效地将电流导入大地，保护检修工作人员的人身安全。

(2)检修设备断开后，其上的剩余电荷通过接地封线而放尽。接地线用截面积不小于 25 平方毫米的多股软铜线制成。接地线在使用前应详细检查，损坏的接地线应及时修理或更换，严禁使用其他导线代替。禁止使用缠绕的方法进行接地或短路封线。

2. 标示牌

分为“警告类”、“禁止类”、“准许类”、“提醒类”等。主要有“禁止合闸，有人工作！”、“止步，高压危险！”、“在此工作！”、“从此上下！”、“禁止攀登，高压危险！”、“已接地”等。标示牌有规定的尺寸、颜色和字样。严禁工作人员未经许可擅自移动或拆除临时遮栏和标示牌。

标示牌有 6 种式样，分别为：

(1)“禁止合闸，有人工作！”标示牌式样：尺寸为 200 mm×100 mm 和 80 mm×50 mm。白底色、红字。

(2)“在此工作！”标示牌式样：尺寸为 200 mm×200 mm。底为绿色，中间有直径为 180 mm 的白圆圈，黑字写于白圆圈中。

(3)“止步，高压危险！”标示牌式样：尺寸为 200 mm×200 mm。白底红边、黑字。后有红色箭头。

(4)“从此上下！”标示牌式样：尺寸为 200 mm×200 mm。底为绿色，中间有直径为 180 mm 时白圆圈，黑字写于白圆圈中。

(5)“禁止攀登，高压危险！”标示牌式样：尺寸为 200 mm×200 mm，白底红边。

(6)“已接地”标示牌式样：尺寸为 80 mm×50 mm。白底、黑字。

(四)安全带、安全帽

1. 安全带

进行高空作业时保证作业者安全的一种常用个人安全用具。一般用尼龙编制成带状，长约1.6 m。使用和保管规定为：(1)每次使用前应进行外观检查，尼龙带状部分不得有严重破损；保险锁扣不良不准使用，并不得打结使用。(2)应放置于干燥通风的仓库内，不准接触明火、高温、强酸和尖锐物件；不准长期暴晒。(3)应按规定定期做负荷试验，不合格的安全带不准继续使用。

2. 安全帽

保护人体头部不因高空掉物受到伤害，同时防止高空作业移位时被设备零部件碰伤头部，以及人员高空坠落时减少对头部的伤害的一种常用个人安全用具。

安全帽由帽壳、帽衬(防震罩)组成；帽衬又有帽箍、顶衬、后箍组成。按材料分有柳条编织和强硬塑料制成的两种。现场现多用强硬塑料安全帽，其重量约为400 g。

(五)保证安全工作的组织措施

保证安全工作的组织措施有：工作票制度(包括口头命令或电话命令)、工作许可制度、工作监护制度、工作间断和转移工地制度、工作结束和送电制度。

1. 在运行的高压设备上的作业分类

可分为全部停电作业、邻近带电作业、不停电作业和带电作业等四类。

(1)全部停电作业

指电力线路全部中断供电或变、配电设备进出线全部断开的作业。此项作业人员触电的几率小。在电力线路作业时，监护的主要内容为防止作业人员高坠。

(2)邻近带电作业

①指变配电所内停电作业处所附近还有一部分高压设备未停电。

②停电作业线路与另一带电线路交叉跨越、平行接近，安全距离不够者。

③两回线以上同杆架设的线路，在一回线上停电作业，而另一回线仍带电者。

④在带电杆塔上刷油、除鸟巢、紧杆塔螺栓的作业。

此项作业监护人既要防止作业人员高坠(如在架空电力线路上作业)，又要防止作业人员触电。

(3)不停电的作业

指电力设备本身不需要停电且无偶然触及带电部分可能的作业。如更换绑桩、涂写杆号牌、修剪树枝、更换灯泡、检修外灯伞等作业。

(4)带电作业

指采用各种绝缘工具带电从事高压测量工作，检修或穿越低压带电线路，拆、装引入线等工作，以及在高压带电设备外壳上的工作。

2. 在电力设备上工作应遵守工作票制度

(1)工作票的方式

①停电作业工作票；

②带电作业工作票；

③倒闸作业票；

④口头或电话命令。口头或电话命令应填入安全工作命令记录簿。安全工作命令记录簿应看作与工作票同等重要。

(2)工作票的内容

①停电作业工作票内容

内容有:工区名称和编号;工作执行人姓名;工作组人员;停电线路名称(双回线路应注明双重编号);工作地段(注明分、支路名称,线路的起止杆号);工作任务;应采取的工作措施[包括拉开的隔离开关(刀闸)、断路器(开关)、应停电的范围]、保留的带电线路或带电设备、应挂的地线(线路名称、杆号、接地线编号);计划工作时间(起止时间);许可开始工作的命令(许可的命令方式、许可人、许可工作的时间);工作终结的报告(终结报告的方式、许可人、终结报告的时间);工作票签发人签字、工作票执行人签字、年月日及备注栏等。

②带电作业工作票的内容

内容有:编号;工区(班组)名称;工作执行人姓名;工作组人员;工作的线路或设备名称(工作范围、工作任务);计划工作时间(起止时间);执行本工作票应采取的安全措施;通知调度(值班员)工作开始时间、工作完工时间;工作票签发人和工作执行人等。

③倒闸作业票内容

内容有:变、配电所(工区)名称;编号;操作开始时间;操作终了时间;操作任务;顺序;操作项目;备注;操作人;监护人;工作许可人等。

④安全工作命令记录簿内容

内容有:年、月、日、时、分;编号;发布命令人;职务;接受命令人;职务;传达方式;工作地点及任务;工作组人员;应采取的安全措施;注意事项;本工作应于×月×日×时×分开工,至×月×日×时×分完成,实际于×月×日×时×分开工,至×月×日×时×分完成及记事等。

(3)停电工作票的适应范围

在以下设备上全部停电、邻近带电的作业应签发停电工作票。

①高压变、配电设备上的作业;

②高压架空线路和高压电缆线路上的作业;

③高压发电所停电(机)检修、或两套以上有并车装置的低压发电机组,其中任一机组停电作业;

④在控制屏(台)或高压室内二次接线和照明回路上工作时,需要将高压设备停电或采取安全措施者;

⑤在两路电源供电的低压线路上的作业。

(4)带电工作票的适应范围

在以下设备上作业,应填写带电作业工作票:

①在高压线路和两路电源供电的低压线路上的带电作业;

②在控制屏(台)和二次线路上的工作,无需将高压设备停电的作业;

③在旋转的高压发电机励磁回路上,或高压电动机转子电阻回路上的工作;

④用绝缘棒和电压互感器定相,以及用钳形电流表测量高压回路的电流。

(5)在电力设备上按口头或电话命令执行作业的适应范围

在下列设备上作业,按口头或电话命令执行:

①单一电源供电的低压线路的停电作业;

②测量接地电阻、悬挂杆号牌、修剪树枝、测量电杆裂纹、打绑桩和杆塔基础上的工作;

③低压电缆上的作业;

④拉、合线路高压开关,配电变压器一、二次开关和变、配电所内开关的单一操作。

需要注意的是,当作业范围涉及相邻铁路局、供电段时,必须取得铁路局电力调度口头或电话命令。当作业范围涉及本段其他配电所时,必须取得供电段电力调度的口头命令或电话命令;受令人和发令人双方均应认真记录、录音,并复诵无误后执行。

(6)工作票的要求和签发

①工作票的要求

a. 工作票应用钢笔、圆珠笔填写,字迹清晰,不得涂改,并于作业前一天交给工作执行人或工作领导人。工作中如需改变工作内容及扩大或变更工作地点时,应更换新的工作票。工作执行人要求变更工作票中已经填入的工作组员时,应取得工作票签发人的同意,并在工作票内注明变更理由。

b. 工作票的有效期不得超过 3 d,工作间断超过 24 h 应重新填发工作票。

②工作票的签发

a. 在发、变、配电所内作业或在发、变、配电所停电的线路上作业时,应填写一式两份,其中一份发给值班员,另一份发给工作执行人(有工作领导人时,发给工作领导人)。上述以外的作业,可填一份发给工作执行人。

b. 一般一个工作地点或一个检修区段签发一张工作票。但如在一个发、变、配电所内全部停电或在一个站场内(由配电所依次倒闸停送电时除外)几条线路全部停电,并有两组同时工作时,可仅签发一张工作票发给工作领导人。如上述作业仅有一组工作,需要检修另一条线路时,应按转移工地办理。

当一个工作执行人负责的工作尚未结束时,禁止发给另一张工作票。

c. 给工作领导人的工作票,应注明工作组数及各工作执行人的姓名。

d. 各工作负责人在工作前对工作票中的内容有疑问时,应向签发人询问明白,然后进行工作。

③工作票的管理

工作结束后,由作业班组将工作票保存半年。

(7)在现场实践中,办理工作票需要注意的问题:

a. 事故紧急处理可不签发工作票,但必须采取安全措施。

b. 施工单位在供电段管辖的电力设备上施工时,应向供电段有关的电力工区或变配电所办理工作票手续。

3. 工作许可制度

(1)在不经变配电所停电的线路上作业

在不经变、配电所停电的线路上作业时,由工作执行人指定工作许可人完成安全措施后可开始工作。

(2)经变、配电所停电的作业

凡经变、配电所停电的作业,工作许可人(值班员)应审查工作票所列安全措施是否完备,是否符合现场条件,在完成所内停电、检电、接地封线等安全措施后还应做好以下几件事情:

①会同工作执行人检查安全措施,以手触及已停电的检修设备证明检修设备确实无电压。

②对工作执行人指明带电设备的位置、接地线安装处所和注意事项。

③双方在工作票上签名后方可开始工作。

(3)在执行工作许可制度时应注意的问题

①工作执行人、工作许可人均不得擅自变更安全措施;值班员不得变更检修设备的运行接线方式。遇有特殊情况需要变更时,应取得工作票签发人的同意。

②停电作业的电线路与其他单位的带电线路交叉跨越安全距离不够时,应同有关单位办

理停电许可手续。

③ 严禁约定时间停电、送电。

4. 工作监护制度

工作监护制度是保证人身安全和正确操作的重要措施。在作业过程中,工作监护人和工作执行人都应在现场认真监护工作组员的安全。工作组员应服从工作执行人和监护人的指挥。

(1)工作执行人(监护人)参加具体工作的条件

在完成工作许可手续后,工作执行人(监护人)应向工作组成员交代带电部位,已采取的安全措施和其他注意事项,然后在下列情况下可参加具体工作:

①在变、配电设备上进行的全部停电作业。

②在变、配电设备上进行邻近带电作业,工作组员不超过 3 人,且无偶然触及带电设备可能时。

③架空线路停电作业的工作地点较集中,且附近又无其他带电线路时。

(2)设置专职监护人的条件

专职监护人是指不得兼任其他工作的监护人。设置专职监护人的条件是:工作条件复杂,有触电危险。

(3)作业中遇有威胁工作组员安全的情况的处理办法

在电力作业开始后,有时候会遇到打雷、下雨、暴风或其他威胁工作组员安全的情况,工作执行人或监护人应及时采取措施,以确保工作组员的安全,必要时停止工作。

5. 工作间断及转移工地制度

(1)白天因吃饭或休息暂时中断作业的规定

在白天,因吃饭或休息暂时中断工作时,若在变、配电所作业,全部接地线可保留不动,但工作人员不宜单独留在高压室内;若在电线路上作业,如工作人员需离开现场,应派人看守工地。

恢复工作前,无论是变、配电所,还是电线路,工作执行人均应检查接地线等安全措施。

(2)数日有效的停电工作票使用办法

使用数日有效的停电工作票,每日(次)收工时,应清理工地,开放已封闭的道路,将工作票交给值班员,但临时接地线、防护物及标示牌可保持不动,次日开工前,工作许可人必须检查工地所有安全措施,重新履行许可开工手续,方可开始工作。

(3)转移工地规定

当一个工作组按照工作票在几个工作地点依次进行工作时,按下列规定办理转移工地:

①凭工作执行人的命令转移工地。工作人员在规定时间内只可在指定地点工作,如无工作执行人命令,不得自行转移工地。

②履行有关手续和注明有关事项。每次转移到新工地时,应履行工作许可手续,并在工作票上注明新工作地点;在工作票安全措施栏内记入装设接地线的电杆号数。

③转移工地时,应在工作票上填记。

6. 工作结束和送电制度

工作组工作完了后,应清理工具、材料,工作执行人详细检查工作质量,工作人员全部由作业设备上撤离后,按下列规定恢复送电:

(1)线路局部停电作业,由工作执行人通知工作许可人撤除地线,摘下标示牌,然后合闸送电。

(2)干线停电作业,配电值班员接到工作执行人工作已经结束的通知后,将工作执行人姓名、通知时间及方法等记入工作票和工作日志内,然后摘下标示牌,撤除接地线,方可合闸送电。

特别要注意的是,多个工作组作业时,应注意标示牌数目和结束工作的组数相符。

(3)在变、配电设备上作业时,配电值班员接到工作执行人工作已经结束、工作组人员已经撤离工地的报告后,将工作完毕的时间记录在两份工作票内,按照下列顺序恢复送电:

①核对摘下的标示牌数和结束工作组数是否相符;

②撤除临时接地线,并按登记号码核对无遗漏;

③撤除临时防护物及各种标示牌;

④恢复常设栅栏;

⑤合闸送电。

送电后,工作执行人应检查设备运行情况,正常后方可离开现场。

(六)保证安全的技术措施

1. 保证安全的技术措施有:

(1)停电;(2)检电;(3)接地封线;(4)悬挂标示牌及装设防护物。

2. 执行技术措施时的注意事项

(1)保证安全的技术措施由变、配电值班员执行。对无人值班的电力设备(包括电线路),由工作执行人指定工作许可人执行。

(2)停电、检电、接地封线工作必须由两人进行(1 人操作,1 人监护)。操作人员应戴绝缘手套,穿绝缘鞋(靴),戴护目镜,用绝缘杆操作(机械传动的开关除外)。人体与带电体之间的最小安全距离,根据 3 种不同的电压等级和有无遮栏规定如下:

6～10 kV:有安全遮栏为 0.35 m,无安全遮栏为 0.70 m;

10～35 kV:有安全遮栏为 0.60 m,无安全遮栏为 1.00 m;

35～66 kV:有安全遮栏为 1.50 m,无安全遮栏为 2.00 m。

3. 停电

停电是指将要工作的电力设备从有电通过操作变为无电。停电措施由变、配电值班员执行;对无人值班的电力设备(包括电线路),停电工作由工作执行人指定工作许可人执行。

4. 电力线路作业时,必须停电的设备

(1)作业的线路,即断开发电所(车)、变电所、配电所向作业线路送电的断路器、隔离开关或熔断器。

(2)断开有可能将低电压反送到高压侧的开关。

(3)工作人员的正常活动范围与带电设备之间的安全距离小于电力线路检修时的安全距离规定。

(4)与接触网同杆合架的高压电力线路必须利用接触网停电"天窗"时间作业。

5. 电力线路检修时的安全距离

带电导线电压检修的线路邻近、交叉的其他线路:

1 kV 及以下:0.2 m～0.7 m

1～10 kV:0.7 m～1.0 m

10～35 kV:1.0 m～2.5 m

35～66 kV:1.5 m～3.0 m

6. 在发、变、配电所内检修时必须停电的设备

(1)检修的设备;

(2)工作人员的正常活动范围与带电设备之间的安全距离小于规定(6～10 kV 有安全遮栏为 0.35 m,无安全遮栏为 0.70 m;10～35 kV 有安全遮栏为 0.60 m,无安全遮栏为 1.00 m;35～66 kV 有安全遮栏为 1.50 m,无安全遮栏为 2.00 m)的设备;

(3)带电部分在工作人员后面或两侧,且无可靠安全措施的设备。

7. 停电检修设备断开电源的规定

停电检修时,必须把各方面的电源完全断开(运用中的星形接线设备的中性线,应视为带电设备)。断开断路器、隔离开关的操作电(能)源。断路器、隔离开关的操作机构必须加锁。检查柱上断路器"分"、"合"指示器。禁止在只经断路器断开电源的设备上工作,必须拉开隔离开关,使各方面至少有一个明显的断开点。与停电设备有关的变压器和电压互感器,还必须从低压侧断开,防止向停电设备反送电。

8. 低压停电作业及部分设备停电作业规定

(1)对于低压停电作业,应从各方面断开电源,将配电箱加锁,没有配电箱时应取下熔断器。

(2)在多回路的设备上进行部分停电作业时,应核对停电的回路与检修的设备是否一致。严防误停电或停电不彻底。

9. 检电

检电工作是电力设备停电工作中保证人身安全的一个必须的重要环节。检电工作应在电力设备停电以后进行。检电时应使用电压等级合适的检电器,并先在其他设备上试验,确认良好后进行。

(1)变、配电所设备检电

变、配电所检电工作,应在所有断开的线端进行。对断路器和隔离开关应在进出线上进行。

(2)电力线路检电

电力线路检电应逐相进行,同杆架设的多层电力线路,应先验低压,后验高压;先验下层,后验上层。架空线路局部作业时,应在工作区两端装设接地线处进行检电。

(3)低压设备检电

低压设备的检电,除使用检电笔外,还可使用携带式电压表进行。用电压表检电时,应在各相之间及每相对地之间进行。

(4)检电时的安全注意事项

检电工作是一项认真、严肃的工作,如将有电设备检为无电设备,有关人员在作接地封线时就会威胁其人身安全,甚至发生人身事故。如检电器有问题,同样会发生上述后果。因此,检电时应注意以下事项:

①检电器上不得装接地线,但在木杆、木梯或木架上使用特殊检电器,不装地线不能显示时,可不受检电器上不可装接地线的限制。

②表示开关设备断开的指示信号、经常接入的电压表,不能作为设备无电的依据。但如果指示有电,又未采取安全措施,禁止在设备上工作。

③高压检电人员在检电时,必须戴绝缘手套,并有专人监护;如在室内高压设备上检电,还需穿绝缘靴或站在绝缘台上。

10. 接地封线

架空电线路停电作业时，经验明无电后，应立即将已接地的接地线对已停电的设备进行三相短路封线。短路封线的安装位置如下：

(1)架空停电线路短路封线的安装位置：

①施工区段两端临近断路的电杆；

②有可能反送电到作业线路的分歧线和有关开关；

③从其他方面无来电可能时，可仅在电源侧接地封线；

④施工场所距断路器及接地封线处较远，且联系不便时，应加挂接地封线；

⑤有感应电压反应的停电线路应加挂接地封线。

(2)停电线路与带电线路交叉跨越时挂接地线的地点：

①停电线路在带电线路上方交叉，不松动导线时，应在停电线路交叉档处挂一组；

②停电线路在带电线路下方交叉，松动导线时，应在停电线路的交叉档处挂一组；

③停电线路在带电线路上方交叉，松动导线时，应在停电线路交叉档内两侧各挂接地线一组；

④因停电线路撤换电杆或松动导线而停电的其他线路也应挂接地线。

11. 接地线的标准、使用与管理

(1)接地线应用多股软铜线和专用线夹固定在导线上。导线截面积应符合短路电流要求，但不得小于 25 mm。

(2)接地线使用前应详细检查，损坏的接地线应及时修理或更换。在线路上装设接地线所使用的接地棒(接地极)应打入地下，其埋深不得小于 0.6 m。

(3)室内高压设备应在适当位置上设固定接线端子及接地线，以备停电检修时使用。

(4)接地线的数量、号码应登记注册，交接班时注意交接。

12. 装设接地线的顺序

装设的接地线应接触良好，程序为：

(1)装设时，先接接地端，后接导体端。

(2)同杆架设的多层电力线路同时挂接地线时，应先挂低压，后挂高压；先挂下层，后挂上层。拆除接地线的顺序与以上两条的顺序相反。

13. 接地封线时的安全注意事项

(1)接地线与作业设备之间不应连接开关或熔断器，在分段母线上作业时，应将分段母线分别检电和接地线。

(2)严禁使用其他导线代替接地线；禁止使用缠绕的方法进行接地或短路封线。

(3)在导线上装设接地线时，应使用绝缘棒并戴绝缘手套。

14. 拆除接地线进行工作的规定

在高压回路上需要拆除一部分或全部接地线进行工作时(如测定母线和电缆的绝缘电阻，检查开关触头是否同时接触)，必须征得值班员的许可方可进行。工作完毕后立即恢复。

15. 设置标示牌和防护物

设置标示牌和防护物的目的是：为保证电力工作人员的人身安全，对电力工作人员的行为进行某种约束、规定，或“警告”、“禁止”，或“提醒”、“准许”。标示牌悬挂的位置不得挂错，如挂错可能发生极其严重的后果。如将“禁止”类的“禁止攀登，高压危险！”标示牌，悬挂于“准许”类标示牌“从此上下”位置处，后果是不堪设想的。

(1)各种标示牌的悬挂场所

①变、配电所和线路上停电作业,对一经合闸即可送电到工作地点的断路器或隔离开关的操作把手上,悬挂“禁止合闸,有人工作!”的标示牌。

②邻近带电线路,在室内高压设备的工作地点两旁间隔和对面间隔的遮栏上,在室外工作地点四周的围栏上和禁止通行的过道上,在架空导线断线处,以及被试验的高压设备的遮栏或围栏上,悬挂“止步,高压危险!”的标示牌。

③在工作地点悬挂“在此工作!”的标示牌。

④在工作人员上下用的铁架或梯子上悬挂“从此上下!”的标示牌。

⑤在可攀登的带电设备的架构上悬挂“禁止攀登,高压危险!”的标示牌。

⑥在开关柜内挂接地线后,应在开关柜的门上悬挂“已接地”的标示牌。

(2)严禁工作人员未经许可擅自移动或拆除临时遮栏和标示牌。

(七)电力设备的安全运行与维护

1. 变、配电所值班

值班员和值班负责人应具有一定的专业知识和实际工作经验,熟悉电气设备性能和供电系统情况,掌握操作技术,并有处理事故的能力,每班值班人员不少于两人。

(1)凡有高压设备的变、配电所应具备以下安全用具,且安全用具必须按规定试验合格。

①高压绝缘拉杆、绝缘夹钳;②高压检电器和低压检电笔;③绝缘手套,绝缘靴、鞋及绝缘台、垫;④有足够数量的接地线;⑤各种标示牌;⑥各种登高作业的安全用具,如安全腰带、绝缘绳、安全帽等;⑦有色护目眼镜。

(2)在变、配电所进行停电检修或工程施工时,值班人员应负责完成有关安全措施,并向工作执行人指出停电范围和带电设备的位置。

(3)高压配电室、电容器室、变压器室等和高压开关柜上的钥匙由值班员妥善保管,按班移交。如因工作需要借给工作执行人使用时,必须登记,当日交回。

2. 巡视安全注意事项

巡视是发现设备缺陷的一个重要途径。在电力设备运行实践中,有很多设备缺陷就是在巡视中发现的。可以说,巡视是做到防患于未然的关键工作。在巡视中,既要对设备进行仔细的外观检查,又要注意人身安全。

(1)发、变、配电所的值班人员及其他有关人员可以单独巡视高压设备,清扫通道,但不得移开或进入长设防遮栏内。如需进入时,应有人监护,并与高压带电体之间保持规定的安全距离。

(2)雷、雨天巡视室外设备时,应穿绝缘靴,但不得靠近避雷针和避雷器。

(3)当所内发生高压接地故障时,工作人员不得接近故障点 4 m 以内,在室外不得接近故障点 8 m 以内。如需进入上述范围或操作开关时,必须有绝缘通道(或绝缘台)或穿绝缘靴,接触设备的外壳和构架时,应戴绝缘手套。

(4)巡视人员在巡视时若发现导线断线,应设置防护物,并悬挂“止步,高压危险!”的警告牌,防止行人接近断线地点 8 m 以内,并迅速报告电力调度和有关领导,等候处理。

(5)巡视电线路的规定

①单独巡视人员的条件:有实际工作经验的电力工;经安全考试合格的人员。

②昼间巡视规定:昼间巡视电线路时,巡视人员可以登杆更换灯泡和插入式保险,拧紧最下部低压横担螺母等,但与高压带电部分必须保持规定的安全距离,不得与低压导线接触。巡视时始终认为线路上有电。

③夜间巡视和登杆规定：夜间巡视和登杆更换灯泡、保险丝，必须两人进行。巡视时应沿着线路的外侧进行，以免触及断落的导线。夜间不应攀登灯塔（桥）进行作业。

④遇有雷雨、大风、冰雪、洪水及事故后的特殊巡视，应由两人一同进行。

3. 倒闸作业安全注意事项

倒闸作业是电力工作人员最常见、最频繁的一种作业。它是将电气设备由一种状态转换成另一种状态的作业，需要合上或断开断路器、隔离开关或负荷开关，包括断开或合上相应的直流电源，撤除或投入某些继电保护、自动装置，拆除或安装临时接地线，安装或拆除控制回路以及电压互感器回路的保险器，切换保护回路和检验是否确无电压，跌落式、摘挂式熔断器管的操作，变压器高压熔丝的更换等。倒闸作业必须确保安全，安全地进行倒闸作业是设备运行安全和人身安全的关键。不能安全、正确地进行倒闸作业，如停电或送电时操作错误等，将会引起较为严重的后果。

停电操作必须按照断路器、负荷侧隔离开关、电源侧隔离开关的顺序操作；送电操作则按照电源侧隔离开关、负荷侧隔离开关、断路器的顺序进行操作。

为安全起见，倒闸操作应按下列规定执行：

(1)核对模拟图。倒闸作业前，应按照倒闸作业票记载的顺序与模拟图核对相符，如有疑问，不得擅自更改，经向电力调度或值班长报告，查清情况后再行操作。

(2)远动倒闸作业由值班调度完成操作。

(3)倒闸作业必须由两人进行，1 人操作，1 人监护，每完成一项，做一记号"√"。全部操作完毕后进行复查，并报告发令人。

(4)操作机械传动的隔离开关和绳索传动的柱上断路器时应戴绝缘手套。操作非机械传动的隔离开关、跌落式熔断器和摘挂跌落式熔断器保险管时，应使用绝缘拉杆，戴绝缘手套，雨天应使用有防水罩的绝缘拉杆。

(5)更换变压器高压侧熔丝时，应先切断低压负荷，不准带负荷拉开 100 A 及以上无消弧装置的低压开关。

(6)雷电时禁止倒闸作业(远动装置除外)和更换熔丝的工作。

4. 倒闸作业票填入的内容

倒闸作业票是倒闸作业的依据。倒闸作业票应根据工作票或调度命令由操作人填写，由工长或监护人签发。每张倒闸作业票只能填写一个操作任务。根据《铁路电力安全工作规程》规定，倒闸作业票中应填写以下内容：

(1)应拉合的断路器和隔离开关；

(2)检查断路器和隔离开关位置；

(3)检查接地线是否拆除；

(4)装、拆接地线；

(5)安装或拆除控制回路以及电压互感器回路的保险器；

(6)切换保护回路和检验是否确无电压等；

(7)其他需要检查、确认的项目。

5. 可不用填写倒闸作业票的项目

在电力工作的倒闸中，不是每个倒闸项目或内容都需要填写倒闸作业票，有些倒闸作业可以根据工作票或口头命令进行。事故处理也不需要填写倒闸票，因为事故时，若按部就班填写倒闸票，会耽误时间，影响事故处理的速度。具体如下：

(1)拉、合线路开关或变压器一、二次开关,可根据工作票或口头命令进行;

(2)同一台开关柜内开关的单一拉、合操作,可根据工作票或调度命令进行,操作后记入工作日志,并报告发令人;

(3)事故处理的操作。操作后记入工作日志并及时上报。

6. 对倒闸作业票的要求

(1)倒闸作业票要有编号并依先后次序使用;

(2)使用过的倒闸作业票,应在票上注明"已执行"字样;作废的倒闸作业票,应在票上注明"作废"字样。

(3)倒闸作业票使用完后,应保存半年。

7. 继电器、仪表和二次回路工作的安全注意事项

(1)电流互感器

电流互感器是将大电流变为小电流,为测量、保护等设备提供满足其需要的电流的电气设备。电流互感器一次侧绕组匝数很少,二次侧绕组匝数较多。工作原理基本与变压器相同。在运行的电流互感器二次回路上工作时,应采取下列安全措施:

①严禁将电流回路断开;

②为了可靠地将电流互感器二次线圈短路,必须使用短路片或短路线,禁止使用导线缠绕;

③禁止在电流互感器与短路端子之间的回路和导线上进行任何工作;

④工作时应有专人监护,使用绝缘工具,站在绝缘垫上,并不得将回路中的永久接点断开。

(2)电压互感器

电压互感器是将高电压变为低电压,为保护、测量提供满足其需要的电压的电气设备。电压互感器一次侧绕组匝数较多,二次侧绕组匝数较少,工作原理基本与变压器相同。在运行的电压互感器二次回路上工作时,应采取下列安全措施:

①严格防止短路或接地;

②应使用绝缘工具,戴绝缘手套,必要时在工作前停用有关继电保护装置;

③接临时负荷时,必须装有专用的开关和熔断器;

④二次回路通电试验时,为防止由二次侧向一次侧反电压,除将二次回路断开外,还应取下一次熔断器;

⑤二次回路通电或耐压试验前,应通知值班员和有关人员,并派人看守现场,检查回路,确认无人工作后方可加压。

(3)检查继电保护和二次回路的工作人员,未经值班员许可,不准进行任何倒闸操作。

8. 高压试验安全注意事项

向被试验的电气设备施加直流或交流高电压的试验称高压试验。因高压试验时稍有不慎将对人身和设备安全构成威胁,故规程对试验时的人数、操作办法、试验程序及安全措施等做了明确的规定。

(1)试验人数及穿戴。高压试验时必须由两人进行(1人操作,1人监护),操作人员应戴绝缘手套,穿绝缘靴站在绝缘台上进行。

(2)发、变、配电所进行预防性试验时,应由受试单位签发停电作业工作票,由值班员(无人值班的变、配电所由受试单位指定人员)采取安全措施,办理许可开工手续,需要部分或全部撤除临时接地线时,应由值班员配合进行。

(3)因试验需要断开设备接头时,拆前应做好标记,试验完了做好接头后进行检查。

(4)大电容设备或电容器耐压试验前后应充分接地、短路放电,以防止其上的残余电荷危及人身安全。

9. 测量工作安全注意事项

测量工作在电力工作中比较常见,如测量接地电阻、电压、电流、电线路之间的距离等。对于不同的测量对象,有不同的安全要求。分别叙述如下:

(1)测量接地电阻。如测量杆塔、变压器、避雷器的接地电阻时,在拆、装接地线时应戴绝缘手套。在接地线与接地极断开后,禁止接触接地线。

(2)测量绝缘电阻。用摇表测量高压设备的绝缘电阻时,应由两人进行,并从各方面断开电源,检验无电和确认设备上无人工作后方可进行。在测量前后必须将被测设备(包括电缆)对地放电,在测量中禁止任何人触及设备。

同杆架设(双回线路、接触网支柱外侧架设电力线等)或与其他线路平行、交叉的电力线路测量绝缘时,若只停一回线路,另一回线路有电运行,停电线路由于处于运行线路的交变磁场中而存在感应电压,其数值大小与平行线路的长度、之间的距离成正比,为防止危及人身安全,必须将另一回电线路或平行线路、交叉线路即非测量线路同时停电。

(3)测量电压和电流。如测量低压线路和变压器低压侧的电压和电流时,特别应注意安全距离,并防止相间短路,因为相间短路后会引起开关跳闸,中断供电;产生的电弧还会威胁测量人员的人身安全。

(4)雷、雨天气,禁止测量线路绝缘。

(5)测量带电跨越线路的垂直距离。测量带电的交叉跨越线路的垂直距离时,禁止使用金属尺、测量绳。

(八)架空和电缆线路

1. 登杆作业

电力工最常见、最普遍的作业。在登杆前,为保证人身安全,应认真做好以下工作:

(1)确认作业范围,防止误登其他带电设备。在居民区、车站,电线路较多,设备较为复杂;在一些区间、车站,有时候既有 10 kV 的自闭线路,又有 10 kV 贯通线路,甚至还有地方的 10 kV线路,线路与线路之间的距离又不很远,有的处所因地形限制还相当近,加之自闭线路、贯通线路电压等级相同,杆子的外形、地面以上的高度基本一样,在现场实践中,最容易上错杆子,因此,登杆前,必须认真确认哪个杆子是停过电的,哪个杆子是正在运行的设备。如若误登,后果不堪设想。

(2)新立的电杆回填土应夯实。

(3)冲刷、起土、土拔和导线、拉线松弛的电杆应采取相应的安全措施。

(4)木电杆根部腐朽不得超过根径的 20%以上。

(5)杆塔脚钉应完整、牢固。

(6)登杆工具、安全腰带、安全帽应完好合格。

(7)使用梯子时要有人扶持和采取防滑措施。

2. 登杆作业应遵守的规定

(1)安全腰带规定。工作人员必须系好安全腰带;作业时,安全腰带应系在电杆或牢固的构架上。

(2)上下电杆规定。对于转角杆,工作人员不宜从内角侧上下电杆;正在紧线时,不应从紧线侧上下电杆。

(3)登上杆后,检查横担腐朽、锈蚀情况,严禁攀登腐朽,锈蚀超限的横担,以防腐朽或锈蚀超限的横担突然断开将工作人员摔下,酿成事故。

(4)杆上作业传递工具材料规定。杆上作业所用的工具、材料应装在工具袋内,用绳子传递。严禁上下抛扔工具和材料。地面工作人员应离开作业电杆安全距离以外,杆上人员和地面人员均应戴安全帽。

3. 邻近带电作业

邻近带电作业有:在带电线路杆塔上的工作、在停电检修线路与其他带电线路交叉处的工作、在同杆架设的多回线路上的工作和在合架于接触网支柱上的低压电力线上的工作。

(1)在带电杆塔上的工作

①不得小于安全距离规定的工作:如在杆塔上刷油漆、除鸟巢、紧杆塔螺栓、查看金具及瓷瓶、更换外灯保险和灯泡等,作业人员的活动范围及其所携带的工具、材料等,与带电导线间的最小安全距离不得小于规定。

②在电力线路上作业时,不得同时触及同杆架设的两条及以上带电低压线路。

③工作人虽使用安全腰带,工作风力应不大于5级,并有专人监护。

(2)停电检修线路与其他带电线路交叉时工作的安全注意事项

①工作人员的活动范围规定:工作人员的活动范围与另一回带电线路间的最小安全距离必须符合规定,否则,另一回线路亦应停电并接地。

②停电检修线路与另一回带电线路之间距离大于安全距离规定:停电检修线路与另一回带电线路的距离虽然大于安全距离,但若在作业过程中,仍有可能接近带电导线在安全距离以内时,作业导线,绞车或牵引工具必须接地。

③在交叉档撤线、架线、调整弛度的安全注意事项:在交叉档撤线、架线、调整弛度只有停电线路在带电线路的下方才能进行。但必须采取防止导线跳动、滑跑或过牵引而与带电导线接近的措施。

④停电检修线路在另一回带电线路上面工作时的安全注意事项:停电检修线路在另一回带电线路上面,而又必须在该线路不停电的情况下进行调整弛度、更换瓷瓶等工作时,必须使检修线路导线、牵引绳索等与带电线路导线之间有足够的安全距离,并采取防止导线脱落、滑跑的后备保护措施。

⑤防止误登杆塔的安全注意事项:停电检修线路走廊或路径附近与另一回杆塔结构相同的线路平行接近时,要在各杆塔下面做好标志,设专人监护,以防误登杆塔。

(3)在同杆架设的多回线路上进行邻近带电作业时的安全注意事项

同杆架设一般是指,高压线路与低压线路同杆架设、低压线路与低压线路同杆架设。同杆架设的好处在于投资少;弊端是停电检修困难,稍有不慎,便会酿成设备事故或人身事故或兼而有之的事故。

①最小安全距离:工作人员在作业过程中与带电导线间必须保持最小的安全距离。

②在杆塔上作业监护、风力等安全注意事项:登杆和作业时每基杆塔都应设专人监护,风力在5级以下时允许作业,风力在5级以上时不允许登杆作业。严禁在杆塔上卷绑线作业。

③在杆塔上作业传递工具、材料安全注意事项:在杆塔上作业时,应使用绝缘绳传递工具、材料,如上层线路停电作业时,在传递过程中要有防止工具、材料构成下层导线短路的

措施。

④不准进行撤线、架线工作规定：下层线路带电，上层线路停电作业时，不准进行撤线和架线工作。

⑤当穿越带电的低压联络线对已经停电的自动闭塞高压导线进行作业时，填停电作业工作票，但在应采取的措施栏内，注明穿越低压带电导线和符合下面第 4 条低压带电作业条件的安全措施。

(4)在合架于接触网支柱上的低压电力线路上工作时的安全注意事项

①充分利用“天窗”检修电力线路。接触网“天窗”是在编制运行图时，留给接触网检修设备的时间。在“天窗”时间内，接触网停电。为保证安全，电力线路检修时，应充分利用接触网“天窗”时间同步进行，必要时可办理接触网停电手续。

②安全距离：在接触网带电的情况下，进行电力线路检修时，工作人员的活动范围与接触网之间的安全距离不得小于 1.0 m。

③应在电力线路作业区段两端加挂接地封线。

4. 低压带电作业安全注意事项

(1)两路电源供电的低压线路带电作业工作票、穿戴及使用工具规定：

①工作票类型：带电作业工作票。

②工作人员穿戴规定：低压带电作业和穿越低压带电线路的作业时，工作人员必须穿紧口干燥的工作服、绝缘靴，戴工作帽和干燥整洁的线手套。绝缘靴每年进行一次绝缘强度试验，绝缘强度不应低于出厂时的耐压标准。

③低压带电作业使用工具规定：低压带电作业应使用绝缘钳子。禁止使用刀子、锉刀、金属和铁刷子等带有金属的工具。

(2)接续导线规定：

低压带电作业不允许带负荷接续导线。如果必须带电更换电气器具时，应先做好旁路线。在自动闭塞低压线路上，允许在不受张力的处所接续导线，但必须设可靠的旁路线。

(3)在杆上作业时的人数规定：

在杆上进行低压带电作业时，一般一根杆只允许一人工作。当线路不复杂，已采取了可靠的安全措施时可以两人同时工作。

(4)断线时的有关规定：

登杆时应当先分清火线和地线，选好工作位置，断开导线时。应先断火线，后断地线；接续导线时，应先接续地线，后接续火线。工作时只允许接触一个导体，不允许同时接触邻相导体或一相一地导线。

5. 砍伐树木规定

(1)在线路带电情况下，砍伐靠近导线的树木时，工作负责人应向工作人员说明线路有电，工作人员不得使树木和绳索接近导线。上树砍剪树枝时，工作人员不应攀抓脆弱或枯死的树枝，应站在坚固的树干上，系好安全带，面对线路方向，并应保持规定的安全距离。

(2)为防止树木(枝)倒落在导线上，应用绳索将被砍剪的树枝拉向与导线相反的方向，绳索应有足够的长度和强度，砍剪树枝应有专人防护，防止打伤行人。树枝接触高压带电导线时，严禁用手直接去取。

6. 线路施工的安全注意事项

(1)在有地下设施时施工的安全注意事项：

在有地下设施的地方进行地下施工时，开工前应与有关部门联系，查明地下设施的位置，做好防护。如发现意外设施，应采取妥善措施，并报告领导及时处理。

(2)挖杆坑时的安全注意事项：

挖杆坑碰到松软土质，当杆坑深度超过 1 m 时，应有防止塌陷措施，在居民区及交通道路附近挖坑时，应设防护设施，夜间应挂红色标志灯。

(3)施工机械、用具等安全注意事项：

施工用具、机械、绳索、地锚等，应定期试验；每次使用前，应详细进行外观检查，使用时不准超过安全荷载。

(4)立杆、撤杆安全注意事项：

立杆、撤杆开工前，应讲明施工方法及指挥信号，工作人员要明确分工，并应有专人指挥。正在立杆、撤杆时，坑内及电杆倾斜的下方不许人员停留。已经立起的电杆，只有在杆基回填夯实后，方可撤去叉杆及拉绳。杆坑未经回填及捣固不准登杆。放倒旧电杆时，应用绳索牵引并用叉杆加固后再挖根部。立、撤电杆应用专用工具，不许代用。使用吊车立、撤电杆时，钢丝绳套应吊在电杆的适当位置，防止电杆突然倾倒。

(5)使用抱杆立杆时的安全注意事项：

使用抱杆立杆时，主牵引绳尾绳、杆塔中心线及抱杆顶应在一条直线上，抱杆应受力均匀，两侧拉绳应拉好，不得左右倾斜。

(6)靠近或跨越铁路、公路、通航河道施工时的安全注意事项：

靠近或跨越铁路、公路、通航河道施工时，应与有关单位联系，在施工地段的两侧应派人监护，并采取相应措施。

(7)撤线时的安全注意事项：

撤线时，应在承力及终端电杆处先用绳索将导线拉紧，剪断导线后徐徐放下。拆除旧线路时，还应注意电杆的腐朽程度，严禁突然剪断导线，防止倒杆伤人事故的发生。

(8)施工电线路与其他高压设备靠近或交叉时的架线及撤线安全注意事项：

当施工电线路与其他高压设备靠近或交叉时，架线及撤线应采取防止跑线措施，必要时将邻近的高压设备停电。

(9)用爆破法施工时的安全注意事项：

①用爆破法施工时，应有专人指挥，爆破人员应经过专门培训。

②炸药、雷管的保管、运输安全注意事项：炸药和雷管应指定专人保管，分别存放，不准与易燃品放在一起。运输时应采取防震措施。携带雷管时须将引线短路。电雷管和电池不得由一人携带。雷雨天气不得携带电雷管。在强电场附近不应使用电雷管。

雷管和炸药的运输必须遵循国家公安部门的有关规定，不允许同车携带。

③装填炸药、引爆时的安全注意事项：装填炸药时，应使用木质专用工具将炸药推进炮眼，并轻轻捣实，禁止使用金属物体。雷管和导火索连接时，应用专用钳子夹雷管口，严禁碰触雷泵部分或用牙咬雷管，电雷管的接线和点火起爆，应由同一人进行。

④危险区半径规定：爆炸场地的危险区半径一般为：钻孔闷炮为 50 m；土坑开花炮为 100 m；石坑为 200 m；裸露炸药包爆破的危险区不小于 300 m。如用深孔爆破加大药力时，应按具体情况扩大危险区范围。

⑤爆破现场人员安全：爆破现场的工作人员都应戴安全帽，起爆前要详细检查危险区内是否有人停留，并设专人警戒。

⑥哑炮处理：放炮时若遇到哑炮，应沉着冷静，须等 20 min 后再去处理，但不得从炮眼中抽取雷管和炸药。如需重新打眼，则深眼要距离原哑炮眼为 0.6 m；浅眼为 0.3～0.4 m，并注意不得离开线路中心线。

⑦爆破时应考虑对周围建筑物、电力线、通信线路、接触网等的影响。如有砸、碰可能时，应采取措施，防止砸、碰上述建筑物、线路。

(10)起重和搬运的安全注意事项：

①起重和搬运应有专人指挥，并使用合乎要求的设备和绳索。

②起重用的钢丝绳的安全系数为：

a. 用于固定起重设备的为 3.5 倍；b. 用于人力起重的为 4.5 倍；c. 用于机动起重的为 5～6倍；d. 用于绑扎起重物的为 10 倍；e. 用于供人升降的为 14 倍。

③运输、装卸电杆安全注意事项：

a. 装卸电杆应防止散堆伤人。当分散卸车时，每卸完一处，必须将其余电杆绑牢固后方可继续运送。b. 使用车辆运输电杆、电气设备和器材时，不得超限，必须固定绑牢，防止倾覆、滚动伤人。c. 多人抬杆时必须同肩，专人指挥，步调一致，起放电杆时应互相呼唤应答。d. 牵引电杆上山所用的绳索，不得与地面摩擦，爬山路线两侧 5 m 以内，不准有人停留或通过，滚动电杆时应防止压伤手脚。

7. 电缆作业

(1)靠近电缆挖沟或挖掘已敷设电缆沟时的安全注意事项

在靠近电缆挖沟或挖掘已经敷设的电缆时，当挖掘深度达到 0.4 m 时，只允许使用铁锹挖掘。冬季作业如需要烘烤冻结的土层时，烘烤处所与电缆之间的上层厚度：一般粘土不应小于 0.1 m；砂土不应小于 0.2 m；在邻近交通地点挖沟时，应设置防护。挖掘中如发现煤气、天然气、油管泄漏时，应立即停止挖掘；如已经造成油、气泄漏，应立即采取堵漏措施，并严禁烟火，同时迅速报告有关部门处理。

(2)电缆的移设、撤换及接头盒的移动安全注意事项

电缆的移设、撤换及接头盒的移动，一般应在停电及放电后进行。如果带电移动时，应先调查该电缆的历史记录，由敷设电缆有经验的人员，在专人统一指挥下平行移动，防止损伤、断开和短路。尽量避免在寒冷季节移设电缆。

(3)高压电缆停电检修安全注意事项

高压电缆停电检修前，首先详细核对电缆名称和标示牌是否与工作票所写的相符，然后从各方面断开电源，在电缆终端处进行检电并设置临时接地线，在断开电源处悬挂“禁止合闸，有人工作!”的指示牌。

在锯断高压电缆前，必须将要锯断的电缆与电缆图纸核对无误，并验明电缆无电压后，用接地的带木柄的铁钉钉入电缆芯后方可工作。扶木柄的人应戴绝缘手套，并站在绝缘垫上。

(4)在电缆井内工作时的安全注意事项

工作人员在进入电缆井前，应排除井内浊气。在电缆井内工作时，应戴安全帽和口罩。并做好防火和防止物体坠落的准备，电缆井在工作时应有专人看守。

(5)制作环氧树脂电缆头和调配环氧树脂安全注意事项

在调配环氧树脂或利用环氧树脂制作电缆接头过程中，应采取两项措施：

①有效的防毒措施；②有效的防火措施。

（九）其他作业时的安全注意事项

1. 回转电机作业时的安全注意事项

（1）电机安全的一般要求

①电机端线应有可靠的防护罩。②电机外露的旋转部分应有可靠的防护罩。③电机的外壳（包括启动设备的外壳）应接地或接零。④电机运转时，禁止断开地线或在地线上进行任何工作。

（2）在运行中的电机上工作，工作人员穿戴的安全规定

工作人员应穿紧口（袖口、裤口）工作服。女职工的发辫应盘结在工作帽内。运行中检查电刷、滑环、整流子时，必须两人进行（一人监护，一人操作），应穿绝缘鞋（靴）或站在绝缘台上，并戴护目眼镜。严禁戴手套和用手同时触及不同极或一线一地的导电体。

（3）检修发电机时应采取的安全措施

①断开发电机的油开关和隔离开关；

②待发电机完全停止转动后，在操作把手、机组的启动装置、并车装置上悬挂“禁止合闸，有人工作！”标示牌；

③若本机还可从其他电源获得励磁电流时，也必须将此电源断开，并悬挂“禁止合闸，有人工作！”标示牌；

④将电压互感器从高低压两侧断开；

⑤验明无电后，在发电机和开关之间装设接地线；

⑥检修发电机时。应将其与其他发电机中性点的连线断开；

⑦禁止在转动着的发电机上工作，即使未加励磁，亦应认为有电压。

（4）检修高压电动机和启动装置时应采取的安全措施

①断开断路器、隔离开关，验明无电压后，装设接地线或在隔离开关刀闸间装绝缘隔板，断路器手车应从成套配电装置内拉出并关门上锁；

②在断路器、隔离开关操作把手上悬挂“禁止合闸，有人工作！”的标示牌；

③拆开后的电缆头须三相短路接地；

④做好防止被其带动的机械（如水泵、空气压缩机、引风机等）引起电动机转动的措施，并在阀门上悬挂“禁止操作！”的标示牌。

（5）用户自备发电机组应具备在任何情况下与正常工作电源线路不能直接连通的闭锁装置或设一双投刀闸。用户要求自发电时，应取得供电段调度或变、配电所值班员的同意，并布置安全措施，同时双方做好记录，复诵无误后执行。

2. 厂用电气设备作业的安全注意事项

为了保证安全，厂内配线一般使用绝缘线，灯头线应使用软线。潮湿及危险场所（锅炉房、地沟、乙炔间、燃油库、浸漆干燥间等）应使用防潮或防爆的电器和配线。

（1）接引临时电线时的安全注意事项

①应使用绝缘良好的绝缘线，对潮湿及危险场所应使用防潮、防火、防爆的电器和配线。

②电线的接头处所应错开，接续点应焊牢，并用绝缘胶布包好。

③禁止在地面和通道上敷设临时电线或将配线管浮搁在地面上。架空敷设时应有足够的高度。

④电源容量允许，接续点焊接牢固，并有开关和熔丝保护。

⑤临时电线一般不超过 3 个月，用后及时撤除。

（2）配电盘（箱）电器开关柜的安全注意事项

配电盘(箱)、分电盘、电气开关柜应尽量采取密闭式，如为非密闭式结构时，应设防护装置，配电盘(箱)、分电盘应设红色信号装置，附近禁止堆放物品。

(3)自动开关安全注意事项

①自动开关的保护装置应按规定进行整定；

②刀闸开关的熔断器应合乎标准；

③厂内配线如使用两种以上不同电压时，所有插销座均应标明电压。

(4)手持电器的电压规定

①一般场所不超过 220 V；

②较危险及危险场所不得超过 36 V；特别危险的场所不得超过 12 V。

(5)三个禁止规定

①禁止用自耦变压器及辅助电阻的办法取得安全电压；

②禁止将行灯变压器、变频器带入锅炉或其他金属容器内；

③橡皮绝缘线禁止和高温、潮湿及涂油的物体接近。

(6)手持电器的保管、试验注意事项

手持电器应指定专人管理，每月检查一次，每 3 个月测量一次绝缘电阻。

(7)使用电焊机时的安全注意事项

①电焊用手把线应使用专用橡套绝缘铜芯软电缆，绝缘良好，截面适当。焊件的地线除接续良好外，应使用截面积不小于 6 平方毫米的多芯橡皮绝缘铜线。

②电焊机的电源开关，只准由操作的电焊工开闭。

③电焊机和焊件应妥善接地。

④在锅炉内或金属容器内焊接时，应穿绝缘鞋，身体不要触及焊件，在容器接触的部分应铺设木板或橡胶板以防感应电。作业时采用自然照明或行灯照明，出入容器时要切断电源。焊接过程中应设专人监护。

⑤ 严禁对空燃油桶和盛油容器进行焊接。

3. 顶棚内的安全作业注意事项

(1)注意防火

①在顶棚内作业时，禁止吸烟及点燃灯火。照明应使用 36 V 及以下的作业行灯或手电筒。

②禁止带电连接导线。

(2)注意人身安全

①进入顶棚时，应先检查小木梁是否牢固，如不牢固，应垫上木板。禁止脚踏板条或两人站在同一小木梁上作业，以避免使小木梁折断，将作业人员摔下，酿成人身事故。

②在棚内行动时，应随时注意钉子，注意碰刮头部的其他物件。进入顶棚使用梯子时，应安放牢固并有人扶持梯子。严防梯子滑动将人摔下。

4. 使用喷灯的安全规定

①喷灯火焰与带电部分的距离应符合：10 kV 及以下者不得小于 1.5 m；10 kV 以上者不得小于 3.0 m。②喷灯的使用应符合使用说明书的规定。

二、典型案例分析

电力事故案例分为电力设备事故案例与人身伤亡事故案例。对诸多的电力设备事故，从中找出一些典型的进行分析并提出预防性措施，目的是防止类似设备事故的再次发生。人身伤亡事故在电力工作中比较常见，对一些典型的人身伤亡事故进行分析并提出预防性措施，目的是减少甚至消灭人身伤亡事故的发生，让类似的悲剧不再重演。

1. 爬错电杆致电力工触电从杆上摔下瘫痪

事故概况：某电力工在10 kV电力线路作业前，因爬错邻近未停电的10 kV电力线路电杆，遭电击后从杆上摔下导致瘫痪。

原因分析：该次作业是有工作票的，停电、检电及接地封线等工作均无懈可击，但是为什么会发生人身触电高坠事故呢？原因主要有：(1)工作执行人违反部令中其责任的第二条："向工作组成员正确布置工作，说明停电区段和带电设备的具体位置"的规定；违反其责任的第三条："监护工作组员的安全，检查工作质量，按时完成任务"的规定。(2)工作监护人违反部令中其责任的第一条："在现场不断监护工作人员的安全"的规定；违反部令中的第三条："发现危及人身安全的情况时，应立即采取措施，坚决制止继续作业"的规定。(3)某电力工对自己管内的设备不熟悉，虽然知道自己所担当的任务是清扫绝缘子，但接到检修的指令后，却爬上了附近有电的10 kV地方电力线路，造成自己触电高坠。这次事故，工作执行人没有向工作组成员讲清楚附近有地方的10 kV电力线路，没有尽到监护工作组员安全的职责。工作监护人工作严重疏漏，在现场没有不断监护工作人员的安全，没有发现某电力工爬上了邻近电力线路。

预防措施：在电力线路有两条或两条以上线路，特别是有地方或铁路电压等级相同的电力线路，距离又较近(如目前的电力贯通线路与自闭电力线路同为10 kV，看起来很相似)时，在布置安全措施时，应指明并强调附近有电的电力线路，特别是在上电杆前，应一人不漏的进行监护。这样，可防止误上电杆的事故发生。工作组成员既要明确自己所担当的工作，按时完成任务，在工作中遵章守纪，严格执行安全措施；更重要的是，在工作执行人布置工作时，应认真听讲，弄清楚哪些是停电检修设备，哪些是有电设备，只有这样，才能防止类似事故的发生。

2. 严重简化作业，造成职工触电死亡事故

事故概况：某电力工区在区间检修电力线路时，为了抢时间，赶进度，未经检电和接地封线这两项关键的步骤便开始工作，在工作时，电力工区工长包办了工作执行人的任务，并临时指定1名工人担当工作许可人。又约定时间送电，造成正在线路上作业的电力工触电死亡。

原因分析：该电力工区在电力线路停电作业时，只要效率，不要安全，擅自将停电作业时保证安全的停电、检电、接地封线、设置标示牌和防护物等四大技术措施简化，特别是将检电和接地封线简化。作业前，没有按照规定指定工作许可人，而自己却包办代替了工作执行人；在送电时预约送电，严重违反了部令中的有关规定，是造成这次人身事故的原因。

预防措施：在电力线路上工作，不仅要有保证安全工作的组织措施，而且要一丝不苟地执行保证安全的技术措施。

(1)停电、检电、接地封线、设置标示牌及防护物等安全措施不得进行简化。

(2)工作票签发人不能兼任工作执行人；工作领导人、工作执行人均不能兼任工作许可人。

(3)工作许可人应由能独立工作、熟悉设备和有一定工作经验的人员担任，不得临时指定不符合条件的人员担任。

(4)严禁预约送电。因为预约送电时，一旦作业还没有结束，在接地封线没有做或没有做好的情况下，造成人身伤害是不可避免的。

3. 拖拉机撞、拉拉线致杆子折断电力工摔下死亡

事故概况：某电力工区在某站场配合站场改造迁移电力杆。正在作业过程中，过来一辆拖

拉机，撞、拉电力杆拉线，由于站场人多、车多比较混乱，拖拉机将拉线及杆子撞、拉断，电力工从杆子上摔下死亡，构成人身死亡事故。

原因分析：由于监护不到位，加之站场人多、车多比较混乱造成。工作执行人违反部令其责任中的第三条："监护工作组员的安全……"，没有尽到监护责任。工作监护人在现场履行监护责任时，没有做到不断监护，没有发现拖拉机撞、拉拉线危及人身安全的紧急情况。

预防措施：在站场的大型施工中，由于站场施工单位较多、施工人员多、车辆及机械多，特别要做好监护工作。做好监护工作，应各尽其责。工作执行人在布置工作时，应充分考虑现场人多、车多的复杂情况；做到布置安全工作无漏洞。对关键部位和处所，如站场拉线处，应安排重点监护。监护人除应在现场不断监护工作人员的安全外，在发现危及人身安全的情况时，应立即采取措施，坚决制止继续作业。

4. 清扫配电室设备两相短路人员电伤

事故概况：某分局安全检查组在检查到某电力配电室时，发现设备长期没有检修维护，设备外观十分脏污，蜘蛛网从配电盘后的设备处连接到墙上，随即要求某电力工区尽快进行处理。某电力工区接到通知后，派了1名电力工前去清扫处理。电力工手持1把毛刷，没有清扫两下便造成两相短路，将该电力工手部烧伤。

原因分析：在配电室清扫盘后的一次设备时，毛刷铁皮部分没有用绝缘胶带包扎，由于设备三相之间距离较近，毛刷铁皮处将两相短接，电弧将工作人员手部烧伤。该次作业没有监护人。

预防措施：在配电室低压设备上带电作业时应按照部令规定"工作人员必须穿紧口干燥的工作服、绝缘靴，戴工作帽和干燥整洁的线手套"。"禁止使用金属类工具，如刀子、锉刀、金属尺"等。用带有金属部分的毛刷刷拭设备前，应用绝缘胶带将毛刷金属部分进行有效包扎，防止类似事故发生。

5. 违反保证安全工作的组织措施和技术措施电力工触电死亡

事故概况：某工程队电力工，在车站加固变压器台时，低压电源倒送，致电力工触电死亡。

原因分析：某电力工在车站变压器台加固工作前，未与有关单位办理停电送电工作票手续，在变压器二次侧未做接地封线，造成低压电源倒送到变压器上酿成这次事故。按照部令对照，这次事故违章之处在于：

(1)违反保证安全工作的组织措施，在变压器台上作业时未与有关单位办理工作票手续，未严格执行工作票制度。

(2)违反保证安全工作的技术措施，即部令第三章第一节关于停电的有关规定第二条："断开有可能将低压电反送到高压侧的开关"的规定。

(3)违反接地封线条目中关于"有可能反送电到作业线路的分歧线和有关开关，必须做短路封线"的规定。

预防措施：(1)严格保证安全的组织措施，停电作业应按照部令规定开具工作票。

(2)严格保证安全的技术措施，在设备停电时，应断开有可能将低压电反送到高压侧的所有开关；对于有可能反送电到作业线路、设备上的分歧线和有关开关，应认真做好短路封线，以防反送电酿成人身事故。

6. 耐张杆折断造成电力工1人死亡2人受伤

事故概况：某电力工区新立耐张杆1根，杆上两人进行紧线工作，杆子突然折断，将杆上的两名电力工1人摔死、1人摔伤，并砸伤地面工作人员1人。

原因分析：

(1)执行电力停电作业工作票不规范，没有按照有关规定，将工作票提前一天交给工区，而是在作业前两小时交给工区。

(2)作业中简化程序未按照有关工艺和标准进行施工：①电杆根部未放置底板，致在紧线过程中电杆倾斜，违反了《全国通用建筑标准设计》图 86D1731GD 型规定；②在耐张杆导线拆除前，应在前方第一根杆靠耐张杆侧设置拉线，而该次作业没有设置拉线，简化了作业程序；③制作拉线时没有进行精确计算、下料，使制作的拉线过长，导致返工；④在调整耐张杆拉线和正杆时，杆上的两名电力工没有下杆，严重违反了正杆作业的一般规定。

(3)盲目使用锈蚀缺油的钢丝绳代替拉线正杆。

(4)客观上，耐张杆内部也有缺陷，杆内 13 根纵筋分布不匀，受力处缺纵筋 1 根，断裂处水泥松散，砂石、水泥比例失调，强度下降。

预防措施：

(1)严肃执行工作票制度，按照有关规定时间将工作票交付。

(2)作业中，禁止简化作业，特别是电杆的埋入部分，应按规定放置底板。在作业中严格按照有关工艺标准进行施工。

(3)在耐张杆上作业前，应检查拉线材质、截面积符合有关标准，状态良好。制作拉线时，认真测量，精确计算。

(4)因故取掉拉线前，杆上作业人员应下杆，防止线索张力将杆拉断造成人员伤亡。

(5)材料部门在采购电杆时，应采购国家正规生产厂家产品；作为耐张杆使用时，应对耐张杆的混凝土部分进行必要的检查，对两端漏出部分钢筋布置情况进行检查，防止不合格产品被使用。

7. 低压线路作业高坠导致人员轻伤

事故概况：某电力工在某车站与接触网同杆合架的低压线路上作业时，从杆上高坠，导致某电力工右脚扭伤。

原因分析：这次人身轻伤事故发生在作业已经完了，某电力工从杆上下来的过程中，本人手抓杆子空档处水泥断裂，从 4 m 多高空处高坠。工作监护人马虎大意，认为作业已经结束，不会发生事故，而事故在此时发生了。

预防措施：作业已经结束发生人身事故已不止一次。作为监护人，在工作人员没有下杆前，都应进行认真监护，不得中断对工作人员的监护。作为电力工，工作已经结束，在下杆时不可麻痹大意，手要抓牢，脚要登稳；对手所抓之物，应进行抓前观察，防止所抓之物不够牢固而发生高坠事故。

8. 电力线路送电通知未传达造成其他作业人员 3 人死亡 2 人受伤

事故概况：某电化工程段在某编组站进行接触网施工，后来有蒸汽调车机车通过作业区段，工作领导人指挥将车梯(接触网作业用)抬下。此时触及接触网旁的新架的 10 kV 电力线路，致车梯上 2 人触电死亡，地面抬车梯 1 人触电后送到医院后死亡，2 人手被电伤。

原因分析：接触网旁 10 kV 电力线路是新架设的，现场作业人员认为没有送电，因为接触网作业人员在此作业时，看着电力部门新架线路。但为什么电力线路上会有电呢？经过认真调查，原来是电力部门给新线送上电前，曾书面通知该铁路接触网施工单位负责人。铁路负责人因为工作忙而未及时通知在此附近作业的接触网人员导致。该负责人后被追究刑事责任。

预防措施：这次事故虽然没有造成电力人员的伤害，但却是电力线路导致。

(1)作为电力工作人员应吸取的教训是:在接到地方或铁路某设备送电的通知后,应及时将通知内容传达到有关工区及人员,使之在作业中采取措施,防止人身触电事故的发生。

(2)对电力线路旁的其他铁路或地方电力线路,无论知道其有电还是没有电,都应按照有电对待,在工作中保持规定的安全距离。

9. 操作人触及低压电力线路触电死亡

事故概况:某接触网工在某车站作业完了下杆时,其安全带上所挂管钳轻轻一晃卡入同杆架设的380 V电力线路,致其触电死亡。

原因分析:该电力线路架设在接触网支柱外侧,离支柱最近为A相,约600 mm。该接触网工下杆时。背后安全带上挂有一小管钳,晃动后管钳口正好嵌入A相导线,致其触电死亡。

预防措施:触电死亡者虽然非电力工,但属于铁路职工;电力线路利用接触网同杆合架,造成接触网工的死亡是痛心疾首的。电力部门也应从中吸取一些教训,主要是,尽量不搞同杆合架,若因故同杆合架时,应采用绝缘线或将接触网支柱处的电力线进行绝缘包扎,这样,可减少或避免接触网工触电,对人身安全是有好处的。

10. 手势信号造成工作人员死亡事故

事故概况:某段检修高压自闭线路时,3名电力工检修完了给工长发"检修完毕"的手势信号,同时电力工认为工长也发出了"检修完毕"的手势信号,因而盲目送电,造成正在检修的工长触电死亡。

原因分析:这次事故纯属于没有执行工作票制度,预约送电造成人员死亡。

预防措施:手势信号送了工长的命,事故的教训是深刻的。在工作中,应严格执行倒闸操作票制度、工作票制度;严禁采用手势信号及远距离喊叫送电。为防止电力线路上还有工作人员,应实行点名制度。工作人员不齐不准合闸送电。

11. 带地线合闸造成设备事故

事故概况:某变电所在做预防性试验时,在电源线和馈出线处均挂有接地线。试验完了送电时,漏拆一组接地线,送电后造成三相短路,烧坏高压线路300 m,车站全部停电14 h,损失人民币5.8万元。

原因分析:(1)未执行操作票和工作票制度,工作前,未填写工作票及记录接地线组数。

(2)在工作完了拆除接地线时,未详细检查而漏拆了一组临时接地线。

预防措施:严格执行工作票制度,认真填写、记录接地线组数、编号及所挂位置;工作完了,应按照工作票中填写的位置拆除接地线,并应认真核对组数与编号。只有当工作票中所记录的地线全部拆除后,才可按照有关规定送电。

复习思考题参考答案

第一章　铁路电力系统及铁路电力工程设计与施工

1. 铁路电力工程施工设计内容由哪些部分组成?

答:铁路电力工程施工设计内容由说明、附件、图纸、计算四部分组成。

2. 什么是一级负荷?

答:中断供电将引起人身伤亡,主要设备损坏,大量减产,造成铁路运输秩序混乱。

3. 架空线路安装图的主要内容有哪些?

答:架空线路安装图的主要内容包括:

(1)杆塔基础安装;

(2)杆塔安装;

(3)拉线及撑杆安装;

(4)杆顶组装;

(5)接地装置安装;

(6)弛度要求;

(7)杆上设备安装;

(8)其他安装要求。

第二章　常用工具机具及安全用具

1. 安全用具的种类很多,可分为哪些种?

答:安全用具的种类有:

(1)绝缘操作用具和绝缘防护用具;

(2)验电器;

(3)突然来电防护用具(携带型接地线);

(4)标示牌;

(5)高空作业安全用具;

(6)其他安全用具。

2. 紧线器的使用方法。

答:紧线器的使用方法为:

(1)将紧线器的钢丝绳松开,并固定在横担上,用紧线器夹住导线。

(2)将棘爪扣住棘轮,扳动棘轮扳手,逐渐将钢丝绳绕在棘轮滚筒上,使导线收紧。

(3)将导线拉紧到一定程度并扎牢后,松开棘爪,使钢丝绳松开。

(4)松开夹住导线的紧线器,将钢丝绳绕在棘轮的滚筒上。

3. 紧线器使用的注意事项有哪些?

答:紧线器使用的注意事项:

(1)根据使用线材的粗细,采用相适应规格的紧线器。

(2)在使用时如发现有滑线(逃线)现象,应立即停止使用,采取措施将线材夹牢后才能继续收紧。

(3)在收紧时应扣住棘爪与棘轮,防止棘轮脱开打滑。

4. 绝缘操作用具和绝缘防护用具有哪些?

答:绝缘操作用具和绝缘防护用具有:

(1)绝缘棒;

(2)绝缘手套和绝缘靴;

(3)绝缘夹钳;

(4)绝缘垫。

第三章　电力常用材料

1. 高低压瓷瓶按形状可分为哪些类?

答:高压瓷瓶按形状又分为针式绝缘子、盘形悬式绝缘子、瓷横担和蝶式等,低压瓷瓶按形状也可分为针式瓷瓶、蝶式两类。

2. 常用线路金具可分为哪些?

答:常用线路金具可分为:连接金具、耐张线夹、悬垂线夹、接续金具、保护金具、拉线金具、T 接金具、设备线夹及变电所母线固定金具等类。

3. 架空导线按结构可分为哪几大类?

答:架空导线按结构可分为裸导线、普通绞线、组合绞线、特种导线和电车线等五大类。

4. 电力电缆的基本结构是由哪几部分组成,它们的主要作用是什么?

答:电力电缆主要由线芯、绝缘层和保护层等几部分组成。

线芯是电缆中传导电流的部分,一般由软铜或铝绞线制成。线芯分单芯、双芯、三芯和四芯,线芯的截面形状有圆形、半圆形和扁形。

绝缘层的作用是将线芯导体间及与保护层间相隔离,因此对绝缘性能求和耐热性能要较高。

保护层是用以保护绝缘层,使电缆在运输、敷设和运行中不受外力损伤和水分的侵入,故对机械强度要求较高,保护层又分内护层和外护层两部分。

第四章　电力常用设备及试验

1. 互感器的作用有哪几个方面?

答:互感器的作用有以下几个方面:

(1)使测量仪表和继电器与高压装置在电气方面很好地隔离,以保证工作人员和设备的安全。

(2)使测量仪表标准化、小型化,可采用小截面电缆进行远距离测量。

(3)当电力系统发生短路故障时,使仪表和继电器的电流线圈不受冲击电流的影响而损坏。

(4)二次回路不受一次回路的限制,可采用星形、三角形或 V 形接法,因而接线灵活方便。对二次设备进行维护、调换以及调整试验时,不需中断一次系统的运行,仅适当地改变二次接线即可实现。

2. 什么是高压开关柜,它的作用有哪些?

答:用来接受和分配高压电能的装置叫高压开关柜。它是以断路器为主,将高压电器、测量仪表、保护装置及辅助设备等,按照一定的接线方式,装配组合在一起而形成的。

高压开关柜是变配电所中重要设备之一,在接收电能和分配电能的过程中,起着重要的作用。归纳起来有两方面:

(1)在电力系统正常工作状态下,起着接收和分配电能的作用;

(2)因系统故障时,起着保护、切断电源、迅速恢复正常运行的作用。

第五章　变　压　器

1. 电力变压器分为哪些类?

答:根据电力变压器的相数、线圈数、冷却方式以及铁芯结构等的不同,可分为以下类别:

按相数分类,可分为单相和三相。按线圈数分类可分为双线圈、三线圈和自耦式。按冷却方式可分为油浸自冷式、油浸风冷式和油浸强迫循环冷却式。按铁芯结构分类,可分为铁芯式和铁壳式。分类的依据还有很多,以上所提到的只是最常见的一些。

2. 变压器常见故障的部位。

答:(1)绕组:变压器绕组是最容易发生故障的部位。①匝间短路:匝间短路会引起绕组内电流增加,温度升高,结果会损伤导线绝缘,甚至绝缘烧损。②层间短路:层间短路比匝层短路现象明显,发热更严重。比匝间短路容易发现。③绕组对油箱、铁芯击穿短路。这种现象较明显,容易发现。④外形是否完整,夹件和垫块有无松动,扎线有否松开。

(2)铁芯:①硅钢片之间绝缘漆膜脱落,部分硅钢片裸露。绝缘漆膜变脆、起泡和因绝缘炭化而变为黑色。硅钢片之间绝缘损伤使铁耗增加,引起局部发热,严重时可能使整个铁芯损坏。②夹紧铁芯柱和铁轭的螺栓绝缘老化与硅钢片接触,产生涡流使螺栓发热。③铁芯松动,内部各处零件松动,发生不正常响声。

(3)绝缘套管　①套管对油箱击穿;②套管相间发生闪络;③绝缘套管漏油。

(4)分接开关 分接开关的损坏大部分是因为动触头和静触头损坏所引起。动静触头之间接触不良。

第六章　仪器仪表

1. 电工测量仪表的分类。

答:用于电工测量的仪表可分为两大类。

第一类是比较仪器:它是在测量过程中,被测物需要和相应的标准量进行比较而测出被测物的数值的。如测量低值电阻的惠斯登电桥、凯尔文电桥,测量电阻、电容电感的万用电桥等,都是比较仪器。

第二类是指示仪表:它的特点是在测量时,通过指针或光点的偏转,直接读出被测量的数值。如电压表、电流表、功率表等。

2. 指针式万用表的使用方法。

答:指针式万用表的使用方法。

(1)机械调零:将万用表水平放置,如指针未到零位,可调节表盘上的机械调零螺丝,将指针对准左边的零刻度处。

(2)插孔选择:红表笔应插入"+"孔,黑表笔应插入"一"孔。在测量直流电流和直流电压时，红表笔应接被测电路的正极（高电位点）。当不清楚被测电路的正负极及大小时，可估计电流（或电压）的大小，并选择合理量程。先把黑表笔接在被测电路的任一极上，再用红表笔触碰一下另一极后迅速离开，观察指针偏转的方向和快慢趋势，即可确定表笔与被测电路的连接。

（3）种类及量程的选择：种类选择是根据被测参数将转换开关旋至相应位置。量程选择的一般原则是：测电流或电压时，应使指针偏转至中心刻度附近。

（4）测量电流：应将万用表串接于被测回路中。

（5）测量电压：万用表与被测电路并联。测直流电压时，红表笔接高电位，黑表笔接低电位。

（6）测量电阻：测量前先电气调零，即将两表笔短路。调节调零旋钮，使表针指在电阻刻度线零点上。如调不到零点，说明电池不足，需更换。

3. 兆欧表的工作原理。

答：兆欧表的工作原理线路图如图 6-6 所示。当转动手摇发电机手柄时，发电机就发出电压。由于该电压是接在电压线圈上，故使可动部分产生反作用力矩。发电机的另一部分是由测量端 L 通过被测物接到测量机构的电流线圈上，它也产生一个与电压线圈力矩相反的力矩，并在该力矩的作用下也使可动部分发生偏转，其偏转角度的大小，是与被测的绝缘电阻成反比。当两个线圈产生的力矩处于相等，则兆欧表可动部分的转动也就随之停止，即仪表已处于平衡状态，这时仪表指针所指示的电阻数即为被测绝缘电阻值。

4. 经纬仪的使用方法。

答：应用经纬仪测角以前，须在测站点（标桩中心）上安置经纬仪。安置经纬仪包括对中与整平。在观测角度时，还须用望远镜瞄准目标。对中、整平和瞄准是使用经纬仪的基本功，必须熟练掌握。

（1）对中：对中的目的是使度盘中心与测站点在同一铅垂线上。对中的步骤如下：松开三脚架的伸张螺旋，张开三脚架并立在测站点上，使其高低合适，架头尽量水平；用线砣初步对中，用脚将三角架踩入土中，旋紧三脚架伸张螺旋，使三角架固定，如图 5-14 所示；仪器放在三脚架上，用中心螺旋固定；观察线砣尖端是否还对准站点，如果相差不大，可用脚踩三脚架使其对准，如差很多，应重支三角架；仪器对中后，松开中心螺旋，移动仪器基座使其对准测站点然后旋紧中心螺旋。

（2）整平：整平就是把经纬仪的水平度盘安置成水平位置。使仪器的竖轴处于铅垂位置，调整仪器的基座螺旋，使游标盘上水准管气泡居中，水平度盘便处于水平位置了。

（3）瞄准：经纬仪经过对中、整平以后，便可开始观测。在观测目标时，首先把望远镜对向天空，转动目镜筒使十字丝清晰；然后放松望远镜和度盘制动螺旋，先用望远镜上的准星粗略地瞄准目标，同时转动望远镜调距螺旋使目标在望远镜视场内，并尽量使目标在十字丝交点附近，此时旋紧度盘与望远镜制动螺旋；最后转动度盘与望远镜微动螺旋，精确地瞄准目标，同时再一次进行对光，并清除十字丝视差，便可读取度盘读数。

第七章　架空电力线路

1. 架空线路的分类。

答：架空线路的分类：

（1）输电线路（又称供电线路）

发电厂生产的电能，经升压变压器把电压升高，通过架空线路或电缆线路输送到距离很远的降压变电站(系统降压站或工厂、矿山专用降压站),像这样用来输送电能的架空线路或电缆线路称为输电线路。

(2)配电线路

是指通过降压变电所把电压变为 10 kV 及以下,然后通过架空线路或电缆,把电能分配到各个用户的线路称为配电线路,其中 3～10 kV 线路称为高压配电线路又叫一次配电线路;1 kV 及以下(380 V/220 V)的线路称为低压配电线路。

(3)直配线路

由发电机不经过变压器,直接把 10 kV 电能经电缆或架空线路把电能输送给用户的线路,称为直配线路。

2. 10 kV 及以下线路钢筋混凝土电杆其埋设深度一般不应小于多少?

答:10 kV 及以下线路钢筋混凝土电杆其埋设深度,当设计未作规定时,不宜小于下表所列数值:(单位:m)

杆高(m)	8	9	10	11	12	13	15	18
埋深(m)	1.5	1.6	1.7	1.8	1.9	2.0	2.3	2.6～3.0

3. 立杆常用方法有哪些种,具体如何操作?

答:立杆常用方法有以下几种:

(1)固定式抱杆立杆方法

一般用于立 15 m 及以下的单根钢筋混凝土电杆,一般不受地形限制,在铁路站场、城镇施工比较方便。

(2)倒落式抱杆立杆方法

这种方法是各种杆塔起立最常用的方法,立杆前先要把要立的电杆移到杆坑的合适位置。安装好各类工具,起吊要使抱杆同时起立,缓慢牵动,使电杆根部正确沿滑板入坑,电杆应在抱杆失效前接触坑底,在起吊过程中,两根晃绳要紧密配合,适当地松、紧来保证电杆不摇晃并沿直线竖起,防止电杆向牵引侧倾倒。

(3)用三角架立杆

它主要是依靠装在三角架上的小型倒链或手扳葫芦及上下两个滑轮和牵引钢丝绳等来起立电杆的,先把电杆移到杆坑边的合适位置,立好三角架,并防止三角架根部移动或下陷,在电杆梢部拴三根拉绳以控制杆身,再在电杆的 1/2 处拴一根短的起吊钢丝绳,钢丝绳套在滑轮吊钩上,就可以拉动倒链或扳动手扳葫芦的摇柄进行起吊了。

(4)用吊车立杆

立杆时,先将吊车开到距杆坑适当距离位置,支立好,然后从电杆梢部量起,在 1/2 至 1/3 杆长处结一起吊钢丝绳,再在杆顶向下 500 mm 处拴三根拉绳,站成以杆坑为中心的等边三角形的位置来控制电杆的倾斜,由 1 人指挥起吊。

4. 拉线的种类和用途。

答:拉线的种类和用途有:

(1)普通拉线

用在线路的终端杆、转角杆、耐张杆等处,主要起平衡作用。

(2)两侧拉线(或叫人字拉线)

横线路方向装设于直线杆的两侧,用以增强电杆抗风吹倒的能力。

(3)水平拉线(或叫过道拉线)

由于电杆距离道路太近不能就地安装拉线或跨越其他设施时,则采用过道拉线。即在道路的另一侧立一根拉线杆,在此杆上作一条过道拉线和一条普通拉线,过道拉线应保持一定高度,以免妨碍行人和车辆的通行。

(4)V形拉线(或叫Y形拉线)

这种拉线分为垂直V形和水平V形两种,主要用在电杆较高、横担较多、架设导线条数较多时,在拉力合力点上下两处各安装一条拉线,其下部则为一个基础,在双杆安装V形拉线较多。

(5)弓形拉线(或叫自身拉线)

为防止电杆弯曲,因地形限制不能安装拉线时,可采用弓形拉线。

(6)十字拉线

十字拉线一般在耐张杆处装设,为了加强耐张杆的稳定性,安装顺线路人字拉线和横线路人字拉线,总称十字拉线。其实,这也属于人字拉线的一种。

(7)共用拉线

共用拉线应用在直线路上。如果某根承力杆没有装设拉线的地方,只好把拉线拉在相邻的第一根杆上。类似于水平拉线。

5. 工程竣工时应进行哪些检查?

答:工程竣工时应进行下列检查

(1)采用器材的型号、规格应符合设计要求。

(2)架线后电杆、横担、拉线等的各项误差应符合规定。

(3)拉线的制作和安装应符合规定。

(4)导线的弧垂、相间距离、对地距离及交叉跨越距离及对建筑物的接近距离等应符合规定。

(5)电器设备外观完整无缺损。

(6)油漆完整、相色正确、接地良好。

(7)各零部件的规格、组装和连接质量均应符合规定。

(8)基础埋深、导线连接和补修质量应符合规定。

(9)沿线的障碍物、应砍伐的树木及树枝等杂物应清除完毕。

第八章 电缆线路

1. 电力电缆绝缘型式的选择应符合什么要求?

答:电力电缆绝缘型式的选择应符合下列要求:

(1)用电设备需要经常移动的供电电缆,应采用的橡皮绝缘电缆。

(2)防腐地区,宜采用塑料护套电力电缆。

(3)在高温场所及难以避免日光照射的地区,不宜用塑料护套电力电缆。

(4)在低温严寒地区,宜选用聚乙烯,交联聚乙烯绝缘或外护层的塑料电力电缆。

(5)电缆两终端头高差比较大的场合,不宜采用油浸纸绝缘电力电缆。

2. 电缆终端头工艺,常用有哪几种?

答:电缆终端头工艺,常用有以下三种:

(1)浇灌工艺:

A、户外WD型铸铁壳,内部浇灌沥青胶或环氧树脂。

B、户外 WDL 型铝合金壳，内部浇灌沥青胶或环氧树脂。

C、户内五金属外壳，直接用环氧树脂浇注成型。

(2)干包工艺

A、户外干包外套 WD 型、WDL 型金属外壳或压尼龙外壳。

B、室内干包

(3)热缩工艺

A、交联电缆热缩工艺。

B、油浸电缆热缩工艺。

3. 新建大修或重做电缆终端头或中间头后，应进行哪些检查和测试？

答：新建大修或重做电缆终端头或中间头后，应进行下列检查和测试：

(1)检查电缆芯线并定相。

(2)测量电缆绝缘电阻。

(3)测量电缆泄漏电流及直流耐压试验。

(4)测量接地电阻。

(5)检查固定和埋设是否符合要求，周围是否有妨碍电缆运行的物品。

4. 电缆故障类型有哪些？

答：电缆故障类型有：

(1)单相接地故障：电缆一芯对地击穿。

(2)短路故障或短路并接地故障(包括两相或三相短路故障)：电缆的两芯或三芯之间发生击穿并对地击穿。

(3)断线故障：电缆的一芯或数芯断线。

(4)封闭性或闪络性故障：电缆在运行中试验时，当电缆加到一定电压时发生击穿，而电压稍低时绝缘又正常，或者由于绝缘油的流动补充或瓷套管污物去除后击穿会完全停止。

(4)混合性故障：两种以上故障同时存在。

电缆在运行中发生故障和电气击穿，主要是绝缘损坏造成的，因此绝缘水平如何，是衡量电缆运行可靠的唯一标准。

5. 在验收电缆线路时，应进行哪些外观检查？

答：在验收电缆线路时，应进行下列外观检查。

(1)电缆排列应整齐，无机械损伤，标志应装设齐全、正确、清晰。

(2)电缆的固定、弯曲半径、有关距离等应符合要求。

(3)电缆头、电缆接头应安装牢固，不应有渗漏现象。

(4)接地应良好。

(5)电缆头、电缆接头、电缆支架等金属部件的防腐层应完好、相色正确。

(6)电缆沟道内应无杂物，盖板应齐全，沟内无积水。隧道内应无杂物，照明、通风、排水等设施应符合设计要求。

(7)直埋电缆路径标志，应与实际路径相符。路径标志应清晰、牢固，间距适当。

(8)防火措施应符合设计要求，且施工质量合格。

第九章　变配电所

1. 对电气主接线有哪些基本要求？单母线分段接线运行方式有什么特点？

答:对电气主接线的要求有:

(1)具有供电的可靠性。

(2)具有运行上的安全性和灵活性。

(3)简单、操作方便。

(4)具有建设及运行的经济性。

(5)应考虑将来扩建的可能性。

单母线分段接线运行方式的特点:单母线分段接线可以减少母线故障的影响范围,提高供电的可靠性。当一段母线有故障时,分段断路器在继电保护的配合下自动跳闸,切除故障段,使非故障母线保持正常供电。对于重要用户,可以从不同的分段上取得电源,保证不中断供电。

2. 新设备验收时,二次部分应具备哪些图纸、资料?

答:应具备装置的原理图及与之相符合的二次回路安装图,电缆敷设图、电缆编号图、断路器二次回路操动机构图、电压电流互感器端子箱图及二次回路分线箱图等。同时还要有完整的成套保护。自动装置的技术说明书,开关操动机构说明书,电流电压互感器的出厂试验书等。

3. 简述配电所自动化系统结构组成。微机保护有什么功能?

答:配电所自动化系统由微机监控主站、微机继电保护装置、微机测控装置、微机备用电源自投装置、通信网卡等设备组成。采用纵向分层、横向分布式结构、模块化设计、监控主站、就地测控及继电保护装置通过现场总线连接在网线。

微机保护装置具有以下功能:(1)保护功能;(2)测量功能;(3)自动重合闸功能;(4)人-机对话功能;(5)自检功能;(6)事件记录功能;(7)报警功能;(8)断路器控制功能;(9)通信功能;(10)实时时钟功能。

4. 制定高压倒闸作业程序应遵照什么原则?倒闸操作时应注意哪些事项?

答:制定高压倒闸作业程序,应按下述操作顺序进行:

停电程序:

(1)取消待停的各柜的一次重合条件。对自闭、贯通柜先确认或倒至对方所供电,对方所处于自送、自备状态。

(2)按下述顺序停自闭、贯通柜;自闭、贯通调压器;电容器柜;各动力柜;电源柜;电压互感器柜。拉开各出线柜线路的隔离开关。

(3)进行每一出线柜操作时,应先分开油开关或真空开关,拉开负荷侧的隔离开关,在拉开电源侧的隔离开关。

(4)断开电压互感器的二次回路,取下一次熔断器。

送电程序操作顺序与停电相反。在进行每一出线柜的送电操作时,应先合电源侧的隔离开关,后合负荷侧的隔离开关,方能进行油开关或真空开关的合闸操作。

倒闸操作时应注意事项:

(1)倒闸作业前,必须了解供电系统的运行方式、继电保护及自动装置等情况,还应考虑电源和负荷合理分布以及供电系统方式的调整情况。

(2)在送电前,必须收回并检查有关工作票,拆除安全措施,如拉开接地隔离开关或拆除临时接地封线及警告牌,还应检查隔离开关和断路器是否在断开位置。

(3)备用电源自动设入装置及自动重合闸装置,必须在所属设备停运前退出运行;在所属主设备送电后，再投入运行。

(4)在倒闸操作中，应注意分析仪表的指示，倒闸母线时，应注意将电源分布平衡，并尽量减少母线断路器的电流，使之不超过整定值，以免设备过负荷而跳闸。

第十章　室内外配线

1. 配线的一般要求是什么？

答：室内外配线，宜采用铝导线；有特殊要求的场所可使用铜导线；有爆炸、火灾危险的场所，不应采用裸导线。配线工程使用的金属附件(如管卡、线卡、支架、吊钩、拉环、各种盒等)，均应使用镀锌制品，或刷防腐漆，配线工程中的支持件应固定牢固，在砖石混凝土上安装时，宜用粘接法或膨胀螺栓固定；用木螺钉或铁钉固定支持件时宜选用尼龙塞或塑料塞。线路经过建筑物的伸缩缝及沉降缝处应有补偿装置。瓷夹板、瓷柱、瓷瓶、塑料护套线、槽板配线在穿过楼板或墙壁时，应用保护管保护；但穿过楼板必须用钢管保护，其保护高度距地面不应小于 1.8 m；敷设塑料绝缘导线和塑料槽板时的环境温度，不应低于－15 ℃。

2. 架空线路根据机械强度允许导线的最小截面为多少？

答：架空线路根据机械强度允许导线的最小截面见下表(单位：mm^2)

导线种类	高压配电线路		低压配电线路
	居民区	非居民区	
铝绞线及铝合金线	35	25	16
钢芯铝线	25	16	16
铜线	16	16	直径 3.2 m

3. 导线截面应如何选择？

答：导线截面的选择必须合理。过大时，将增加有色金属的消耗量，从而增加线路成本。导线选择过小时，在运行时不仅产生过大的电压损失，并且会导致导线接头处过热引起断线故障，同时又限制以后负荷的增加。室内配线的导线截面选择，应根据导线的允许载流量，线路的允许电压损失值，导线的机械强度等，选择方法一般先按其中一个条件选择，再按其他几个条件校核。如果线路不长，负载不重则按机械强度选择；如线路长则应按允许电压损失值来选择。

4. 配电箱(板)上安装电器应满足哪些原则？

答：配电箱(板)上安装电器应满足如下原则：

(1)各种刀开关处于断路状态时，一般情况下刀片及可动部分均不应带电；

(2)垂直安装的刀开关及熔断器等，应上端接电源，下端接负荷；

(3)经常有人操作的配电箱及明装配电板、电器应有保护外壳，带电部分不明露；

(4)装设的螺旋式熔断器，其电源线应接在中间触点的端子上，负荷线应接在螺纹的端子上；

(5)装有电源指示灯的配电箱，其指示灯应接在总开关的前面(电源侧)；

(6)面板后面配线应排列整齐、绑扎成束，并用卡钉固定在板面上，板后引出、引入的导线应有适当的余量；

(7)零母线在配电箱(板)上应用零线端子分路，零线端子上分支路排列位置，应与熔断器相对应。

第十一章 室内、室外照明及动力设备

1. 照明方式，照明种类分为哪些？

答：照明方式分为一般、局部和混合照明三种，照明种类分为正常、事故、警卫和障碍照明等。

2. 下列各个线路的符号代表什么意思？

“1MG－BLX－3×12－CP－PM”

“2LG－BLV－3×4－QD－QM”

答：“1MG－BLX－3×12－CP－PM”表示含义：

第一号照明干线(1MG)；导线型号是铝芯橡皮绝缘线(BLX)；3 根导线分别为 12 mm^2；配线方式为瓷瓶配线(CP)；敷设部位为沿天棚明配(PM)。

“2LG－BLV－3×4－QD－QM”表示含义：

2 号电力干线(2LG)；铝芯塑料绝缘线(BLV)；3 根导线分别为 4 mm^2；配线方式为卡钉(钢精扎头)配线(QD)；沿墙明配(QM)。

3. 短路的故障现象及故障检修。

答：短路故障现象：短路时电流很大，保险迅速熔断，电路被切断。如保险丝太粗不能熔断，则会烧坏导线甚至会引起火灾。

故障检修：首先查明故障原因。故障产生的原因很多，常见的有：

(1)接线错误，火线与零线相碰接；

(2)绝缘导线的绝缘层损坏，在破损处碰线或接地；

(3)用电器具接地不好接线相碰，或未用接头，直接将导线插入座内，造成混线短路；

(4)用电器具内部损坏，导线碰到金属外壳上；

(5)灯头内部损坏，金属线相碰短路；

(6)房屋失修或漏水造成线头脱落后相碰或接地；

(7)灯头进水。

第十二章 接地接零和防雷保护

1. 接地和接零的主要作用，常见的接地有哪些？

答：电气设备的外壳或支架，在正常情况下是不带电的，由于误接线路或设备内部绝缘损坏时，带电部分与金属外壳或支架连接，人身触碰带电的外壳或支架就有触电的危险。接地和接零是防止人体接触偶然带电体引起触电事故的重要安全措施。

常见接地有两大类，第一类为固定接地，这种接地是人为的永久性接地，它又分为工作接地、保护接地、重复接地和防雷接地。第二类为临时接地，这种接地是检修设备或线路时，除了切断电源外，还要临时将检修的设备或线路的导电部分与大地连接起来，以防万一突然来电时造成触电事故。

2. 保护接零和保护接地的使用范围有哪些？

答：在中性点直接接地的三相四线制供电系统中，采用保护接零。在中性点不接地供电系统中，采用保护接地。由同一台变压器或母线供电的三相四线制供电系统中的各电气设备、若有的采用保护接零，有的采取保护接地，当保护接地的设备上一相碰外壳时，短路电流通过碰壳设备一保护接地＋大地一变压器中性点接地-回到零线，在零线上产生电压降U_o，则所有保

护接零设备的外壳都出现U。。

3. 什么叫接地装置?

答:接地导线与接地体合在一起叫接地装置。把电气设备与土壤间用良好的连接叫接地,与土壤直接接触的金属体叫接地体或接地极,把接地体与电气设备连接起来的金属线叫接地导线。接地导线用铜线为最好,不能有接头。

4. 什么叫保护接零? 有什么作用?

答:把电气设备的金属外壳与三相四线式电网的零线相连接,称为接零。接零的作用是当设备绝缘损坏,外壳带电时,便通过接零形成单相短路,迫使保险熔断电源,以免人身触电。

第十三章　电力远动技术

1. 远动能实现的基本功能是什么?

答:远动实现的基本功能有:

遥控(YK):就是对被控对象进行远距离控制。

遥信(YX):就是对被控站的设备状态信号远距离传送给调度端。

遥测(YC):是对被测对象的某些参数进行远距离的测量。

遥调(YT):调度端直接对被控站某些设备的工作状态和参数的调整。

2. 远动系统由哪些部分组成,各部分的功能是什么?

答:远动系统由调度端、远动信道、远动终端(RTU)、信息转换装置组成。

各部分完成的功能如下:

(1)调度端:远动系统最主要的人机界面部分的主要调度操作都在调度端实现,各远动终端和子监控与调度系统采集到的有关数据都要定时或不定时在调度端予以汇总。

(2)远动信道:用于传输远动数据的通信信道称为远动信道。远动信道的质量是确保微机远动系统可靠运行的重要前提,微机远动系统的调度端与各远动终端 RTU 通常构成1:N的集散监控与调度,通信信道则担负调度端与各远动终端间数据传送的重任。在一个计算机远动系统中,调度端和各远动终端的质量再好,如果信道不过关,这样的远动系统则毫无用处。

(3)远动终端:是位于远离调度端对现场实现监测和控制的装置。它接收和处理现场信息经转换后送来的模拟量、脉冲量和开关量;为每一控制执行回路或调节执行机构回路提供继电器的1—2对常开或常闭节点。

(4)现场信息转换与控制机构:包括需要测量对象信息的转换与放大和被控对象的执行机构两部分。远动终端只能采集和接收符合要求的电信号,而测量对象往往还有非电信号的物理量,如压力、温度等。因此,由传感器将非电信号的量转换为电信号,并经放大和加工处理后,变为远动终端接收的信号。对于有些就是电信号的物理量,如电流、电压、功率、电度等参数的测量,因其幅度大小不标准,需经适当变换,使之满足 RTU 的要求。

3. 远动终端(RTU)的主要功能有哪些?

答:远动终端(RTU)的主要功能有:

RTU 使被控端的远动设备,它实际上也是一个微机,用来完成遥控接收、输出执行、遥测、遥信量的数据采集及发送的功能。主要功能如下:

(1)采集状态量信息;

(2)采集模拟量测量值;

(3)与调度端进行通信；

(4)被测量越死区传送；

(5)事件顺序记录(SOE)；

(6)执行遥控命令；

(7)系统对时；

(8)自恢复和自检测功能。

4. 远动装置的日常维护及注意事项。

答：RTU的日常运行时，应定期对模板进行清扫，保证良好的通风及散热条件。各种接插件应注意保持良好接触，在模板插拔过程中，应确保处于断电状态(有些厂家生产的模板可以带电插拔，使用时应阅读说明书，不能盲目操作)，并保证电源在开关操作时没有瞬间高压脉冲，以免对板子造成永久性损坏。禁止在未采取消除静电措施之前，用手触摸模块上的芯片，以免静电损坏芯片。

第十四章　10 kV电缆故障的测寻

1. 电缆故障性质的分类。

答：电缆故障原则上可分为以下五种类型：

(1)接地故障电缆一芯或多芯接地。

(2)短路故障电缆两芯或三芯短路。

(3)断路故障电缆一芯或多芯被故障电流烧断或受外力拉断，形成完全或不完全断线。

(4)闪络性故障这类故障大多数在预防性试验中发生，并多数出现在电缆中间接头和终端头内。当所加电压达到某一值时击穿，电压低至某一值时绝缘又恢复。

(5)综合性故障同时具有两种以上性质的故障。

2. 故障点位置测试方法的分类及过程。

答：电缆故障的测试方法很多，原则上可分为“粗测”和“定点”两大类。

(1)粗测

当电缆发生故障后，首先要在电缆的一端或两端用仪器进行测试，测出故障点距测试端的大概范围，这个过程称为“粗测”。目前常用的方法有电桥法、低压脉冲法、闪络法三大类型。

(2)定点

因粗测只能指出故障点距某一端的距离约多少米，但无法指出具体地点，因而还需要通过称为“定点”的测试方法来确定故障点的具体位置。目前常用的方法有声测法和感应法两种。

3. 直流电桥测量电缆单相接地故障的工作原理及步骤。

答：用电桥测量电缆故障，必须有一相绝缘良好的线芯，因此在三相电缆中只能测量一相或两相接地或短路故障，一般不能测量三相短路或断线故障。测量前应在电缆的另一端用不小于电缆截面的导线，将电缆故障相和一好相线芯跨接，然后在A端将电桥的M、N两臂和检流计接至电缆的故障相和已接跨接线的好相上进行测量。当调节电桥两臂的电阻、M和N使检流计中没有电流时则称为电桥平衡，测量完毕。

4. 用电桥法测量电缆故障时应注意哪些方面?

答：用电桥法测量电缆故障时应注意以下几点：

(1)电桥法的计算公式是在电桥完全平衡才能成立的，因此测量时必须细心调至指零仪中无电流电桥完全平衡，否则误差很大。

(2)电桥法的计算公式是在电缆全长的导线截面和电阻系数完全相同的条件下推导出来的，因此当电缆的截面或电阻系数不同时应另行换算。

(3)此法还可用于测量三相电缆中的两相短路故障。即利用两短路相中的一相作为单相接地故障测量中的地线，以接通电桥的电源回路，其测量和计算方法与单相接地完全相同。

5. 声测法的测量方法是什么？

答：声测法的测量方法为：

(1)按原理接线，接线完后应由二人进行核对。

(2)调整好放电间隙，控制放电电压在20～25 kV左右，将调压器调至零位。

(3)将接地线拆除，合开关K；滑节调压器均升压，当电压升至20～25 kV时，G放电。此时应根据放电电压的高低，适当调整放电间隙的距离，使其在20～25 kV间放电，放电间隔为3～4 s。每次停电调整间隙G都应封地线，防止静电伤人。

(4)在调整好后，即可按每3～4 s放电一次的规律在粗测所得的电缆故障点附近进行听测，在听测过程中，要有人监视试验设备的电阻R和电流表A，防止烧坏设备。

(5)听测到故障点后应立即将调压器退回至零，将电源开关K拉开，在电缆芯和电容器上放电封接地线。

第十五章　非正常情况下的应急处理办法

1. 现场常见的变压器故障的现象有哪些？

答：现场常见的变压器故障的现象如下：

(1)变压器音响不正常；

(2)变压器严重漏油、缺油；

(3)变压器着火；

(4)变压器引线故障；

(5)变压器套管故障；

(6)变压器轻瓦斯保护动作的应急处理；

(7)变压器重瓦斯保护动作的应急处理。

2. 断路器有哪些种类，及断路器的主要参数有哪些？

答：断路器的类型有：按照灭弧介质的不同，断路器分为：真空断路器、气体介质断路器（又分为压缩空气断路器和六氟化硫断路器）、液体介质断路器（又分为多油断路器、少油断路器）、磁吹断路器。

断路器的主要参数有：额定电压、额定电流、断开电流、断流容量、热稳定电流、合闸时间、断开时间及极限通过电流。

3. 隔离开关拉不开的应急处理办法。

答：隔离开关拉不开是指开关本身在合闸位置，需要分闸时开关拉不开。原因一般有：传动机构和刀口的转轴处生锈；在冬季，还有可能是冰、雪冻结。

隔离开关拉不开可能会延误倒闸时间或影响作业。根据原因不同，在现场应采取不同的处理办法。但总的要求是，通过轻轻摇动开关把手，找出故障在开关或机构上的确切位置。若故障地点在刀闸的接触部分，应将开关退出运行后进行检修。应注意的是，当开关拉不开的时候，千万不可强行硬拉，以防将隔离开关瓷瓶拉断。

4. 当发现电流互感器二次开路故障时,值班人员应做怎么样的应急处理?

答:当发现电流互感器二次开路故障时,值班人员应根据情况做如下应急处理:

(1)先将负荷减少或将负荷降至零。在处理时如果安全距离不够,人员不能靠近时,应切换电源,停电后进行处理。

(2)若发现电流互感器已经冒烟。有焦味时,说明电流互感器绝缘已遭到破坏,应立即将其停用后处理。

(3)若是电流互感器接线端子松动,应果断、迅速地将其紧固。但在紧固时应特别注意,处理人员必须带绝缘手套、穿绝缘靴或站在绝缘垫上,并使用带有绝缘柄的工具,因为电流互感器二次开路后,端子处会带有很高的电压,危及处理人员的安全。

5. 导线弧光短路故障的应急处理办法。

答:导线由于弛度过大。即超过允许值,在遇到系统持续短路时的过电压、大风及高气温时,导线就会发生摆动,造成导线对杆塔之间、相与相之间放电,严重时引起弧光短路。再者,若由于各种原因使导线弛度过小,导线拉力增大,导线的机械强度下降,最严重的情况是将合上送电的三相隔离开关拉开,引起开关触头之间放电,将会造成三相弧光短路故障。

消除弧光短路的办法是:

(1)导线过大时,将导线收紧,使导线的弛度符合有关标准。

(2)导线弛度过小时,将导线放松,使导线的弛度符合有关标准。

6. 查找故障的一般步骤。

答:发生故障后,值班人员应保持沉着冷静,根据图纸,按照经验及事故演练时的做法,使设备保持原状,先进行设备的外部检查,其目的是防止无意中消除故障,使故障原因查找困难或最后因现象消失找不出故障原因。如保护装置拒绝动作,尽量先不要用开关操作试验断路器是否拒绝跳闸,检查继电器状态后,再模拟出现的拒绝动作现象,根据现象进行认真的分析和处理。一般的,应根据设备的实际情况和事故处理经验,先检查容易发生故障的设备,并逐步缩小范围,直到查找出故障设备。

7. 变压器的保护有几种?

答:变压器的保护有以下几种:

(1)过电流保护:保护变压器外部相间短路。

(2)差动保护:电流速断保护,保护变压器绕组和引出线各相短路接地和绕组间短路。

(3)瓦斯保护:保护变压器内部故障和油面降低重瓦斯作用于跳闸,轻瓦斯作用于信号。

(4)零序电流保护:保护大接地系统的外部短路。

(5)过负荷保护:保护对称过负荷,后发信号。

第十六章　自动闭塞(贯通)电力事故抢修

自闭(贯通)线路发生接地故障时,按怎样的程序进行处理?

答:自闭(贯通)线路发生接地故障时,按下列程序进行处理(安装接地故障自动检测设备的区段除外):

(1)判断接地性质;

(2)拉开中间隔离开关判定接地侧;

(3)接地侧逐段倒闸判定;

(4)在判定的接地区段查找到故障点并及时进行处理。